SISTEMAS DE CONTROLE COM PYTHON

Blucher

Magno Enrique Mendoza Meza

SISTEMAS DE CONTROLE COM PYTHON

Resposta em frequência

Sistemas de controle com Python: resposta em frequência

Editora Edgard Blücher Ltda.

Publisher Edgard Blücher
Editor Eduardo Blücher
Coordenador editorial Rafael Fulanetti
Coordenação de produção Andressa Lira
Produção editorial Alessandra de Proença
Diagramação Horizon Soluções Editoriais
Revisão de texto Gabriela Castro
Capa Laércio Flenic
Imagem de capa iStockphoto

Blucher

Rua Pedroso Alvarenga, 1245, 4° andar
CEP 04531-934 – São Paulo – SP – Brasil
Tel.: 55 11 3078-5366
contato@blucher.com.br
www.blucher.com.br

Segundo o Novo Acordo Ortográfico, conforme 6. ed. do *Vocabulário Ortográfico da Língua Portuguesa*, Academia Brasileira de Letras, julho de 2021.

Dados Internacionais de Catalogação na Publicação (CIP)
Angélica Ilacqua CRB-8/7057

Meza, Magno Enrique Mendoza
Sistemas de controle com Python: resposta em frequência/ Magno Enrique Mendoza Meza. – São Paulo: Blucher, 2024.
393 p.

Bibliografia
ISBN 978-85-212-2112-8

1. Engenharia de controle 2. Sistemas de controle 3. Modelagem matemática 4. Python (Linguagem de programação de computador) 1. Título

21-4340 CDD 629.8

Índice para catálogo sistemático:
1. Engenharia de controle

Conteúdo

Agradecimentos

À minha esposa, Eliane Cristina de Carvalho Mendoza Meza, por todo o amor, apoio, paciência e tempo. Amo você!

Aos meus pais, Magno Mendoza Pomalaza e Flora Sílvia Meza López, e à memória da minha irmã, Beatriz Mendoza Meza.

Ao prof. Diego Paolo Ferruzzo Correa, pelos seus comentários sobre os tópicos deste livro.

Ao Centro de Engenharia, Modelagem e Ciências Sociais Aplicadas e ao Curso de Engenharia de Instrumentação, Automação e Robótica da Universidade Federal do ABC, pela acolhida para ministrar disciplinas da área de sistemas de controle.

Aos revisores pelos valiosos comentários e sugestões que fizeram do livro melhor.

Prefácio

Este livro tem por objetivo abordar os métodos de resposta em frequência para a análise e o projeto de sistemas de controle. A resposta em frequência é um desafio para a maioria de discentes de engenharia de sistemas de controle e afins. Os software mais utilizados para o estudo da resposta em frequência são: MATLAB, OCTAVE e SCILAB. O MATLAB é um software pago de altíssima qualidade; o OCTAVE e o SCILAB são excelentes softwares gratuitos para sistemas de controle e outras áreas. O Python é mais um software que está sendo utilizado em sistemas de controle e a abordagem dos métodos da resposta em frequência utilizará o software Python.

Nos últimos anos, o Python e suas respectivas bibliotecas específicas estão crescendo e amadurecendo de maneira a serem uma alternativa chamativa ao MATLAB.

Neste livro, estarão disponíveis todos os códigos em Python dos exemplos desenvolvidos e de um conjunto de funções criadas para: mostrar dados de simulação, como máximo sobressinal, tempo de acomodação, tempo de pico, tempo de subida, frequência de ressonância, amplitude de pico de ressonância, largura de banda; criar as tabelas de dados da resposta em frequência, ditas tabelas em LaTeX, HTML e Excel; mostrar a geração de uma onda quadrada e uma onda triangular; mostrar as margens de fase e de ganho e as respectivas frequências de cruzamento de ganho e de cruzamento de fase; e mostrar as setas de direção de movimento dos diagramas polares. As tabelas de dados mostradas contêm: na primeira coluna, a frequência em radianos/s; na segunda, a magnitude absoluta; na terceira, a magnitude em dB; na quarta, a fase da função de transferência sem atraso de transporte em graus; na quinta, a fase da função de transferência com atraso de transporte aproximado por Padé de ordem N; e na sexta, a fase da função de transferência com atraso de transporte. Quando o atraso de transporte for nulo, as três últimas colunas serão iguais.

O Python é uma linguagem de programação de alto nível, interpretada e *open source*. Ele combina uma sintaxe concisa com recursos de biblioteca por módulos e apresenta um módulo para sistemas de controle com comandos muito semelhantes aos do MATLAB. Na ampla literatura de controle, observa-se livros em inglês e português que utilizam o MATLAB, SCILAB e C, mas os que utilizam Python são poucos em ambas linguagens, principalmente no português.

O presente livro está organizado como segue: no Capítulo 1, é apresentado brevemente o conceito de modelagem matemática via equações diferenciais ordinárias; no Capítulo 2, é mostrada a transformada de Laplace, com sua definição, propriedades e teoremas importantes; no Capítulo 3, são mostradas a resposta em frequência e as listagens dos programas em Python; e finalmente, no Capítulo 4, mostra-se o projeto na resposta em frequência, dois métodos de projeto dos compensadores por atraso, avanço e atraso-avanço de fase e o projeto de controladores da família proporcional-integral-diferencial, realizado somente com o método analítico. Os métodos de projeto dos compensadores são: o de tentativa-e-erro e o analítico. No caso do compensador por atraso-avanço de fase, foi incluído um terceiro método, denominado método Ogata.

CAPÍTULO 1

Introdução

A modelagem matemática pode ser entendida como a atividade de descrever matematicamente sistemas reais em diferentes áreas do conhecimento, como física, química, bilogia, ecologia, microbiologia, economia, ciências sociais, engenharias etc.

Essa descrição matemática de um sistema pode ser via autômatos celulares ou via equações diferenciais ordinárias ou parciais. As equações diferenciais ordinárias são as mais utilizadas para modelar sistemas reais.

Um conjunto de equações que representa alguma característica de um sistema é denominado modelo matemático.

O tipo de procedimento de modelagem pode ser classificado como:

1. Caixa preta, Identificação, Modelagem empírica: quando não há conhecimento sobre o sistema.
2. Caixa branca ou Modelagem pelo conhecimento ou Modelagem fenomenológica ou conceitual: quando há conhecimento sobre o sistema ou são utilizadas leis físicas conhecidas.

Os modelos matemáticos (veja Figura 1.1) podem ser classificados de acordo com o tipo de equação utilizado na sua formulação:

1. Estático ou Dinâmico.
   (a) Estático: o modelo utilizado é um sistema de equações algébricas.
   (b) Dinâmico: o modelo utilizado é um sistema de equações diferenciais ou diferenças.
2. Linear ou Não linear.
   (a) Linear: o modelo satisfaz o princípio da superposição.
   (b) Não linear: não é possível de verificar o princípio de superposição.

3. Uma entrada - uma saída ou Múltiplas entradas - múltiplas saídas (SISO - MIMO).
   (a) Uma entrada - uma saída (SISO): o modelo apresenta uma variável de entrada e uma variável de saída.
   (b) Múltiplas entradas - múltiplas saídas (MIMO): o modelo apresenta dois ou mais sinais de entrada e/ou dois ou mais sinais de saída.
4. Invariante no tempo ou Variante no tempo.
   (a) Invariante no tempo: os parâmetros dos componentes do sistema não variam com o tempo.
   (b) Variante no tempo: os parâmetros dos componentes do sistema variam com o tempo.
5. Tempo contínuo ou Tempo discreto.
   (a) Tempo contínuo: os sinais de entrada e de saída são funções reais da variável tempo.
   (b) Tempo discreto: os sinais de entrada e de saída são definidos em instantes determinados de tempo.
6. Determinístico ou Estocástico.
   (a) Determinístico: a repetição da entrada causará sempre a mesma saída no modelo sob as mesmas condições.
   (b) Estocástico: a saída não é certa no modelo sob uma dada entrada e deve ser expressa em termos probabilísticos.
7. Parâmetros concentrados ou Parâmetros distribuídos.
   (a) Parâmetros concentrados: os parâmetros dos componentes independem da posição no espaço.
   (b) Parâmetros distribuídos: os parâmetros de pelo menos um dos componentes dependem da posição no espaço.

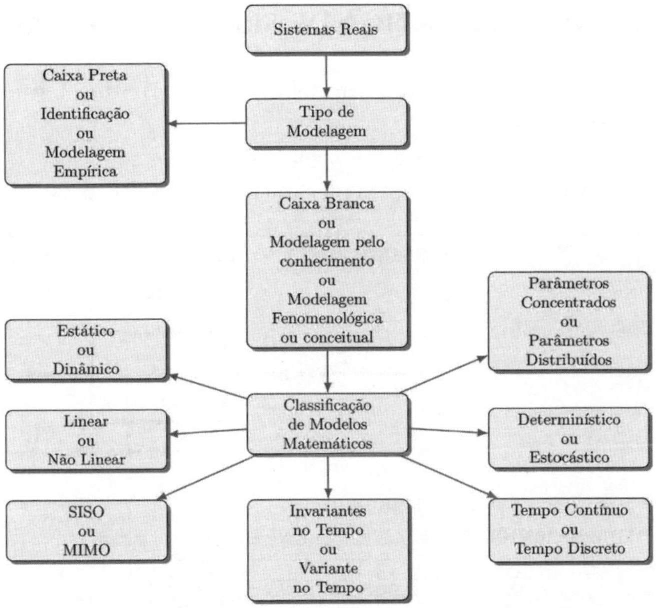

Figura 1.1: Classificação da modelagem e dos modelos.

Neste livro, estudaremos os sistemas conforme observado na Figura 1.2.

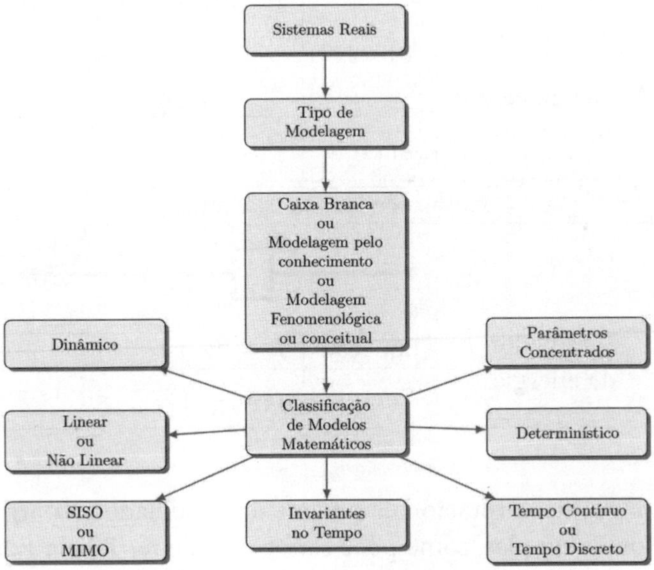

Figura 1.2: Classificação da modelagem e dos modelos estudados neste livro.

1.1 MODELAGEM MATEMÁTICA DE SISTEMAS MECÂNICOS

Os sistemas mecânicos podem ser modelados a partir de elementos mecânicos simples, como mostra a Tabela 1.1.

Tabela 1.1: Sistemas mecânicos de translação.

<table>
<tr><th colspan="3">Massa translacional</th></tr>
<tr><td rowspan="3">Armazenamento indutivo</td><td colspan="2">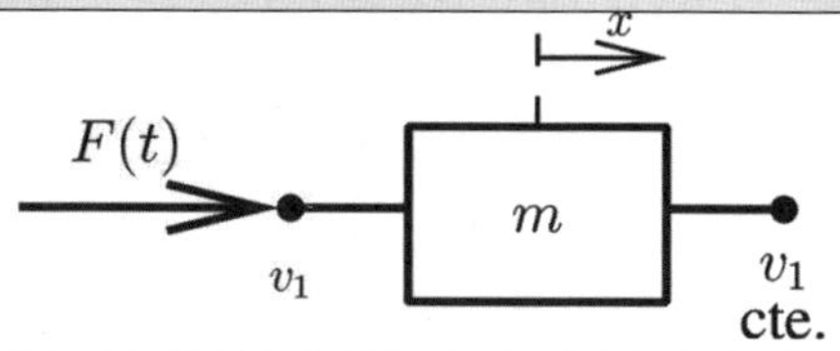
</td></tr>
<tr><td>Equação</td><td>$F = m\ddot{x}$
$F = m\dot{v}_1$</td></tr>
<tr><td>Energia</td><td>$T = \frac{1}{2}mv_1^2$</td></tr>
<tr><th colspan="3">Mola translacional</th></tr>
<tr><td rowspan="3">Armazenamento indutivo</td><td colspan="2">
</td></tr>
<tr><td>Equação</td><td>$F = kx_{12}$
$v_{12} = \frac{1}{k}\frac{dF}{dt}$</td></tr>
<tr><td>Energia</td><td>$V = \frac{1}{2}kx_{12}^2 = \frac{1}{2}\frac{F^2}{k}$</td></tr>
<tr><th colspan="3">Amortecedor translacional</th></tr>
<tr><td rowspan="3">Dissipador de energia</td><td colspan="2">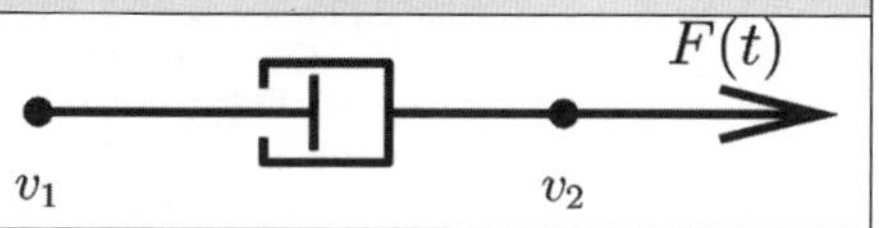
</td></tr>
<tr><td>Equação</td><td>$F = bv_{12}$</td></tr>
<tr><td>Energia</td><td>$D = \frac{b}{2}v_{12}^2$</td></tr>
</table>

Os sistemas mecânicos rotacionais podem ser modelados a partir de elementos mecânicos rotacionais simples, como pode ser observado na Tabela 1.2.

Tabela 1.2: Sistemas mecânicos de rotação.

<table>
<tr><th colspan="3">Massa rotacional</th></tr>
<tr><td rowspan="3">Armazenamento capacitivo</td><td colspan="2">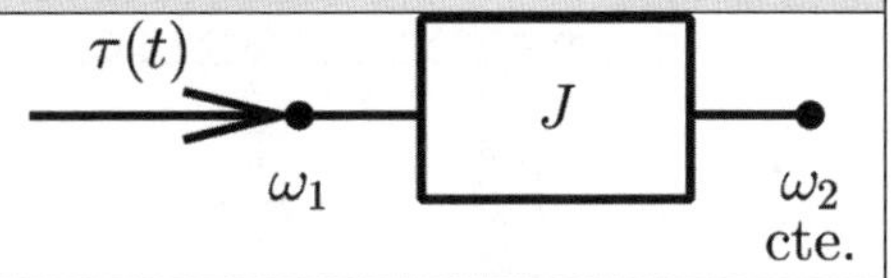
</td></tr>
<tr><td>Equação</td><td>$\tau = J\frac{d\omega_1}{dt}$</td></tr>
<tr><td>Energia</td><td>$T = \frac{1}{2}J\omega_1^2$</td></tr>
<tr><th colspan="3">Mola rotacional</th></tr>
<tr><td rowspan="3">Armazenamento indutivo</td><td colspan="2">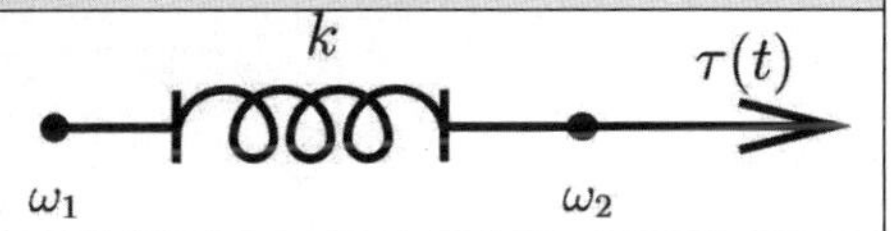
</td></tr>
<tr><td>Equação</td><td>$\tau = k\theta_{12}$
$\frac{d\tau}{dt} = k\omega_{12}$</td></tr>
<tr><td>Energia</td><td>$T = \frac{1}{2}k\theta_{12}^2 = \frac{1}{2}\frac{\tau^2}{k}$</td></tr>
<tr><th colspan="3">Amortecedor rotacional</th></tr>
<tr><td rowspan="3">Dissipador de energia</td><td colspan="2">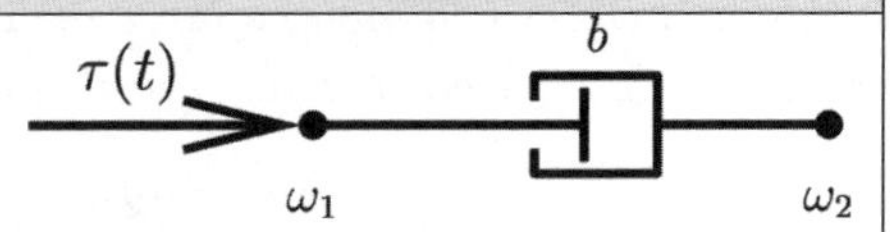
</td></tr>
<tr><td>Equação</td><td>$\tau = b\omega_{12}$</td></tr>
<tr><td>Energia</td><td>$D = \frac{b}{2}\omega_{12}^2$</td></tr>
</table>

Para sistemas mecânicos, são utilizados a segunda lei de Newton, para obter o modelo, e o conceito de Lagrange. A segunda lei de Newton pode ser escrita como:

$$\sum_{i=1}^{m} \vec{F}_i = m\vec{a},$$

em que m é a massa, $\vec{a}$ é a aceleração da massa m e $\vec{F}_i$ são as forças atuantes sobre a massa m.

***Exemplo* 1.1.** *Considere o sistema massa-mola conforme mostrado na Figura 1.3. Realize a modelagem matemática do sistema que está em movimento livre.*

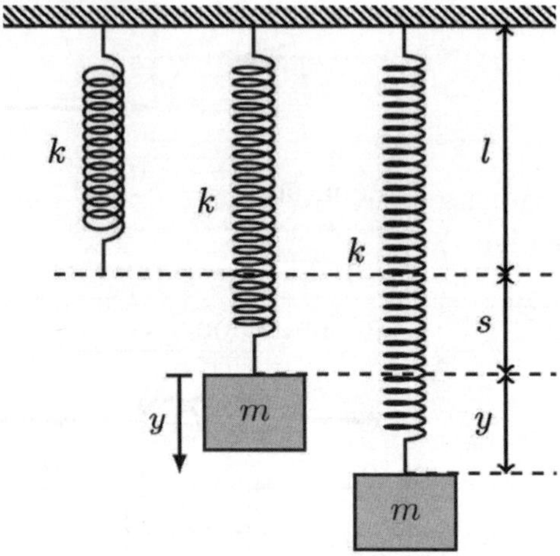

Figura 1.3: Sistema massa-mola.

***Solução* 1.1.** *Na Figura 1.3, considere que a primeira mola livre tem um comprimento l e não possui peso; sob essas condições, não há forças agindo na mola. Na imagem em que a massa m foi colocada no extremo da mola, a força restaurativa da mola entra em equilíbrio com o peso da massa m; essa é a posição de equilíbrio. Isto que dizer que:*

$$ks = mg.$$

Na imagem, Figura 1.3, na qual a massa foi deslocada y unidades desde o ponto de equilíbrio e logo a massa é liberada, então teremos um movimento harmônico. Conforme a Figura 1.3, considera-se o deslocamento da massa m no sentido positivo para abaixo. Utilizando a segunda lei de Newton, obtemos:

$$m\ddot{y} = \sum_{i=1}^{m} \vec{F}_i.$$

Como o sistema se encontrava em equilíbrio entre a força peso da massa m e a força restauradora da mola k — logo, a única força agindo na massa m é a força restauradora da mola devido ao deslocamento y, do diagrama de corpo livre (Figura 1.4) —, obtemos:

$$m\ddot{y} = -ky.$$

Assim, a equação governante do movimento é:

$$\ddot{y} = -\frac{k}{m}y. \tag{1.1}$$

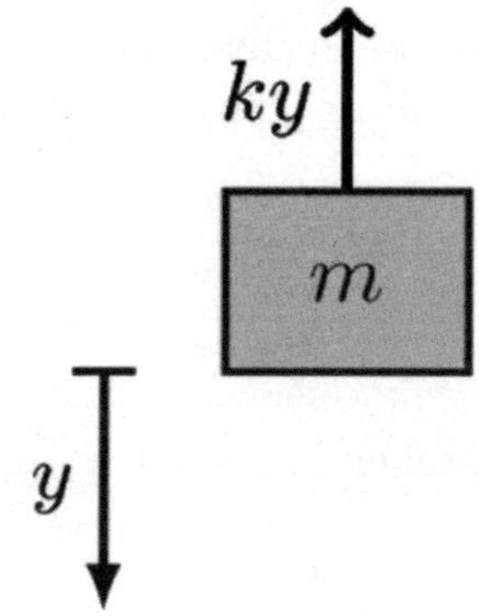

Figura 1.4: Sistema massa-mola.

Consideremos realizar uma simulação desse sistema, no qual $m = 1$ kg, $k = 1$ Nm e condição inicial $(1; 0)$. A Figura 1.5 mostra o comportamento de um sistema oscilatório com frequência e amplitude constantes, devido à ausência de elementos de amortecimento. O código para a simulação do sistema e para gerar a Figura 1.5 encontra-se na Listagem .

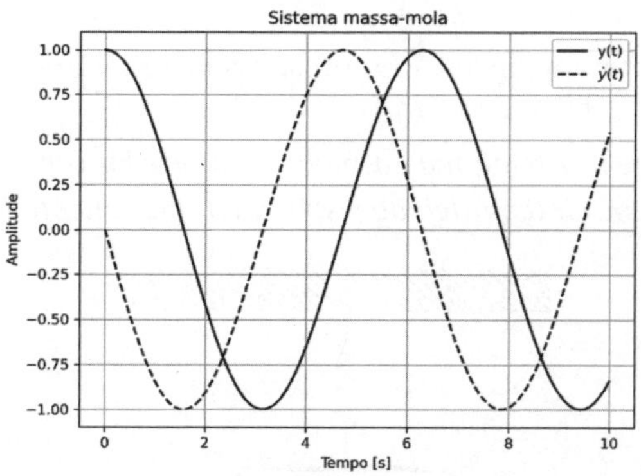

Figura 1.5: Simulação sistema massa-mola para $m = 1$, $k = 1$ e condição inicial $(1; 0)$.

As equações do código são obtidas da seguinte maneira: como o sistema é de segunda ordem, isto é, a equação diferencial ordinária é de ordem 2, escolhemos duas variáveis de estado:

$$x_1 = y \tag{1.2}$$

$$x_2 = \dot{y} \tag{1.3}$$

Com essas duas novas variáveis, transformaremos a equação diferencial de segunda ordem em duas equações diferenciais de primeira ordem. Se derivamos essas variáveis em relação ao tempo, obtemos:

$$\dot{x}_1 = \dot{y} \tag{1.4}$$

$$\dot{x}_2 = \ddot{y} \tag{1.5}$$

Da equação 1.4 e da equação 1.3, sabendo que $\dot{y} = x_2$, obtemos:

$$\dot{x}_1 = x_2$$

E $\ddot{y}$ é obtida da equação governante e da equação 1.1. Isto é, substituindo y por x_1, obtemos:

$$\dot{x}_2 = -\frac{k}{m}x_1$$

Finalmente, o sistema nas novas variáveis de estado é:

$$\dot{x}_1 = x_2$$
$$\dot{x}_2 = -\frac{k}{m}x_1$$

Essas duas equações diferenciais estão representadas na linha 8 da Listagem .

***Exemplo* 1.2.** *Considere o sistema massa-mola-amortecedor conforme mostrado na Figura 1.6. Realize a modelagem matemática do sistema em movimento livre.*

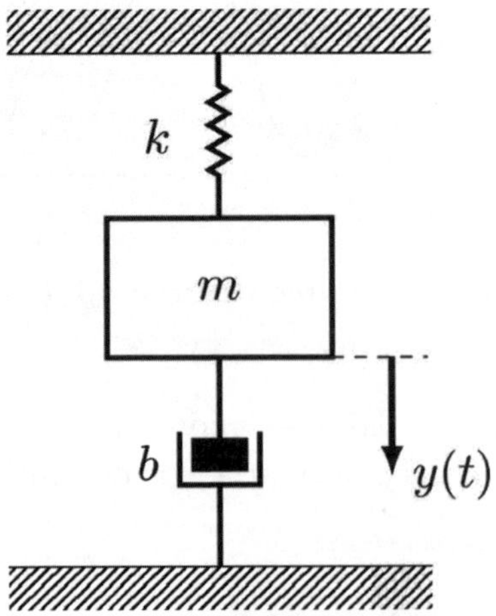

Figura 1.6: Sistema massa-mola-amortecedor.

Solução 1.2. *O diagrama de corpo livre é mostrado na Figura 1.7.*

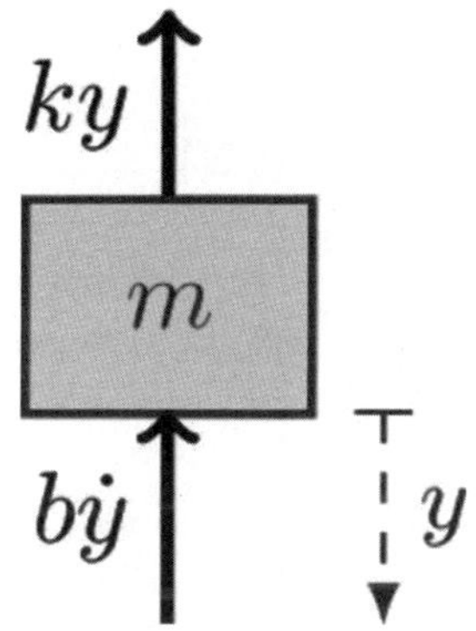

Figura 1.7: Diagrama de corpo livre do sistema massa-mola-amortecedor.

Para obtê-lo, é possível supor que a massa m foi deslocada y unidades para abaixo. Utilizando a segunda lei de Newton, obtemos:

$$m\ddot{y} = -ky - b\dot{y}$$

Vamos representar a equação governante $\ddot{y}$ em variáveis de estado, de modo a resolvê-la numericamente com o Python. Sejam as variáveis de estado:

$$x_1 = y$$
$$x_2 = \dot{y}$$

O sistema nas novas variáveis de estado é:

$$\dot{x}_1 = x_2$$
$$\dot{x}_2 = -\frac{k}{m}x_1 - \frac{k}{m}x_2$$

Essas equações podem ser inseridas na definição de equações diferenciais no código da Listagem .

Para a simulação, consideremos que $k = 1$ Nm, $m = 1$ kg e $b = 1$ Nm/s. A Figura 1.8 mostra a simulação numérica do sistema massa-mola-amortecedor.

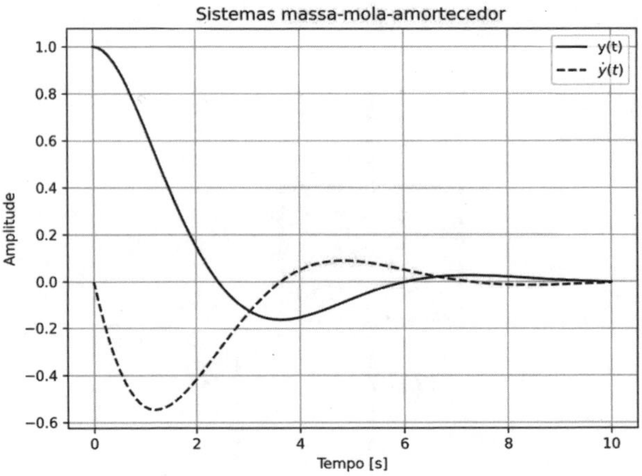

Figura 1.8: Simulação sistema massa-mola-amortecedor para $m = 1$, $k = 1$, $b = 1$ e condição inicial $(1; 0)$.

A Figura 1.5 mostra o comportamento de um sistema oscilatório, porém a Figura 1.8 mostra o comportamento de um sistema com amortecimento, pois o sistema tem um oscilação "amortecida"ao longo da evolução do tempo.

Em ambos os exemplos 1.1 e 1.2 a respectiva solução da equação diferencial ordinária original é a primeira variável de estado x_1, que é igual a $y(t)$. O código para a simulação do sistema e para gerar a Figura 1.8 encontra-se na Listagem .

***Exemplo* 1.3.** *Considere o sistema mecânico representado na Figura 1.9, na qual os atritos entre as rodas e o chão são desprezíveis. Adote como saídas as posições de deslocamento w_1 e w_2. Determine as equações governantes do movimento das massas m_1 e m_2.*

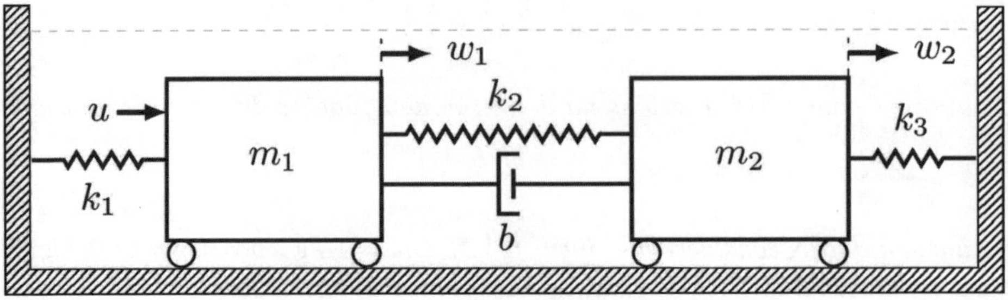

Figura 1.9: Sistema mecânico.

Solução 1.3. *Iniciamos a solução desenhando os diagramas de corpo livre das massas*[1] m_1 *e* m_2*, como mostrado na Figura 1.10.*

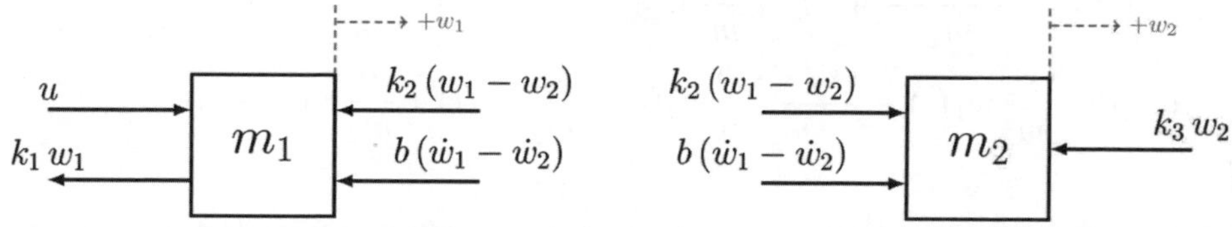

Figura 1.10: Diagramas de corpo livre do sistema mecânico.

Aplicando a segunda lei de Newton nas massas, obtemos:

$$\sum_{i=1}^{n} \vec{F}_i = m_1 \vec{a}_1$$
$$\sum_{i=1}^{n} \vec{F}_i = m_2 \vec{a}_2$$

Assim, para a massa m_1*, temos que:*

$$\begin{aligned}
m_1 \vec{a}_1 &= \sum_{i=1}^{4} \vec{F}_i \\
m_1 \ddot{w}_1(t) &= -k_1 w_1(t) - k_2(w_1(t) - w_2(t)) - b(\dot{w}_1(t) - \dot{w}_2(t)) + u(t) \\
m_1 \ddot{w}_1(t) &= -b\dot{w}_1(t) - (k_1 + k_2) w_1(t) + b\dot{w}_2(t) + k_2 w_2(t) + u(t) \\
\ddot{w}_1(t) &= -\frac{(k_1 + k_2)}{m_1} w_1(t) + \frac{k_2}{m_1} w_2(t) + \frac{b}{m_1} \dot{w}_2(t) - \frac{b}{m_1} \dot{w}_1(t) + \frac{1}{m_1} u(t)
\end{aligned}$$

E para a massa m_2*, temos que:*

$$\begin{aligned}
m_2 \vec{a}_2 &= \sum_{i=1}^{4} \vec{F}_i \\
m_2 \ddot{w}_2(t) &= -k_3 w_2(t) + k_2(w_1(t) - w_2(t)) + b(\dot{w}_1(t) - \dot{w}_2(t)) \\
m_2 \ddot{w}_2(t) &= b\dot{w}_1(t) - (k_2 + k_3) w_2(t) + b\dot{w}_2(t) + k_2 w_1(t) + u(t) \\
\ddot{w}_2(t) &= -b\dot{w}_2(t) - (k_2 + k_3) w_2(t) + b\dot{w}_1(t) + k_2 w_1(t) \\
\ddot{w}_2(t) &= \frac{k_2}{m_2} w_1(t) - \frac{(k_2 + k_3)}{m_2} w_2(t) - \frac{b}{m_2} \dot{w}_2(t) + \frac{b}{m_2} \dot{w}_1(t)
\end{aligned}$$

[1] Supõe-se que o deslocamento w_1 é um pouquinho maior que o deslocamento w_2, sendo assim, a mola k_1 está distendida, a mola k_2 e o amortecedor b estão comprimidos e a mola k_3 está comprimida.

A dinâmica do sistema ou as equações governantes do movimento são:

$$\ddot{w}_1(t) = -\frac{(k_1+k_2)}{m_1}w_1(t) + \frac{k_2}{m_1}w_2(t) + \frac{b}{m_1}\dot{w}_2(t) - \frac{b}{m_1}\dot{w}_1(t) + \frac{1}{m_1}u(t)$$

$$\ddot{w}_2(t) = \frac{k_2}{m_2}w_1(t) - \frac{(k_2+k_3)}{m_2}w_2(t) - \frac{b}{m_2}\dot{w}_2(t) + \frac{b}{m_2}\dot{w}_1(t)$$

Vamos representar as equações governantes $\ddot{w}_1$ *e* $\ddot{w}_2$ *em variáveis de estado, de modo a resolvê-las numericamente com o Python. Sejam as variáveis de estado:*

$$x_1 = w_1$$
$$x_2 = w_2$$
$$x_3 = \dot{w}_1$$
$$x_4 = \dot{w}_2$$

Derivando temporalmente as igualdades anteriores, obtemos:

$$\dot{x}_1 = \dot{w}_1$$
$$\dot{x}_2 = \dot{w}_2$$
$$\dot{x}_3 = \ddot{w}_1$$
$$\dot{x}_4 = \ddot{w}_2$$

Mas sabemos que $\dot{w}_1 = x_3$, $\dot{w}_2 = x_4$ *e* $\ddot{w}_1$ *e* $\ddot{w}_1$ *são obtidas das equações governantes, substituindo* w_1 *por* x_1, w_2 *por* x_2, $\dot{w}_1$ *por* x_3 *e* $\dot{w}_2$ *por* x_4. *Assim, obtemos:*

$$\begin{cases} \dot{x}_1 &= x_3 \\ \dot{x}_2 &= x_4 \\ \dot{x}_3 &= -\frac{(k_1+k_2)}{m_1}x_1 + \frac{k_2}{m_1}x_2 - \frac{b}{m_1}x_3 + \frac{b}{m_1}x_4 + \frac{1}{m_1}u \\ \dot{x}_4 &= \frac{k_2}{m_2}x_1 - \frac{(k_2+k_3)}{m_2}x_2 + \frac{b}{m_2}x_3 - \frac{b}{m_2}x_4 \end{cases}$$

Para a simulação, consideremos que $k_1 = k_2 = k_3 = 1$ Nm, $m_1 = m_2 = 1$ kg, $b = 1$ Nm/s, a condição inicial $(0,5; -0,5; 0; 0)$ e a entrada $u = 0$. A Figura 1.11 mostra a simulação numérica do sistema mecânico.

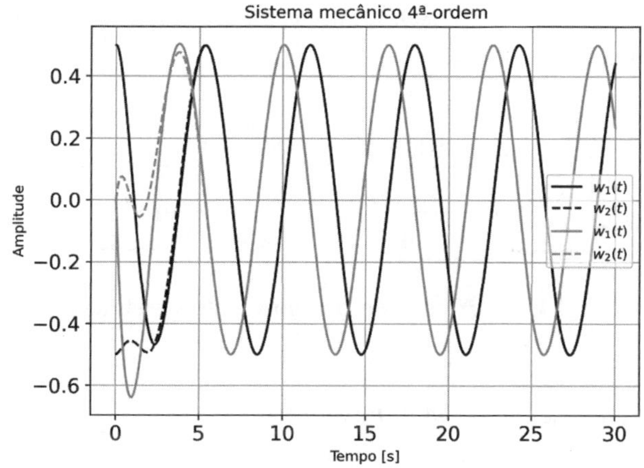

Figura 1.11: Simulação sistema mecânico para $m_1 = m_2 = 1$, $k_1 = k_2 = k_3 = 1$, $b = 1$ e condição inicial $(0,5; -0,5; 0; 0)$.

Na Figura 1.11, podemos observar que os deslocamentos w_1 e w_2 entram em harmonia, bem como as velocidades das massas m_1 e m_2. Para outros valores das massas e molas, poderão ser observados comportamentos diferentes. O código no Python para simulação do Exemplo 1.3 é mostrado na Listagem .

***Exemplo* 1.4.** *Considere o sistema mecânico representado na Figura 1.12, na qual o atrito entre as massas e o chão não é desprezível. Adote como saídas as posições de deslocamento y_1 e y_2. Determine as equações governantes do movimento das massas m_1 e m_2.*

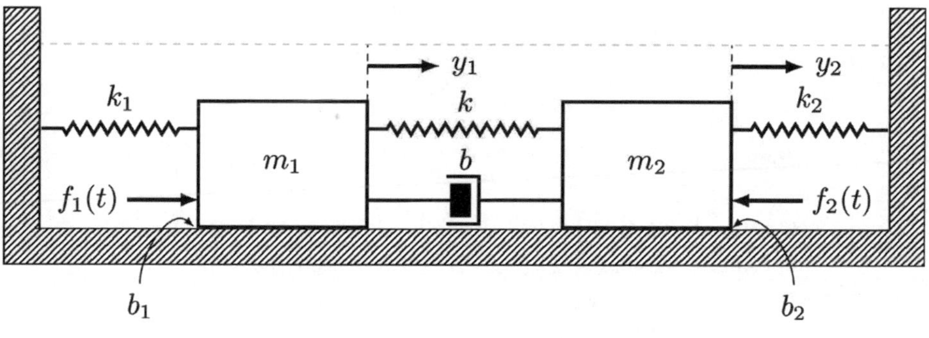

Figura 1.12: Sistema mecânico.

Solução 1.4. *Iniciamos a solução desenhando os diagramas de corpo livre das massas*[2] m_1 *e* m_2 *como mostrado na Figura 1.13.*

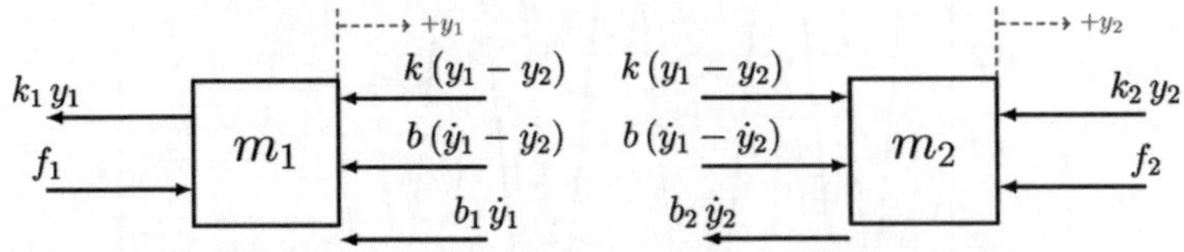

Figura 1.13: Diagramas de corpo livre do sistema mecânico.

Aplicando a segunda lei de Newton nas massas:

$$\sum_{i=1}^{n} \vec{F}_i = m_1 \vec{a}_1$$
$$\sum_{i=1}^{n} \vec{F}_i = m_2 \vec{a}_2$$

Para a massa m_1*, temos que:*

$$\begin{aligned}
m_1 \vec{a}_1 &= \sum_{i=1}^{4} \vec{F}_i \\
m_1 \ddot{y}_1 &= -k(y_1 - y_2) - b(\dot{y}_1 - \dot{y}_2) - b_1\,\dot{y}_1 - k_1\,y_1 + f_1 \\
m_1 \ddot{y}_1 &= -(k + k_1)y_1 + k\,y_2 - (b + b_1)\,\dot{y}_1 + b\,\dot{y}_2 + f_1 \\
\ddot{y}_1 &= -\frac{(k + k_1)}{m_1} y_1 + \frac{k}{m_1} y_2 - \frac{b + b_1}{m_1} \dot{y}_1 + \frac{b}{m_1} \dot{y}_2 + \frac{1}{m_1} f_1
\end{aligned}$$

E para a massa m_2*, temos que:*

$$\begin{aligned}
m_2 \vec{a}_2 &= \sum_{i=1}^{4} \vec{F}_i \\
m_2 \ddot{y}_2 &= k(y_1 - y_2) + b(\dot{y}_1 - \dot{y}_2) - b_2\,\dot{y}_2 - k_2\,y_2 - f_2 \\
m_2 \ddot{y}_2 &= k\,y_1 - (k + k_2)y_2 + b\,\dot{y}_1 - (b + b_2)\,\dot{y}_2 - f_2 \\
\ddot{y}_2 &= \frac{k}{m_2} y_1 - \frac{(k + k_2)}{m_2} y_2 + \frac{b}{m_2} \dot{y}_1 - \frac{b + b_2}{m_2} \dot{y}_2 - \frac{1}{m_2} f_2
\end{aligned}$$

[2] Supõe-se que o deslocamento y_1 é um pouquinho maior que o deslocamento y_2.

A dinâmica do sistema ou as equações governantes do movimento são:

$$\ddot{y}_1 = -\frac{(k+k_1)}{m_1}y_1 + \frac{k}{m_1}y_2 - \frac{b+b_1}{m_1}\dot{y}_1 + \frac{b}{m_1}\dot{y}_2 + \frac{1}{m_1}f_1$$
$$\ddot{y}_2 = \frac{k}{m_2}y_1 - \frac{(k+k_2)}{m_2}y_2 + \frac{b}{m_2}\dot{y}_1 - \frac{b+b_2}{m_2}\dot{y}_2 - \frac{1}{m_2}f_2$$

Vamos representar as equações governantes $\ddot{x}_1$ e $\ddot{x}_1$ em variáveis de estado, de modo a resolvê-las numericamente com o Python. Sejam as variáveis de estado:

$$x_1 = y_1$$
$$x_2 = y_2$$
$$x_3 = \dot{y}_1$$
$$x_4 = \dot{y}_2$$

Derivando temporalmente as igualdades anteriores, obtemos:

$$\dot{x}_1 = \dot{y}_1$$
$$\dot{x}_2 = \dot{y}_2$$
$$\dot{x}_3 = \ddot{y}_1$$
$$\dot{x}_4 = \ddot{y}_2$$

Mas sabemos que $\dot{y}_1 = x_3$, $\dot{y}_2 = z_4$ e $\ddot{y}_1$ e $\ddot{y}_1$ são obtidas das equações governantes, substituindo y_1 por x_1, y_2 por x_2, $\dot{y}_1$ por x_3 e $\dot{y}_2$ por x_4. Assim, obtemos:

$$\begin{cases} \dot{x}_1 &= x_3 \\ \dot{x}_2 &= x_4 \\ \dot{x}_3 &= -\dfrac{(k+k_1)}{m_1}x_1 + \dfrac{k}{m_1}x_2 - \dfrac{b+b_1}{m_1}x_3 + \dfrac{b}{m_1}x_4 + \dfrac{1}{m_1}f_1 \\ \dot{x}_4 &= \dfrac{k}{m_2}x_1 - \dfrac{(k+k_2)}{m_2}x_2 + \dfrac{b}{m_2}x_3 - \dfrac{b+b_2}{m_2}x_4 - \dfrac{1}{m_2}f_2 \end{cases}$$

As equações governantes são duas equações diferenciais ordinárias de segunda ordem, que foram transformadas em um sistema de quatro equações diferenciais de primeira ordem.

Para a simulação, consideremos que $k = k_1 = k_2 = 1$ Nm, $m_1 = m_2 = 1$ kg, $b = b_1 = b_2 = 1$ Nm/s, a condição inicial $(0,5; 0,5; 0; 0)$ e a entrada $f_1 = f_2 = 0$. A Figura 1.14 mostra a simulação numérica do sistema mecânico.

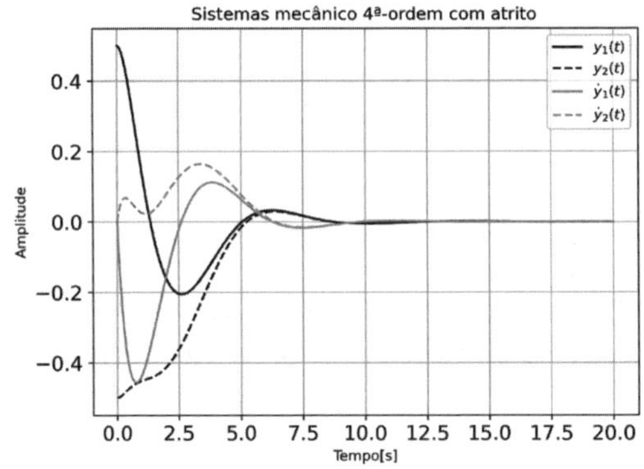

Figura 1.14: Simulação sistema mecânico para $m_1 = m_2 = 1$, $k = k_1 = k_2 = 1$, $b = b_1 = b_2 = 1$ e condição inicial $(0,5; 0,5; 0; 0)$.

Na Figura 1.14, podemos observar que os deslocamentos y_1 e y_2 convergem rapidamente para a origem, assim como as velocidades das massas m_1 e m_2. Para outros valores das massas e coeficientes de elasticidade das molas, poderão ser observados comportamentos diferentes. O código no Python para simulação do Exemplo 1.4 é mostrado na Listagem

1.2 MODELAGEM MATEMÁTICA DE SISTEMAS ELÉTRICOS

Os sistemas elétricos podem ser modelados a partir da modelagem do resistor, indutor e capacitor, como demonstrado na Tabela 1.3.

***Exemplo* 1.5.** *Considere o sistema elétrico RLC em série representado na Figura 1.15, em que R é a resistência, L é a inductância, C é a capacitância, $v(t)$ é a tensão de entrada e $i(t)$ é a corrente no circuito em série. Determine a equação diferencial em função da tensão no capacitor $V_c(t)$ que modela esse sistema elétrico.*

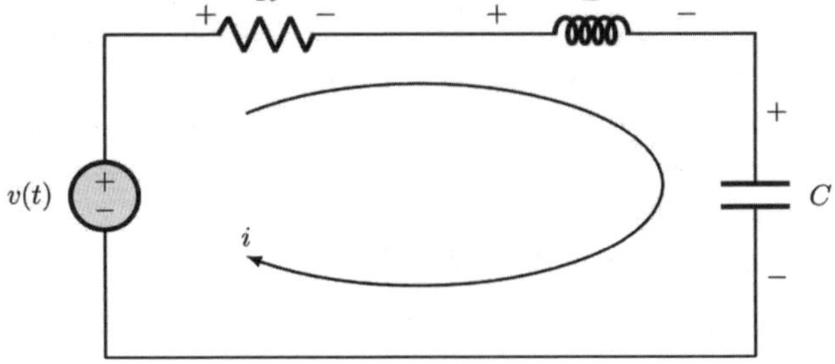

Figura 1.15: Sistema elétrico RLC.

Tabela 1.3: Sistemas elétricos.

<table>
<tr><th colspan="3">Indutor</th></tr>
<tr><td rowspan="3">Armazenamento indutivo</td><td colspan="2">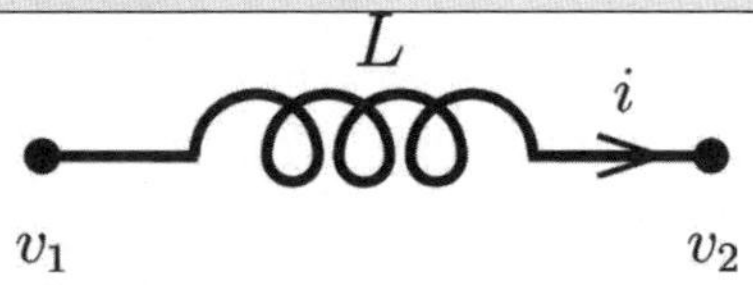</td></tr>
<tr><td>Equação</td><td>$v_{12} = L\frac{di}{dt}$</td></tr>
<tr><td>Energia</td><td>$T = \frac{1}{2}Li^2$</td></tr>
<tr><th colspan="3">Capacitor</th></tr>
<tr><td rowspan="3">Armazenamento capacitivo</td><td colspan="2">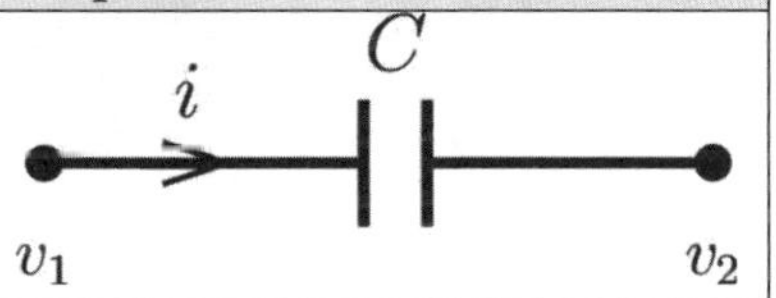</td></tr>
<tr><td>Equação</td><td>$v_{12} = \frac{1}{C}\int idt$
$i = C\dot{v}_{12}$</td></tr>
<tr><td>Energia</td><td>$T = \frac{1}{2}Cv_{12}^2$</td></tr>
<tr><th colspan="3">Resistor</th></tr>
<tr><td rowspan="3">Dissipador de energia</td><td colspan="2">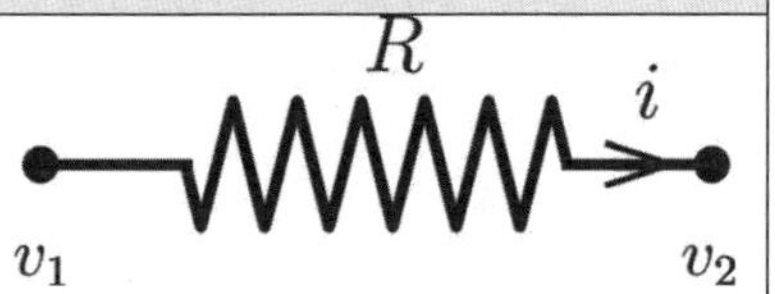</td></tr>
<tr><td>Equação</td><td>$v_{12} = Ri$
$i = \frac{v_{12}}{R}$</td></tr>
<tr><td>Energia</td><td>$D = \frac{1}{2R}v_{12}^2$</td></tr>
</table>

Solução 1.5. *Consideremos V_R a tensão no resistor, V_L a tensão no indutor, V_c a tensão no capacitor e $i(t)$ a corrente no circuito. Utilizando a segunda lei de Kirchhoff, a voltagem aplicada em uma malha fechada deve ser igual à soma das quedas de voltagem na malha. Assim, obtemos:*

$$v(t) = V_R(t) + V_L(t) + V_c(t)$$

A corrente $i(t)$ está relacionada com a tensão no capacitor da seguinte maneira:

$$V_c = \frac{1}{C}\int i(\tau)d\tau.$$

Se derivamos em relação ao tempo a equação de V_c uma e duas vezes, obtemos:

$$\dot{V}_c = \frac{1}{C}i(t) \quad e \quad \ddot{V}_c = \frac{1}{C}\frac{di}{dt}.$$

Assim:

$$i(t) = C\dot{V}_c$$

$$e$$

$$\frac{di}{dt} = C\ddot{V}_c.$$

Sabemos que:

$$V_R = Ri = RC\dot{V}_c$$

$$e$$

$$V_L = L\frac{di}{dt} = LC\ddot{V}_c.$$

Finalmente, obtemos:

$$v(t) = RC\dot{V}_c + LC\ddot{V}_c + V_c$$

ou

$$\ddot{V}_c + \frac{R}{L}\dot{V}_c + \frac{1}{LC}V_c = \frac{1}{LC}v(t).$$

Vamos representar a equação diferencial ordinária do circuito série RLC em variáveis de estado, de modo a resolvê-la numericamente com o Python. Sejam as variáveis de estado:

$$x_1 = V_c$$
$$x_2 = \dot{V}_c$$

Derivando temporalmente as igualdades anteriores, obtemos:

$$\dot{x}_1 = \dot{V}_c$$
$$\dot{x}_2 = \ddot{V}_c$$

Mas sabemos que $\dot{V}_c = x_2$ e $\ddot{V}_c$ é obtida da equação diferencial do circuito, substituindo V_c por x_1, $\dot{V}_c$ por x_2. Assim, obtemos:

$$\begin{cases} \dot{x}_1 &= x_2 \\ \dot{x}_2 &= -\dfrac{R}{L}x_2 - \dfrac{1}{LC}x_1 + \dfrac{1}{LC}v(t) \end{cases}$$

A equação diferencial do circuito é uma equação diferencial ordinária de segunda ordem, que foi transformada em um sistema de duas equações diferenciais de primeira ordem.

Para a simulação, consideremos que $R = 1\ \Omega$, $L = 1\ H$, $C = 1\ F$, a condição inicial $(1; 0)$ e a entrada $v(t) = 0$. A Figura 1.16 mostra a simulação numérica do sistema elétrico.

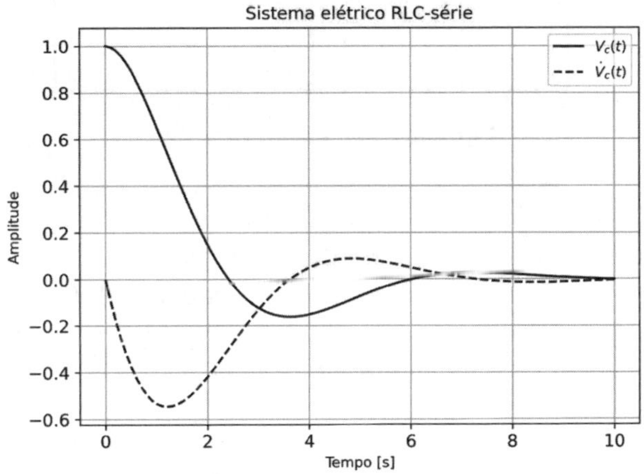

Figura 1.16: Simulação sistema elétrico para $R = 1\ \Omega$, $L = 1$ H, $C = 1$ F e condição inicial $(0; 0)$.

Na Figura 1.16, podemos observar que a tensão $V_c(t)$ e a derivada temporal de $V_c(t)$ convergem rapidamente para a origem. Para outros valores de resistor, indutor e capacitor, poderão ser observados comportamentos diferentes. O código no Python para simulação do Exemplo 1.5 é mostrado na Listagem .

Exemplo 1.6. *Considere o circuito elétrico RLC apresentado na Figura 1.17, linear e invariante no tempo, onde L é a indutância, R é a resistência e C_1 e C_2 são as capacitâncias. A entrada $v_i(t)$ é a diferença de potencial elétrico aplicado no circuito, conforme Figura 1.17. A saída do sistema é a tensão no capacitor C_2, $V_{C_2}(t)$.*

1. *Deduza as equações diferenciais lineares que modelam esse sistema.*
2. *Mostre a representação vetorial-matricial do sistema, considerando: $x_1(t) = v_{C_1}(t)$, $x_2(t) = i_L(t)$ e $x_3(t) = v_{C_2}(t)$.*
3. *Simule o sistema da Figura 1.17 considerando $R = 1\ K\Omega$, $L = 22\ mH$, $C_1 = 100\ \mu F$ e $C_2 = 10\ \mu F$, $v(t) = 0$. Mostre os gráficos da evolução ao longo do tempo de v_{C_1}, v_{C_2} e i_L.*

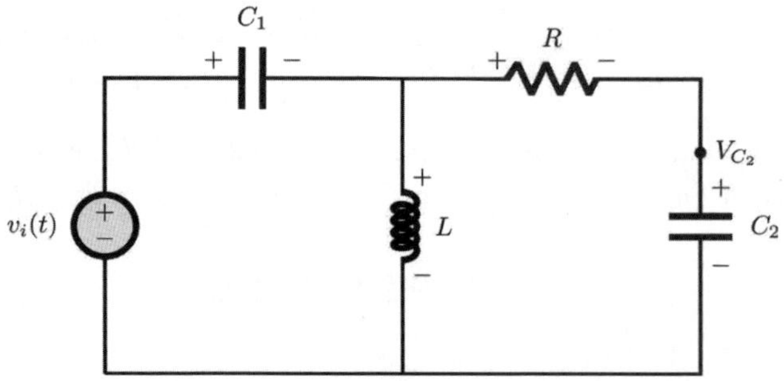

Figura 1.17: Sistema elétrico.

Solução 1.6. *Seja V_R a tensão no resistor, V_L a tensão no indutor, V_{c_1} a tensão no capacitor C_1, V_{c_2} a tensão no capacitor C_2, i é a corrente no capacitor C_1, i_L é a corrente no indutor L e i_R a corrente no resistor R e i_{C_2} é a corrente no capacitor C_2. Aplicamos a lei das correntes em um nó: a soma das correntes que entram em um nó é igual a soma das correntes que saem do nó. Assim, com o nó A da Figura 1.18, obtemos:*

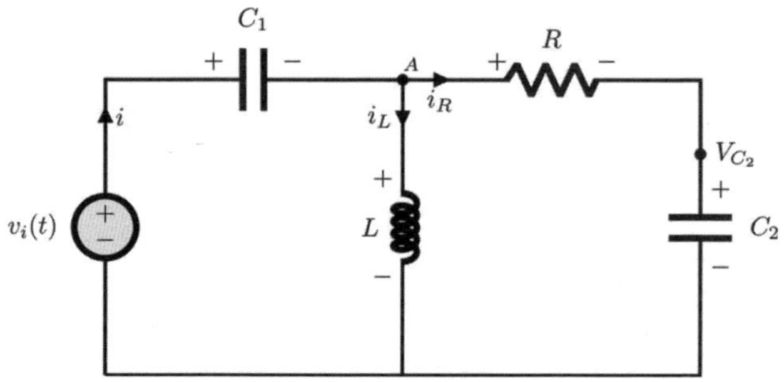

Figura 1.18: Sistema elétrico.

$$i(t) = i_R(t) + i_L(t)$$

A tensão no capacitor C_1 é:

$$V_{c_1} = \frac{1}{C_1} \int i(\tau) d\tau$$

Se derivamos essa equação uma vez em relação ao tempo, obtemos:

$$i = C_1 \dot{V}_{c_1},$$

A tensão no capacitor C_2 é:

$$V_{c_2} = \frac{1}{C_2} \int i_{C_2}(\tau) d\tau$$

Ao derivamos essa equação uma vez em relação ao tempo, obtemos:

$$i_{C_2} = i_R = C_2\dot{V}_{C_2}.$$

A corrente $i_{C_2}(t)$ está relacionada com a tensão nos capacitores da seguinte maneira:

$$i_{C_2} = \frac{v_i - V_{c1} - V_{c2}}{R} = C_2\dot{V}_{C_2}.$$

Assim, a equação diferencial de V_{c_2} é:

$$\dot{V}_{C_2} = \frac{v_i - V_{c_1} - V_{c_2}}{RC_2}$$

De:

$$\dot{V}_{c_1} = \frac{1}{C_1}i = \frac{1}{C_1}(i_{C_2} + i_L) = \frac{1}{C_1}\left(i_L + \frac{v_i - V_{c_1} - V_{c_2}}{R}\right)$$

Assim, a equação diferencial de V_{c_1} é:

$$\dot{V}_{c_1} = \frac{1}{RC_1}i_L + \frac{1}{RC_1}\left(v_i - V_{c_1} - V_{c_2}\right)$$

A tensão no indutor é:

$$V_L = v_i - V_{c_1}$$

Assim:

$$V_L = L\frac{di}{dt}$$

Assim, a equação diferencial de $\frac{di}{dt}$ é:

$$\frac{di}{dt} = \frac{v_i}{L} - \frac{V_{c_1}}{L}.$$

Vamos representar a equação diferencial ordinária do circuito em variáveis de estado, de modo a resolvê-la numericamente com o Python. Sejam as variáveis de estado:

$$x_1 = V_{c_1}$$
$$x_2 = i_L$$
$$x_3 = V_{c_2}$$

Derivando temporalmente as igualdades anteriores, obtemos:

$$\dot{x}_1 = \dot{V}_{c_1}$$
$$\dot{x}_2 = di_L/dt$$
$$\dot{x}_3 = \dot{V}_{c_2}$$

Assim, é obtida a equação diferencial do circuito, substituindo V_{c_1} por x_1, i_L por x_2 e V_{c_2} por x_3. Obtemos:

$$\begin{cases} \dot{x}_1 &= -\dfrac{1}{C_1 R}x_1 + \dfrac{1}{C_1}x_2 - \dfrac{1}{C_1 R}x_3 + \dfrac{1}{C_1 R}v_i \\ \dot{x}_2 &= -\dfrac{1}{L}x_1 + \dfrac{1}{L}v_i \\ \dot{x}_3 &= -\dfrac{1}{C_2 R}x_1 - \dfrac{1}{C_2 R}x_3 + \dfrac{1}{C_2 R}v_i \end{cases}$$

Para a simulação, consideremos $R = 1$ KΩ, $L = 22$ mH, $C_1 = 100$ μF, $C_2 = 10$ μF, a condição inicial $(0,5; 0,2; 0,1)$ e a entrada $v_i(t) = 0$. A Figura 1.19 mostra a simulação numérica do sistema mecânico.

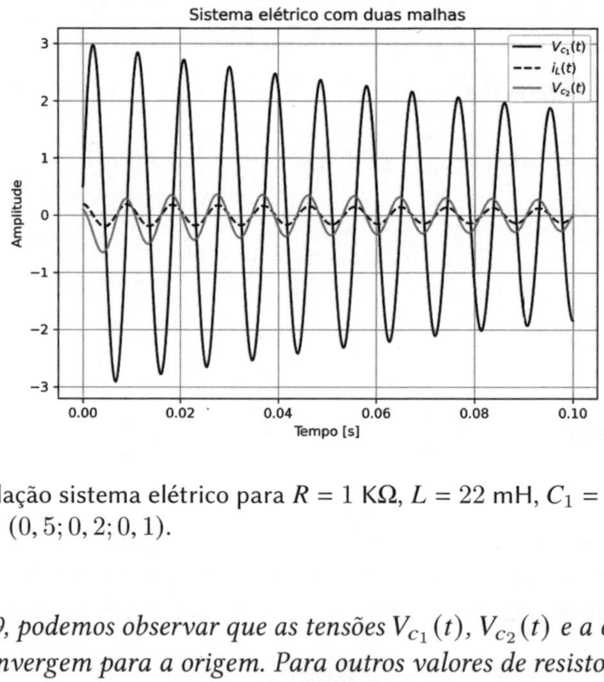

Figura 1.19: Simulação sistema elétrico para $R = 1$ KΩ, $L = 22$ mH, $C_1 = 100$ μF, $C_2 = 10$ μF e a condição inicial $(0,5; 0,2; 0,1)$.

Na Figura 1.19, podemos observar que as tensões $V_{c_1}(t)$, $V_{c_2}(t)$ e a corrente no indutor $i_L(t)$ oscilam e convergem para a origem. Para outros valores de resistor, indutor e capacitores, poderão ser observados comportamentos diferentes. O código no Python para simulação do Exemplo 1.6 é mostrado na Listagem

1.3 REVISÃO DOS NÚMEROS COMPLEXOS

Os conceitos de números complexos são amplamente utilizados quando é definida a função de resposta em frequência ou a função de transferência senoidal. Em uma função de transferência em malha aberta de um sistema denotada como $G(s)$, a função de transferência senoidal é obtida quando a variável complexa s é substituída por $j\omega$. Isto pode ser interpretado como o mapeamento do semi-eixo imaginário positivo do plano s por meio da função de transferência em malha aberta no plano complexo $G(j\omega)$.

1.3.1 Números complexos

Um número complexo A é um par ordenado de números reais A_1 e A_2, os quais podem ser escritos simbolicamente como:

$$A = (A_1, A_2) \tag{1.6}$$

Seja um segundo número complexo B designado por:

$$B = (B_1, B_2)\,,$$

usando estes como exemplos, as operações algébricas são definidas como segue:

1. Identidade:
$$A = B$$
Se, e somente se, $A_1 = B_1$ e $A_2 = B_2$.

2. Adição:
$$A + B = (A_1 + B_1, A_2 + B_2)$$

3. Multiplicação:
$$AB = (A_1B_1 - A_2B_2, A_1B_2 + A_2B_1)$$
A adição e a multiplicação obedecem às leis comutativa, associativa e distributiva da álgebra.

4. Divisão: Em sistemas consistentes com números reais, não podemos definir a divisão de forma independente. Nós queremos C, onde:
$$C = \frac{A}{B}$$
C é o número que, quando multiplicado por B, dará A. Então é possível provar que:
$$\frac{A}{B} = \left(\frac{A_1B_1 + A_2B_2}{B_1^2 + B_2^2}, \frac{A_2B_1 - A_1B_2}{B_1^2 + B_2^2}\right)$$

1.3.2 Plano complexo

O plano complexo é uma representação geométrica dos números complexos (Figura 1.20). Assim, cada ponto da reta está associado a um número nela. O plano complexo associa biunivocamente o ponto (A_1, A_2) do plano ao número $A_1 + i\, A_2$. Esta associação conduz as seguintes representações:

1. Forma cartesiana ou retangular:

$$A = (A_1, A_2) = A_1 + i\, A_2$$

   Representa o número A, separando a parte real da parte imaginária.

2. Forma polar:

$$A = r(\cos(\theta) + i\ \mathrm{sen}(\theta)) = r\, e^{i\,\theta}, \quad |A| = r$$

   r é a distância do ponto $A = A_1 + i\, A_2$ até a origem de coordenadas e é denominado de **módulo** do número complexo, denotado como:

$$|A| = r = \sqrt{A_1^2 + A_2^2}$$

   θ é o ângulo entre a semi-reta $\overline{0z}$ e o semi-eixo real e é denominado de **argumento** do número complexo A, denotado como $\arg(A)$

3. Forma exponencial: Através da identidade de Euler $e^{i\theta} = \cos(\theta) + i\,\mathrm{sen}(\theta)$, a forma polar é equivalente à chamada **forma exponencial**:

$$A = r\, e^{i\,\theta}.$$

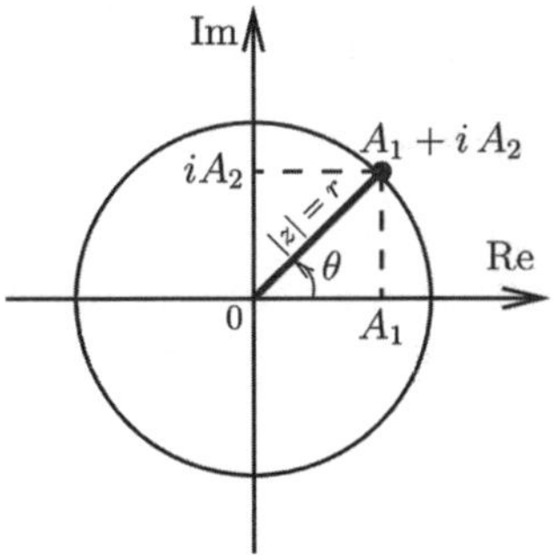

Figura 1.20: No plano complexo, a parte real é representada pela reta das abscissas (Re, horizontal), enquanto a parte imaginária, pela reta das ordenadas (Im, vertical).

1.3.3 Parte real e parte imaginária

Um número real R pode ser escrito como:

$$R = (R, 0)$$

Já um número imaginário I, cujo um símbolo ainda não foi introduzido, por ser escrito como:

$$I = (0, I)$$

Dado um número como na equação 1.6, denomina-se A_1 a parte real (ou a componente real) e A_2 a componente imaginária. O número $(0, A_2)$ é denominado como a parte imaginária de A.

Para denotar as componentes real e imaginária, usamos:

$$A_1 = \text{Re } A$$
$$A_2 = \text{Im } A.$$

1.3.4 Números complexos importantes

Os números complexos que são muito importantes:

$$0 = (0, 0)$$
$$1 = (1, 0)$$
$$j = (0, 1)$$

Os números complexos 0 e 1 desempenham nas operações com número complexos as mesmas funções que suas contrapartes reais.

O número imaginário especial j (escrito como i na literatura de matemática) tem sua contraparte nos números reais. Da regra de multiplicação, observe que:

$$jA = (0, 1)(A_1, A_2) = (-A_2, A_1)$$

Note que:

$$j\,j = (-1, 0)$$

1.3.5 Magnitude e ângulo de um número complexo

Uma vez que um número complexo é um par ordenado de números reais, este pode ser representado como um ponto no plano. Isto sugere definir a magnitude e o ângulo (ou fase) de um número complexo como segue:

$$
\begin{aligned}
|A| &= \sqrt{A_1^2 + A_2^2} \quad \text{magnitude} \\
\theta &= \text{tg}^{-1}\left(\frac{A_2}{A_1}\right) \quad \text{ângulo ou fase}
\end{aligned}
$$

Muitas vezes, é conveniente designar esses pela notação:

$$|A| = \text{mag}\, A, \quad \theta = \text{ang}A = \angle A = \underline{/A}$$

A magnitude e a fase podem ser interpretadas geometricamente (Figura 1.21) como as coordenadas polares de um ponto em um plano. Assim, pode-se escrever:

$$A = |A| \, \underline{/\theta}$$

Da interpretação geométrica:

$$
\begin{aligned}
A_1 &= |A| \cos(\theta) \\
A_2 &= |A| \,\text{sen}(\theta)
\end{aligned}
$$

Com um pouco de trigonometria, mostra-se que:

$$
\begin{aligned}
|A\,B| &= |A|\,|B| \\
\underline{/A\,B} &= \underline{/A} + \underline{/B} \\
\left|\frac{A}{B}\right| &= \frac{|A|}{|B|} \\
\underline{/\frac{A}{B}} &= \underline{/A} - \underline{/B}
\end{aligned}
$$

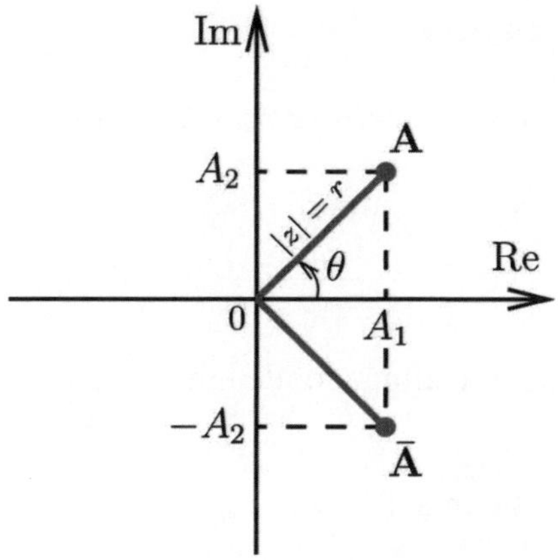

Figura 1.21: Interpretação geométrica de um número complexo.

1.3.6 Raiz de um número complexo

Devido às regras da multiplicação e da divisão, uma definição consistente pode ser dada para as raízes de um número complexo. Desejamos escrever $(A)^{1/2}$ como o símbolo de número que multiplicado por si mesmo dá A. Assim, se $A^{1/2} = |B|\,\underline{/\beta}$ e $A = |A|\,\underline{/\alpha}$:

$$|B|^2\,\underline{/2\beta} = |A|\,\underline{/\alpha}$$

e, portanto,

$$B = \sqrt{|A|}$$

$$\beta = \frac{\alpha}{2}$$

Note que:

$$|A|\,\underline{/\alpha} = |A|\,\underline{/\alpha + 2\pi}$$

Portanto, o segundo valor do ângulo é:

$$\beta = \frac{\alpha}{2} + \pi$$

Assim:

$$|B|\,\underline{/\frac{\alpha}{2}} = -\,|B|\,\underline{/\frac{\alpha}{2} + \pi}$$

1.3.7 Complexo conjugado

O complexo conjugado de A é escrito como $\overline{A}$ e definido por:

$$\begin{aligned}\overline{A} &= (A_1, -A_2) \\ &= A_1 - jA_2\end{aligned}$$

O complexo conjugado (ou conjugado) de um número é obtido mudando o sinal da parte imaginária.

Das regras da álgebra, obtém-se:

$$\begin{aligned}\overline{A+B} &= \overline{A} + \overline{B} \\ \overline{A\,B} &= \overline{A}\,\overline{B} \\ \overline{\left(\frac{A}{B}\right)} &= \frac{\overline{A}}{\overline{B}} \\ |A|^2 &= A\,\overline{A} \\ \text{Re}\,A &= \frac{1}{2}\left(A + \overline{A}\right) \\ \text{Im}\,A &= \frac{1}{j2}\left(A - \overline{A}\right)\end{aligned}$$

1.3.8 Definição de uma função

Um dos conceitos mais importantes a ser estabelecido é a ideia de um número complexo como função de outro número complexo. Seja o símbolo:

$$s = \sigma + j\omega \tag{1.7}$$

Este símbolo representa um número complexo, onde σ e ω têm algum valor real de $-\infty$ a $+\infty$.

Observação 1.1. *Um número complexo designado desta maneira é comumente chamado de **variável complexa**.*

O número complexo s, como definido pela equação 1.7, pode ser representado como um **ponto no plano complexo** s. No plano s, os eixos são denominados como real e imaginário, e um ponto típico é etiquetado como um simples símbolo, denominado s.

Aqui, introduzimos a noção de uma função de uma variável complexa. Considerando o plano s, suponha que exista um segundo plano complexo, o qual pode ser denominado de plano w, cuja forma é:

$$w = u + jv$$

Agora, suponha que uma regra é definida, na qual para cada ponto no plano s um único ponto é especificado no plano w, isto é, w é uma função de s e pode ser escrita por:

$$w = f(s)$$

Nesta definição de uma função, entende-se que para cada ponto no plano s existe somente um único ponto que lhe corresponde no plano w, isto é, uma função de um único valor.

Deve-se entender que o plano w é geometricamente similar ao plano s.

***Exemplo* 1.7.** *Com o intuito de observar a relação entre um ponto no plano w e um ponto no plano s utilizando as coordenadas retangulares considere o caso particular:*

$$w = s^2 \tag{1.8}$$

Para cada ponto no plano s,

$$\begin{aligned} w &= (\sigma + j\omega)(\sigma + j\omega) \\ &= \sigma^2 - \omega^2 + j\,2\sigma\omega \end{aligned}$$

ou

$$\begin{aligned} u &= \sigma^2 - \omega^2 \\ v &= 2\sigma\omega \end{aligned} \tag{1.9}$$

***Solução* 1.7.** *A ideia neste exemplo é que a fórmula em 1.8 dá a regra para determinar os pontos no plano w que correspondem aos pontos no plano s. As equações 1.9 dão as coordenadas retangulares dos pontos no plano w em termos de coordenadas retangulares dos pontos no plano s. A fórmula nos diz como, dado um valor de s, o valor correspondente de w deve ser determinado.*

Uma generalização de funções consiste na combinação linear de potencias de s e pode ser escrita como:

$$P(s) = b_0 + b_1 s + b_2 s^2 + \cdots b_n s^m \tag{1.10}$$

Na qual as constantes b_i's podem ser complexas ou reais e m é qualquer inteiro positivo, isto é, $P(s)$ é um polinômio em s. Para maiores generalizações, é necessário introduzir um segundo polinômio:

$$Q(s) = a_0 + a_1 s + a_2 s^2 + \cdots a_n s^n$$

Seja w a razão:

$$w = \frac{P(s)}{Q(s)} = \frac{b_0 + b_1 s + b_2 s^2 + \cdots b_n a^m}{a_0 + a_1 s + a_2 s^2 + \cdots a_n s^n} \tag{1.11}$$

Quando as constantes a_i e b_i's são conhecidas, cada valor de s dá um valor de w, que pode ser calculado. Um dos nossos objetivos é obter interpretações e significados de tais funções.

Estes conceitos foram compilados de (Le Page, 2018; Brown & Churchill, 2015).

***Exemplo* 1.8.** *Considere a seguinte função de transferência em malha aberta:*

$$G(s) = \frac{K_0(Ts - 1)}{s(\tau_1 s - 1)(\tau_2 s - 1)}$$

Separe a parte real e a parte imaginária da função de transferência senoidal em malha aberta.

Solução 1.8. *Obtemos a função de transferência senoidal, substituindo s por $j\omega$ na função de transferência em malha aberta, como segue:*

$$G(j\omega) = \frac{K_0(jT\omega - 1)}{j\omega(j\tau_1\omega - 1)(j\tau_2\omega - 1)}$$

Separamos a parte real e imaginária de $G(j\omega)$, multiplicando $G(j\omega)$ pelos complexos conjugados de cada polo, como segue:

$$G(j\omega) = \frac{K_0(jT\omega - 1)}{j\omega(j\tau_1\omega - 1)(j\tau_2\omega - 1)}\left(\frac{-j}{-j}\right)\left(\frac{-1 - j\tau_1\omega}{-1 - j\tau_1\omega}\right)\left(\frac{-1 - j\tau_2\omega}{-1 - j\tau_2\omega}\right)$$

Assim, obtém-se:

$$G(j\omega) = \frac{K_0\left(-T\tau_1\tau_2\omega^2 + T - \tau_1 - \tau_2\right)}{\left(1 + \omega^2\tau_1^2\right)\left(1 + \omega^2\tau_2^2\right)} + j\frac{K_0\left(1 + \omega^2\left(T(\tau_1 + \tau_2) - \tau_1\tau_2\right)\right)}{\omega\left(1 + \omega^2\tau_1^2\right)\left(1 + \omega^2\tau_2^2\right)}$$

A parte real da função de transferência senoidal em malha aberta é:

$$\text{Re}[G(j\omega)] = \frac{K_0\left(-T\tau_1\tau_2\omega^2 + T - \tau_1 - \tau_2\right)}{\left(1 + \omega^2\tau_1^2\right)\left(1 + \omega^2\tau_2^2\right)}$$

E a parte imaginária da função de transferência senoidal em malha aberta é:

$$\text{Im}[G(j\omega)] = \frac{K_0\left(1 + \omega^2\left(T(\tau_1 + \tau_2) - \tau_1\tau_2\right)\right)}{\omega\left(1 + \omega^2\tau_1^2\right)\left(1 + \omega^2\tau_2^2\right)}$$

1.4 EXERCÍCIOS

1. O sistema mecânico da Figura 1.22 consiste em duas massas pontuais m_1 e m_2 influenciadas por forças de amortecimento viscosas (devido a b e aos termos de fricção com coeficientes de amortecimento viscosas b_1 e b_2), forças das molas (devido aos termos k_1, k_2 e k) e forças externas $f_1(t)$ e $f_2(t)$. As setas na Figura 1.22 estabelecem a direção positiva para os deslocamentos x_1 e x_2.

    (a) Determine o diagrama de corpo livre das massas m_1 e m_2;

    (b) Determine a equação diferencial das massas m_1 e m_2;

    (c) Simule no Python o sistema da Figura 1.22, considerando $m_1 = 1$, $m_2 = 1$, $k_1 = 1$, $k = 0,5$, $k_2 = 1$, $b_1 = 0,1$, $b = 0,1$, $b_2 = 0,1$ e $f_1(t) = f_2(t) = 2$. Mostre os gráficos da evolução ao longo do tempo de x_1 e x_2, bem como os de $\dot{x}_1$ e $\dot{x}_2$.

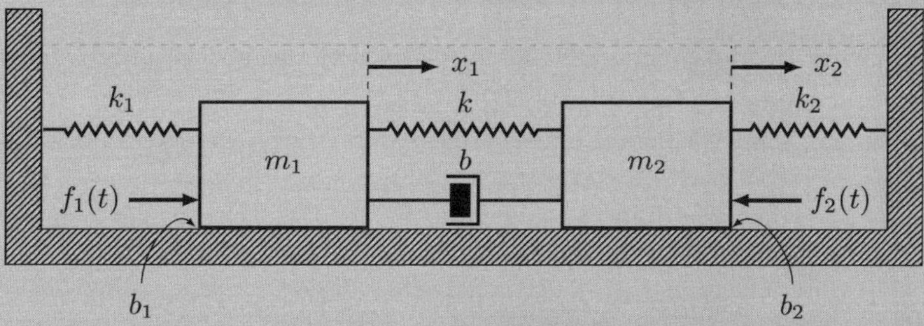

Figura 1.22: Sistema mecânico com duas massas. Figura da Questão 1.

2. Duas massas com atrito viscoso no chão são conectadas (coeficientes de atrito b_1 e b_2), como mostrado na Figura 1.23. A força de entrada é $u(t)$ e x e q são as saídas.

    (a) Determine o diagrama de corpo livre das massas m_1 e m_2;

    (b) Determine a equação diferencial das massas m_1 e m_2;

    (c) Simule no Python o sistema da Figura 1.23, considerando $m_1 = 1$, $m_2 = 1$, $k_1 = 0,5$, $k_2 = 1$, $b_1 = 0,1$, $b_2 = 0,1$ e $u(t) = 2$. Mostre os gráficos da evolução ao longo do tempo de x e q, bem como os de $\dot{x}$ e $\dot{q}$ a uma entrada degrau unitária.

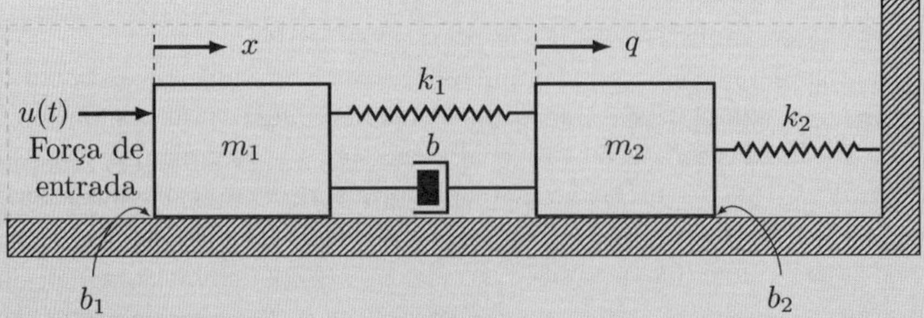

Figura 1.23: Duas massas com atrito viscoso. Figura da Questão 2.

3. Considere o circuito elétrico RLC apresentado na Figura 1.24, linear e invariante no tempo, onde L é a indutância, R_1 e R_2 são as resistências e C_1 e C_2 são as capacitâncias. A entrada $v(t)$ é a diferença de potencial elétrico aplicado no circuito (Figura 1.24). A saída $v_{C2}(t)$ do sistema é a diferença de potencial elétrico nos terminais do capacitor C_2.

   (a) Deduza as equações diferenciais lineares que modelam este sistema, isto é, as equações diferenciais de v_{C_1}, v_{C_2} e i_L.

   (b) Simule no Python o sistema da Figura 1.24, considerando $R_1 = 1\ \text{K}\Omega$, $R_2 = 1\ \text{K}\Omega$, $L = 22$ mH, $C_1 = 100\ \mu$F, $C_2 = 100\ \mu$F e $u(t) = \text{sen}(t)$. Mostre os gráficos da evolução ao longo do tempo de v_{C_1}, v_{C_2} e i_2.

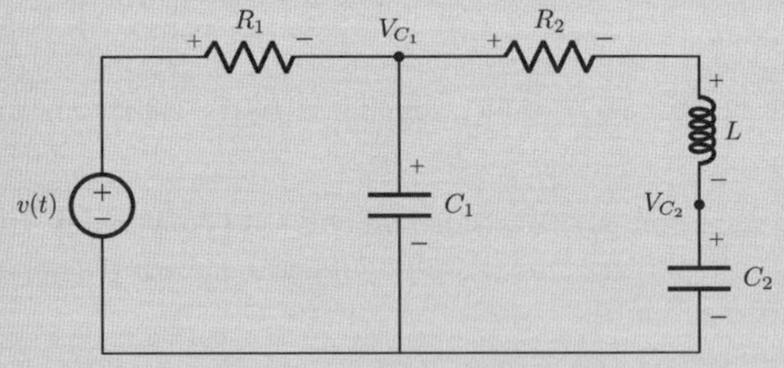

Figura 1.24: Sistema elétrico RLC. Figura da Questão 3.

4. Considere o circuito elétrico apresentado na Figura 1.25, linear e invariante no tempo, onde L é a indutância, R_1 e R_2 são as resistências e C é a capacitância. A entrada $v(t)$ é a diferença de potencial elétrico apli-

cado no circuito (Figura 1.25). A saída $v_C(t)$ do sistema é a diferença de potencial elétrico nos terminais do capacitor C.

(a) Deduza a equação diferencial linear de segunda ordem não homogênea que modela este sistema, isto é, v_C e $\dot{v}_C$.

(b) Simule no Python o sistema da Figura 1.25, considerando $R_1 = 1$ KΩ, $R_2 = 1$ KΩ, $L = 22$ mH, $C = 100$ μF e $v(t) = \text{sen}(5\,t)$. Mostre os gráficos da evolução ao longo do tempo de v_C e $\dot{v}_C$.

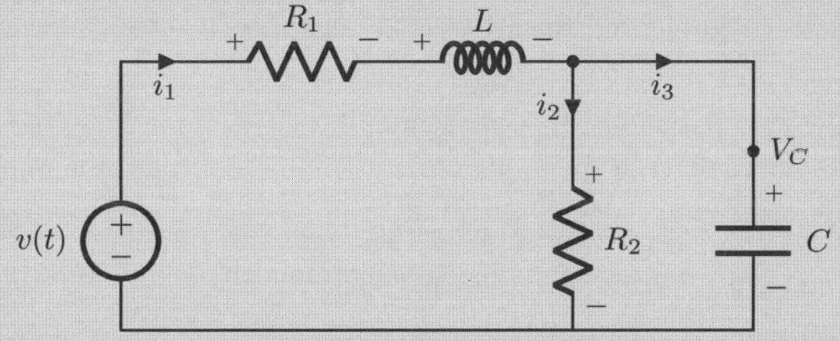

Figura 1.25: Sistema elétrico. Figura da Questão 4.

5. Para o sistema mecânico indicado na Figura 1.26, onde u é a entrada e x_1 e x_2 são as saída:

(a) Determine o diagrama de corpo livre das massas m_1 e m_2;

(b) Determine a equação diferencial das massas m_1 e m_2;

(c) Simule no Python o sistema da Figura 1.26, considerando $m_1 = 1$, $m_2 = 1$, $k_1 = 1$, $k_2 = 1$, $k_3 = 0,5$, $b_1 = b_2 = 0,2$, $b = 0,1$ (coeficiente de atrito viscoso) e $u(t) = \text{sen}(t)$. Mostre os gráficos da evolução ao longo do tempo de x_1 e x_2.

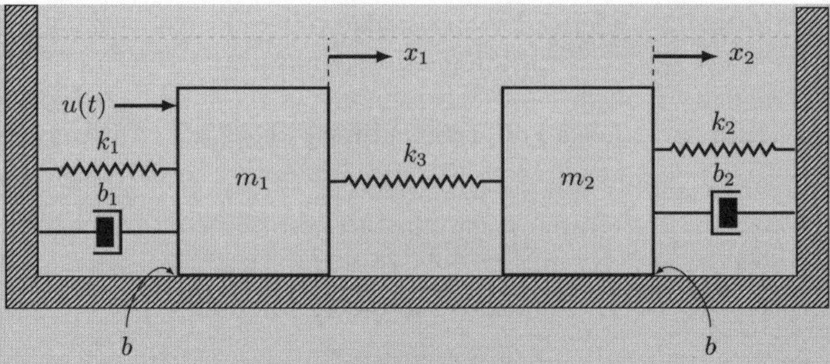

Figura 1.26: Sistema mecânico. Figura da Questão 5.

6. Separar a parte real e a parte imaginária das seguintes funções:

(a) $G(j\omega) = \dfrac{K}{(1 + j\omega\tau_1)(1 + j\omega\tau_2)}$

(b) $G(j\omega) = \dfrac{K}{j\omega(1 + j\omega\tau_1)(1 + j\omega\tau_2)}$

(c) $G(j\omega) = \dfrac{K}{(1 + j\omega\tau_1)(1 + j\omega\tau_2)(1 + j\omega\tau_3)}$

(d) $G(j\omega) = \dfrac{K(j\omega + 1)}{j\omega(j\omega - 2)}$

(e) $G(j\omega) = \dfrac{K(j\omega - 1)}{j\omega(j\omega + 2)}$

CAPÍTULO 2

Transformada de Laplace

A transformada de Laplace tem esse nome em homenagem ao matemático, astrônomo e físico francês Pierre-Simon Laplace (1746 - 1827), que utilizou uma transformada semelhante em sua pesquisa sobre a teoria da probabilidade. No final do século XIX e início do século XX, a transformada de Laplace começou a ser mais desenvolvida e, somente após a Segunda Guerra Mundial, foi mais difundida na engenharia.

Os sistemas dinâmicos lineares invariantes no tempo de parâmetros concentrados podem ser resolvidos de maneira mais simples utilizando a transformada de Laplace.

2.1 DEFINIÇÕES

A transformada de Laplace a partir de uma função de variável t (tempo) gera uma função de variável s (frequência). A transformada de Laplace fornece uma descrição que diminui a complexidade do processo de análise e síntese de um sistema, isto é, converte uma equação diferencial em uma equação algébrica e uma convolução em uma multiplicação.

Variáveis complexas são definidas como:

$$s = \sigma + j\omega$$

Na qual σ é a parte real e ω é a parte imaginária.
Uma função complexa é definida como:

$$G(s) = R + jI$$

Na qual R e I são quantidades reais e $|G(s)|$ é o módulo definido como:

$$|G(s)| = \sqrt{R^2 + I^2}$$

A defasagem de $G(s)$ é:

$$\angle G(s) = \theta = \arctan\left(\frac{I}{R}\right)$$

Na qual o ângulo θ é positivo no sentido anti-horário a partir do semi-eixo real positivo.

Pontos singulares
Os pontos singulares em que $G(s)$ é indefinida são denominados de polos. Os pontos singulares em que $G(s)$ é nula são denominados de zeros.

As relações de Euler podem ser definidas como:

$$\begin{aligned}
e^{j\theta} &= \cos(\theta) + j\,\text{sen}(\theta)\\
e^{-j\theta} &= \cos(\theta) - j\,\text{sen}(\theta)\\
\cos(\theta) &= \frac{1}{2}\left(e^{j\theta} + e^{-j\theta}\right)\\
\text{sen}(\theta) &= \frac{1}{2j}\left(e^{j\theta} - e^{-j\theta}\right)
\end{aligned}$$

A forma bilateral da transformada de Laplace é definida como:

$$\mathcal{B}\{f(t)\} \overset{\text{def}}{=} \int_{-\infty}^{\infty} f(t)e^{-st}dt$$

Foi convencionado que a transformada de Laplace refere-se à forma unilateral em que qualquer argumento é causal ou múltiplo da função Heaviside.
Assim, define-se a transformada de Laplace da função $f(t)$ como:

$$\mathcal{L}\{f(t)\} = F(s) \overset{\text{def}}{=} \int_{0}^{\infty} f(t)e^{-st}dt$$

Na qual $f(t)$ é uma função do tempo e s é uma variável complexa.

onde $f(t)$ é uma função causal no tempo, s é a variável complexa, $\mathcal{L}$ é o símbolo do operador da transformada de Laplace, $\mathcal{L}\{\cdot\}$ significa a transformada de Laplace e $F(s)$ é a transformada de Laplace de $f(t)$.
O operador transforma a função $f(t)$ definida no domínio do tempo em uma função $F(s)$ definida no domínio da frequência.
A transformada inversa de Laplace é definida como:

$$\mathcal{L}^{-1}\{F(s)\} = f(t) = \frac{1}{2\pi j}\int_{c-j\infty}^{c+j\infty} F(s)e^{st}ds, \quad t > 0$$

onde a abscissa de convergência c é uma constante real escolhida como valor superior à parte real de todos os pontos singulares de $F(s)$.

A função de Heaviside, cujo nome é uma homenagem ao matemático inglês e engenheiro eletricista Oliver Heaviside, é uma função singular e descontínua, que é nula se o argumento for negativo e unitária se o argumento for positivo, definida como:

$$u(x) = \begin{cases} 0, & x < 0 \\ \dfrac{1}{2}, & x = 0 \\ 1, & x > 0 \end{cases}$$

onde x é o argumento ou variável independente. A função de Heaviside com descontinuidade em $x = a$ é definida como:

$$u(x-a) = \begin{cases} 0, & x < a \\ \dfrac{1}{2}, & x = a \\ 1, & x > a \end{cases}$$

A função degrau unitária é definida como:

$$u(x) = \begin{cases} 0, & x < 0 \\ 1, & x \geq 0 \end{cases}$$

Onde x comumente é o tempo. Assim, a função degrau unitária no tempo é denotada por $u(t)$.

A função impulso é definida como:

$$f(t) = \begin{cases} \lim\limits_{t_0 \to 0} \dfrac{A}{t_0}, & 0 < t < t_0, \\ 0, & t < 0, t_0 < t \end{cases}$$

E sua transformada de Laplace é:

$$\mathcal{L}\{f(t)\} = A.$$

A função impulso unitária ou função delta de Dirac, que ocorre em $t = t_0$, é denotada por $\delta(t - t_0)$ e definida como:

$$\delta(t - t_0) = \begin{cases} \infty, & t = t_0, \\ 0, & t < 0, t \neq t_0 \end{cases}$$

e

$$\int_{-\infty}^{\infty} \delta(t - t_0)dt = 1$$

Assim, pode ser considerada a derivada da função degrau unitária $u(t - t_0)$ em $t - t_0$ como:

$$\delta(t - t_0) = \frac{d}{dt}u(t - t_0).$$

2.2 PROPRIEDADES E TEOREMAS DA TRANSFORMADA DE LAPLACE

Linearidade

As funções $f(t)$ e $g(t)$, cujas transformadas de Laplace são, respectivamente, $F(s)$ e $G(s)$ podem ser descritas como:

$$\mathcal{L}\{\alpha f(t) + \beta g(t)\} = \alpha\mathcal{L}\{f(t)\} + \beta\mathcal{L}\{g(t)\} = \alpha F(s) + \beta G(s)$$

Função transladada ou mudança de tempo

Seja uma função no tempo $f(t)u(t)$ cuja transformada de Laplace é $F(s)$ e seja definida a função $f(t - \alpha)u(t - \alpha)$ onde $\alpha \geq 0$ e cuja transformada de Laplace correspondente é:

$$\mathcal{L}\{f(t - \alpha)u(t - \alpha)\} = e^{-\alpha s}F(s) \text{ para } \alpha \geq 0.$$

Multiplicação de $f(t)$ por $e^{-\alpha t}$ ou mudança de frequência

Seja função $f(t)$ e sua transformada de Laplace $F(s)$, então a:

$$\mathcal{L}\left\{e^{-\alpha t}f(t)\right\} = F(s + \alpha).$$

Mudança de escala de tempo ou escalamento de tempo

Se t for substituída por t/α, na qual α é uma constante positiva, então a função $f(t)$ será mudada para $f(t/\alpha)$. Seja a função $f(t)$ e sua respectiva transformada de Laplace $F(s)$:

$$\mathcal{L}\left\{f\left(\frac{t}{\alpha}\right)\right\} = \int_0^\infty f\left(\frac{t}{\alpha}\right) e^{-st} dt = \alpha F(\alpha s)$$

Propriedade da transformada da derivada ou teorema da derivação real

Seja uma função $f(t)$ contínua e de ordem exponencial e $f'(t)$ contínua por partes para $t \geq 0$, então:

$$\mathcal{L}\{f'(t)\} = sF(s) - f(0)$$

onde $f(0)$ é o valor inicial de $f(t)$ calculado em $t = 0$. Analogamente, se $f(t)$, $f'(t)$, ..., $f^{(n-1)}(t)$ forem contínuas e $f^{(n)}(t)$ for contínua por partes, então:

$$\mathcal{L}\left\{\frac{d^n}{dt^n} f(t)\right\} = s^n F(s) - \sum_{k=0}^{n-1} s^{n-1-k} f^{(k)}(0).$$

Teorema do valor final

Um teorema é aplicável se, e somente se, existir:

$$\lim_{t \to \infty} f(t)$$

Se todos os polos de $sF(s)$ estiverem localizados no semiplano esquerdo do plano s, existirá:

$$\lim_{t \to \infty} f(t)$$

Teorema não aplicável para sistemas com polos no eixo imaginário ou no semiplano direito do plano s.

Seja a função $f(t)$ cuja derivada é $\frac{d}{dt} f(t)$ e seja $F(s)$ a transformada de Laplace de $f(t)$ e se existe

$$\lim_{t \to \infty} f(t),$$

então:

$$\lim_{t\to\infty} f(t) = \lim_{s\to 0} sF(s).$$

Teorema do valor inicial

Seja uma função $f(t)$ cuja derivada temporal é $\dfrac{df(t)}{dt}$ e seja $F(s)$ a transformada de Laplace de $f(t)$ e se existe:

$$\lim_{s\to\infty} sF(s),$$

então:

$$f(0^+) = \lim_{s\to\infty} sF(s)$$

Este teorema permite determinar o valor de $f(0^+)$ diretamente a partir de $F(s)$ e é válido para função senoidal.

Teorema da integral real ou Integração do tempo

Se $F(s)$ é a transformada de Laplace de uma função contínua por partes $f(t)$, então $\int_0^t f(\tau)d\tau$ é a transformada inversa de $\dfrac{F(s)}{s}$, isto é:

$$\mathcal{L}\left\{\int_0^t f(\tau)d\tau\right\} = \frac{1}{s}F(s)$$

ou

$$\mathcal{L}^{-1}\left\{\frac{1}{s}F(s)\right\} = \int_0^t f(\tau)d\tau$$

Teorema da derivada complexa

Seja uma função contínua $f(t)$ cuja transformada de Laplace é $F(s)$, então:

$$\mathcal{L}\left\{tf(t)\right\} = -\frac{d}{ds}F(s)$$

Assim, recursivamente:

$$\mathcal{L}\left\{t^n f(t)\right\} = (-1)^n \frac{d^n}{ds^n}F(s), \quad n = 1, 2, 3, \ldots.$$

Sinal multiplicado por $\frac{1}{t}$

Seja uma função contínua $f(t)$ cuja transformada de Laplace é $F(s)$, então:

$$\mathcal{L}\left\{\frac{1}{t}f(t)\right\} = \int_s^{\infty} F(s)ds$$

Integral de convolução

Sejam duas funções $f(t)$ e $g(t)$ cujas transformadas de Laplace são $F(s)$ e $G(s)$, a convolução é definida como:

$$f(t) * g(t) = \int_0^t f(t-\tau)g(\tau)d\tau = \int_0^t f(\tau)g(t-\tau)d\tau$$

A transformada de Laplace da convolução é definida como:

$$\mathcal{L}\{f(t) * g(t)\} = \mathcal{L}\left\{\int_0^t f(t-\tau)g(\tau)d\tau\right\} = F(s)G(s).$$

Transformada de Laplace do produto de duas funções

Sejam duas funções $f(t)$ e $g(t)$ cujas transformadas de Laplace são $F(s)$ e $G(s)$, a transformada de Laplace do produto destas duas funções pode ser dada por:

$$\mathcal{L}\{f(t)g(t)\} = \frac{1}{2\pi j}\int_{c-l\infty}^{c+j\infty} F(p)G(s-p)dp.$$

2.3 TRANSFORMADA INVERSA DE LAPLACE

Expansão em frações parciais para polos distintos

Considere uma função de transferência $F(s)$ que possui polos reais distintos:

$$\begin{aligned} F(s) &= \frac{N(s)}{D(s)} \\ &= \frac{b_m s^m + b_{m-1} s^{m-1} + b_{m-2} s^{m-2} + \cdots + b_0}{s^n + a_{n-1} s^{n-1} + a_{n-2} s^{n-2} + \cdots + a_0}, \qquad m < n \\ &= \frac{N(s)}{(s+p_1)(s+p_2)(s+p_3)\cdots(s+p_n)} \end{aligned}$$

Se $F(s)$ possui polos distintos, então é possível expressar $F(s)$ como:

$$F(s) = \frac{N(s)}{D(s)} = \frac{c_1}{s+p_1} + \frac{c_2}{s+p_2} + \frac{c_3}{s+p_3} + \cdots \frac{c_n}{s+p_n}$$

onde c_k com $k = 1, 2, 3, \ldots, n$ são constantes denominadas de resíduos do polo $s = -p_k$ e podem ser calculadas por:

$$c_k = (s+p_k)F(s)\Big|_{s=-p_k}$$

Expansão em frações parciais para polos múltiplos

Considere uma função de transferência $F(s)$ que possui polos múltiplos:

$$\begin{aligned} F(s) &= \frac{N(s)}{D(s)} \\ &= \frac{b_m s^m + b_{m-1} s^{m-1} + b_{m-2} s^{m-2} + \cdots + b_0}{s^n + a_{n-1} s^{n-1} + a_{n-2} s^{n-2} + \cdots + a_0}, \qquad m < n \\ &= \frac{N(s)}{(s+p_1)^n} \end{aligned}$$

Se $F(s)$ possui polos múltiplos, então é possível expressar $F(s)$ como:

$$F(s) = \frac{N(s)}{D(s)} = \frac{c_1}{(s+p_1)^n} + \frac{c_2}{(s+p_1)^{n-1}} + \frac{c_3}{(s+p_3)^{n-2}} + \cdots \frac{c_n}{s+p_1}$$

onde c_k com $k = 1, 2, 3, \ldots, n$ são constantes denominadas de resíduos do polo $s = -p_1$ e podem ser calculadas por:

$$
\begin{aligned}
c_1 &= (s+p_1)^n F(s)\Big|_{s=-p_1} \\
c_2 &= \frac{d}{ds}\Big((s+p_1)^n F(s)\Big)\Big|_{s=-p_1} \\
c_3 &= \frac{d^2}{ds^2}\Big((s+p_1)^n F(s)\Big)\Big|_{s=-p_1} \\
&\vdots \\
c_k &= \frac{d^{k-1}}{ds^{k-1}}\Big((s+p_1)^n F(s)\Big)\Big|_{s=-p_1} \qquad k = 1, 2, 3, \ldots, n.
\end{aligned}
$$

2.4 DIAGRAMA DE BLOCOS

O trabalho desenvolvido por (Mason & Philbrick, 1940) marca o inicio da abordagem dos diagramas de blocos para sistemas de controle, conforme (Bennett, 1993).

O diagrama de blocos de um sistema de controle é uma representação gráfica das relações matemáticas das suas componentes e do respectivo fluxo de sinais.

O diagrama de bloco de um comparador ou somador é mostrado na Figura 2.1, na qual r é o sinal de referência, b é o sinal de retroação e e é o sinal de erro atuante, definido por $e = r - b$. As seta apontadas em direção ao círculo (r e b) são sinais de entrada e as que saem do círculo (e) são sinais de saída.

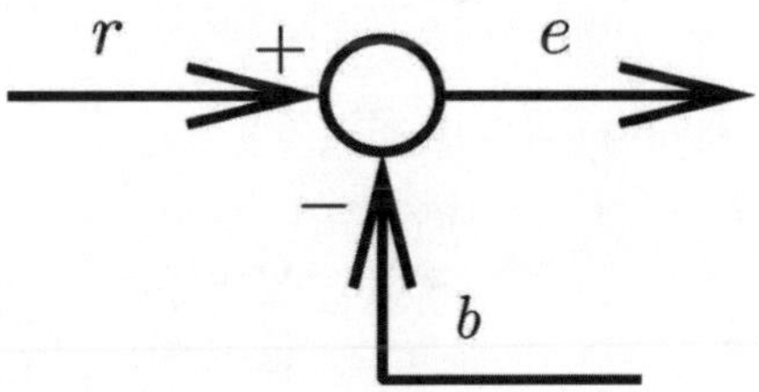

Figura 2.1: Diagrama de bloco de um comparador.

Um ponto de ramificação é um ponto em que o sinal que vem de um bloco avança simultaneamente em direção a outros blocos ou a um somador, como pode ser observado na Figura 2.2.

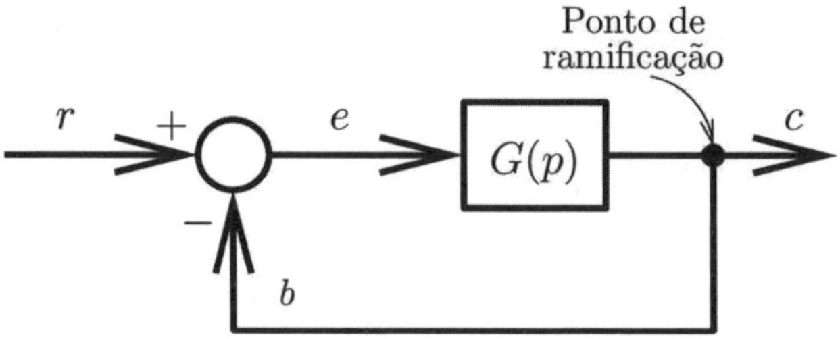

Figura 2.2: Diagrama de bloco para mostrar o ponto de ramificação.

Na Figura 2.3, a relação entre o sinal atuante e (sinal de entrada do elemento de controle) e a variável controlada c (saída do controle) é expressada por:

$$c = G(p)e$$

onde $G(p)$ representa a operação dos elementos de controle.

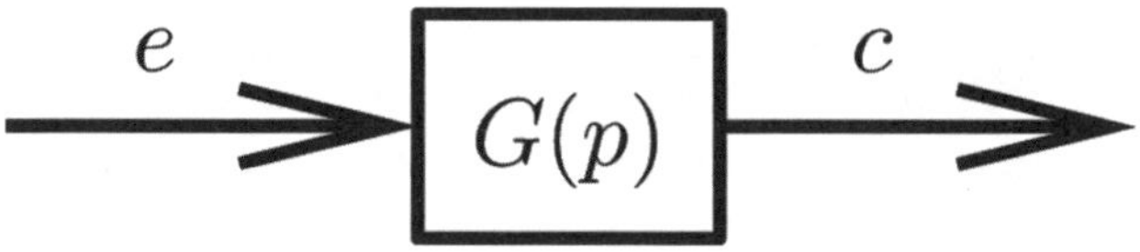

Figura 2.3: Diagrama de blocos dos elementos de controle.

A Figura 2.4 mostra o diagrama de blocos de um sistema de controle em malha fechada, na qual é possível definir os seguinte conceitos:

1. Função de transferência do ramo direto:

$$\frac{E(s)}{C(s)} = G(s).$$

2. Função de transferência em malha aberta (FTMA):

$$\frac{E(s)}{B(s)} = G(s)H(s).$$

3. Função de transferência em malha fechada (FTMF):

$$T(s) = \frac{R(s)}{C(s)} = \frac{G(s)}{1 + G(s)H(s)}.$$

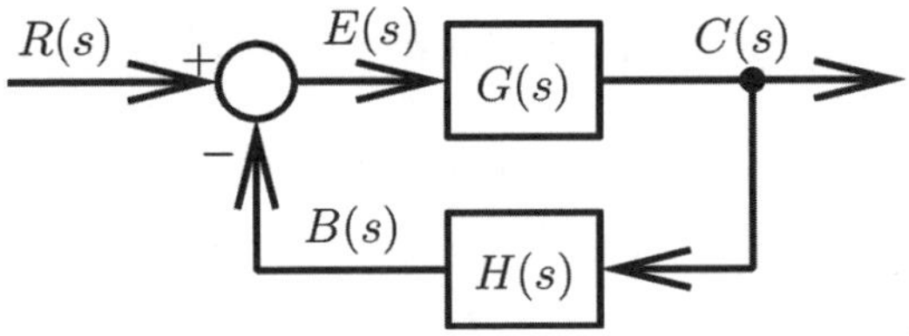

Figura 2.4: Diagrama de bloco de um sistema de controle em malha fechada.

Funções de transferência em série

A função de transferência de dois sistemas em série mostrados na Figura 2.5 é:

$$C(s) = R(s)\ [F(s)G(s)]$$

Figura 2.5: Diagrama de bloco de sistemas em série.

Funções de transferência em paralelo

A função de transferência de dois sistemas em paralelo mostrados na Figura 2.6 é:

$$C(s) = R(s)\ [F(s) + G(s)]$$

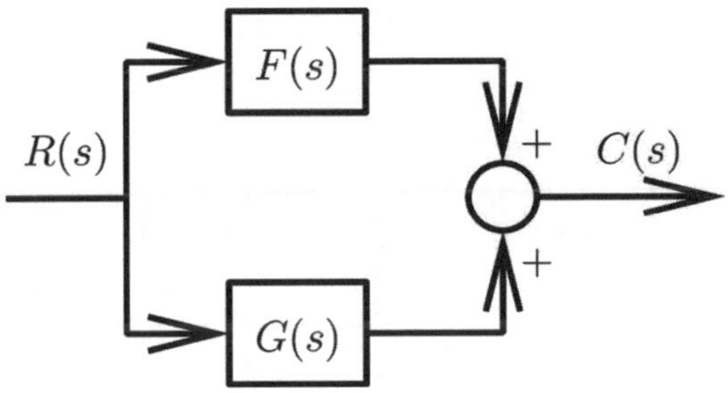

Figura 2.6: Diagrama de bloco de sistemas em paralelo.

Combinando funções de transferência em realimentação

A função de transferência de dois sistemas em realimentação negativa ou positiva é mostrada na Figura 2.7:

$$C(s) = \frac{G(s)}{1 \pm G(s)H(s)}R(s)$$

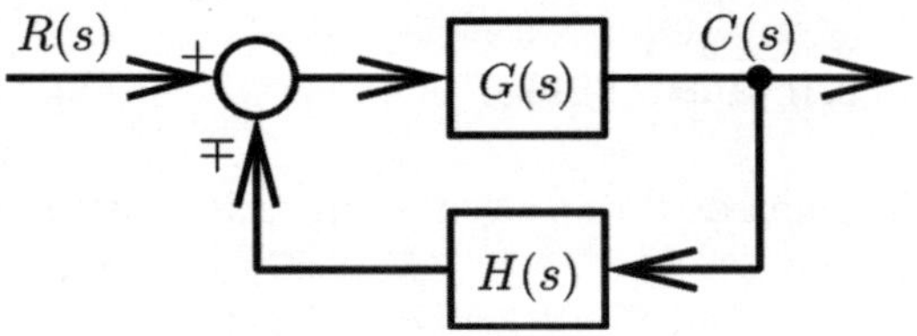

Figura 2.7: Diagrama de bloco de sistemas em realimentação negativa ou positiva.

Removendo um bloco de uma malha de retroação

A função de transferência de dois sistemas em paralelo mostrado na Figura 2.7 é:

$$C(s) = \frac{G(s)}{1 \pm G(s)H(s)}R(s)$$

E a função de transferência do sistema em malha fechada mostrada na Figura 2.8 é:

$$C(s) = \frac{G(s)}{1 \pm G(s)H(s)}R(s)$$

Na Figura 2.8, o bloco de retroação ($H(s)$ na Figura 2.7) foi removido, para ter um retroação unitária.

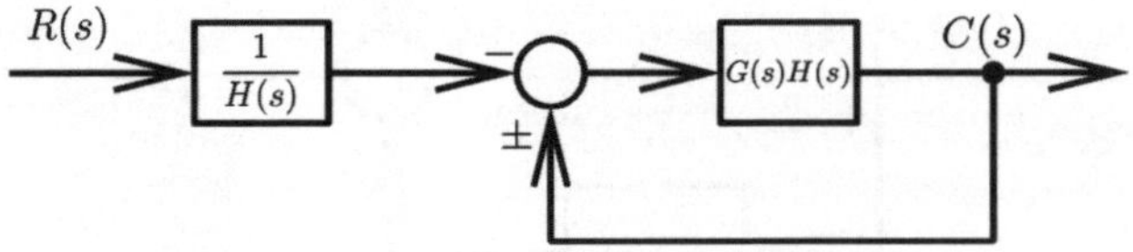

Figura 2.8: Diagrama de bloco de sistemas em paralelo.

Na Figura 2.9 é mostrado o deslocamento do somador para a frente.

Figura 2.9: Diagrama de bloco de deslocamento somador para a frente.

E, na Figura 2.10, é mostrado o deslocamento do somador para trás.

Figura 2.10: Diagrama de bloco de deslocamento somador para trás.

Na Figura 2.11, é mostrado o deslocamento do ponto de ramificação para a frente.

Figura 2.11: Diagrama de bloco de deslocamento do ponto de ramificação para a frente.

E, na Figura 2.12, é mostrado o deslocamento do ponto de ramificação para trás.

Figura 2.12: Diagrama de bloco de deslocamento do ponto de ramificação para trás.

Estes conceitos foram compilados de (Raven, 1995; Ogata & Severo, 2008).

2.5 EXERCÍCIOS

Determine as funções de transferência em malha fechada dos diagramas de blocos mostrados nas Figuras 2.13, 2.14, 2.15, 2.16 e 2.17.

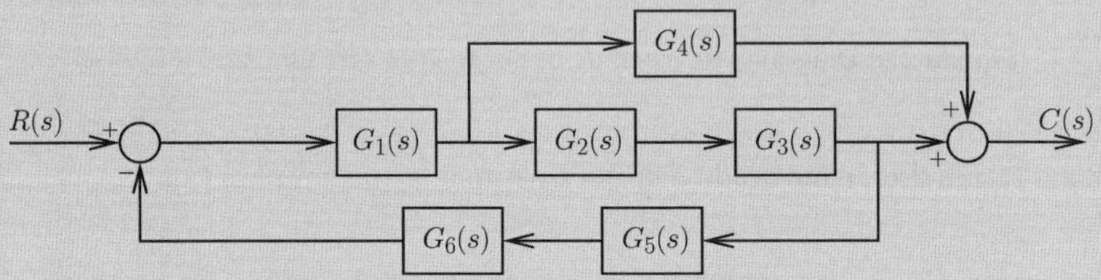

Figura 2.13: Diagrama de bloco de um sistema de controle em malha fechada.

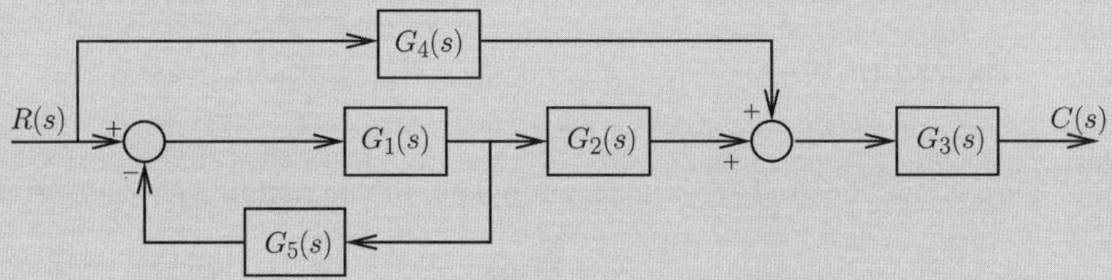

Figura 2.14: Diagrama de bloco de um sistema de controle em malha fechada.

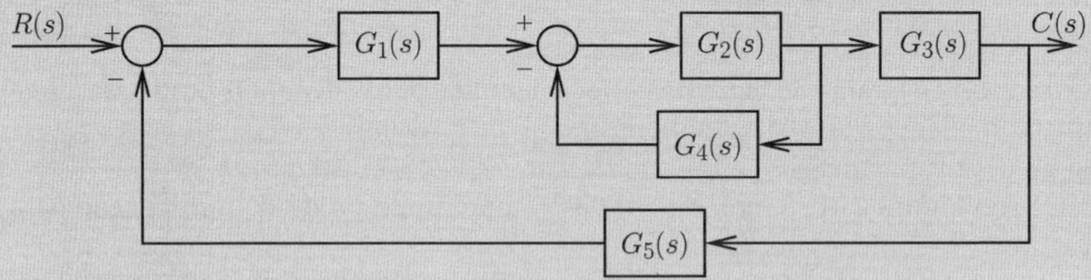

Figura 2.15: Diagrama de bloco de um sistema de controle em malha fechada.

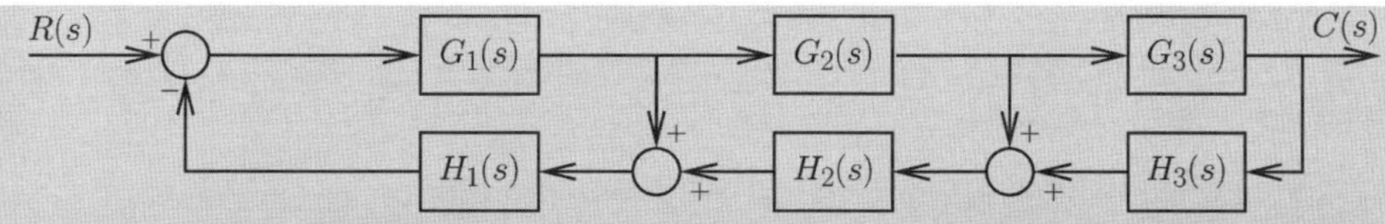

Figura 2.16: Diagrama de bloco de um sistema de controle em malha fechada.

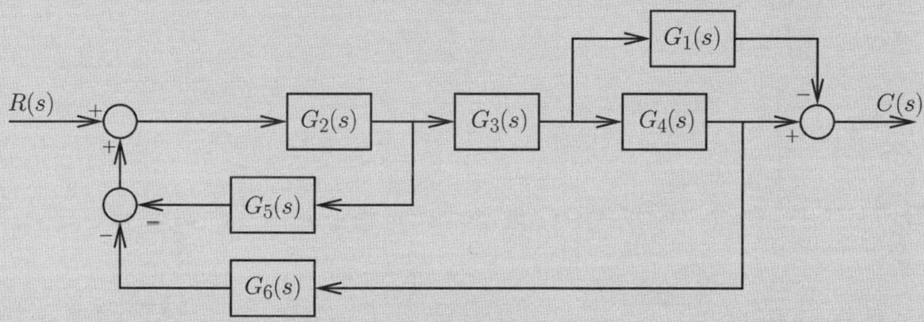

Figura 2.17: Diagrama de bloco de um sistema de controle em malha fechada.

CAPÍTULO 3

Resposta em frequência

3.1 FUNÇÃO DE TRANSFERÊNCIA

No Python, é possível definir uma função de transferência de várias formas. Uma delas pode ser observada na Listagem 3.1, na qual definem-se os coeficientes do numerador e do denominador da função de transferência.

Listagem 3.1: Código exemplo Python.

```
from control import *
import numpy as np
import matplotlib.pyplot as plt # Para plotar

"""
Diferentes formas de definir uma função de trasferência no ↘
    Python
"""
n = np.array([10])
d = np.array([1/100,1/20, 1])
H = tf(n, d)
print('H(s) = ', H)
```

Outra forma é mostrada na Listagem 3.2, na qual define-se a variável '*s*' como uma função de transferência. A partir dessa variável, é definida a estrutura da função de transferência desejada.

Listagem 3.2: Código exemplo Python.

```
from control import *
import numpy as np
import matplotlib.pyplot as plt # Para plotar

"""
Diferentes formas de definir uma função de transferência no ↘
    Python
"""
s = tf('s')
G = 10*(s+1)/(s**2+s+1)
print('G(s) = ', G)
```

Outra forma é mostrada na Listagem 3.3, na qual define-se a variável 's' como uma função de transferência utilizando o comando '`TransferFunction.s`'. Com essa variável, é definida a estrutura da função de transferência desejada.

Listagem 3.3: Código exemplo Python.

```
from control import *
from control.matlab import *
import numpy as np
import matplotlib.pyplot as plt # Para plotar

"""
Diferentes formas de definir uma função de trasferência no ↘
    Python
"""
s = TransferFunction.s
G = 10*(s+1)/(s**2+s+1)
print('G(s) = ', G)
```

3.2 FUNÇÃO DE TRANSFERÊNCIA COM RETARDO DE TRANSPORTE

Seja dada uma função de transferência definida como:

$$G(s) = \frac{1}{s+1}$$

Que descreve uma função de transferência sem retardo de transporte. Agora, seja dada a mesma função de transferência com retardo de transporte como:

$$G(s) = \frac{e^{-sT_d}}{s+1}$$

Na qual T_d é a constante de retardo de transporte no tempo ou atraso de tempo. A função de transferência senoidal com atraso de transporte é:

$$G(j\omega) = \frac{e^{-j\omega T_d}}{j\omega+1}$$

Nela, podemos observar que o retardo de transporte tem amplitude unitária, isto é:

$$e^{-j\omega T_d} = \cos(-\omega T_d) + j \operatorname{sen}(-\omega T_d)$$

E a magnitude é:

$$\left|e^{-j\omega T_d}\right| = 1.$$

A contribuição angular do retardo de transporte é:

$$\angle e^{-j\omega T_d} = -\omega T_d$$

Que depende do valor da frequência ω e de T_d. No Python, o retardo de transporte pode ser aproximado por meio do comando `pade()`.

As aproximações polinomiais tendem a oscilações; portanto, são utilizadas as aproximações racionais. As aproximações de Padé são as mais populares aproximações racionais para o atraso de transporte, que pode ser aproximado por uma função de transferência racional de ordem arbitrária. Para uma melhor precisão de aproximação, a ordem da função deve ser maior. A aproximação de uma função de transferência do atraso de tempo utilizando séries de Taylor é:

$$e^{-T_d s} = 1 + \frac{(-sT_d)}{1!} + \frac{(-sT_d)^2}{2!} + \frac{(-sT_d)^3}{3!} + \cdots + \frac{(-sT_d)^n}{n!}$$

Outro método de aproximação racional para a função de transferência do atraso de tempo é por meio dos aproximantes de Padé:

$$e^{-T_d s} \approx \sum_{i=0}^{m+n} (-1)^i \frac{(T_d s)^i}{i!} = \frac{\sum_{i=0}^{m} p_i (T_d s)^i}{\sum_{i=0}^{n} q_i (T_d s)^i}$$

Nos quais p_i e q_i são constantes. Fórmulas para os coeficientes dos polinômios do mesmo grau, isto é $m = n$, são:

$$p_i = (-1)^i \frac{(2n-1)!\,n!}{(2n)!\,i!\,(n-i)!} \qquad i = 0, 1, \ldots, n$$

$$q_i = \frac{(2n-1)!\,n!}{(2n)!\,i!\,(n-i)!} \qquad i = 0, 1, \ldots, n$$

Outra forma de aproximação é:

$$e^{-T_d s} \approx \frac{P(T_d s)}{Q(T_d s)}$$

Na qual os polinômios $P(T_d s)$ e $Q(T_d s)$ são:

$$P(T_d s) = \sum_{j=0}^{n} \frac{(n+j)!}{j!\,(n-j)!} (-T_d s)^{n-j}$$

$$Q(T_d s) = \sum_{j=0}^{n} \frac{(n+j)!}{j!\,(n-j)!} (T_d s)^{n-j}$$

A Tabela 3.1 mostra aproximações de primeiro, segundo e terceiro grau. Para mais detalhes, o leitor pode consultar (Hanta & Procházka, 2009).

Tabela 3.1: Aproximações de Padé para a função de transferência do atraso de tempo.

	Grau de aproximação	Função racional de aproximação
$e^{T_d s}$	1	$\dfrac{2 - T_d s}{2 + T_d s}$
	2	$\dfrac{12 - 6T_d s + (T_d s)^2}{12 + 6T_d s + (T_d s)^2}$
	3	$\dfrac{120 - 60T_d s + 12(T_d s)^2 - (T_d s)^3}{120 + 60T_d s + 12(T_d s)^2 + (T_d s)^3}$

3.3 RESPOSTA EM FREQUÊNCIA

A resposta em frequência é a análise do comportamento (amplitude e fase) da resposta permanente de um sistema quando a frequência de uma entrada senoidal varia em determinada faixa de frequência. Os métodos da resposta em frequência foram desenvolvidas por Harry Nyquist, Hendrik Wade Bode e Nathaniel B. Nichols, entre as décadas de 1930 e 1940.

Considere um sistema linear invariante no tempo (SLIT) cuja função de transferência é dada por $G(s)$; supõe-se que o sistema é estável e que $C(s)$ e $R(s)$ são as transformadas de Laplace dos sinais de saída e de entrada, respectivamente. A relação entrada-saída é mostrada na Figura 3.1.

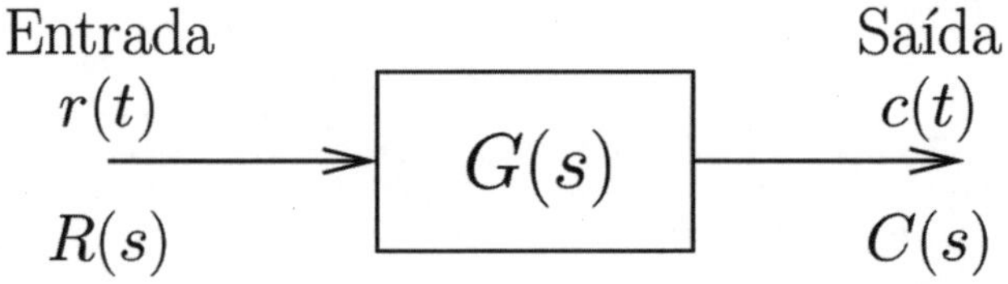

Figura 3.1: Relação entrada-saída de um sistema genérico.

Para observarmos a influência do sinal de entrada senoidal na resposta em regime permanente do sistema, consideremos que o sistema tem n polos com parte real negativa, isto é, todos os polos estão localizados no semiplano esquerdo do plano s. Assim, a função de transferência do sistema é:

$$\frac{C(s)}{R(s)} = G(s) = \frac{N(s)}{(s + p_1)(s + p_2) \cdots (s + p_n)}$$

E o sinal de entrada é:

$$r(t) = A\,\mathrm{sen}(\omega t)$$

No qual ω é a frequência do sinal senoidal, A é a amplitude do sinal considerado constante e cuja transformada de Laplace é:

$$R(s) = A\frac{\omega}{s^2 + \omega^2}$$

Assim, a saída do sistema tem a seguinte forma:

$$\begin{aligned} C(s) &= G(s)R(s) \\ &= \frac{N(s)}{(s + p_1)(s + p_2)\cdots(s + p_n)} A\frac{\omega}{s^2 + \omega^2} \end{aligned}$$

E, expressando $C(s)$ em frações parciais, obtemos:

$$C(s) = \frac{c}{s + j\omega} + \frac{c^\star}{s - j\omega} + \frac{c_1}{s + p_1} + \frac{c_2}{s + p_2} + \cdots \frac{c_n}{s + p_n}$$

onde:

$$c = A\frac{G(-j\omega)}{-2j} \quad \text{e} \quad c^\star = A\frac{G(j\omega)}{2j}$$

Da hipótese que todos os polos do sistema têm parte real negativa, percebe-se que todos os fatores com os polos do sistema têm a mesma forma, isto é:

$$\frac{c_i}{s + p_i}$$

E são propensos a desaparecer quando t tende a infinito. Assim, a resposta em regime permanente é dada por:

$$C_\infty = A\left(\frac{G(-j\omega)}{-2j}\frac{1}{s + j\omega} + \frac{G(j\omega)}{2j}\frac{1}{s - j\omega}\right)$$

Aplicando a transformada de Laplace inversa, obtemos:

$$c_\infty = A\left(\frac{G(-j\omega)}{-2j}e^{-j\omega t} + \frac{G(j\omega)}{2j}e^{j\omega t}\right)$$

As funções complexas $G(j\omega)$ e $G(-j\omega)$ têm módulos iguais, mas as suas fases são diferentes. Assim:

$$G(j\omega) = |G(j\omega)|\, e^{j\phi(\omega)} \quad \text{e} \quad G(-j\omega) = |G(j\omega)|\, e^{-j\phi(\omega)}$$

Finalmente, a resposta permanente da saída do sistema é:

$$\begin{aligned}
y_\infty &= A\left(\frac{G(-j\omega)}{-2j}e^{-j\omega t} + \frac{G(j\omega)}{2j}e^{j\omega t}\right)\\
&= A\left(\frac{|G(j\omega)|\, e^{-j\phi(\omega)}}{-2j}e^{-j\omega t} + \frac{|G(j\omega)|\, e^{j\phi(\omega)}}{2j}e^{j\omega t}\right)\\
&= A\,|G(j\omega)|\left(\frac{e^{-j\phi(\omega)}e^{-j\omega t}}{-2j} + \frac{e^{j\phi(\omega)}e^{j\omega t}}{2j}\right)\\
&= A\,|G(j\omega)|\left(\frac{e^{-j\phi(\omega)-j\omega t}}{-2j} + \frac{e^{j\phi(\omega)+j\omega t}}{2j}\right)\\
&= A\,|G(j\omega)|\ \text{sen}\,(\omega t + \phi(\omega))
\end{aligned}$$

Isso mostra que a relação entre a amplitude de saída e entrada é dada pelo módulo de $G(j\omega)$, $|G(j\omega)|$, e que a defasagem entre saída e entrada é dada pela fase de $G(j\omega)$, representada por $\underline{/G(j\omega)} = \phi(\omega)$.

A resposta em regime permanente de um sistema a uma entrada senoidal pode ser obtida de:

$$G(j\omega) = \frac{C(j\omega)}{R(j\omega)}$$

$G(j\omega)$ é chamada de função de transferência senoidal ou **função resposta em frequência** e é obtida como:

$$G(j\omega) = G(s)\Big|_{s=j\omega}$$

A resposta em frequência pode ser representada como:

$$G(j\omega) = |G(j\omega)|\, e^{j\phi(\omega)} = |G(j\omega)|\, \underline{/\phi(\omega)} = Me^{j\phi(\omega)} = M\underline{/\phi(\omega)}$$

Na qual M é a relação de amplitude entre a saída e a entrada senoidal e ϕ é a defasagem, a diferença de fase, entre a entrada e a saída senoidal.

A função de transferência de um sistema $G(s)$ pode ser descrita no domínio da frequência como:

$$G(j\omega) = G(s)\Big|_{s=j\omega} = R(\omega) + jI(\omega) \tag{3.1}$$

No qual:

$$R(\omega) = \text{Re}\ [G(j\omega)] \quad \text{e} \quad I(\omega) = \text{Im}\ [G(j\omega)] \tag{3.2}$$

ou

$$G(j\omega) = |G(j\omega)|\, e^{j\phi(\omega)} = |G(j\omega)| \underline{/\phi(\omega)} \quad (3.3)$$

No qual:

$$\phi(\omega) = \text{tg}^{-1}\left(\frac{I(\omega)}{R(\omega)}\right) \quad \text{e} \quad |G(j\omega)| = \sqrt{[R(\omega)]^2 + [I(\omega)]^2} \quad (3.4)$$

A função de transferência senoidal é caracterizada por seu módulo e ângulo de fase, com a frequência como parâmetro. Existem três representações gráficas das funções de transferência senoidais:

1. Diagrama polar ou diagrama de Nyquist
2. Diagrama de Bode ou gráfico logarítmico
3. Diagrama logarítmico do módulo *versus* ângulo de fase (Cartas de Nichols)

Observação 3.1. *Um ângulo de fase positivo é chamado avanço de fase, enquanto um ângulo negativo é chamado de atraso de fase.*

Define-se o ângulo positivo no sentido anti-horário.

3.4 DIAGRAMA POLAR

O diagrama polar ou de Nyquist é um gráfico do módulo de $G(j\omega)$ *versus* o ângulo de fase de $G(j\omega)$ no plano complexo $G(j\omega)$, isto é, $|G(j\omega)| \underline{/G(j\omega)}$ (Equação 3.3), ou sua correspondente parte real e imaginária (Equação 3.1). Isto pode ser interpretado como o lugar dos vetores $|G(j\omega)| \underline{/G(j\omega)}$ com ω variando de 0 ao ∞. No diagrama polar, é importante indicar os valores de frequência ao longo da curva e desenhar setas no sentido de crescimento do valor da frequência, como mostrado na Figura 3.2.

O diagrama polar pode ser interpretado como o mapeamento do semieixo imaginário positivo do plano s por meio da função de transferência senoidal $G(j\omega)$ no plano complexo $G(j\omega)$, conforme Figura 3.3.

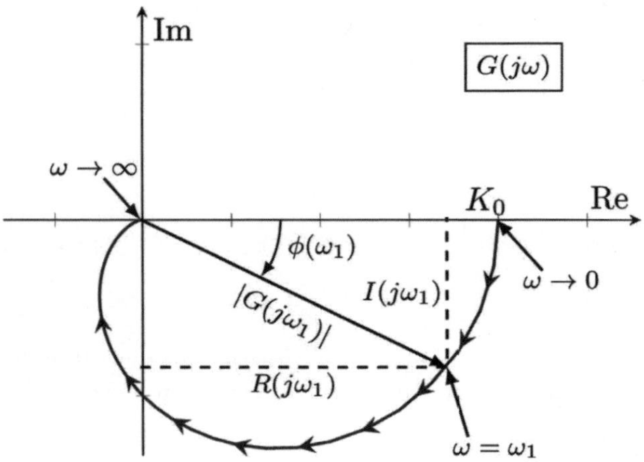

Figura 3.2: Diagrama polar.

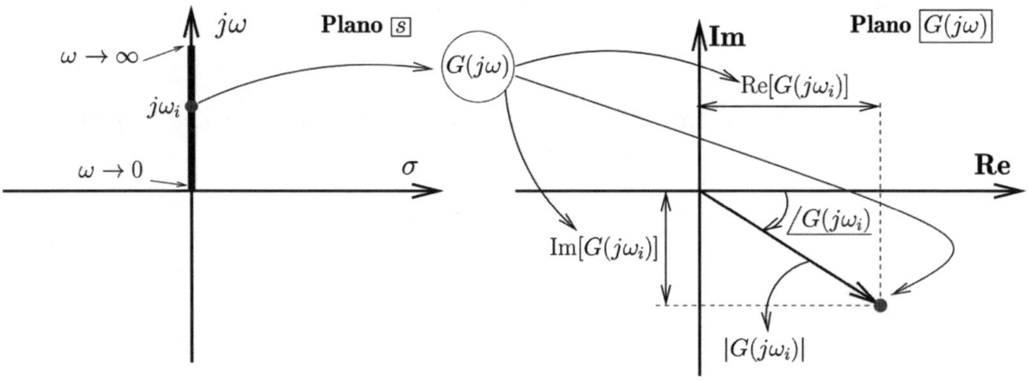

Figura 3.3: Diagrama polar: Mapeamento do semieixo imaginário positivo do plano s no plano $G(j\omega)$.

O procedimento para o desenho de diagramas polares usa os seguintes passos:

1. Dada a função de transferência, obter a função de transferência senoidal:

$$G(j\omega) = G(s)\Big|_{s=j\omega}$$

2. Separar a parte real e imaginária da função de transferência senoidal:

$$G(j\omega) = R(\omega) + jI(\omega)$$
$$G(j\omega) = |G(j\omega)|\underline{/\phi(\omega)}$$

3. Determinar o comportamento de $G(j\omega)$ em baixa frequência:

$$\begin{aligned}\lim_{\omega \to 0} G(j\omega) &= \lim_{\omega \to 0} (R(\omega) + jI(\omega)) \\ &= \lim_{\omega \to 0} |G(j\omega)| \underline{/\phi(\omega)}\end{aligned}$$

4. Determinar o comportamento de $G(j\omega)$ em alta frequência:

$$\begin{aligned}\lim_{\omega \to \infty} G(j\omega) &= \lim_{\omega \to \infty} (R(\omega) + jI(\omega)) \\ &= \lim_{\omega \to \infty} |G(j\omega)| \underline{/\phi(\omega)}\end{aligned}$$

5. Determinar cruzamentos com os eixos real e imaginário:

   (a) Interseção eixo real:

   $$\text{Im}\,[G(j\omega)] = I(\omega) = 0, \quad \text{daqui se obtém} \quad \omega_r$$

   (b) Interseção eixo imaginário:

   $$\text{Re}\,[G(j\omega)] = R(\omega) = 0, \quad \text{daqui se obtém} \quad \omega_i$$

6. Calcular as frequências de cruzamento do eixo imaginário ω_i e do eixo real ω_r, se elas existirem, e as respectivas $G(j\omega_i)$ e $G(j\omega_r)$.

7. Verificar as assintotas se elas existirem, o que pode ser observado no comportamento em baixa frequência.

***Exemplo* 3.1.** *O servomotor controlado pelo campo mostra-se um sistema típico do Tipo 0 e tem a seguinte função de transferência:*

$$G(s) = \frac{K_0}{(\tau_1\, s + 1)\,(\tau_2\, s + 1)\,(\tau_3\, s + 1)}$$

Na qual K_0, τ_1, τ_2 e τ_3 são constantes reais positivas e $\tau_3 < \tau_2 < \tau_1$.

Esboce o diagrama polar dessa função de transferência.

Solução 3.1. *Cada fator do denominador contribui para fase de $G(j\omega)$ com um ângulo de $0°$ a $-90°$ quando ω varia de 0 a ∞.*

1. *Obtemos a função de transferência senoidal:*

$$G(j\omega) = \frac{K_0}{(1 + j\,\tau_1\,\omega)\,(1 + j\,\tau_2\,\omega)\,(1 + j\,\tau_3\,\omega)}$$

2. *Separamos a parte real e imaginária de $G(j\omega)$. Isso é possível multiplicando $G(j\omega)$ pelos complexos conjugados de cada polo, como segue:*

$$G(j\omega) = \frac{K_0}{(1+j\tau_1\omega)(1+j\tau_2\omega)(1+j\tau_3\omega)}\left(\frac{1-j\tau_1\omega}{1-j\tau_1\omega}\right)\left(\frac{1-j\tau_2\omega}{1-j\tau_2\omega}\right)\left(\frac{1-j\tau_3\omega}{1-j\tau_3\omega}\right)$$

Assim, obtém-se:

$$G(j\omega) = \frac{K_0\left(1-\omega^2\left((\tau_2+\tau_3)\tau_1+\tau_2\tau_3\right)\right)}{\left(1+\omega^2\tau_1^2\right)\left(1+\omega^2\tau_2^2\right)\left(1+\omega^2\tau_3^2\right)} - j\frac{K_0\omega\left(\tau_1+\tau_2+\tau_3-\omega^2\tau_1\tau_2\tau_3\right)}{\left(1+\omega^2\tau_1^2\right)\left(1+\omega^2\tau_2^2\right)\left(1+\omega^2\tau_3^2\right)}$$

3. *Determinamos o comportamento de $G(j\omega)$ em baixa frequência:*

$$\lim_{\omega\to 0^+} G(j\omega) = \frac{K_0}{(1+j\,\tau_1\,\omega)(1+j\,\tau_2\,\omega)(1+j\,\tau_3\,\omega)}$$

$$\lim_{\omega\to 0^+} G(j\omega) = K_0$$

Ou

$$\lim_{\omega\to 0^+} G(j\omega) = \lim_{\omega\to 0^+}\left(\frac{K_0\left(1-\omega^2\left((\tau_2+\tau_3)\tau_1+\tau_2\tau_3\right)\right)}{\left(1+\omega^2\tau_1^2\right)\left(1+\omega^2\tau_2^2\right)\left(1+\omega^2\tau_3^2\right)}\cdots\right.$$
$$\left.\cdots - j\frac{K_0\omega\left(\tau_1+\tau_2+\tau_3-\omega^2\tau_1\tau_2\tau_3\right)}{\left(1+\omega^2\tau_1^2\right)\left(1+\omega^2\tau_2^2\right)\left(1+\omega^2\tau_3^2\right)}\right)$$

Isto é:

$$\lim_{\omega\to 0^+} G(j\omega) = K_0 - j0$$

Isto quer dizer que começamos o diagrama polar desde K_0, que sai com valores negativos na parte imaginária.

4. *Determinamos o comportamento de $G(j\omega)$ em alta frequência:*

$$\lim_{\omega\to\infty} G(j\omega) = \lim_{\omega\to\infty}\left(\frac{K_0}{(1+j\,\tau_1\,\omega)(1+j\,\tau_2\,\omega)(1+j\,\tau_3\,\omega)}\right)$$

$$\lim_{\omega\to\infty} G(j\omega) = \lim_{\omega\to\infty}\frac{K_0}{(j\tau_1\omega)(j\tau_2\omega)(j\tau_3\omega)} = \lim_{\omega\to\infty}\frac{K_0}{(\tau_1\tau_2\tau_3\omega^3)(j)^3}$$

$$\lim_{\omega\to\infty} G(j\omega) = 0\underline{/-270^\circ}$$

Ou

$$\lim_{\omega\to\infty} G(j\omega) = \lim_{\omega\to\infty}\left(\frac{K_0\left(1-\omega^2\left((\tau_2+\tau_3)\tau_1+\tau_2\tau_3\right)\right)}{\left(1+\omega^2\tau_1^2\right)\left(1+\omega^2\tau_2^2\right)\left(1+\omega^2\tau_3^2\right)}\cdots\right.$$
$$\left.\cdots - j\frac{K_0\omega\left(\tau_1+\tau_2+\tau_3-\omega^2\tau_1\tau_2\tau_3\right)}{\left(1+\omega^2\tau_1^2\right)\left(1+\omega^2\tau_2^2\right)\left(1+\omega^2\tau_3^2\right)}\right)$$

$$\lim_{\omega\to\infty} G(j\omega) = \lim_{\omega\to\infty}\left(\frac{K_0\left(-\omega^2\left(\left(\tau_2+\tau_3\right)\tau_1+\tau_2\tau_3\right)\right)}{\left(\omega^2\tau_1^2\right)\left(\omega^2\tau_2^2\right)\left(\omega^2\tau_3^2\right)}\cdots\right.$$

$$\left.\cdots - j\frac{K_0\omega\left(-\omega^2\tau_1\tau_2\tau_3\right)}{\left(\omega^2\tau_1^2\right)\left(\omega^2\tau_2^2\right)\left(\omega^2\tau_3^2\right)}\right)$$

$$\lim_{\omega\to\infty} G(j\omega) = \lim_{\omega\to\infty}\left(-\frac{K_0\left(\left(\tau_2+\tau_3\right)\tau_1+\tau_2\tau_3\right)}{\tau_1^2\tau_2^2\tau_3^2\,\omega^4} + j\frac{K_0\left(\tau_1\tau_2\tau_3\right)}{\tau_1^2\tau_2^2\tau_3^2\,\omega^3}\right)$$

isto é:

$$\lim_{\omega\to\infty} G(j\omega) = -0 + j0$$

Isto que dizer que o diagrama polar converge para a origem com valores reais negativos e valores imaginários positivos.

5. *Determinamos possíveis cruzamentos com os eixos real e imaginário:*

   (a) *Interseção com o eixo real: Isto ocorre quando* $\text{Im}[G(j\omega)] = 0$. *Observamos a parte imaginária de* $G(j\omega)$*:*

   $$-j\frac{K_0\omega\left(\tau_1+\tau_2+\tau_3-\omega^2\tau_1\tau_2\tau_3\right)}{\left(1+\omega^2\tau_1^2\right)\left(1+\omega^2\tau_2^2\right)\left(1+\omega^2\tau_3^2\right)} = 0$$

   Onde determinamos as frequências finitas diferentes de 0, que fazem esta parte imaginária nula. Isto ocorre em:

   $$\omega_r = \sqrt{\frac{\tau_1+\tau_2+\tau_3}{\tau_1\tau_2\tau_3}}, \quad \textit{então} \quad G(j\omega_r)$$

   (b) *Interseção com o eixo imaginário: Isto ocorre quando* $\text{Re}[G(j\omega)] = 0$. *Observamos a parte real de* $G(j\omega)$*:*

   $$\frac{K_0\left(1-\omega^2\left(\left(\tau_2+\tau_3\right)\tau_1+\tau_2\tau_3\right)\right)}{\left(1+\omega^2\tau_1^2\right)\left(1+\omega^2\tau_2^2\right)\left(1+\omega^2\tau_3^2\right)} = 0$$

   Onde determinamos as frequências finitas diferentes de 0, que fazem esta parte real nula. Isto ocorre em:

   $$\omega_i = \frac{1}{\sqrt{\left(\tau_2+\tau_3\right)\tau_1+\tau_2\tau_3}}, \quad \textit{então} \quad G(j\omega_i)$$

6. *Verificamos as assintotas. No comportamento em baixa frequência, observamos que temos como assintota a reta vertical em* K_0.

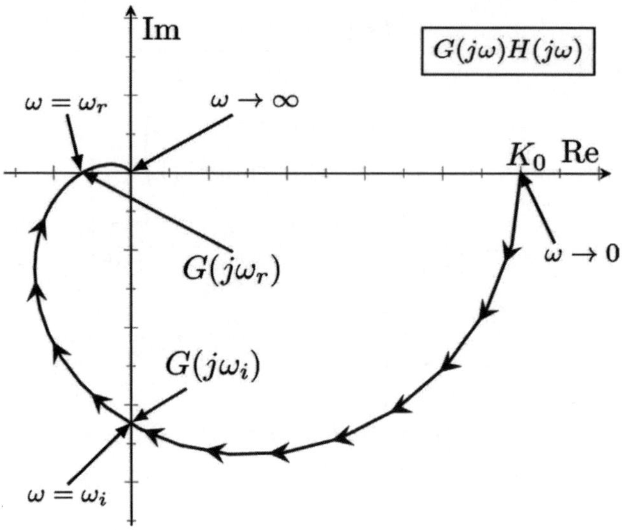

Figura 3.4: Diagrama polar do Exemplo 3.1.

***Exemplo* 3.2.** *Considere a seguinte função de transferência em malha aberta:*

$$G(s) = \frac{1}{s^2 + 0,8s + 1}$$

Desenhe o diagrama de Nyquist utilizando o Python.

Solução 3.2. *Cada fator do denominador contribui para fase de $G(j\omega)$ com um ângulo de $0°$ a $-90°$ quando ω varia de 0 a ∞.*

1. *Obtemos a função de transferência senoidal:*

$$G(j\omega) = \frac{1}{(j\omega)^2 + j0,8\omega + 1}$$

2. *Separamos a parte real e imaginária de $G(j\omega)$, multiplicando $G(j\omega)$ pelos complexos conjugados de cada polo, como segue:*

$$G(j\omega) = \frac{1}{(j\omega)^2 + j0,8\omega + 1} = \frac{1}{1 - \omega^2 + j0,8\omega}\left(\frac{1 - \omega^2 - j0,8\omega}{1 - \omega^2 - j0,8\omega}\right)$$

assim, obtém-se:

$$G(j\omega) = \frac{1 - \omega^2 - j0,8\omega}{(1 - \omega^2)^2 + 0,64\omega^2}$$
$$= \frac{1 - \omega^2}{(1 - \omega^2)^2 + 0,64\omega^2} - j\frac{0,8\omega}{(1 - \omega^2)^2 + 0,64\omega^2}$$

3. *Determinamos o comportamento de $G(j\omega)$ em baixa frequência:*

$$\lim_{\omega \to 0^+} G(j\omega) = 1 - j0$$

Ou

$$\lim_{\omega \to 0^+} G(j\omega) = \lim_{\omega \to 0^+} \frac{1}{(j\omega)^2 + j0,8\omega + 1}$$
$$\lim_{\omega \to 0^+} G(j\omega) = 1$$

Isto quer dizer que começamos o diagrama polar a partir de 1, *que sai com valores negativos na parte imaginária.*

4. *Determinamos o comportamento de $G(j\omega)$ em alta frequência:*

$$\lim_{\omega \to \infty} G(j\omega) = \lim_{\omega \to \infty} \frac{1}{(j\omega)^2 + j0,8\omega + 1}$$
$$\lim_{\omega \to \infty} G(j\omega) = \lim_{\omega \to \infty} \frac{1}{(j\omega)^2}$$
$$= 0\underline{/-180^\circ}$$

Ou

$$\lim_{\omega \to \infty} G(j\omega) = \lim_{\omega \to \infty} \left(\frac{1 - \omega^2}{(1 - \omega^2)^2 + 0,64\omega^2} - j \frac{0,8\omega}{(1 - \omega^2)^2 + 0,64\omega^2} \right)$$
$$= \lim_{\omega \to \infty} \left(\frac{-\omega^2}{(-\omega^2)^2 + 0,64\omega^2} \right) - j \lim_{\omega \to \infty} \left(\frac{0,8\omega}{(-\omega^2)^2 + 0,64\omega^2} \right)$$
$$= \lim_{\omega \to \infty} \left(\frac{-\omega^2}{(-\omega^2)^2} - j \frac{0,8\omega}{(\omega^2)^2} \right) = \lim_{\omega \to \infty} \left(\frac{-1}{\omega^2} - j \frac{0,8\omega}{\omega^4} \right)$$
$$= -0 - j0 = 0\underline{/-180^\circ}$$

Isto quer dizer que o diagrama polar converge para a origem com valores reais negativos e valores imaginários negativos.

5. *Determinamos possíveis cruzamentos com os eixos real e imaginário:*

   (a) *Interseção com o eixo real: Isto ocorre quando* $\text{Im}[G(j\omega)] = 0$. *Observamos a parte imaginária de $G(j\omega)$, onde determinamos que não existem frequências finitas não nulas que fazem esta parte imaginária nula.*

(b) *Interseção com o eixo imaginário: Isto ocorre quando* $\mathrm{Re}[G(j\omega)] = 0$. *Observamos a parte real de* $G(j\omega)$:

$$\frac{1-\omega^2}{\left(1-\omega^2\right)^2+0,64\omega^2} = 0$$

Onde determinamos as frequências finitas diferentes de 0 que fazem esta parte real nula. Isto ocorre em:

$$\omega_i = 1, \quad \textit{então} \quad G(j\omega_i) = -j1,25$$

6. *Verificamos as assintotas. No comportamento em baixa frequência, observamos que temos como assintota a reta vertical em* 1.

O código em Python para desenhar o diagrama polar da função de transferência é mostrado na Listagem.

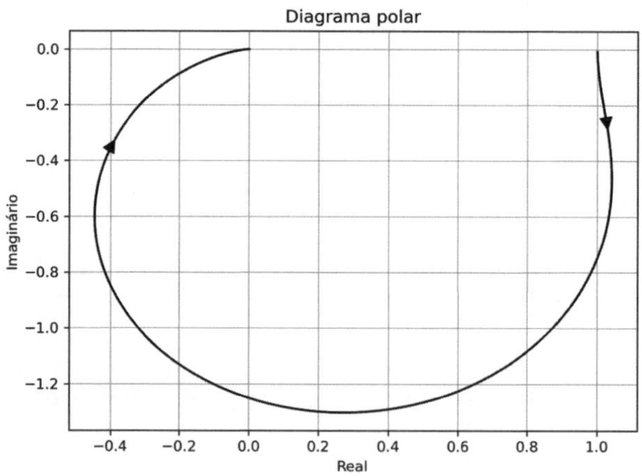

Figura 3.5: Diagrama polar do Exemplo 3.2.

***Exemplo* 3.3.** *Considere a seguinte função de transferência em malha aberta:*

$$G(s) = \frac{K_0(Ts-1)}{s(\tau_1 s-1)(\tau_2 s-1)}$$

Desenhe o diagrama de Nyquist, considerando K_0, T, τ_1 *e* τ_2 *constantes reais positivas,* $\tau_2 < \tau_1 < T, T - \tau_1 - \tau_2 > 0$ *e* $T(\tau_1+\tau_2) - \tau_1\tau_2 > 0$.

***Solução* 3.3.** *Para o desenho do diagrama de Nyquist:*

1. *Obtemos a função de transferência senoidal:*

$$G(j\omega) = \frac{K_0(jT\omega - 1)}{j\omega(j\tau_1\omega - 1)(j\tau_2\omega - 1)}$$

2. *Separamos a parte real e imaginária de $G(j\omega)$, multiplicando $G(j\omega)$ pelos complexos conjugados de cada polo, como segue:*

$$G(j\omega) = \frac{K_0(jT\omega - 1)}{j\omega(j\tau_1\omega - 1)(j\tau_2\omega - 1)}\left(\frac{-j}{-j}\right)\left(\frac{-1 - j\tau_1\omega}{-1 - j\tau_1\omega}\right)\left(\frac{-1 - j\tau_2\omega}{-1 - j\tau_2\omega}\right)$$

Assim, obtém-se:

$$G(j\omega) = \frac{K_0\left(-T\tau_1\tau_2\omega^2 + T - \tau_1 - \tau_2\right)}{\left(1 + \omega^2\tau_1^2\right)\left(1 + \omega^2\tau_2^2\right)} + j\frac{K_0\left(1 + \omega^2\left(T(\tau_1 + \tau_2) - \tau_1\tau_2\right)\right)}{\omega\left(1 + \omega^2\tau_1^2\right)\left(1 + \omega^2\tau_2^2\right)}$$

3. *Determinamos o comportamento de $G(j\omega)$ em baixa frequência:*

$$\begin{aligned}
\lim_{\omega\to 0^+} G(j\omega) &= \lim_{\omega\to 0^+}\left(\frac{K_0(jT\omega - 1)}{j\omega(j\tau_1\omega - 1)(j\tau_2\omega - 1)}\right)\\
&= \lim_{\omega\to 0^+}\left(\frac{K_0\cancel{(-1)}}{j\omega\cancel{(-1)}(-1)}\right) = \infty\underline{/-270^\circ}\\
&= Ou\\
&= \lim_{\omega\to 0^+}\left(\frac{K_0(-1)}{j\omega\cancel{(-1)(-1)}}\right)\\
&= \infty\underline{/+90^\circ}
\end{aligned}$$

Ou

$$\begin{aligned}
\lim_{\omega\to 0^+} G(j\omega) = \lim_{\omega\to 0^+}&\left(\frac{K_0\left(-T\tau_1\tau_2\omega^2 + T - \tau_1 - \tau_2\right)}{\left(1 + \omega^2\tau_1^2\right)\left(1 + \omega^2\tau_2^2\right)}\right.\\
&\left.+ j\frac{K_0\left(1 + \omega^2\left(T(\tau_1 + \tau_2) - \tau_1\tau_2\right)\right)}{\omega\left(1 + \omega^2\tau_1^2\right)\left(1 + \omega^2\tau_2^2\right)}\right)
\end{aligned}$$

Isto é:

$$\lim_{\omega\to 0^+} G(j\omega) = K_0(T - \tau_1 - \tau_2) + j\infty$$

Isto quer dizer que começamos o diagrama polar desde $K_0(T - \tau_1 - \tau_2)$, com parte imaginária infinita positiva.

4. *Determinamos o comportamento de $G(j\omega)$ em alta frequência:*

$$\lim_{\omega\to\infty} G(j\omega) = \lim_{\omega\to\infty} Bigg(\frac{K_0\left(-T\tau_1\tau_2\omega^2+T-\tau_1-\tau_2\right)}{\left(1+\omega^2\tau_1^2\right)\left(1+\omega^2\tau_2^2\right)}$$
$$+j\frac{K_0\left(1+\omega^2\left(T(\tau_1+\tau_2)-\tau_1\tau_2\right)\right)}{\omega\left(1+\omega^2\tau_1^2\right)\left(1+\omega^2\tau_2^2\right)}\Bigg)$$
$$\lim_{\omega\to\infty} G(j\omega) = \lim_{\omega\to\infty}\left(\frac{-\omega^2}{\omega^4}+j\frac{\omega^2}{\omega^5}\right) = \lim_{\omega\to\infty}\left(\frac{-1}{\omega^2}+j\frac{1}{\omega^3}\right)$$
$$= -0+j0 = 0\underline{/-180^\circ}$$

Ou

$$\lim_{\omega\to\infty} G(j\omega) = \lim_{\omega\to\infty}\frac{K_0(jT\omega-1)}{j\omega(j\tau_1\omega-1)(j\tau_2\omega-1)}$$
$$= \lim_{\omega\to\infty}\frac{K_0(jT\omega)}{j\omega(j\tau_1\omega)(j\tau_2\omega)} = \lim_{\omega\to\infty}\frac{K_0}{j\omega(j\tau_2\omega)}$$
$$= 0\underline{/-180^\circ}$$

Isto que dizer que o diagrama polar converge para a origem com valores reais negativos e valores imaginários positivos.

5. *Determinamos possíveis cruzamentos com os eixos real e imaginário:*

   (a) *Interseção com o eixo real:*
   Isto ocorre quando $\mathrm{Im}[G(j\omega)] = 0$. *Observamos a parte imaginária de* $G(j\omega)$, *onde determinamos que não existem frequências finitas diferentes de 0 que fazem esta parte imaginária nula.*

   (b) *Interseção com o eixo imaginário:*
   Isto ocorre quando $\mathrm{Re}[G(j\omega)] = 0$. *Observamos a parte real de* $G(j\omega)$:

$$\frac{K_0\left(-T\tau_1\tau_2\omega^2+T-\tau_1-\tau_2\right)}{\left(1+\omega^2\tau_1^2\right)\left(1+\omega^2\tau_2^2\right)} = 0$$

   Onde determinamos as frequências finitas diferentes de 0 que fazem esta parte real nula. Isto ocorre em:

$$\omega_i = \sqrt{\frac{T-\tau_1-\tau_2}{T\tau_1\tau_2}}, \quad \text{então} \quad G(j\omega_i) = \frac{jKT}{(\tau_1+\tau_2)\sqrt{\dfrac{T-\tau_1-\tau_2}{T\tau_1\tau_2}}}$$

6. *Verificamos as assintotas. No comportamento em baixa frequência, observamos que temos como assintota a reta vertical em* $K_0(T - \tau_1 - \tau_2)$.

O código em Python para desenhar o diagrama polar da função de transferência é mostrado na Listagem .

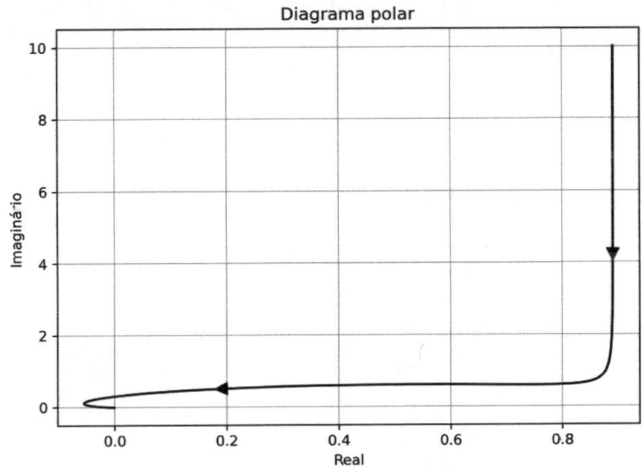

Figura 3.6: Diagrama polar do Exemplo 3.3.

3.5 DIAGRAMA DE BODE

Definição 3.1. *Quando uma frequência aumenta em um fator de* 2, *o valor equivalente em decibel é:*

$$20 \times \log_{10}(2\omega) = 20\log_{10}(2) + 20\log_{10}(\omega) \approx 20\log_{10}(\omega) + 6dB/oitava.$$

Isto define uma ***oitava*** *como o intervalo compreendido entre* ω *e* 2ω.

Definição 3.2. *Quando uma frequência aumenta em um fator de* 10, *o valor equivalente em decibel é:*

$$20 \times \log_{10}(10\omega) = 20\log_{10}(10) + 20\log_{10}(\omega) = 20\log_{10}(\omega) + 20dB/década.$$

Isto define uma ***década*** *como o intervalo compreendido entre* ω *e* 10ω.

O diagrama de Bode é outra forma de representar a resposta em frequência. Consiste em dois gráficos, o primeiro sendo da magnitude em decibéis (dB) *versus* a frequência em escala logarítmica e o segundo sendo da defasagem em graus *versus* a frequência em escala logarítmica. Consideremos uma função de transferência genérica como segue:

$$G(s) = K\frac{s^m + b_{m-1}s^{m-1} + b_{m-2}s^{m-2} + \cdots + b_0}{s^p(s^n + a_{n-1}s^{n-1} + a_{n-2}s^{n-2} + \cdots + a_0)}$$

Na qual $m < n$. Supõe-se que a dita função de transferência possa ser expressa como o produto de 0 e polos:

$$G(s) = \frac{K(s \pm z_1)(s \pm z_2)\cdots(s \pm z_m)}{s^p(s \pm p_1)(s \pm p_2)\cdots(s \pm p_{n-2})(s^2 \pm 2\xi\omega_n s + \omega_n^2)}$$

A qual pode ser reescrita como:

$$G(s) = \frac{K_0(T_1 s \pm 1)(T_2 s \pm 1)\cdots(T_m s \pm 1)}{s^p(\tau_1 s \pm 1)(\tau_2 s \pm 1)\cdots(\tau_{n-2} s \pm 1)\left(\left(\frac{s}{\omega_n}\right)^2 \pm \frac{2\xi s}{\omega_n} + 1\right)}$$

Na qual:

$$\begin{aligned} K_0 &= \frac{K z_1 z_2 \cdots z_m}{p_1 p_2 \cdots p_{n-2}\omega_n^2} \\ T_i &= \frac{1}{z_i}, \quad \text{para} \quad i = 1, 2, \ldots, m \\ \tau_i &= \frac{1}{p_i}, \quad \text{para} \quad i = 1, 2, \ldots, n-2 \end{aligned}$$

Essa função de transferência pode ser transformada na função resposta em frequência ou função de transferência senoidal substituindo s por $j\omega$, assim:

$$G(j\omega) = \frac{K_0(jT_1\omega \pm 1)(jT_2\omega \pm 1)\cdots(jT_m\omega \pm 1)}{(j\omega)^p\,(j\tau_1\omega \pm 1)(j\tau_2\omega \pm 1)\cdots(j\tau_{n-2} \pm 1)\left(\left(\frac{j\omega}{\omega_n}\right)^2 \pm \frac{j2\xi\omega}{\omega_n} + 1\right)}$$

Analisaremos cada um dos fatores que compõem a função resposta em frequência.

3.5.1 Fator ganho

A função resposta em frequência do fator ganho é:

$$G(j\omega) = K_0.$$

A magnitude em dB do fator ganho é:

$$|G(j\omega)|_{\text{dB}} = 20\log|K_0|\,, \quad \forall\,\omega \tag{3.5}$$

Que representa uma reta horizontal com valor constante para todas as frequências. A defasagem em graus do fator ganho é:

$$\angle K_0 = \begin{cases} 0°, & \text{se} \quad K_0 > 0 \quad \forall\,\omega \\ 180°, & \text{se} \quad K_0 < 0 \quad \forall\,\omega \end{cases} \tag{3.6}$$

Que representa uma reta horizontal com valor constante em $0°$ se K_0 for positivo ou em $180°$ se K_0 for negativo para todas as frequências.

3.5.2 Fator diferencial

A função resposta em frequência do fator diferencial é:

$$G(j\omega) = j\omega$$

A magnitude em dB do fator diferencial é:

$$|G(j\omega)|_{\text{dB}} = 20\log|j\omega| = 20\log(\omega)\,, \quad \forall\,\omega \tag{3.7}$$

Que representa uma reta com inclinação de +20 dB/déc para todas as frequências. A defasagem do fator diferencial é:

$$\angle j\omega = +90°, \quad \forall\,\omega \tag{3.8}$$

Que representa uma reta horizontal de +90° para todas as frequências.

3.5.3 Fator integral

Uma função resposta em frequência do fator integral é:

$$G(j\omega) = \frac{1}{j\omega}$$

A magnitude em dB do fator integral é:

$$|G(j\omega)|_{\text{dB}} = 20\log\left|\frac{1}{j\omega}\right| = -20\log|j\omega| = -20\log(\omega)\,, \quad \forall\,\omega \tag{3.9}$$

Que representa uma reta com inclinação de −20 dB/déc para todas as frequências. A defasagem do fator integral é:

$$\angle\frac{1}{j\omega} = -90°, \quad \forall\,\omega \tag{3.10}$$

Que representa uma reta horizontal de −90° para todas as frequências.

3.5.4 Fator zero real

Uma função resposta em frequência do fator zero real é:

$$G(j\omega) = j\tau\omega \pm 1$$

A magnitude em dB do fator zero é:

$$|G(j\omega)|_{\text{dB}} = 20\log|j\tau\omega \pm 1|, \quad \forall\,\omega$$

Que apresenta duas assintotas, uma para baixas e outra para altas frequências. Assim, as assintotas são:

$$|G(j\omega)|_{\text{dB}} = \begin{cases} 0\ \text{dB/déc}, & \forall\,\omega \leq \omega_c \\ +20\log\left(\dfrac{\omega}{\omega_c}\right), & \forall\,\omega > \omega_c \end{cases} \tag{3.11}$$

Na qual 0 dB/déc é a assintota para baixas frequências, $+20\log\left(\dfrac{\omega}{\omega_c}\right)$ é a assintota para altas frequências e ω_c é a frequência de canto do fator zero no semiplano esquerdo.

Fator zero real no semiplano esquerdo

A defasagem do fator zero real no semiplano esquerdo é:

$$\underline{/j\tau\omega + 1} = \begin{cases} 0^\circ, & \text{para} \quad \omega \leq 0,1\omega_c \\ 45^\circ\log\left(\dfrac{10\omega}{\omega_c}\right), & \text{para} \quad 0,1\omega_c < \omega < 10\omega_c \\ 90^\circ, & \text{para} \quad \omega \geq 10\omega_c \end{cases} \tag{3.12}$$

Que apresenta três assintotas: a primeira assintota 0° para frequências $\omega \leq 0,1\omega_c$, a segunda $45^\circ\log\left(\dfrac{10\omega}{\omega_c}\right)$ para frequências $0,1\omega_c < \omega < 10\omega_c$, e a terceira +90° para frequências $\omega \geq 10\omega_c$.

Fator zero real no semiplano direito

A defasagem do fator zero real no semiplano direito é:

$$\underline{/j\tau\omega - 1} = \begin{cases} +180^\circ, & \text{para} \quad \omega \leq 0,1\omega_c \\ +180^\circ + 45^\circ\log\left(\dfrac{\omega_c}{10\omega}\right), & \text{para} \quad 0,1\omega_c < \omega < 10\omega_c \\ +90^\circ, & \text{para} \quad \omega \geq 10\omega_c \end{cases} \tag{3.13}$$

Que apresenta três assintotas: a primeira assintota +180° para frequências $\omega \leq 0,1\omega_c$, a segunda $180° + 45° \log\left(\frac{\omega_c}{10\omega}\right)$ para frequências $0,1\omega_c < \omega < 10\omega_c$ e a terceira +90° para frequências $\omega \geq 10\omega_c$.

3.5.5 Fator polo real

Função resposta em frequência do fator polo real é:

$$G(j\omega) = \frac{1}{j\tau\omega + 1}$$

A magnitude em dB do fator polo é:

$$|G(j\omega)|_{\text{dB}} = 20 \log \left|\frac{1}{j\tau\omega + 1}\right|, \quad \forall \omega$$

A qual apresenta duas assintotas, uma para baixas e outra para altas frequências. Assim, as assintotas são:

$$|G(j\omega)|_{\text{dB}} = \begin{cases} 0 \text{ dB/déc}, & \forall \omega \leq \omega_c \\ -20 \log\left(\dfrac{\omega}{\omega_c}\right), & \forall \omega > \omega_c \end{cases} \tag{3.14}$$

Na qual 0 dB/déc é a assintota para baixas frequências, $-20 \log\left(\frac{\omega}{\omega_c}\right)$ é a assintota para altas frequências e ω_c é a frequência de canto do fator polo no semiplano esquerdo.

Fator polo real no semiplano esquerdo

A defasagem do fator polo real no semiplano esquerdo é:

$$\angle \frac{1}{j\tau\omega + 1} = \begin{cases} 0°, & \text{para} \quad \omega \leq 0,1\omega_c \\ -45° \log\left(\dfrac{10\omega}{\omega_c}\right), & \text{para} \quad 0,1\omega_c < \omega < 10\omega_c \\ -90°, & \text{para} \quad \omega \geq 10\omega_c \end{cases} \tag{3.15}$$

Que apresenta três assintotas: a primeira assintota 0° para frequências $\omega \leq 0,1\omega_c$, a segunda $-45° \log\left(\frac{10\omega}{\omega_c}\right)$ para frequências $0,1\omega_c < \omega < 10\omega_c$ e a terceira −90° para frequências $\omega \geq 10\omega_c$.

Fator polo real no semiplano direito

A defasagem do fator polo real no semiplano direito é:

$$\angle \frac{1}{j\tau\omega - 1} = \begin{cases} -180^\circ, & \text{para} \quad \omega \leq 0,1\omega_c \\ -180^\circ + 45^\circ \log\left(\frac{10\omega}{\omega_c}\right), & \text{para} \quad 0,1\omega_c < \omega < 10\omega_c \\ -90^\circ, & \text{para} \quad \omega \geq 10\omega_c \end{cases} \tag{3.16}$$

Que apresenta três assintotas: a primeira assintota -180° para frequências $\omega \leq 0,1\omega_c$, a segunda $-180^\circ + 45^\circ \log\left(\frac{10\omega}{\omega_c}\right)$ para frequências $0,1\omega_c < \omega < 10\omega_c$ e a terceira -90° para frequências $\omega \geq 10\omega_c$.

3.5.6 Fator zeros complexos

A função resposta em frequência do fator zeros complexos é:

$$G(j\omega) = 1 \pm 2\xi\left(\frac{j\omega}{\omega_n}\right) + \left(\frac{j\omega}{\omega_n}\right)^2$$

A magnitude em dB do fator zeros complexos é:

$$|G(j\omega)|_{\text{dB}} = 20\log\left|1 \pm 2\xi\left(\frac{j\omega}{\omega_n}\right) + \left(\frac{j\omega}{\omega_n}\right)^2\right|, \quad \forall\omega$$

Que apresenta duas assintotas, uma para baixas e outra para altas frequências. Assim, as assintotas são:

$$|G(j\omega)|_{\text{dB}} = \begin{cases} 0 \text{ dB/déc}, & \forall\omega \leq \omega_c \\ 40\log\left(\frac{\omega}{\omega_n}\right), & \forall\omega > \omega_c \end{cases} \tag{3.17}$$

Na qual 0 dB/déc é a assintota para baixas frequências, $40\log\left(\frac{\omega}{\omega_n}\right)$ é a assintota para altas frequências e ω_n é a frequência de natural não amortecida do fator zeros complexos no semiplano esquerdo.

Fator zeros complexos no semiplano esquerdo

A defasagem do fator zeros complexos no semiplano esquerdo é:

$$\angle \left[1 + 2\xi \left(\frac{j\omega}{\omega_n} \right) + \left(\frac{j\omega}{\omega_n} \right)^2 \right] =$$

$$= \begin{cases} 0°, & \text{para} \quad \omega \leq \omega_n/10^{\xi} \\ +90° \log \left(\dfrac{10\omega}{\omega_n} \right), & \text{para} \quad \omega_n/10^{\xi} < \omega < 10^{\xi}\omega_n \\ +180°, & \text{para} \quad \omega \geq 10^{\xi}\omega_n \end{cases} \tag{3.18}$$

Que apresenta três assintotas: a primeira assintota 0° para frequências $\omega \leq \omega_n/10^{\xi}$, a segunda $+90° \log \left(\frac{10\omega}{\omega_n} \right)$ para frequências $\omega_n/10^{\xi} < \omega < 10^{\xi}\omega_n$ e a terceira +180° para frequências $\omega \geq 10^{\xi}\omega_n$.

Fator zeros complexos no semiplano direito

A defasagem do fator zeros complexos no semiplano direito é:

$$\angle \left[1 - 2\xi \left(\frac{j\omega}{\omega_n} \right) + \left(\frac{j\omega}{\omega_n} \right)^2 \right] =$$

$$= \begin{cases} 0°, & \text{para} \quad \omega \leq \omega_n/10^{\xi} \\ +90° \log \left(\dfrac{10\omega}{\omega_n} \right), & \text{para} \quad \omega_n/10^{\xi} < \omega < 10^{\xi}\omega_n \\ +180°, & \text{para} \quad \omega \geq 10^{\xi}\omega_n \end{cases} \tag{3.19}$$

Que apresenta três assintotas: a primeira assintota 0° para frequências $\omega \leq \omega_n/10^{\xi}$, a segunda $+90° \log \left(\frac{10\omega}{\omega_n} \right)$ para frequências $\omega_n/10^{\xi} < \omega < 10^{\xi}\omega_n$ e a terceira +180° para frequências $\omega \geq 10^{\xi}\omega_n$.

3.5.7 Fator polos complexos

A função resposta em frequência do fator polos complexos é:

$$G(j\omega) = \frac{1}{1 \pm 2\xi\left(\frac{j\omega}{\omega_n}\right) + \left(\frac{j\omega}{\omega_n}\right)^2}$$

A magnitude em dB do fator polos complexos é:

$$|G(j\omega)|_{\text{dB}} = 20\log\left|\frac{1}{1 \pm 2\xi\left(\frac{j\omega}{\omega_n}\right) + \left(\frac{j\omega}{\omega_n}\right)^2}\right|, \quad \forall\,\omega$$

Que apresenta duas assintotas, uma para baixas e outra para altas frequências. Assim, as assintotas são:

$$|G(j\omega)|_{\text{dB}} = \begin{cases} 0 \text{ dB/déc}, & \forall\,\omega \leq \omega_c \\ -40\log\left(\frac{\omega}{\omega_n}\right), & \forall\,\omega > \omega_c \end{cases} \tag{3.20}$$

Na qual 0 dB/déc é a assintota para baixas frequências, $-40\log\left(\frac{\omega}{\omega_n}\right)$ é a assintota para altas frequências e ω_n é a frequência de natural não amortecida do fator polos complexos no semiplano esquerdo.

Fator polos complexos no semiplano esquerdo

A defasagem do fator polos complexos no semiplano esquerdo é:

$$\angle\frac{1}{1 + 2\xi\left(\frac{j\omega}{\omega_n}\right) + \left(\frac{j\omega}{\omega_n}\right)^2} =$$

$$= \begin{cases} 0^\circ, & \text{para} \quad \omega \leq \omega_n/10^{\xi} \\ -90^\circ\log\left(\frac{10\omega}{\omega_n}\right), & \text{para} \quad \omega_n/10^{\xi} < \omega < 10^{\xi}\omega_n \\ -180^\circ, & \text{para} \quad \omega \geq 10^{\xi}\omega_n \end{cases} \tag{3.21}$$

Que apresenta três assintotas: a primeira assintota 0° para frequências $\omega \leq \omega_n/10^{\xi}$, a segunda $-90^\circ\log\left(\frac{10\omega}{\omega_n}\right)$ para frequências $\omega_n/10^{\xi} < \omega < 10^{\xi}\omega_n$ e a terceira -180° para frequências $\omega \geq 10^{\xi}\omega_n$.

Fator polos complexos no semiplano direito

A defasagem do fator polos complexos no semiplano direito é:

$$\angle \frac{1}{1 - 2\xi\left(\dfrac{j\omega}{\omega_n}\right) + \left(\dfrac{j\omega}{\omega_n}\right)^2} =$$

$$= \begin{cases} 0^\circ, & \text{para} \quad \omega \leq \omega_n/10^{\xi} \\ +90^\circ \log\left(\dfrac{10\omega}{\omega_n}\right), & \text{para} \quad \omega_n/10^{\xi} < \omega < 10^{\xi}\omega_n \\ +180^\circ, & \text{para} \quad \omega \geq 10^{\xi}\omega_n \end{cases} \tag{3.22}$$

Que apresenta três assintotas: a primeira assintota 0° para frequências $\omega \leq \omega_n/10^{\xi}$, a segunda $+90^\circ \log\left(\dfrac{10\omega}{\omega_n}\right)$ para frequências $\omega_n/10^{\xi} < \omega < 10^{\xi}\omega_n$ e a terceira $+180^\circ$ para frequências $\omega \geq 10^{\xi}\omega_n$.

***Exemplo* 3.4.** *Considere a seguinte função de transferência em malha aberta:*

$$G(s) = \frac{10000(s-1)}{s(s-10)(s+100)}$$

Desenhe o diagrama de Bode.

***Solução* 3.4.** *Obtenhamos os fatores elementares como mostrado anteriormente. A função resposta em frequência é:*

$$G(j\omega) = \frac{10000(j\omega - 1)}{j\omega(j\omega - 10)(j\omega + 100)}$$

Fatoramos as frequências de canto 10 *e* 100

$$= \frac{10000(j\omega - 1)}{j\omega\, 10\left(\dfrac{j\omega}{10} - 1\right) 100\left(\dfrac{j\omega}{100} + 1\right)}$$

Assim,

$$= \frac{10(j\omega - 1)}{j\omega\left(\dfrac{j\omega}{10} - 1\right)\left(\dfrac{j\omega}{100} + 1\right)}$$

Identificamos cada um dos fatores da função de transferência, como mostrado na Tabela 3.2.

Tabela 3.2: Fatores elementares da função de transferência.

	Fator	Frequência de canto [rad/s]	Assintota de magnitude	Assintota de fase [°]
1.	$K_0 = 10$	–	20 dB, $\forall\,\omega$. Conforme Eq. 3.5.	0°, $\forall\,\omega$. Conforme Eq. 3.6.
2.	$\dfrac{1}{j\omega}$	Passa por $\omega = 1$	−20 dB/dec, $\forall\,\omega$. Conforme Eq. 3.9	−90°, $\forall\,\omega$. Conforme Eq. 3.10
3.	$j\omega - 1$	$\omega_{c_3} = 1$	• 0 dB/dec, $\forall\omega \leq \omega_{c3}$; • +20 dB/dec, $\forall\omega > \omega_{c3}$. Conforme Eq. 3.11	Conforme Eq. 3.12, a fase varia de +180° a +90° e $\phi(\omega_{c_3}) = +135°$
4.	$\dfrac{1}{\frac{j\omega}{10} - 1}$	$\omega_{c_4} = 10$	• 0 dB/dec, $\forall\omega \leq \omega_{c4}$; • −20 dB/dec, $\forall\omega > \omega_{c4}$. Conforme Eq. 3.14.	Conforme Eq. 3.16, a fase varia de −180° a −90° e $\phi(\omega_{c_4}) = -135°$
5.	$\dfrac{1}{\frac{j\omega}{100} + 1}$	$\omega_{c_5} = 100$	• 0 dB/dec, $\forall\omega \leq \omega_{n5}$; • −20 dB/dec, $\forall\omega > \omega_{n5}$. Conforme Eq. 3.14.	Conforme Eq. 3.15, a fase varia de 0° a −90° e $\phi(\omega_{n_5}) = -45°$

Desenhamos as assintotas de magnitude e de fase de cada um dos fatores elementares da função resposta em frequência, como mostrado na Figura 3.7. Os gráficos foram obtidos utilizando o aplicativo apresentado em (Mendoza Meza, 2022).

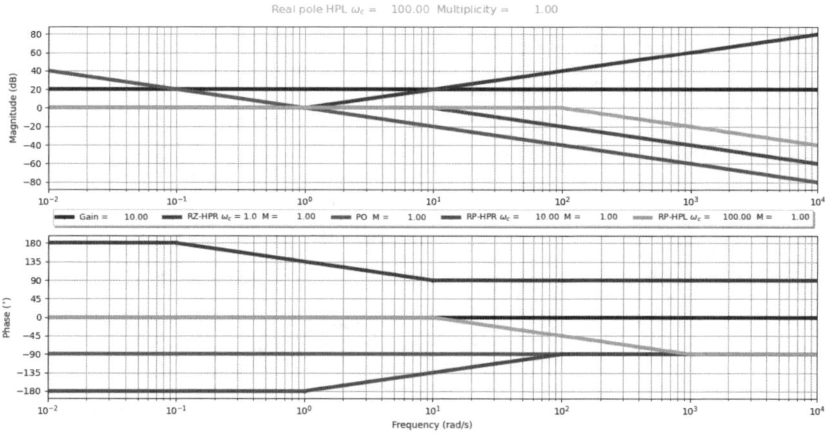

Figura 3.7: Diagrama das assintotas de magnitude e de fase do diagrama de Bode da função resposta em frequência.

Desenhamos a suma das assintotas de magnitude e de fase sobre as assintotas dos fatores elementares, como mostrado na Figura 3.8

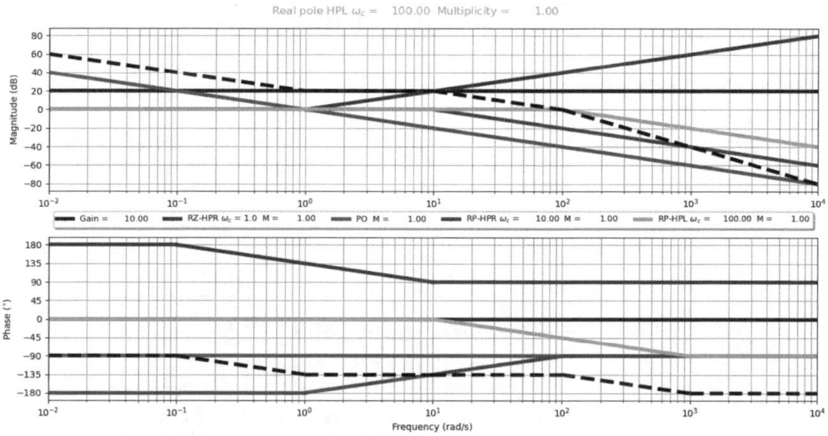

Figura 3.8: Diagrama da soma das assintotas de magnitude e de fase do diagrama de Bode da função resposta em frequência.

Desenhamos o diagrama de Bode exato e a soma das assintotas de magnitude e de fase, como pode ser observado na Figura 3.9.

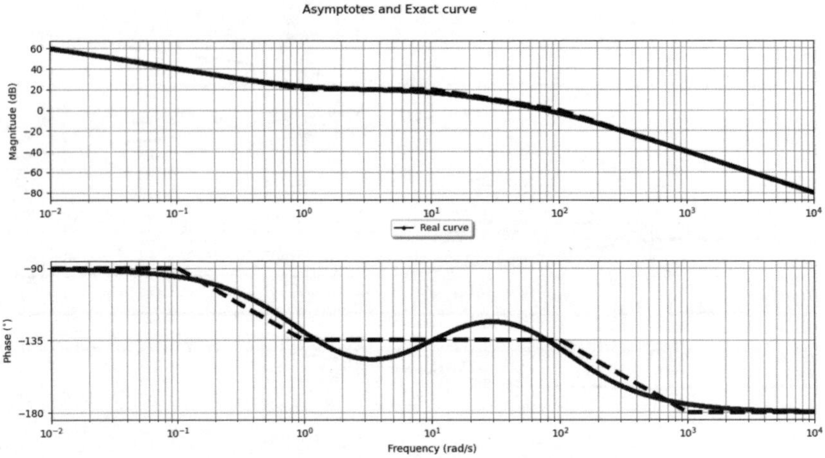

Figura 3.9: Diagrama de Bode exato e a soma das assintotas de magnitude e de fase do diagrama de Bode da função resposta em frequência.

***Exemplo* 3.5.** *Considere a seguinte função de transferência em malha aberta:*

$$G(s) = \frac{16000000(s-10)}{s(s-100)(s^2-10s+400^2)}$$

Desenhe o diagrama de Bode.

***Solução* 3.5.** *Obtenhamos os fatores elementares como mostrado anteriormente. A função resposta em frequência é:*

$$G(j\omega) = \frac{16000000(j\omega-10)}{j\omega(j\omega-100)((j\omega)^2-j10\omega+400^2)}$$

Fatoramos as frequências de canto 10 *e* 100

$$= \frac{16000000(j\omega-10)}{j\omega\,100\left(\dfrac{j\omega}{100}-1\right)400^2\left(\left(\dfrac{j\omega}{400}\right)^2-\dfrac{j10\omega}{400^2}+1\right)}$$

Assim,

$$= \frac{10\left(\dfrac{j\omega}{10}-1\right)}{j\omega\left(\dfrac{j\omega}{100}-1\right)\left(\left(\dfrac{j\omega}{400}\right)^2-\dfrac{j\omega}{1600000}+1\right)}$$

Identificamos cada um dos fatores da função de transferência, como mostrado na Tabela 3.3.

Tabela 3.3: Fatores elementares da função de transferência.

	Fator	Frequência de canto [rad/s]	Assintota de magnitude	Assintota de fase [°]
1.	$K_0 = 10$	–	20 dB, $\forall\,\omega$. Conforme Eq. 3.5.	0°, $\forall\,\omega$. Conforme Eq. 3.6.
2.	$\frac{1}{j\omega}$	Passa por $\omega = 1$	−20 dB/dec, $\forall\,\omega$. Conforme Eq. 3.9	−90°, $\forall\,\omega$. Conforme Eq. 3.10
3.	$\frac{j\omega}{10} - 1$	$\omega_{c_3} = 10$	• 0 dB/dec, $\forall\omega \leq \omega_{c3}$; • +20 dB/dec, $\forall\omega > \omega_{c3}$. Conforme Eq. 3.11	Conforme Eq. 3.12, a fase varia de +180° a +90° e $\phi(\omega_{c_3}) = +135°$
4.	$\frac{1}{\frac{j\omega}{100} - 1}$	$\omega_{c_4} = 100$	• 0 dB/dec, $\forall\omega \leq \omega_{c4}$; • −20 dB/dec, $\forall\omega > \omega_{c4}$. Conforme Eq. 3.14.	Conforme Eq. 3.16, a fase varia de −180° a −90° e $\phi(\omega_{c_4}) = -135°$
5.	$\frac{1}{\left(\frac{j\omega}{400}\right)^2 - \frac{j\omega}{1600000} + 1}$	$\omega_{n_5} = 400$, $\xi = 0,01$	• 0 dB/dec, $\forall\omega \leq \omega_{n_5}$; • −40 dB/dec, $\forall\omega > \omega_{n_5}$. Conforme Eq. 3.20.	Conforme Eq. 3.22, a fase varia de 0° a +180° e $\phi(\omega_{n_5}) = +90°$

Desenhamos as assintotas de magnitude e de fase de cada um dos fatores elementares da função resposta em frequência, como mostrado na Figura 3.10. Os gráficos foram obtidos utilizando o aplicativo apresentado em (Mendoza Meza, 2022).

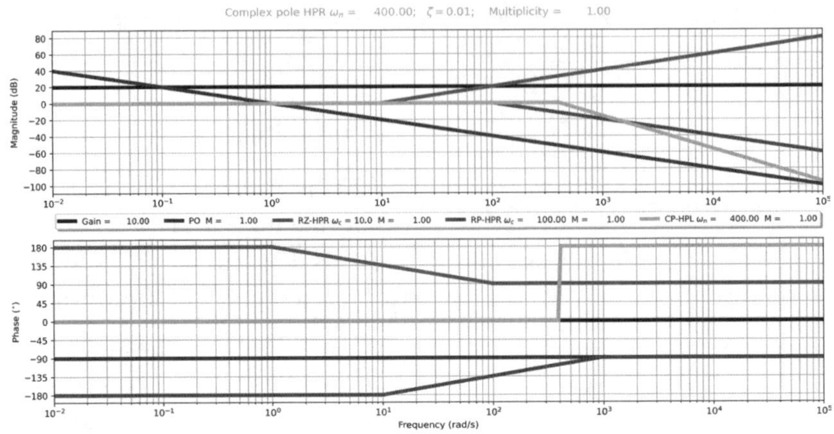

Figura 3.10: Diagrama das assintotas de magnitude e de fase do diagrama de Bode da função resposta em frequência.

Desenhamos a suma das assintotas de magnitude e de fase sobre as assintotas dos fatores elementares, como mostrado na Figura 3.11

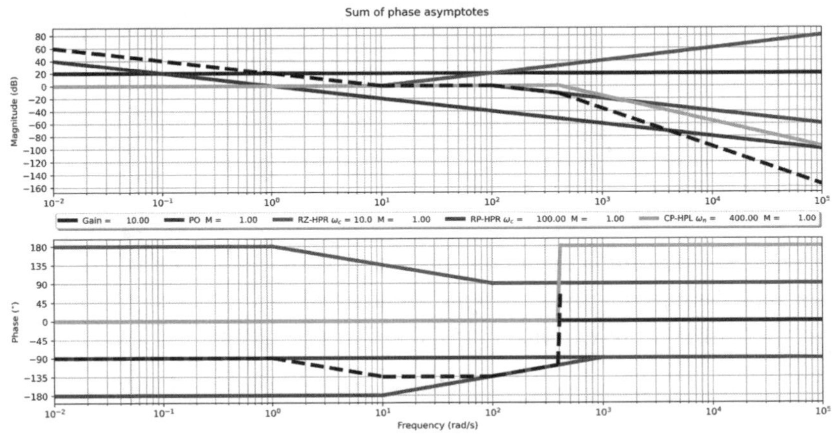

Figura 3.11: Diagrama da soma das assintotas de magnitude e de fase do diagrama de Bode da função resposta em frequência.

Desenhamos o diagrama de Bode exato e a soma das assintotas de magnitude e de fase, como pode ser observado na Figura 3.12.

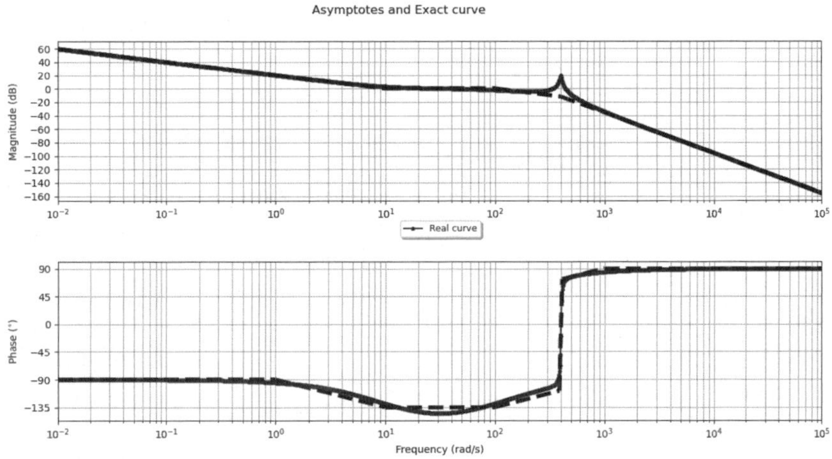

Figura 3.12: Diagrama de Bode exato e a soma das assintotas de magnitude e de fase do diagrama de Bode da função resposta em frequência.

***Exemplo* 3.6.** *Considere a seguinte função de transferência em malha aberta:*

$$G(s) = \frac{10000(s-10)}{s(s-100)(s-1000)}$$

Desenhe o diagrama de Bode.

***Solução* 3.6.** *Obtenhamos os fatores elementares como mostrado anteriormente. A função resposta em frequência é:*

$$G(j\omega) = \frac{10000(j\omega-10)}{j\omega(j\omega-100)(j\omega-1000)}$$

Fatoramos as frequências de canto 100 *e* 1000

$$= \frac{10000(j\omega-10)}{j\omega\,100\left(\frac{j\omega}{100}-1\right)1000\left(\frac{j\omega}{1000}-1\right)}$$

Assim,

$$= \frac{10\left(\frac{j\omega}{10}-1\right)}{j\omega\left(\frac{j\omega}{100}-1\right)\left(\frac{j\omega}{1000}-1\right)}$$

Identificamos cada um dos fatores da função de transferência, como mostrado na Tabela 3.4.

Tabela 3.4: Fatores elementares da função de transferência.

	Fator	Frequência de canto [rad/s]	Assintota de magnitude	Assintota de fase [°]
1.	$K_0 = 10$	—	20 dB, $\forall\, \omega$. Conforme Eq. 3.5.	$0°$, $\forall\, \omega$. Conforme Eq. 3.6.
2.	$\dfrac{1}{j\omega}$	Passa por $\omega = 1$	-20 dB/dec, $\forall\, \omega$. Conforme Eq. 3.9	$-90°$, $\forall\, \omega$. Conforme Eq. 3.10
3.	$\dfrac{j\omega}{10} - 1$	$\omega_{c_3} = 10$	• 0 dB/dec, $\forall\omega \leq \omega_{c3}$; • +20 dB/dec, $\forall\omega > \omega_{c3}$. Conforme Eq. 3.11	Conforme Eq. 3.12, a fase varia de $+180°$ a $+90°$ e $\phi(\omega_{c_3}) = +135°$
4.	$\dfrac{1}{\frac{j\omega}{100} - 1}$	$\omega_{c_4} = 100$	• 0 dB/dec, $\forall\omega \leq \omega_{c4}$; • -20 dB/dec, $\forall\omega > \omega_{c4}$. Conforme Eq. 3.14.	Conforme Eq. 3.16, a fase varia de $-180°$ a $-90°$ e $\phi(\omega_{c_4}) = -135°$
5.	$\dfrac{1}{\frac{j\omega}{1000} - 1}$	$\omega_{c_5} = 1000$	• 0 dB/dec, $\forall\omega \leq \omega_{c5}$; • -20 dB/dec, $\forall\omega > \omega_{n5}$. Conforme Eq. 3.14.	Conforme Eq. 3.16, a fase varia de $-180°$ a $-90°$ e $\phi(\omega_{n_5}) = -135°$

Desenhamos as assintotas de magnitude e de fase de cada um dos fatores elementares da função resposta em frequência, como mostrado na Figura 3.13. Os gráficos foram obtidos utilizando o aplicativo apresentado em (Mendoza Meza, 2022).

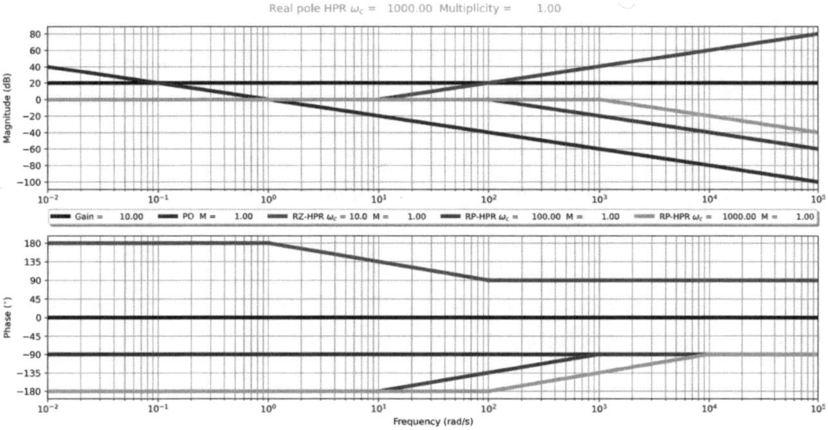

Figura 3.13: Diagrama das assintotas de magnitude e de fase do diagrama de Bode da função resposta em frequência.

Desenhamos a suma das assintotas de magnitude e de fase sobre as assintotas dos fatores elementares, como mostrado na Figura 3.14

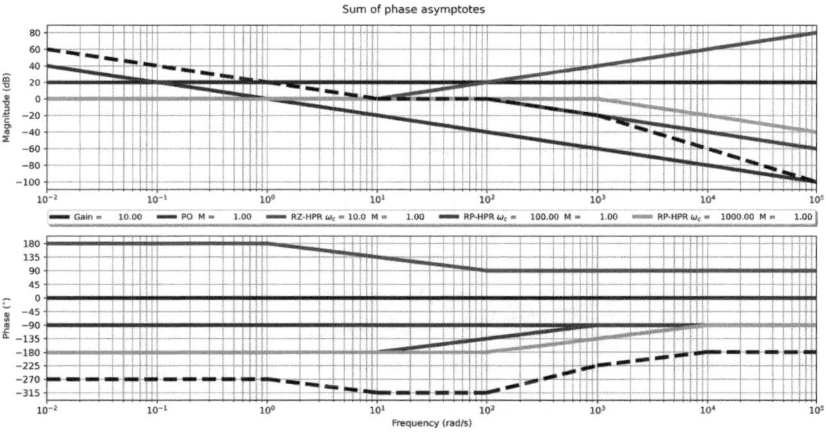

Figura 3.14: Diagrama da soma das assintotas de magnitude e de fase do diagrama de Bode da função resposta em frequência.

Desenhamos o diagrama de Bode exato e a soma das assintotas de magnitude e de fase, como pode ser observado na Figura 3.15, que mostra a soma das assintotas de fase defasada $+360°$ *da fase do diagrama de Bode da função de transferência. Isto se deve principalmente aos três fatores de fase não mínima que têm as seguintes frequências de canto:* 10, 100 *e* 1000 *rad/s. Os polos dos fatores 3, 4 e 5 (Tabela 3.4) em baixas frequências iniciam em*

−1. *Se decidirmos realizar o produto dos fatores 4 e 5 em baixa frequência, então somente teremos o fator 3. Assim, em baixa frequência, a fase do numerador é* $+180^\circ$, *a fase do denominador é* $+90^\circ$ *e a fase do sistema em baixa frequência é* $+90^\circ$, *como o módulo control do Python plota o diagrama de Bode.*

Consideremos a baixa frequência. Se decidirmos cancelar o fator 3 com o fator 4, então somente ficarão os fatores 2 e 5, e a fase do sistema será -270°. *Essa defasagem existente entre as assintotas e o diagrama exato de Bode não está errada, mas é um simples deslocamento. Na Figura 3.16, essa defasagem é ajustada. Os gráficos foram obtidos utilizando o aplicativo apresentado em (Mendoza Meza, 2022).*

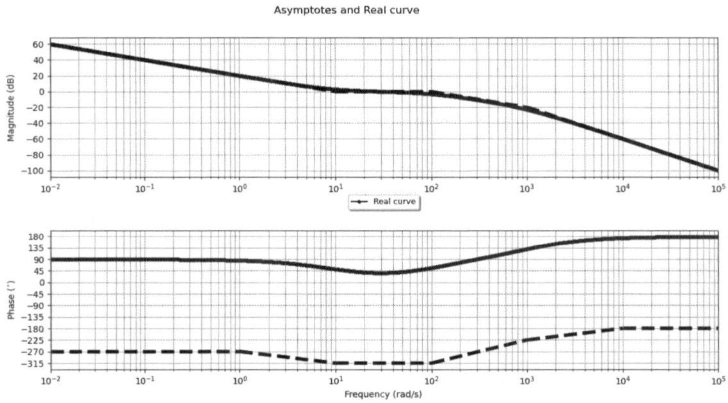

Figura 3.15: Diagrama de Bode exato e a soma das assintotas de magnitude e de fase do diagrama de Bode da função resposta em frequência.

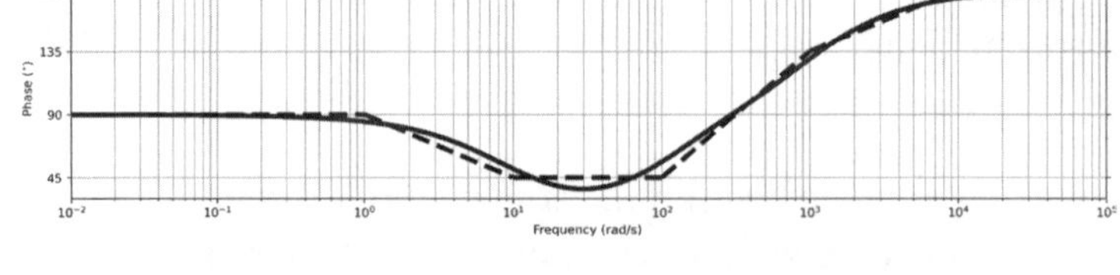

Figura 3.16: Diagrama de Bode exato e a soma das assintotas de magnitude e de fase do diagrama de Bode da função resposta em frequência corrigido.

3.6 APROXIMAÇÃO ASSINTÓTICA EMPÍRICA DE FUNÇÕES DE TRANSFERÊNCIA

Uma inspeção dos diagramas de Bode de ganho em baixas frequências permite determinar o tipo de sistema e o ganho K_0.

A correspondência entre o tipo do sistema e a declividade do diagrama de Bode de ganho em baixas frequências é a seguinte:

Declive dB/déc	Tipo de sistema
0	0
−20	1
−40	2
⋮	⋮

Declive dB/déc	Polos na origem
0	Nenhum
−20	Um
−40	Dois
⋮	⋮

Vamos mostrar que essa correspondência é verdadeira e que é simples determinar o ganho K_0 da função de transferência em baixas frequências.

3.6.1 Sistema tipo 0

Seja um sistema do tipo 0 com a seguinte função de transferência, considere o ganho $K_0 > 0$:

$$G(s) = \frac{K_0(T_1 s + 1)(T_2 s + 1)\cdots(T_m s + 1)}{(\tau_1 s + 1)(\tau_2 s + 1)\cdots(\tau_n s + 1)}$$

A resposta em frequência é dada pela seguinte equação:

$$G(j\omega) = \frac{K_0(j\omega T_1 + 1)(j\omega T_2 + 1)\cdots(j\omega T_m s + 1)}{(j\omega\tau_1 + 1)(j\omega\tau_2 + 1)\cdots(j\omega\tau_n + 1)}$$

Considerando frequências suficientemente baixas, como:

$$\omega \ll \frac{1}{T_i} \quad 1 \le i \le m, \qquad \omega \ll \frac{1}{\tau_i} \quad 1 \le i \le n$$

E denotando por $\tilde{G}(s)$ a aproximação em baixas frequências de $G(s)$, pode-se escrever de modo aproximado que:

$$\tilde{G}(j\omega) = K_0$$

Pois todos os fatores do numerador e do denominador são aproximadamente iguais a 1. Assim:

$$20\log\left|\tilde{G}(j\omega)\right| \cong 20\log K_0$$

Isto significa que:

- O D.B. de $\tilde{G}(j\omega)$ tende a uma reta horizontal para baixas frequências.
- O valor do ganho K_0 em baixas frequências pode ser obtido diretamente do gráfico de Bode em baixas frequências, conforme mostrado na Figura 3.17.

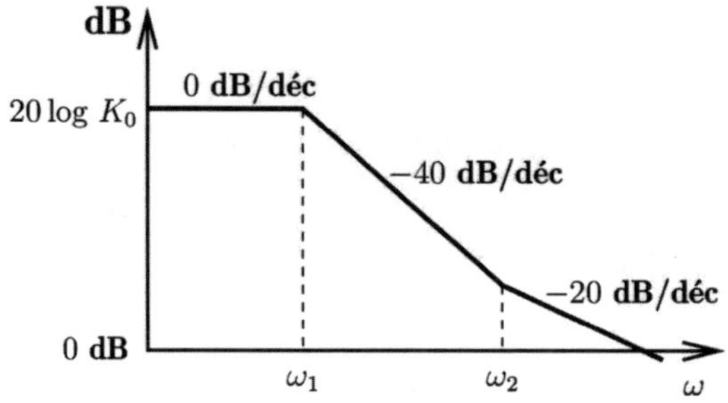

Figura 3.17: Assintotas do diagrama de Bode para um sistema do tipo 0.

***Exemplo* 3.7.** *Considere o seguinte diagrama de Bode da magnitude de determina função de transferência. Determine o ganho* K_0.

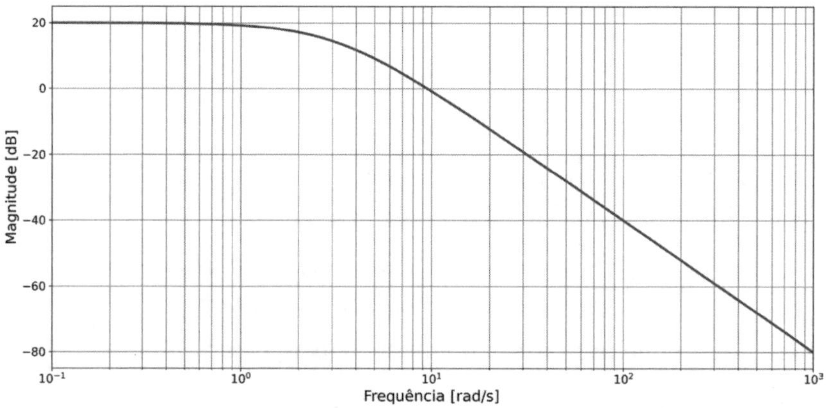

Figura 3.18: Diagrama de Bode para um sistema do tipo 0.

***Solução* 3.7.** *O declive do gráfico em baixas frequências é nula. Assim, temos um sistema do tipo* 0. *Além disso, em baixas frequências:*

$$20 \log \left|\tilde{G}(j\omega)\right| \cong 20 \log K_0 = 20dB$$

Dessa forma:

$$K_0 = 10.$$

3.6.2 Sistema tipo 1

Seja agora um sistema de tipo 1 com a seguinte função de transferência:

$$G(s) = \frac{K_0(T_1 s + 1)(T_2 s + 1)\cdots(T_m s + 1)}{s(\tau_1 s + 1)(\tau_2 s + 1)\cdots(\tau_n s + 1)}$$

Todo sistema de tipo 1 tem um declive de −20 dB/déc na região de baixa frequência. A resposta em frequência desse sistema é:

$$G(j\omega) = \frac{K_0(j\omega T_1 + 1)(j\omega T_2 + 1)\cdots(j\omega T_m s + 1)}{j\omega(j\omega\tau_1 + 1)(j\omega\tau_2 + 1)\cdots(j\omega\tau_n + 1)}$$

Considerando frequências suficientemente baixas, temos a seguinte aproximação da função de transferência:

$$\tilde{G}(j\omega) \cong \frac{K_0}{j\omega}$$

Dessa forma:

$$\begin{aligned} 20\log_{10}|G(j\omega)| &\cong 20\log_{10}\left|\tilde{G}(j\omega)\right| = 20\log_{10}\left|\frac{K_0}{\omega}\right| \\ &= 20\log_{10} K_0 - 20\log_{10}\omega \end{aligned}$$

Isto quer dizer que, para baixas frequências, o diagrama de Bode de $G(j\omega)$ tende a uma reta com declividade de −20 dB/déc.

O valor do ganho em baixas frequências (K_0) pode ser obtido diretamente da reta que aproxima o gráfico em baixas frequências de duas maneiras. A primeira maneira considera que, na frequência $\omega = 1$, temos:

$$\begin{aligned} 20\log_{10}\left|\tilde{G}(j1)\right| &= 20\log_{10} K_0 - 20\log_{10}\omega \\ &= 20\log_{10} K_0 \end{aligned}$$

Então:

$$\left|\tilde{G}(j1)\right| = K_0$$

A segunda maneira consiste em considerar a frequência ω_1 na qual o ganho equivale a 0 dB:

$$20\log_{10}\left|\tilde{G}(j\omega_1)\right| = 20\log_{10} K_0 - 20\log_{10}\omega_1 = 0$$

Assim:

$$K_0 = \omega_1.$$

Para qualquer função de transferência de tipo 1, esse resultado significa que a interseção da assintota em baixa frequência ou da sua prolongação com a linha horizontal de 0 dB resulta no valor do ganho K_0. Ou seja, o valor da frequência obtida dessa interseção corresponde ao valor do ganho K_0 (Figura 3.19).

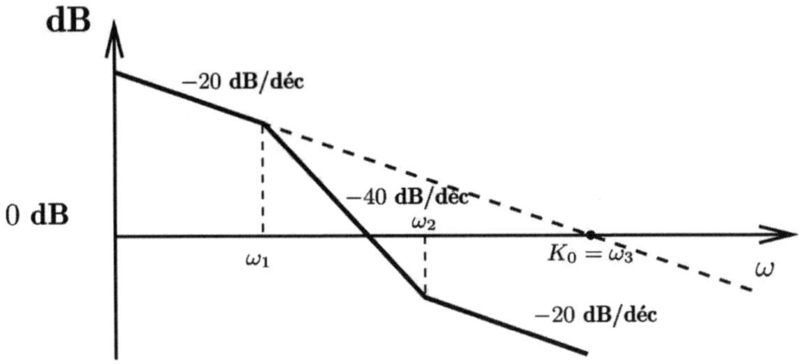

Figura 3.19: Assintotas do diagrama de Bode para um sistema do tipo 1.

***Exemplo* 3.8.** *Considere o diagrama de Bode (Figura 3.20) de uma função de transferência. Determine o ganho K_0.*

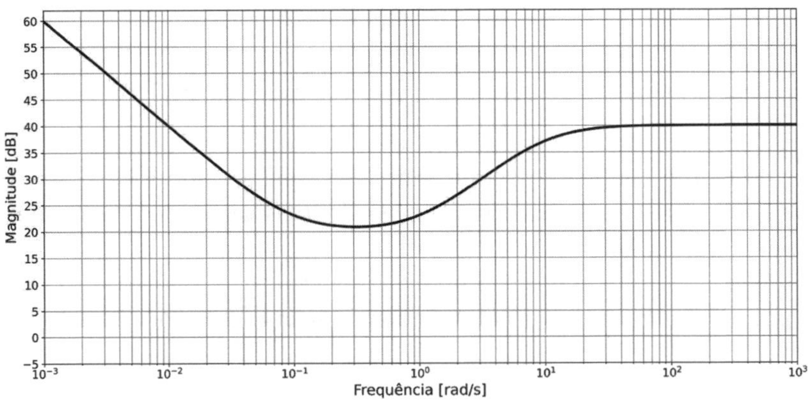

Figura 3.20: Diagrama de Bode para um sistema do tipo 1.

***Solução* 3.8.** *Para resolver o problema devemos traçar a assintota em baixa frequência e a reta em* 0 *dB (Figura 3.21). Observando esse diagrama, percebe-se que o declive do gráfico em baixas frequências é de* −20 *dB/déc. Assim, trata-se de um sistema do tipo 1. Além disso, nota-se que a aproximação em baixas frequências cruza a linha* 0 *dB em* $\omega_1 = 10$ *rad/s. Conclui-se, então, que:*

$$K_0 = 10.$$

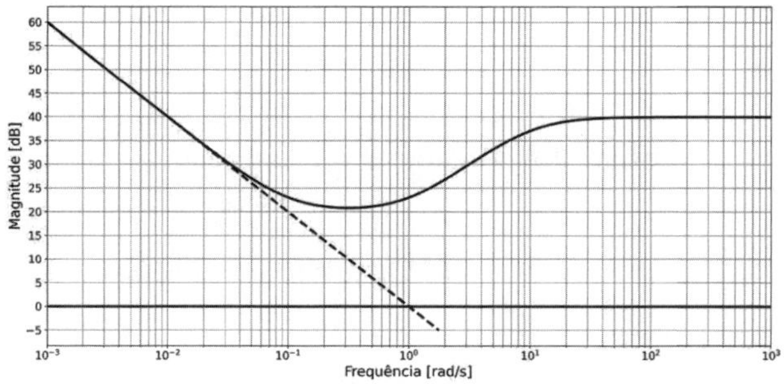

Figura 3.21: Diagrama de Bode para um sistema do tipo 1.

3.6.3 Sistema tipo 2

Considere um sistema de tipo 2 com a seguinte função de transferência:

$$G(s) = \frac{K_0(T_1 s + 1)(T_2 s + 1)\cdots(T_m s + 1)}{s^2(\tau_1 s + 1)(\tau_2 s + 1)\cdots(\tau_n s + 1)}$$

A resposta em frequência desse sistema é:

$$G(j\omega) = \frac{K_0(j\omega T_1 + 1)(j\omega T_2 + 1)\cdots(j\omega T_m s + 1)}{(j\omega)^2(j\omega\tau_1 + 1)(j\omega\tau_2 + 1)\cdots(j\omega\tau_n + 1)}$$

Considerando frequências suficientemente baixas, temos:

$$\tilde{G}(j\omega) \cong \frac{K_0}{(j\omega)^2}$$

Assim, temos a seguinte aproximação:

$$\begin{aligned} 20\log_{10}|G(j\omega)| &\cong 20\log_{10}\left|\tilde{G}(j\omega)\right| = 20\log_{10}\left|\frac{K_0}{\omega^2}\right| \\ &= 20\log_{10}K_0 - 40\log_{10}\omega \end{aligned}$$

Isto quer dizer que, para baixas frequências, o diagrama de Bode de $G(j\omega)$ tende a uma reta com inclinação de -40 dB/déc.

O valor do ganho em baixas frequências (K_0) pode ser obtido diretamente da reta que aproxima o gráfico em baixas frequências de duas maneira. Na primeira maneira, para a frequência $\omega = 1$, temos:

$$\begin{aligned} 20\log_{10}\left|\tilde{G}(j1)\right| &= 20\log_{10}K_0 - 40\log_{10}\omega \\ &= 20\log_{10}K_0 \end{aligned}$$

Então:

$$\left|\tilde{G}(j1)\right| = K_0$$

A segunda maneira consiste em considerar a frequência ω_1 na qual o ganho equivale a 0 dB:

$$20\log_{10}\left|\tilde{G}(j\omega_1)\right| = 20\log_{10} K_0 - 40\log_{10}\omega_1 = 0$$

Assim, temos que:

$$K_0 = \omega_1^2.$$

Para qualquer função de transferência de tipo 2, esse resultado significa que a interseção da assintota em baixa frequência ou da sua prolongação com a linha horizontal de 0 dB resulta no valor da raiz quadrada do ganho K_0, isto é, o valor da frequência obtida dessa interseção corresponde à raiz quadrada do valor do ganho K_0 (Figura 3.22).

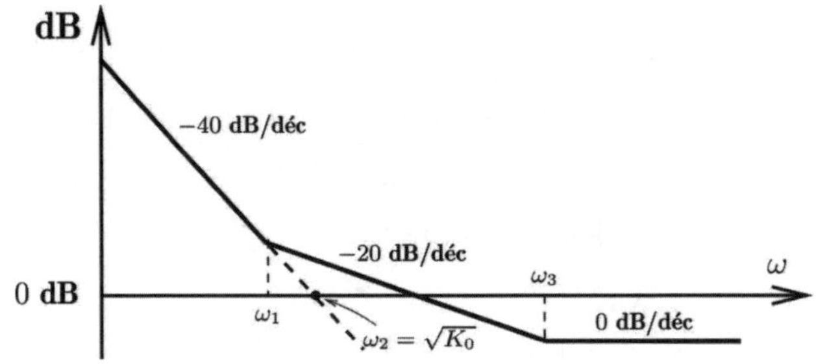

Figura 3.22: Assintotas do diagrama de Bode para um sistema do tipo 2.

***Exemplo* 3.9.** *Considere o diagrama de Bode (Figura 3.23) de uma função de transferência. Determine o ganho* K_0.

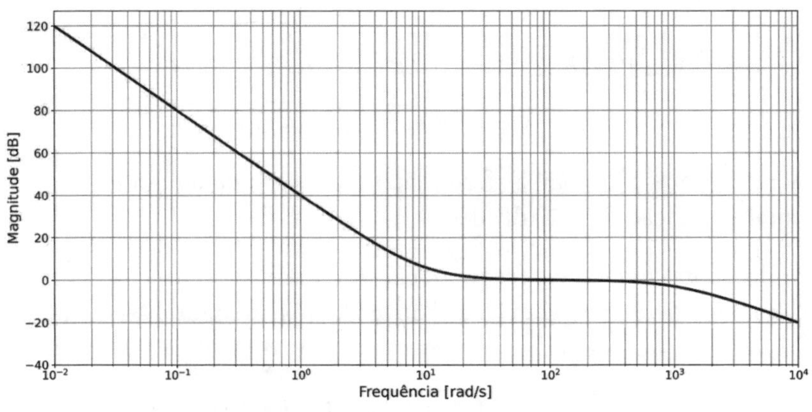

Figura 3.23: Diagrama de Bode para um sistema do tipo 2.

Solução 3.9. *Para resolver o problema, devemos traçar a assintota em baixa frequência e identificar a reta em 0 dB (Figura 3.24). Observando esse diagrama, percebe-se que o declive do gráfico em baixas frequências é de −40 dB/década. Assim, trata-se de um sistema do tipo 2. Além disso, nota-se que a aproximação em baixas frequências cruza a linha 0 dB em $\omega_1 = 10$ rad/s. Conclui-se, então, que:*

$$K_0 = 100.$$

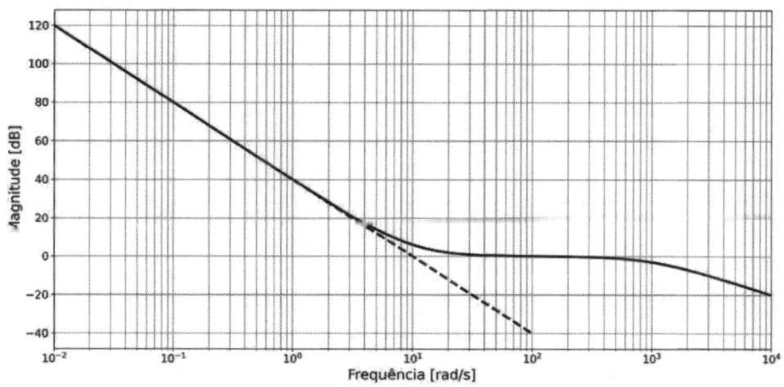

Figura 3.24: Diagrama de Bode para um sistema do tipo 2.

3.7 PROCEDIMENTO PARA ESTIMAR EMPIRICAMENTE FUNÇÕES DE TRANSFERÊNCIA

1. Traçar as assintotas às curvas de módulo em dB obtidas experimentalmente. Assintotas devem ter inclinações múltiplas de ±20 dB/déc.

2. Se a inclinação da curva de módulo em dB mudar de −20 para −40 dB/déc em $\omega = \omega_1$, existe um fator $\frac{1}{1+j\frac{\omega}{\omega_1}}$ na função de transferência.

3. Se a inclinação mudar em −40dB/década em $\omega = \omega_2$, deve ter, na função de transferência, um fator

$$\frac{1}{1 + 2\zeta\left(j\dfrac{\omega}{\omega_2}\right) + \left(j\dfrac{\omega}{\omega_2}\right)^2}$$

A frequência natural é denotada como $\omega_n = \omega_2$. O coeficiente de amortecimento ζ pode ser determinado da curva experimental de módulo em dB medindo a amplitude do pico de ressonância próximo à frequência ω_2 e comparando às curvas das Figuras 3.25a e 3.25b, bem como observar as curvas da Figura 3.26.

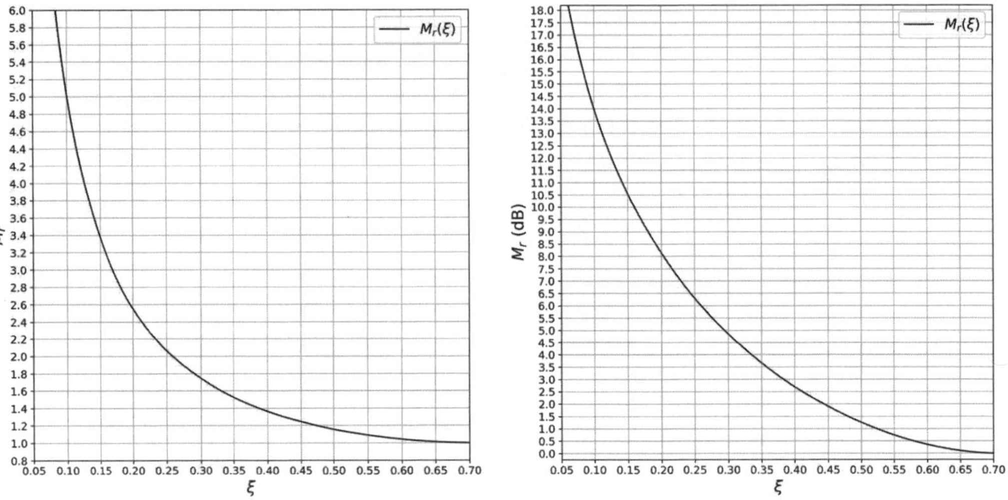

(a) Diagrama de ξ *versus* M_r. **(b)** Diagrama de ξ *versus* M_r em dB.

Figura 3.25: Diagramas de ξ *versus* M_r.

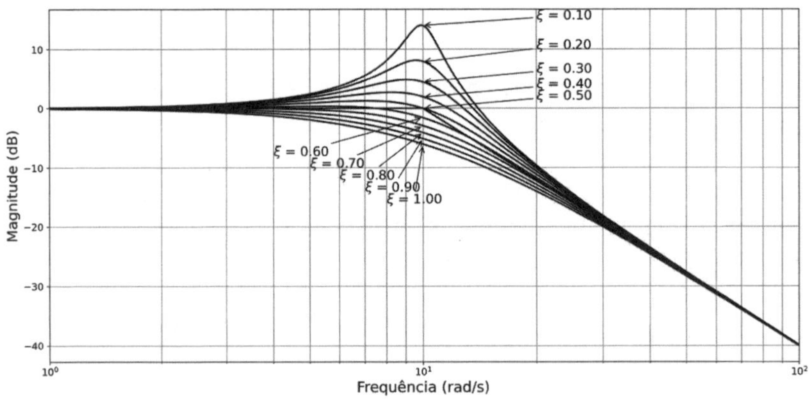

Figura 3.26: Diagrama de Bode curvas de magnitude para diferentes valores de coeficiente de amortecimento ξ.

4. Determinar ganho K_0. Para frequências muito baixas, a função de transferência senoidal $G(j\omega)$ pode ser escrita como:

$$\lim_{\omega \to 0} G(j\omega) = \frac{K}{(j\omega)^N}$$

Como visto anteriormente, nos casos práticos $N = 0$, 1 e 2.

5. Se os ângulos de fase obtidos experimentalmente em altas frequências não coincidem com $-90°(m-n)$, no qual n é o grau do numerador e m é o grau do denominador da função de transferência, então a função de transferência deverá ser de fase não mínima.

6. Se em alta frequência o atraso de fase calculado for $-180°$ menor que o obtido experimentalmente, então um 0 da função de transferência deverá situar-se no semiplano direito do plano s.

7. Se o atraso de fase calculado diferir do atraso de fase experimental em um taxa constante de variação de fase, então haverá um retardo de transporte ou tempo morto. A função de transferência é:

$$G(s)\,e^{-Ts}$$

Onde $G(s)$ é uma relação de polinômios em s, então:

$$\begin{aligned}\lim_{\omega\to\infty}\frac{d}{d\omega}\underline{/G(j\omega)\,e^{-j\omega T}} &= \lim_{\omega\to\infty}\frac{d}{d\omega}\left[\underline{/G(j\omega)}+\underline{/e^{-j\omega T}}\right]\\ &= \lim_{\omega\to\infty}\frac{d}{d\omega}\left[\underline{/G(j\omega)}-\omega T\right]\\ &= 0-T=-T\end{aligned}$$

$\lim_{\omega\to\infty}\underline{/G(j\omega)}$ = constante. Daqui, podemos avaliar a amplitude do atraso de transporte T.

***Exemplo* 3.10.** *Considere o diagrama de Bode mostrado na Figura 3.27. Determine a respectiva função de transferência.*

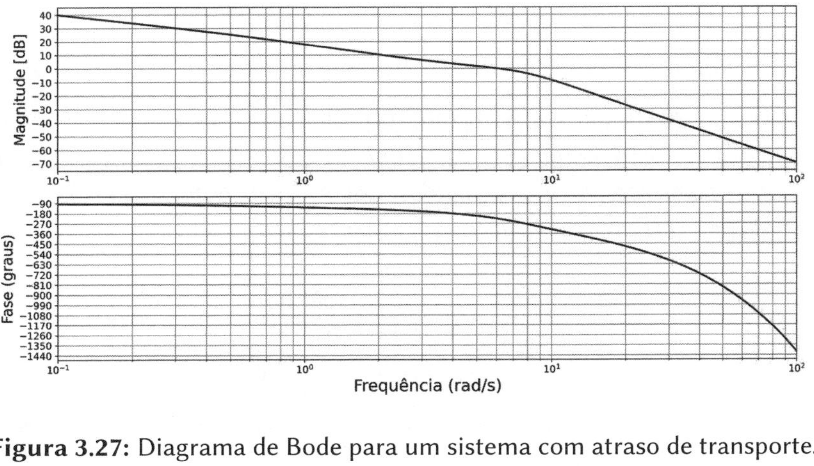

Figura 3.27: Diagrama de Bode para um sistema com atraso de transporte.

Solução 3.10. *1. Aproximar a curva de módulo por assintotas com inclinações de* ± 20 *dB/déc e seus múltiplos, como mostrado na Figura 3.28.*

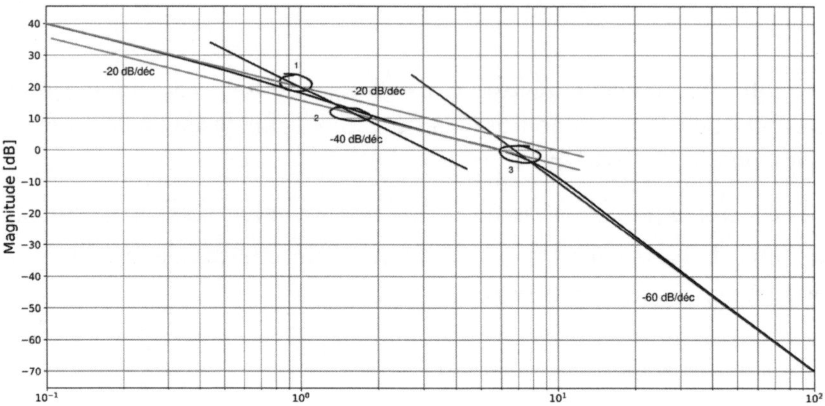

Figura 3.28: Diagrama de Bode do sistema com assintotas traçadas.

2. *Calcular o ganho da função de transferência, identificando se é um sistema de tipo 0, 1 ou 2. O sistema é de tipo 1, a reta com inclinação de* -20 *dB/déc cruza a linha de 0 dB em* $\omega = 10$ *rad/s. Assim, o ganho é* $K_0 = 10$.

3. *Estimar as frequências de canto. Identificar cada frequência de canto como polo, 0, real ou complexo conjugado. As retas com inclinação de* -20 *dB/déc intersecam a reta com* -40 *dB/déc aproximadamente em* $\omega_1 = 1$ *rad/s e em* $\omega_2 = 2$ *rad/s. Em* ω_1, *temos um polo e, em* ω_2, *temos um 0. Assim, a função de transferência fica:*

$$G(j\omega) = 10\frac{\left(\frac{j\omega}{2} + 1\right)}{j\omega\left(\frac{j\omega}{1} + 1\right)}$$

4. *A reta com* -20 *dB/déc e a reta com* -60 *dB/déc se cruzam aproximadamente em* $\omega_3 = 8$ *rad/s. Como a mudança de inclinação é de* -40 *dB/déc, então, em* ω_3, *temos um par de polos complexos conjugados com frequência natural de* 8 *rad/s. Portanto, a função de transferência fica:*

$$G(j\omega) = 10\frac{\left(\frac{j\omega}{2} + 1\right)}{j\omega\left(\frac{j\omega}{1} + 1\right)\left(\left(\frac{j\omega}{8}\right)^2 + \frac{2\zeta j\omega}{8} + 1\right)}$$

$$G(j\omega) = 10 \frac{\left(\frac{j\omega}{2}+1\right)}{j\omega\left(\frac{j\omega}{1}+1\right)\left(\left(\frac{j\omega}{8}\right)^2+\frac{2\zeta j\omega}{8}+1\right)}$$

Observemos as Figuras 3.25a e 3.25b, bem como a Figura 3.26. A curva de magnitude que passa pela interseção das assintotas em baixa e em alta frequência terá aproximadamente $\zeta = 0,5$, no qual teremos polos complexos conjugados e pouco pico de ressonância. Assim, a função de transferência fica:

$$G(j\omega) = 10 \frac{\left(\frac{j\omega}{2}+1\right)}{j\omega\left(\frac{j\omega}{1}+1\right)\left(\left(\frac{j\omega}{8}\right)^2+\frac{j\omega}{8}+1\right)}$$

5. *Verificar a fase da função de transferência estimada em baixa e em alta frequência.* *Calculando a fase em baixa frequência:*

$$\lim_{\omega\to 0} \underline{/G(j\omega)\,e^{-j\omega T}} = -90^\circ$$

E calculando a fase em alta frequência:

$$\lim_{\omega\to \infty} \underline{/G(j\omega)\,e^{-j\omega T}} = -270^\circ$$

Portanto, existe uma taxa constante de variação de retardo de transporte. Desenhemos ambas as funções de transferência.

6. *Se a fase for apropriada em baixa e em alta frequência, a função de transferência é a desejada; caso contrário, verificar se existe um 0, polo no semiplano direito. Se existe um atraso de fase de taxa constante, é indicativo de um retardo de transporte.*

Do diagrama de Bode, observamos que em $\omega = 40$ rad/s a fase do sistema com retardo é -720° e da função de transferência sem retardo é aproximadamente -270°. Assim:

$$-270 - (-720) = 57,3\omega T = 57,3 \times 40 \times T$$

De onde obtemos:

$$T = 0,196 \approx 0,2$$

Assim, a função de transferência fica:

$$G(j\omega) = 10 \frac{\left(\frac{j\omega}{2}+1\right)e^{-0,2s}}{j\omega\left(\frac{j\omega}{1}+1\right)\left(\left(\frac{j\omega}{8}\right)^2+\frac{j\omega}{8}+1\right)}$$

***Exemplo* 3.11.** *A resposta de frequência de um processo $G(j\omega)$ é mostrada na Figura 3.29. Determinar $G(s)$.*

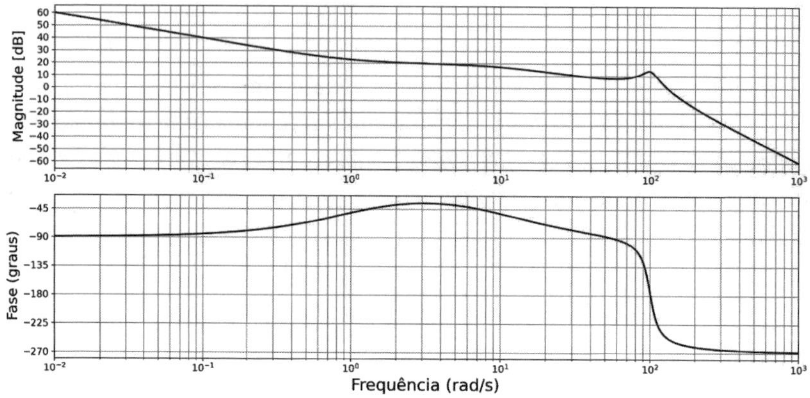

Figura 3.29: Resposta em frequência de um sistema.

***Solução* 3.11.** *1. Aproximar a curva de módulo por assintotas com inclinações de ±20 dB/déc e seus múltiplos, como mostrado na Figura 3.30.*

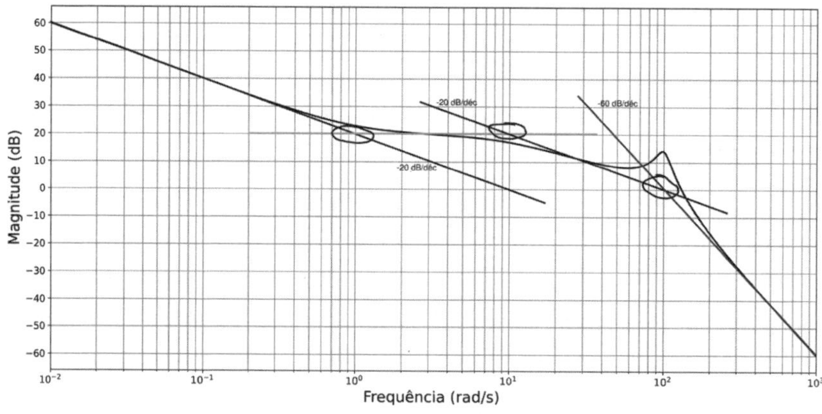

Figura 3.30: Diagrama de Bode do sistema com assintotas traçadas.

2. *Calcular o ganho da função de transferência, identificando se é um sistema de tipo 0, 1 ou 2. O sistema é de tipo 1, a reta com inclinação de -20 dB/déc cruza a linha de 0 dB em $\omega = 10$ rad/s. Assim, o ganho é $K_0 = 10$.*

3. *Estimar as frequências de canto. Identificar cada frequência de canto como polo, 0, real ou complexo conjugado. A reta com inclinação de -20 dB/déc interseca a reta*

com 0 *dB/déc aproximadamente em* $\omega_1 = 1$ *rad/s. A segunda reta com inclinação de* -20 *dB/déc interseca a reta de* 0 *dB/déc em* $\omega_2 = 10$ *rad/s. Em* ω_1, *temos um 0 e, em* ω_2, *temos um polo. Assim, a função de transferência fica:*

$$G(j\omega) = 10\frac{\left(\frac{j\omega}{1}+1\right)}{j\omega\left(\frac{j\omega}{10}+1\right)}$$

4. *A segunda reta com* -20 *dB/déc e a reta com* -60 *dB/déc se cruzam aproximadamente em* $\omega_3 = 100$ *rad/s. Como a mudança de inclinação é de* -40 *dB/déc, então em* ω_3 *temos um par de polos complexos conjugados com frequência natural de* 100 *rad/s. Portanto, a função de transferência fica:*

$$G(j\omega) = 10\frac{\left(\frac{j\omega}{1}+1\right)}{j\omega\left(\frac{j\omega}{10}+1\right)\left(\left(\frac{j\omega}{100}\right)^2+\frac{2\zeta j\omega}{100}+1\right)}$$

Observemos as Figuras 3.25a e 3.25b, bem como a Figura 3.26. A magnitude vertical a partir do ponto de interseção das assintotas em baixa frequência e em alta frequência terá aproximadamente um valor para $M_r \approx 15$ *dB. Se verificamos esse valor de amplitude de pico de ressonância, observamos que* $\zeta = 0,1$. *Assim, a função de transferência fica:*

$$G(j\omega) = 10\frac{\left(\frac{j\omega}{1}+1\right)}{j\omega\left(\frac{j\omega}{10}+1\right)\left(\left(\frac{j\omega}{100}\right)^2+\frac{j\omega}{500}+1\right)}$$

5. *Verificar a fase da função de transferência estimada em baixa e em alta frequência. Calculando a fase em baixa frequência:*

$$\lim_{\omega\to 0} \underline{/G(j\omega)} = -90^\circ$$

E calculando a fase em alta frequência:

$$\lim_{\omega\to \infty} \underline{/G(j\omega)} = -270^\circ$$

3.8 CARTA DE NICHOLS

A carta de Nichols é outra forma de representação gráfica da resposta em frequência. É conhecida como o diagrama de módulo em dB *versus* defasagem em graus.

O diagrama polar, o diagrama de Bode e a carta de Nichols são representações gráficas da resposta em frequência e estão relacionadas, como pode ser observado na Figura 3.31, que demonstra que a amplitude de pico de ressonância M_r ocorre na respectiva frequência de ressonância ω_r.

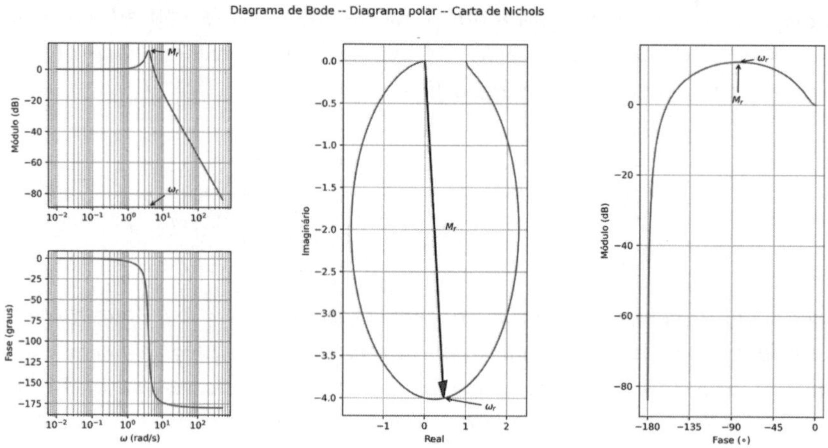

Figura 3.31: As três representações gráficas da resposta em frequência.

Na carta de Nichols, as linhas retas horizontais e verticais realizam a leitura de dados em malha aberta, enquanto as curvas realizam a leitura de dados em malha fechada.

***Exemplo* 3.12.** *Considere o sistema com realimentação unitária que possui a seguinte função de transferência em malha aberta:*

$$G(s) = \frac{K}{s(s+1)(0,5s+1)}, \quad K = 1.$$

Desenhe a função de transferência senoidal $G(j\omega)$ na carta de Nichols.

***Solução* 3.12.** *A função resposta em frequência é:*

$$G(j\omega) = \frac{1}{j\omega\,(j\omega+1)\,(j0,5\omega+1)}$$

Para desenhar a função resposta em frequência na carta de Nichols, escolhemos arbitrariamente alguns valores de frequência para obter a respectiva desfasagem em graus e o módulo em dB, como mostrado na Tabela 3.5.

Tabela 3.5: Resposta em frequência da função de transferência em malha aberta para o Exemplo 3.12.

ω [rad/s]	Amplitude	Amplitude [dB]	Fase [°]
0,08	12,4502	21,9036	-96,8645
0,12	8,2591	18,3387	-100,2764
0,20	4,8786	13,7659	-107,0205
0,35	2,6564	8,4858	-119,2163
0,50	1,7354	4,7882	-130,6013
0,70	1,1046	0,8643	-144,2821
0,95	0,6893	-3,2313	-158,9389
1,20	0,4575	-6,7929	-171,1582
1,40	0,3401	-9,3673	-179,4543
1,70	0,2272	-12,8701	-189,8990
2,00	0,1581	-16,0206	-198,4349
2,50	0,0928	-20,6488	-209,5388
3,00	0,0585	-24,6613	-217,8750
3,50	0,0389	-28,1915	-224,3097
4,00	0,0271	-31,3354	-229,3987

O gráfico obtido com as avaliações nas frequências escolhidas é mostrado na Figura 3.32, que indica os valores das frequências.

O código em Python para obter a carta de Nichols para o Exemplo 3.12 encontra-se na Listagem .

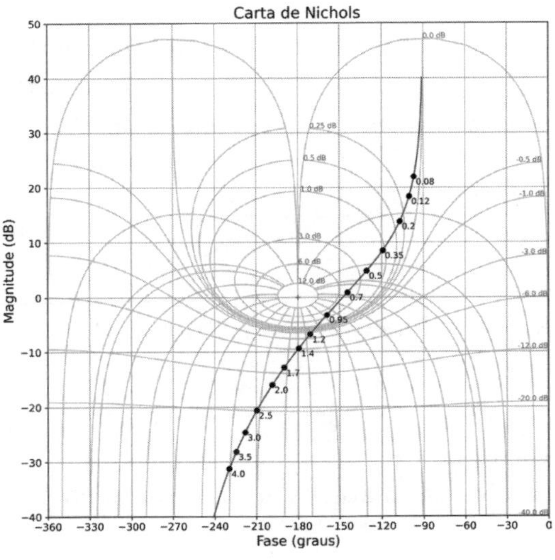

Figura 3.32: Carta de Nichols do Exemplo 3.12 criado com Python.

Na Figura 3.32, é possível observar que a margem de fase é MF$\approx$ 30° *e a frequência de cruzamento de ganho é* $\omega_{cg} \approx 0,8$ *rad/s, a margem de ganho é MG*$\approx$ 10 *dB e a frequência de cruzamento de fase é* $\omega_{cf} \approx 1,4$ *rad/s, a amplitude de pico de ressonância é* $M_r \approx 5,8$ *dB e a frequência de ressonância é* $\omega_r \approx 0,85$ *rad/s e largura de banda é* $BW \approx 1,25$ *rad/s.*

3.9 MARGENS DE ESTABILIDADE

As margens de ganho e de fase são dois parâmetros que medem a distância do diagrama de Nyquist ao ponto $-1 + j0$. A margem de ganho deve ser entendida como o aumento do ganho até o sistema ficar instável. A margem de fase deve ser entendida como a tolerância de defasagem que o sistema suporta até se tornar instável.

Definição 3.3. *A margem de fase (MF) ocorre na frequência de cruzamento de ganho* ω_{cg}, *sendo, portanto, determinada como:*

$$MF = 180^\circ + \phi(\omega_{cg})$$

Na qual $\phi(\omega_{cg}) = \angle G(j\omega_{cg})$ *é a defasagem da função de transferência em malha aberta na frequência de cruzamento de ganho.*

A frequência de cruzamento de ganho é a frequência na qual o módulo da função de transferência em malha aberta é unitário ou 0 *dB, isto é:*

$$\left|G(j\omega_{cg})\right| = 1 \quad ou \quad \left|G(j\omega_{cg})\right|_{dB} = 0\ dB$$

Definição 3.4. *A margem de ganho (MG) é a inversa do módulo* $\left|G(j\omega_{cf})\right|$ *na frequência em que a defasagem é* -180°. *A frequência de cruzamento de fase* ω_{cf} *é a frequência em que a defasagem da função de transferência em malha aberta é igual a* -180°. *Assim, a margem de ganho é:*

$$MG = \frac{1}{\left|G(j\omega_{cf})\right|}$$

Ou

$$MG_{dB} = 20\log_{10} MG = -20\log_{10}\left|G(j\omega_{cf})\right|$$

As Figuras 3.33, 3.34 e 3.35 mostram, respectivamente, os diagramas polares, os diagramas de Bode e cartas de Nichols de um sistema estável e de um instável, bem como indicam as localizações das margens de fase e de ganho.

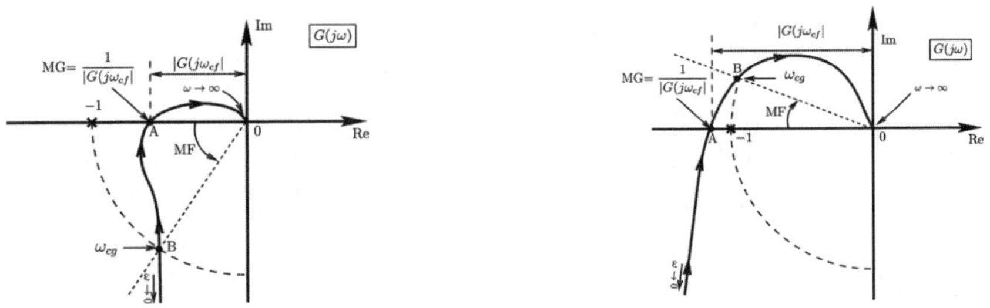

(a) Diagrama polar para um sistema estável. **(b)** Diagrama polar para um sistema instável.

Figura 3.33: Diagrama polar para um sistema estável e um instável.

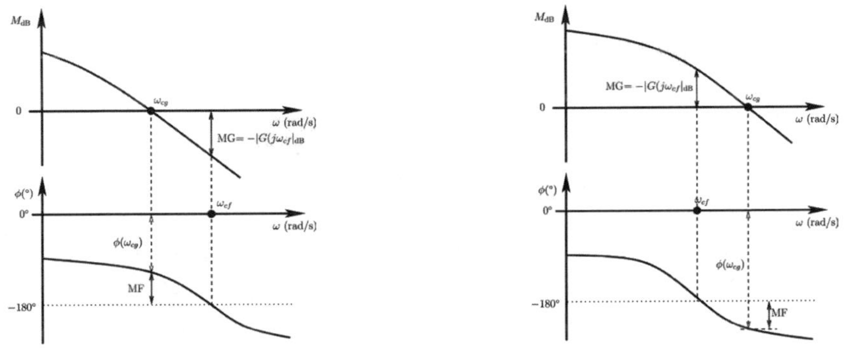

(a) Diagrama de Bode para um sistema estável. **(b)** Diagrama de Bode para um sistema instável.

Figura 3.34: Diagrama de Bode para um sistema estável e um instável.

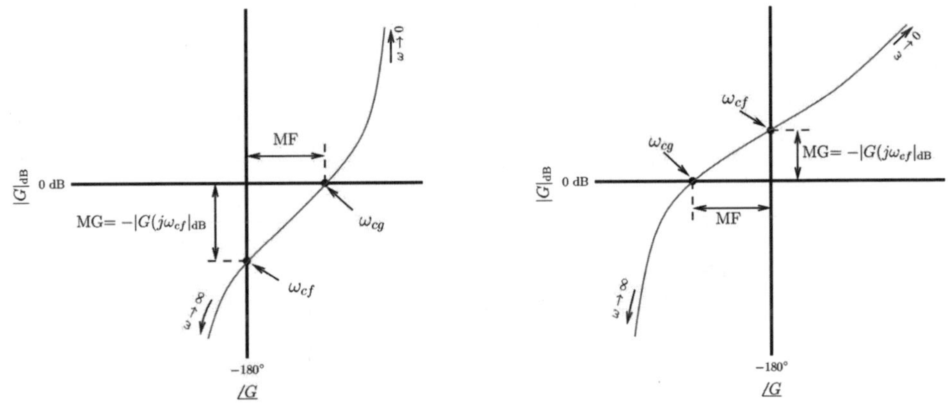

(a) Carta de Nichols para um sistema estável. **(b)** Carta de Nichols para um sistema instável.

Figura 3.35: Carta de Nichols para um sistema estável e um instável.

As margens de ganho e de fase são parâmetros de desempenho utilizados para projetar sistemas lineares invariantes no tempo. Um sistema tem um desempenho satisfatório se a margem de ganho for maior que 6 dB e uma margem de fase entre 30° e 60°. As margens de ganho e de fase são uma medida da proximidade do diagrama polar ao ponto $-1 + j0$. Ambas as margens devem ser fornecidas para determinar a estabilidade relativa. Para que sistemas de fase mínima sejam estáveis, ambas as margens devem ser positivas.

Em casos especiais da margem de ganho, como um sistema de primeira e segunda ordem sem retardo de transporte, a fase não atinge $-180°$ e, consequentemente, a margem de ganho é infinita.

Para os sistemas de fase não mínima é necessário desenhar o diagrama de Nyquist completo, a fim de analisar a estabilidade.

Para sistemas condicionalmente estáveis, o leitor pode consultar (Ogata & Severo, 2008).

3.10 RELAÇÃO ENTRE A RESPOSTA EM FREQUÊNCIA E A RESPOSTA TRANSITÓRIA AO DEGRAU DE UM SISTEMA PADRÃO DE SEGUNDA ORDEM

Consideremos o sistema de controle como mostrado na Figura 3.36, na qual $G(s)$ é a função de transferência do sistema e a função de transferência em malha aberta do sistema de controle é:

$$G(s) = \frac{\omega_n^2}{s(s + 2\xi\omega_n)}$$

E a função de transferência em malha fechada é:

$$T(s) = \frac{C(s)}{R(s)} = \frac{G(s)}{1 + G(s)} = \frac{\omega_n^2}{s^2 + 2\xi\omega_n s + \omega_n^5}$$

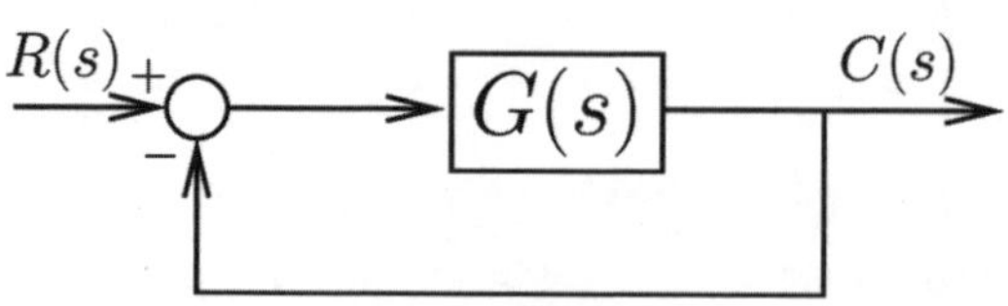

Figura 3.36: Sistema de controle em malha fechada.

As especificações de desempenho normalmente utilizadas no domínio da frequência são as seguintes:

1. Pico de ressonância M_r é o valor máximo de $T(j\omega)$. O pico de ressonância indica a estabilidade relativa de um sistema em malha fechada. Um pico de ressonância aceitável é entre $1,1$ a $1,5$.
2. Frequência de ressonância ω_r é a frequência na qual ocorre o pico de ressonância M_r.
3. Banda passante BW é a frequência na qual o valor de $|T(j\omega)|$ cai para $70,7\%$ ou 3 dB abaixo do valor do seu ganho em frequência nula ou baixa frequência.

A resposta do sistema padrão de segunda ordem definido na Figura 3.36 a uma entrada degrau unitária é:

$$c(t) = 1 - e^{-\zeta\omega_n t}\left(\cos(\omega_d t) + \frac{\zeta}{\sqrt{1-\zeta^2}}\,\text{sen}(\omega_d t)\right) \qquad t \geq 0$$

na qual a frequência natural amortecida é:

$$\omega_d = \omega_n\sqrt{1-\zeta^2}$$

O máximo sobressinal M_p da resposta ao degrau unitário é:

$$M_p = e^{-\frac{\zeta}{\sqrt{1-\zeta^2}}\pi}$$

Um M_p excessivo para $\zeta < 0,4$ está representado nas Figuras 3.37a e 3.37b.

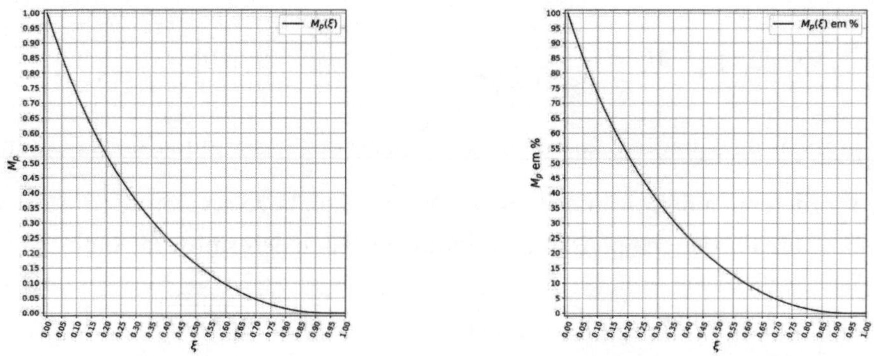

(a) Diagrama de ξ *versus* M_p.

(b) Diagrama de ξ *versus* M_p em %.

Figura 3.37: Diagramas de ξ *versus* M_p.

Consideremos a função de transferência em malha fechada do sistema padrão de segunda ordem:

$$T(s) = \frac{C(s)}{R(s)} = \frac{\omega_n^2}{s^2 + 2\xi\omega_n s + \omega_n^2} \tag{3.23}$$

No regime estacionário senoidal $s = j\omega$, a Equação (3.23) fica:

$$\begin{aligned} T(j\omega) &= \frac{C(j\omega)}{R(j\omega)} = \frac{\omega_n^2}{(j\omega)^2 + 2\xi\omega_n (j\omega) + \omega_n^2} \\ &= \frac{1}{1 - \left(\frac{\omega}{\omega_n}\right)^2 + j2\xi\left(\frac{\omega}{\omega_n}\right)} = Me^{j\phi} \end{aligned} \tag{3.24}$$

onde

$$M = \frac{1}{\sqrt{\left(1 - \left(\frac{\omega}{\omega_n}\right)^2\right)^2 + \left(2\xi\left(\frac{\omega}{\omega_n}\right)\right)^2}}, \qquad \phi = -\operatorname{tg}^{-1}\left(\frac{2\xi\frac{\omega}{\omega_n}}{1 - \left(\frac{\omega}{\omega_n}\right)^2}\right)$$

A frequência de ressonância é dada por:

$$\omega_r = \omega_n\sqrt{1 - 2\xi^2}, \qquad \xi < \frac{\sqrt{2}}{2} \tag{3.25}$$

Como a frequência é uma grandeza real, a Equação (3.25) somente terá significado para $2\xi^2 \leq 1$. Esta condição significa simplesmente que, para todos os valores de ξ maiores do que $\frac{\sqrt{2}}{2}$, a frequência de ressonância é $\omega_r = 0$ e $M_r = 1$. A amplitude do pico de ressonância é dada por:

$$M_r = \frac{1}{2\xi\sqrt{1 - \xi^2}}, \qquad \xi < \frac{\sqrt{2}}{2} \approx 0,707 \tag{3.26}$$

Os gráficos da equação 3.26 podem ser observados nas Figuras 3.38a e 3.38b.

De acordo com a definição de banda passante, iguala-se o valor de $|T(j\omega)|$ a $\frac{1}{\sqrt{2}}$. A banda passante do sistema padrão de segunda ordem é determinada como:

$$\text{BW} = \omega_B = \omega_n\sqrt{(1 - 2\xi^2) + \sqrt{4\xi^4 - 4\xi^2 + 2}} \tag{3.27}$$

Na Figura 3.39 observamos que, quando ξ aumenta, BW/ω_n diminui monotonicamente. Mesmo assim, a equação (3.27) mostra que a BW é diretamente proporcional a ω_n.

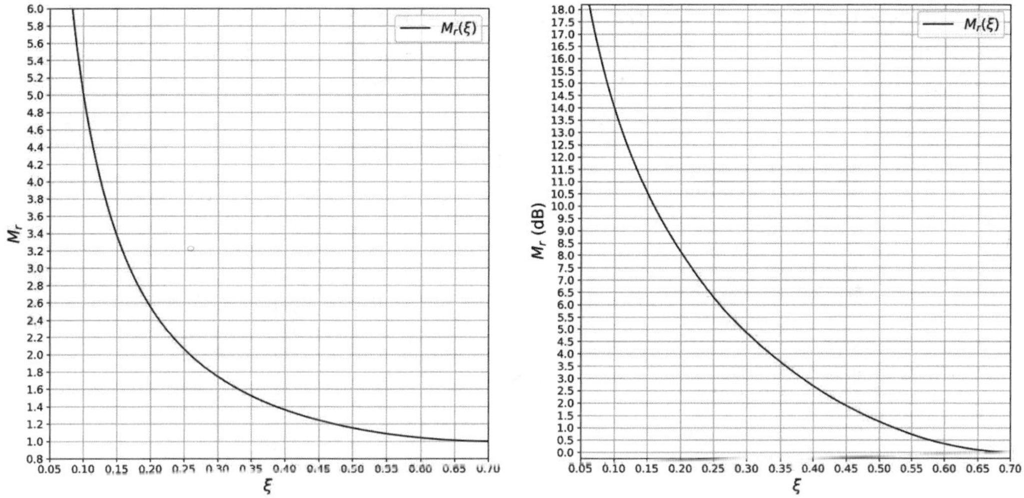

(a) Diagrama de ξ *versus* M_r.

(b) Diagrama de ξ *versus* M_r em dB.

Figura 3.38: Diagramas de ξ *versus* M_r.

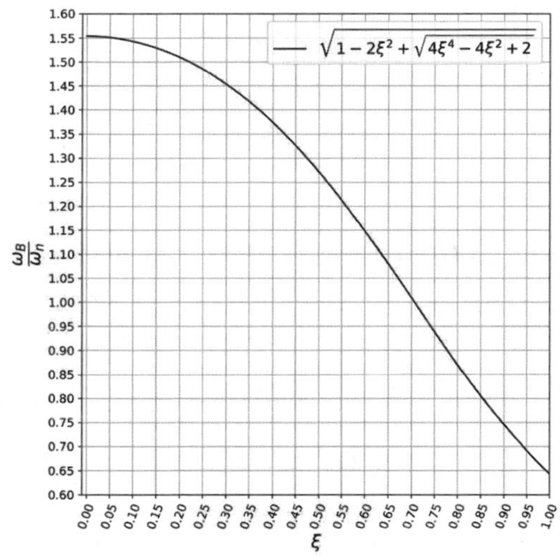

Figura 3.39: BW/ω_n *versus* ξ para o sistema básico de segunda ordem.

Define-se ω_B/ω_n como a largura de banda normalizada em função da taxa de amortecimento ξ. No intervalo $0,3 \leq \xi \leq 0,8$ (Figura 3.40), vale a seguinte aproximação linear, útil para fins de projeto:

$$\frac{\omega_B}{\omega_n} \cong -1,19\xi + 1,85$$

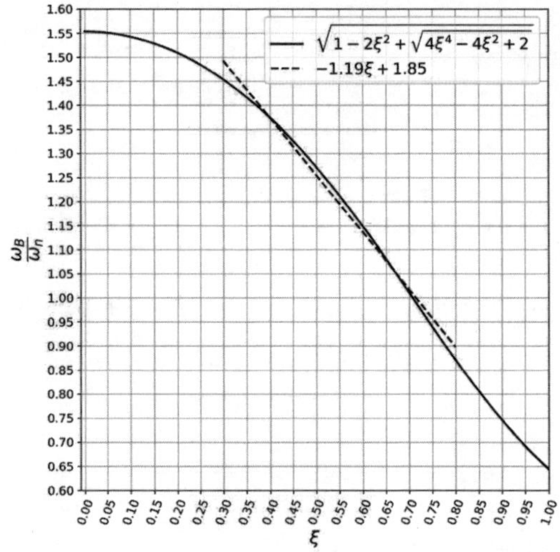

Figura 3.40: BW/ω_n *versus* ξ para o sistema padrão de segunda ordem.

Para obter a margem de fase do sistema (Figura 3.36), deve-se determinar a frequência de cruzamento de ganho ω_{cg}, quando o módulo de $|G(j\omega)| = 1$:

$$\omega_{cg} = \omega_n\sqrt{\sqrt{1+4\zeta^4}-2\zeta^2}$$

Nessa frequência, a defasagem de $G(j\omega_{cg})$ é:

$$\begin{aligned} \angle G(j\omega_{cg}) &= -\angle j\omega_{cg} - \angle(j\omega_{cg} + 2\zeta\omega_n) \\ &= -90^\circ - \text{tg}^{-1}\left(\frac{\sqrt{\sqrt{1+4\zeta^4}-2\zeta^2}}{2\zeta}\right) \end{aligned}$$

Portanto, a margem de fase é:

$$\begin{aligned} \text{MF} &= 180° + \angle G(j\omega_{cg}) \\ &= 90° - \text{tg}^{-1}\left(\frac{\sqrt{\sqrt{1+4\zeta^4}-2\zeta^2}}{2\zeta}\right) \\ &= \text{tg}^{-1}\left(\frac{2\zeta}{\sqrt{\sqrt{1+4\zeta^4}-2\zeta^2}}\right) \end{aligned}$$

A margem de fase e ξ estão diretamente relacionados entre si, como mostra a Figura 3.41. Para $0 \leq \xi \leq 0,7$, a margem de fase e ξ podem ser relacionados pela aproximação:

$$\text{MF} = 100\xi$$

Essa relação é muito útil no projeto de compensadores.

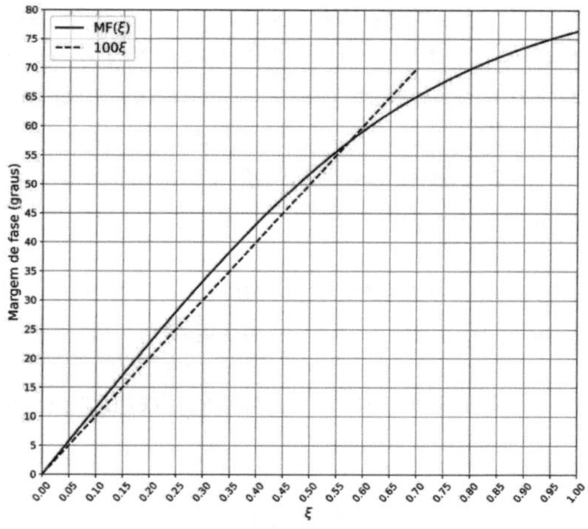

Figura 3.41: Margem de fase em função de ξ para o sistema padrão de segunda ordem.

3.11 CRITÉRIO DE ESTABILIDADE DE NYQUIST

O critério de estabilidade de Nyquist verifica a estabilidade de um sistema em malha fechada a partir da resposta em frequência em malha aberta e dos polos da função de transferência em malha aberta. Esse critério é um resultado teórico que possibilita analisar a estabilidade de um sistema em malha fechada de maneira gráfica, baseado no desenvolvimento do diagrama polar da resposta em frequência em malha aberta sem ter que determinar os polos da função de transferência em malha fechada.

Considere o sistema em malha fechada da Figura 3.36 e a função de transferência em malha fechada:

$$T(s) = \frac{C(s)}{R(s)} = \frac{G(s)}{1 + G(s)}$$

Na qual a equação característica é determinada como:

$$F(s) = 1 + G(s) \tag{3.28}$$

Para que o sistema em malha fechada seja estável, todas as raízes da equação característica devem ficar no semiplano esquerdo do plano s, isto é, todas as raízes devem ter parte real negativa. É possível que a função de transferência em malha aberta tenha zeros e polos no semiplano direito do plano s e que o sistema em malha fechada seja estável, sempre e quando todos os polos da função de transferência em malha fechada estiverem no semiplano esquerdo do plano s.

Teorema 3.1 (Teorema do mapeamento). *Seja $F(s)$ uma função de transferência que não tem mais zeros do que polos, de modo que $F(\infty)$ seja finito, e C uma curva fechada percorrida por s no sentido horário, sem passar por nenhum zero ou polo de $F(s)$, então a imagem da curva no plano $F(s)$ é outra curva fechada que envolve a origem do plano $F(s)$ $Z - P$ vezes no sentido horário, onde Z e P são o número de zeros e polos de $F(s)$ que estão dentro de C, respectivamente.*

Observação 3.2. *Na aplicação do teorema do mapeamento, consideram-se negativos os envolvimentos da origem pela imagem de $F(s)$ no sentido anti-horário.*

***Exemplo* 3.13.** *Considere a seguinte função de transferência em malha aberta:*

$$F(s) = \frac{s - 1}{(s - 2)(s - 3)}$$

Construa uma curva C que:

- *Caso 1: Envolva o zero de $F(s)$ no plano s. Mapear a curva C na imagem de $F(s)$ no plano $F(s)$;*
- *Caso 2: Envolva o polo em 2 de $F(s)$ no plano s. Mapear a curva C na imagem de $F(s)$ no plano $F(s)$;*
- *Caso 3: Envolva o polo em 3 de $F(s)$ no plano s. Mapear a curva C na imagem de $F(s)$ no plano $F(s)$;*
- *Caso 4: Envolva o zero e o polo em 2 de $F(s)$ no plano s. Mapear a curva C na imagem de $F(s)$ no plano $F(s)$;*

- *Caso 5: Envolva os polos de $F(s)$ no plano s. Mapear a curva C na imagem de $F(s)$ no plano $F(s)$;*

- *Caso 6: Envolva o zero e os polos de $F(s)$ no plano s. Mapear a curva C na imagem de $F(s)$ no plano $F(s)$.*

Solução 3.13.
- *Caso 1: Envolvendo o zero de $F(s)$ no plano s e mapeando a curva C na imagem de $F(s)$ no plano $F(s)$, mostra-se a Figura 3.42.*

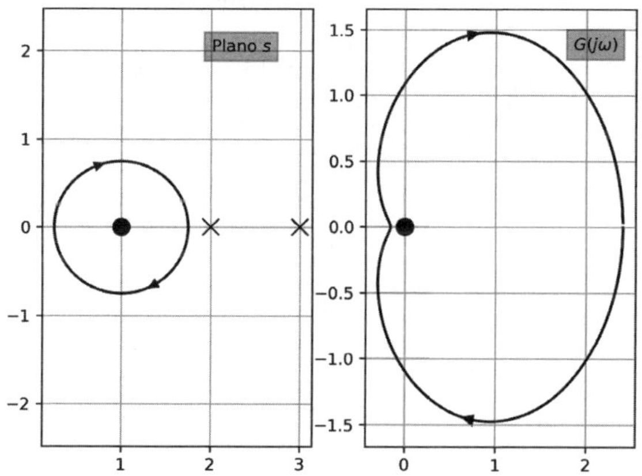

Figura 3.42: Mapeamento do contorno C envolvendo o zero de $F(s)$.

- *Caso 2: Envolvendo o polo em 2 de $F(s)$ no plano s e mapeando a curva C na imagem de $F(s)$ no plano $F(s)$, mostra-se a Figura 3.43.*

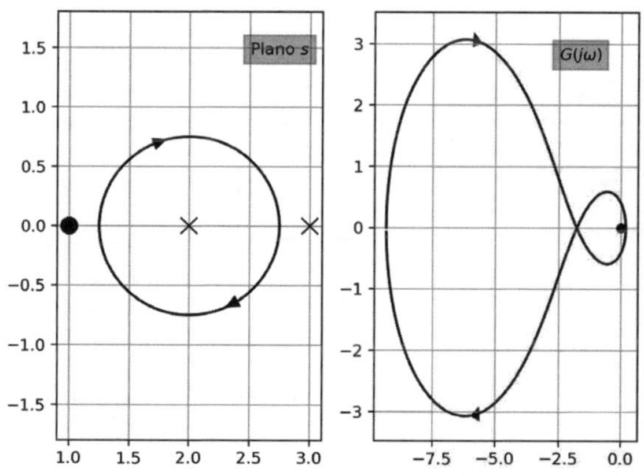

Figura 3.43: Mapeamento do contorno C envolvendo o polo em 2 de $F(s)$.

- *Caso 3: Envolvendo o polo em 3 de $F(s)$ no plano s e mapeando a curva C na imagem de $F(s)$ no plano $F(s)$, mostra-se a Figura 3.44.*

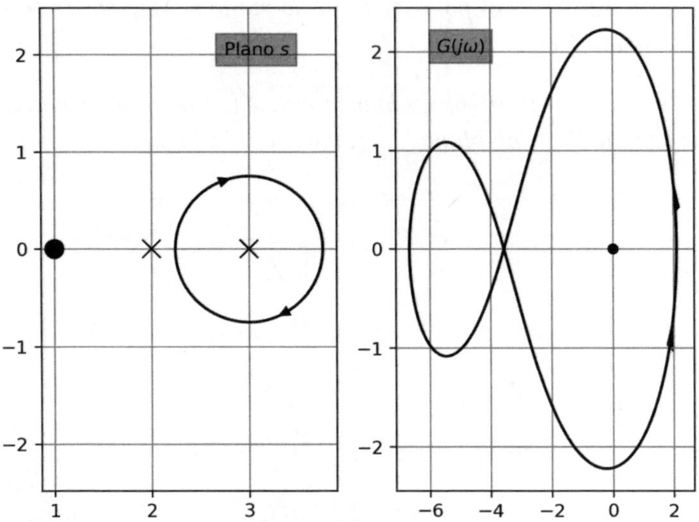

Figura 3.44: Mapeamento do contorno C envolvendo o polo em 3 de $F(s)$.

- *Caso 4: Envolvendo o zero e o polo em 2 de $F(s)$ no plano s e mapeando a curva C na imagem de $F(s)$ no plano $F(s)$, mostra-se a Figura 3.45.*

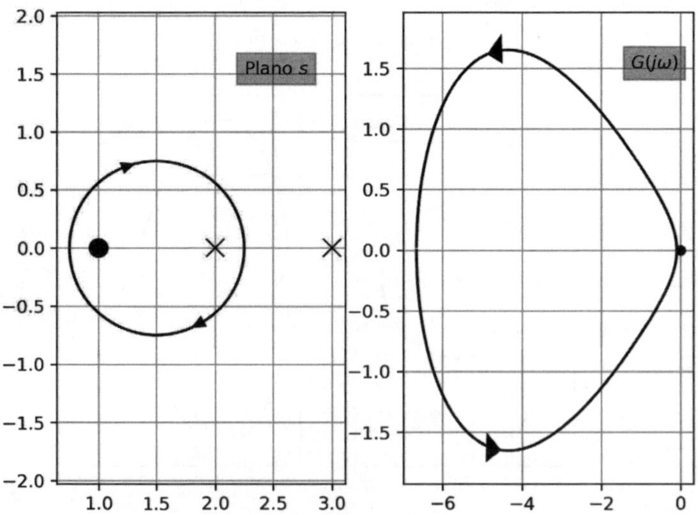

Figura 3.45: Mapeamento do contorno C envolvendo o zero e o polo em 2 de $F(s)$.

- *Caso 5: Envolvendo os polos de $F(s)$ no plano s e mapeando a curva C na imagem de $F(s)$ no plano $F(s)$, mostra-se a Figura 3.46.*

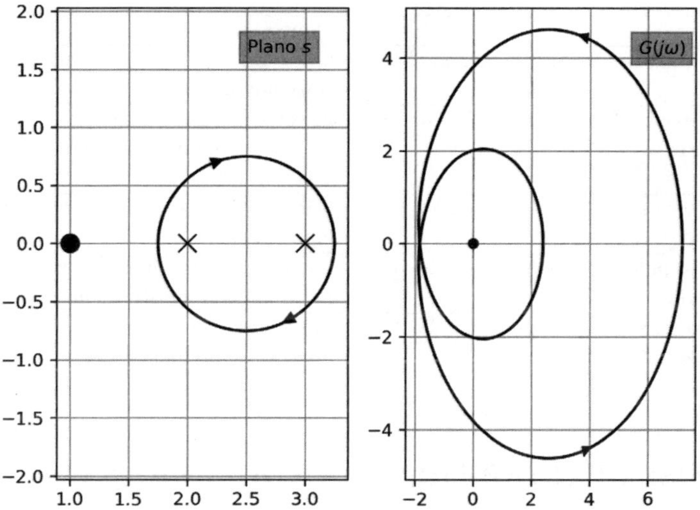

Figura 3.46: Mapeamento do contorno C envolvendo os polos de $F(s)$.

- *Caso 6: Envolvendo o zero e os polos de $F(s)$ no plano s e mapeando a curva C na imagem de $F(s)$ no plano $F(s)$, mostra-se a Figura 3.47.*

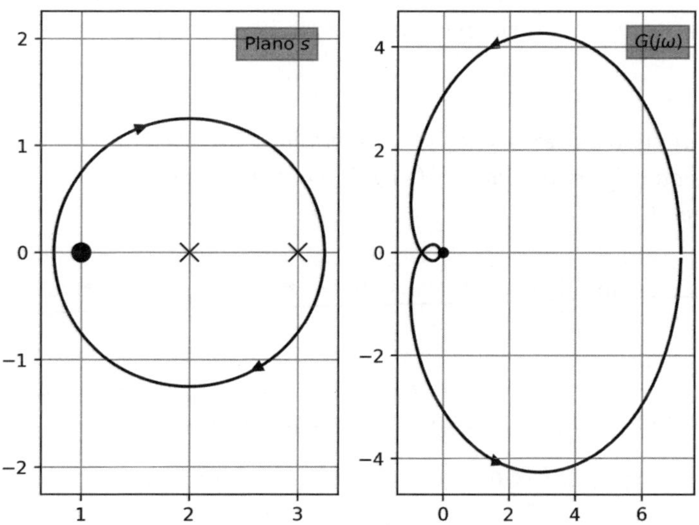

Figura 3.47: Mapeamento do contorno C envolvendo o zero e os polos de $F(s)$.

A Tabela 3.6 mostra um resumo de análise do Exemplo 3.13.

Tabela 3.6: Resumo do Exemplo 3.13.

Planos s	Plano $G(j\omega)$
Envolve zero em 1 de $F(s)$ no sentido horário.	Envolve a origem uma vez no sentido horário, como mostrado na Figura 3.42.
Envolve polo em 2 ou em 3 de $F(s)$ no sentido horário.	Envolve a origem uma vez no sentido anti-horário, como mostrado nas Figuras 3.43 e 3.44.
Envolve zero em 1 e polo em 2 de $F(s)$ no sentido horário.	Não envolve a origem, como mostrado na Figura 3.45.
Envolve os polos em 2 e 3 de $F(s)$ no sentido horário.	Envolve a origem duas vezes no sentido anti-horário, como mostrado na Figura 3.46.
Envolve o zero em 1 e os polos em 2 e 3 de $F(s)$ no sentido horário.	Envolve a origem uma vez no sentido anti-horário, como mostrado na Figura 3.47.

3.12 ANÁLISE DE ESTABILIDADE NO DOMÍNIO DA FREQUÊNCIA

3.12.1 Análise de estabilidade de $G(s)$ sem polos ou zeros no eixo imaginário

Teorema 3.2 (Critério de estabilidade de Nyquist). *Seja C um contorno que é percorrido no sentido horário no plano s. O número total de envolvimentos da origem do plano $F(s)$, Equação 3.28, no sentido horário apresentado pela imagem de $F(s)$ é igual a:*

$$N = Z - P$$

na qual Z é o número de zeros de $F(s)$ no semiplano direito do plano s; N é o número de envolvimentos da origem do plano $F(s)$ e P é o número de polos de $F(s)$ no semiplano direito do plano s.

O critério de estabilidade de Nyquist apresenta os seguintes elementos:

1. A função $F(s)$;
2. O contorno fechado C percorrido no sentido horário no plano s;
3. O número de polos, P, e de zeros, Z, de $F(s)$ no interior do contorno C no plano s;
4. A imagem de $F(s)$ no plano $F(s)$ quando é percorrido o contorno C no plano s;
5. O número de voltas, N, da imagem de $F(s)$ em torno da origem do plano $F(s)$.

Função $F(s)$

A estabilidade de um sistema em malha fechada precisa que todas as raízes da equação característica estejam localizadas no semiplano esquerdo do plano s, assim:

$$F(s) = 1 + G(s) = 0$$

Então, a função $F(s)$ é a equação característica, veja equação 3.28.

Contorno de Nyquist C percorrido no sentido horário no plano s

Um sistema é estável se nenhum polo em malha fechada se localiza no semiplano direito do plano s. Uma escolha apropriada de contorno fechado C no plano s seria uma curva fechada que contenha todo o semiplano direito do plano s sendo percorrido em sentido horário. O contorno C é formado por todo o eixo imaginário e uma semicircunferência de raio infinito no semiplano direito do plano s. O contorno C é denominado de contorno de Nyquist (Figura 3.48).

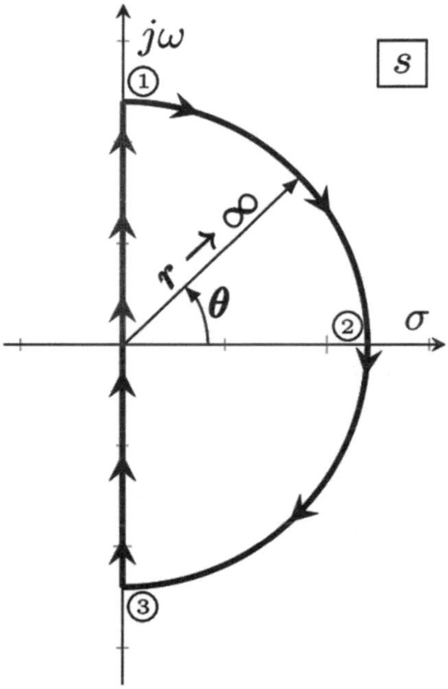

Figura 3.48: Contorno fechado de Nyquist percorrido em sentido horário no plano s.

Observação 3.3. *O contorno fechado C não deve passar por nenhum polo ou zero de $F(s)$.*

Polos e zeros de $F(s)$

A função de transferência em malha aberta $G(s)$ é definida como:

$$G(s) = \frac{N(s)}{D(s)}$$

A função de transferência em malha fechada fica definida como:

$$T(s) = \frac{G(s)}{1 + G(s)} = \frac{N(s)}{D(s) + N(s)}$$

E a função $F(s)$, que é a equação característica, pode ser escrita como:

$$F(s) = 1 + \frac{N(s)}{D(s)} = \frac{D(s) + N(s)}{D(s)}$$

Observemos que os polos de $F(s)$ são os polos em malha aberta de $G(s)$ e os zeros de $F(s)$ são os polos da função transferência em malha fechada. Se consideramos que os polos e zeros de $F(s)$ estão dentro do contorno C, então temos P polos instáveis em malha aberta e Z polos instáveis em malha fechada. Assim, a condição de estabilidade de um sistema em malha fechada é:

1. $Z = 0$ ou

2. $N = Z - P$ e, se $Z = 0$, então pode-se escrever:

   $$N = -P$$

   Isto pode ser entendido que, para um sistema ser estável, é necessário que a imagem de $F(s)$ no plano $F(s)$ envolva a origem P vezes no sentido anti-horário.

Mapeamento do contorno C através da função $F(s)$

No critério de estabilidade de Nyquist, é necessário determinar o valor de N e, para isso acontecer, realizar o mapeamento do contorno fechado C de $F(s)$ para obter a imagem de $F(s)$ no plano $F(s)$. Para esclarecer, podemos considerar que o contorno fechado C tem três partes:

1. Semieixo positivo imaginário $s = j\omega$ para $\omega \geq 0$. Esse é o diagrama polar de $1 + G(s)$;

2. Semieixo negativo imaginário $s = -j\omega$ para $\omega > 0$. Esse é o simétrico do diagrama polar de $1 + G(s)$ em relação ao eixo real;

3. Semicircunferência de raio infinito. Os pontos da semicircunferência podem ser representados como:

$$s = re^{j\theta} \text{ com } \theta \text{ variando de } +90^\circ \text{ a } -90^\circ \text{ passando por } 0^\circ,$$

percurso ①, ②, ③, como mostrado na Figura 3.48.

Como $F(s)$ está definido como:

$$F(s) = 1 + \frac{N(s)}{D(s)}$$

E frequentemente a ordem de $N(s)$ é menor que $D(s)$, então o mapeamento da semicircunferência de raio infinito é mapeado em 1 no plano $F(s)$. Isto quer dizer que, para o mapeamento do contorno fechado C por $F(s)$, bastaria desenhar o diagrama polar de $F(s)$ e completar com o simétrico do diagrama polar em relação ao eixo real.

Número de envolvimentos da origem do plano $F(s)$

Obtido o gráfico no mapeamento, deve-se contar o número de envolvimentos em torno da origem do plano $F(s)$. O número é positivo quando acontece no sentido horário e negativo se os envolvimentos acontecem no sentido anti-horário.

Deslocamento

Um esboço do diagrama polar de $F(s)$ no plano $F(s)$ é mostrado na Figura 3.49.

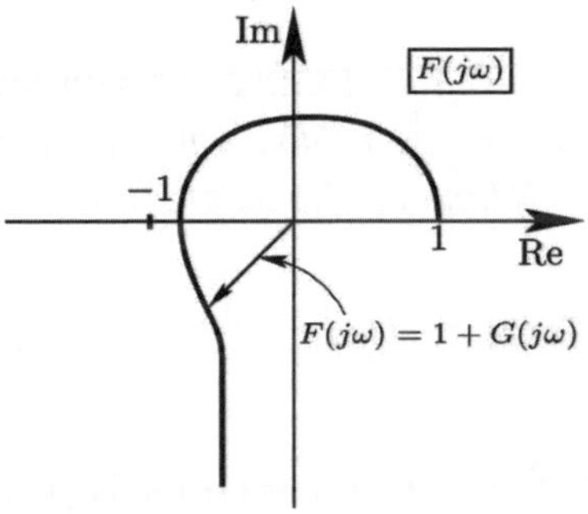

Figura 3.49: Diagrama polar de $F(s)$ no plano $F(s)$.

Sabemos que:

$$F(s) = 1 + G(s)$$

É possível definir $G(s)$ como:

$$G(s) = F(s) - 1$$

Isto quer dizer que, se deslocamos $F(s)$ em 1 para a esquerda, obtemos o diagrama polar de $G(s)$, como pode ser observado na geometria da Figura 3.50.

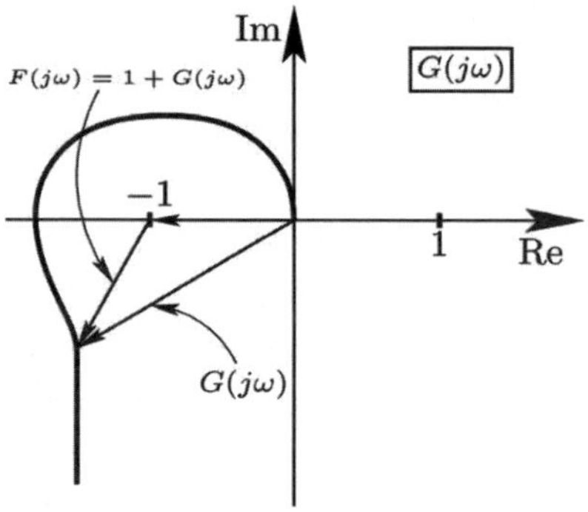

Figura 3.50: Diagrama polar de $G(s)$ no plano $G(s)$.

Por conseguinte, o envolvimento da origem pelo diagrama de Nyquist de $F(j\omega) = 1 + G(j\omega)$ é equivalente ao envolvimento do ponto $-1 + j0$ pelo diagrama de Nyquist de $G(j\omega)$. Dessa maneira, o critério de Nyquist fica como segue.

Teorema 3.3 (Critério de estabilidade de Nyquist). *Seja C um contorno de Nyquist percorrido no sentido horário no plano s que não passa por nenhum zero ou polo de $G(s)$, o número total de envolvimentos do ponto $-1 + j0$ do plano $G(s)$ no sentido horário apresentado pela imagem de $G(s)$ é igual a:*

$$N = Z - P$$

Na qual Z é o número polos em malha fechada no semiplano direito do plano s, N é o número de envolvimentos do ponto $-1 + j0$ do plano $G(s)$ e P é o número de polos de $G(s)$, polos em malha aberta, no semiplano direito do plano s.

***Exemplo* 3.14.** *Considere o seguinte sistema com K_0, τ_1, $\tau_2 > 0$:*

$$G(s) = \frac{K_0}{(1 + s\tau_1)(1 + s\tau_2)}$$

Esboce o diagrama de Nyquist e analise a estabilidade.

***Solução* 3.14.** *A função de transferência em malha aberta é:*

$$G(s) = \frac{K_0}{(1 + s\tau_1)(1 + s\tau_2)}$$

Realizemos o procedimento para desenhar o diagrama polar:

1. *Obtemos a função de transferência senoidal:*

$$G(j\omega) = \frac{K_0}{(1 + j\omega\tau_1)(1 + j\omega\tau_2)}$$

2. *Separamos a parte real e imaginária de $G(j\omega)$:*

$$G(j\omega) = \frac{K_0}{(1 + j\omega\tau_1)(1 + j\omega\tau_2)} \left(\frac{1 - j\omega\tau_1}{1 - j\omega\tau_1}\right) \left(\frac{1 - j\omega\tau_2}{1 - j\omega\tau_2}\right)$$

Finalmente, obtemos:

$$G(j\omega) = \frac{K_0\left(1 - \omega^2\tau_1\tau_2\right)}{\left(1 + \omega^2\tau_1^2\right)\left(1 + \omega^2\tau_2^2\right)} - \frac{K_0\, j\, \omega\, (\tau_1 + \tau_2)}{\left(1 + \omega^2\tau_1^2\right)\left(1 + \omega^2\tau_2^2\right)}$$

3. *Analisamos o comportamento em baixa e alta frequência:*

- *Comportamento em baixa frequência:*

$$\lim_{\omega \to 0} G(j\omega) = K_0 - j\,0 = K_0\underline{/0^\circ}$$

$$\lim_{\omega \to 0} G(j\omega) = \lim_{\omega \to 0} \frac{K_0}{(1 + j\omega\tau_1)(1 + j\omega\tau_2)} = K_0\underline{/0^\circ}$$

- *Comportamento em alta frequência:*

$$\lim_{\omega \to \infty} G(j\omega) = -0 - j\,0 = 0\underline{/-180^\circ}$$

$$\begin{aligned}\lim_{\omega \to \infty} G(j\omega) &= \lim_{\omega \to \infty} \frac{K_0}{(1 + j\omega\tau_1)(1 + j\omega\tau_2)} \\ &= \lim_{\omega \to \infty} \frac{K_0}{(j\omega\tau_1)(j\omega\tau_2)} \\ &= 0\underline{/-180^\circ}\end{aligned}$$

4. *Determinamos a interseção com os eixos:*

   - *Eixo imaginário:* $\mathrm{Re}[G(j\omega)] = 0$. *Analisemos o numerador da parte real de* $G(j\omega)$*:*

$$
\begin{aligned}
1 - \omega^2\tau_1\tau_2 &= 0, \quad \textit{então,}\\
\omega_1 &= \frac{1}{\sqrt{\tau_1\tau_2}}, \quad \textit{assim,}\\
G(j\omega_1) &= \frac{-j\,K_0\,\sqrt{\tau_1\tau_2}}{(\tau_1+\tau_2)}
\end{aligned}
$$

   - *Eixo real:* $\mathrm{Im}[G(j\omega)] = 0$. *Analisemos o numerador da parte imaginária de* $G(j\omega)$*, de onde concluímos que não existe interseção com o eixo real.*

Desenhemos o diagrama polar de $G(j\omega)$ *(Figura 3.51).*

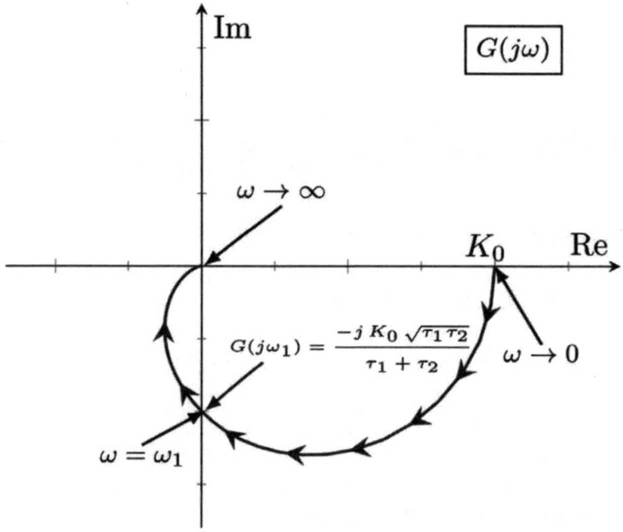

Figura 3.51: Diagrama polar de $G(s)$ no plano $G(j\omega)$.

A partir do diagrama polar, podemos desenhar o diagrama de Nyquist de $G(j\omega)$*. Essa função de transferência em malha aberta não possui polos nem zeros sobre o eixo imaginário. Sendo assim, o contorno de Nyquist para este caso será como mostrado na Figura 3.48.*

(a) *Mapeamento do semieixo positivo imaginário* $(s = j\omega, \omega \geq 0)$
Isto corresponde a realizar o diagrama polar; assim, já temos o mapeamento do semieixo positivo imaginário.

(b) *Mapeamento do semieixo negativo imaginário* ($s = -j\omega, \omega \geq 0$)

Realizamos o diagrama polar simétrico correspondente ao semieixo positivo imaginário em relação ao eixo real.

(c) *Mapeamento da semicircunferência de raio infinito.*

Neste caso, $s = r\,e^{j\,\theta}$ *com* $r \longrightarrow \infty$ *e* θ *varia de* $+90°$*, passando por* $0°$ *e finalizando em* $-90°$*. A expressão para determinar o limite é:*

$$\lim_{r\to\infty} \frac{K_0}{(1+\tau_1 r\,e^{j\,\theta})(1+\tau_2 r\,e^{j\,\theta})} =$$
$$= \lim_{r\to\infty} \frac{K_0}{\tau_1\tau_2 r^2\,e^{j\,2\theta}}$$
$$= 0\underline{/-2\,\theta}$$

	θ	r	$\lvert G(j\omega)H(j\omega)\rvert$	$\underline{/G(j\omega)H(j\omega)}$
①	$90°$	$r \longrightarrow \infty$	0	$-180°$
②	$0°$	$r \longrightarrow \infty$	0	$0°$
③	$-90°$	$r \longrightarrow \infty$	0	$180°$

Os dados de chegada na origem ponto ① *e de saída da origem ponto* ③ *podem ser observados na Figura 3.52.*

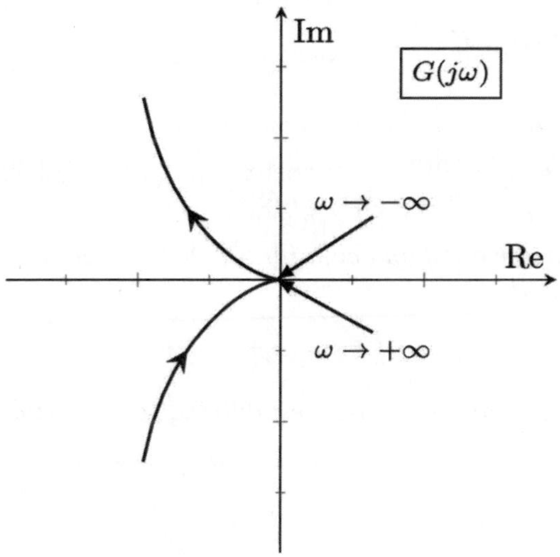

Figura 3.52: Detalhe na vizinhança da origem.

Finalmente, o diagrama de Nyquist é mostrado na Figura 3.53.

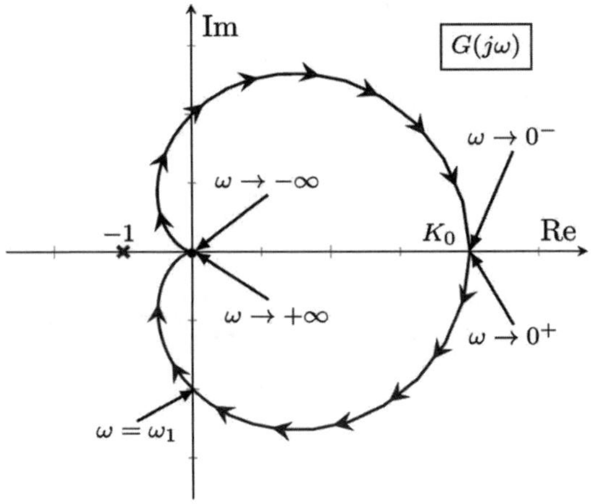

Figura 3.53: Diagrama de Nyquist do Exemplo 3.14.

Análise da estabilidade utilizando o critério de Nyquist

- *P é o número de polos no semi-plano direito de* $G(j\omega)$*, isto é,* $P = 0$.
- *N é o número de envolvimentos do ponto* $-1 + j0$ *no sentido horário pela curva no plano* $G(j\omega)$*, isto é,* $N = 0$.
- *Z é o número de polos em malha fechada que estão localizados no semiplano direito; sendo assim,* $Z = N + P = 0$.

Da análise, conclui-se que o sistema é estável, pois a função de transferência em malha fechada não possui polos no semiplano direito, e verifica-se que, para qualquer valor de K_0*, a curva no plano* $G(j\omega)$ *não envolve o ponto* -1.

Exemplo 3.15. *Considere o sistema cuja função de transferência em malha aberta é de fase não mínima (*$K > 0$*):*

$$G(s) = \frac{K(s-2)}{(s+1)^2}$$

Esboce o diagrama de Nyquist e analise a estabilidade com o critério de Nyquist.

Solução 3.15. *A função de transferência em malha aberta é:*

$$G(s) = \frac{K(s-2)}{(s+1)^2}$$

Realizemos o procedimento para desenhar o diagrama polar:

1. *Obtemos a função de transferência senoidal:*

$$G(j\omega) = \frac{K(j\omega - 2)}{(j\omega + 1)^2}$$

2. *Separamos a parte real e imaginária de $G(j\omega)$:*

$$G(j\omega) = \frac{K(j\omega - 2)}{(j\omega + 1)^2}\left(\frac{1 - j\omega}{1 - j\omega}\right)^2$$

Finalmente, obtemos:

$$G(j\omega) = \frac{2K(2\omega^2 - 1)}{(1 + \omega^2)^2} + j\frac{K\omega(5 - \omega^2)}{(1 + \omega^2)^2}$$

3. *Analisamos o comportamento em baixa e alta frequência:*

   - *Comportamento em baixa frequência:*

$$\lim_{\omega \to 0} G(j\omega) = -2K + j\,0 = 2K\underline{/180^\circ}$$

$$\lim_{\omega \to 0} G(j\omega) = \lim_{\omega \to 0} \frac{K(j\omega - 2)}{(j\omega + 1)^2} = 2K\underline{/180^\circ}$$

   - *Comportamento em alta frequência:*

$$\lim_{\omega \to \infty} G(j\omega) = 0 - j\,0 = 0\underline{/-90^\circ}$$

$$\begin{aligned}\lim_{\omega \to \infty} G(j\omega) &= \lim_{\omega \to \infty} \frac{K(j\omega - 2)}{(j\omega + 1)^2}\\ &= \lim_{\omega \to \infty} \frac{K(j\omega)}{(j\omega)^2}\\ &= 0\underline{/-90^\circ}\end{aligned}$$

4. *Fazemos a interseção com os eixos:*

   - *Eixo imaginário:* $\mathrm{Re}[G(j\omega)] = 0$. *Analisemos o numerador da parte real de* $G(j\omega)$*:*

$$\begin{aligned}2\omega^2 - 1 &= 0, \quad \textit{então,}\\ \omega_i &= \frac{1}{\sqrt{2}}, \quad \textit{assim,}\\ G(j\omega_i) &= jK\sqrt{2}\end{aligned}$$

- *Eixo real:* $\text{Im}[G(j\omega)] = 0$. *Analisemos o numerador da parte imaginária de* $G(j\omega)$*:*

$$5 - \omega^2 = 0, \quad \textit{então,}$$
$$\omega_r = \sqrt{5}, \quad \textit{assim,}$$
$$G(j\omega_r) = \frac{K}{2}$$

Desenhemos o diagrama polar de $G(j\omega)$ *(Figura 3.54).*

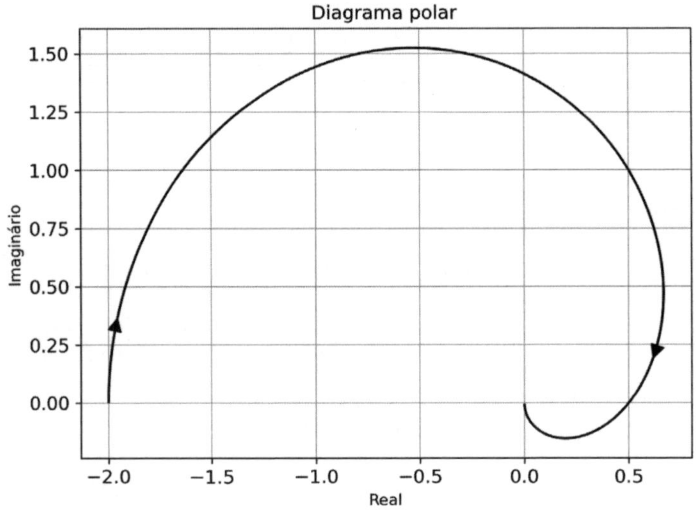

Figura 3.54: Diagrama polar de $G(s)$ no plano $G(j\omega)$, para $K = 1$.

A partir do diagrama polar, podemos desenhar o diagrama de Nyquist de $G(j\omega)$*. Essa função de transferência em malha aberta não possui polos nem zeros sobre o eixo imaginário. Sendo assim, o contorno de Nyquist para este caso será como mostrado na Figura 3.48.*

(a) Mapeamento do semieixo positivo imaginário $(s = j\omega, \omega \geq 0)$

   Isto corresponde a realizar o diagrama polar; assim, já temos o mapeamento do semieixo positivo imaginário.

(b) Mapeamento do semieixo negativo imaginário $(s = -j\omega, \omega \geq 0)$

   Realizamos o diagrama polar simétrico correspondente ao semieixo positivo imaginário em relação ao eixo real.

(c) *Mapeamento da semicircunferência de raio infinito.*

Neste caso, $s = r\,e^{j\,\theta}$ *com* $r \longrightarrow \infty$ *e* θ *varia de* $+90°$*, passando por* $0°$ *e finalizando em* $-90°$*. A expressão para determinar o limite é:*

$$\lim_{r\to\infty} \frac{K(re^{j\theta}-2)}{(1+r\,e^{j\,\theta})^2} =$$
$$= \lim_{r\to\infty} \frac{K}{r\,e^{j\theta}}$$
$$= 0\angle{-\theta}$$

	θ	r	$\lvert G(j\omega)H(j\omega)\rvert$	$\angle G(j\omega)H(j\omega)$
①	$90°$	$r \to \infty$	0	$-90°$
②	$0°$	$r \longrightarrow \infty$	0	$0°$
③	$-90°$	$r \longrightarrow \infty$	0	$90°$

Finalmente, o diagrama de Nyquist é mostrado na Figura 3.55.

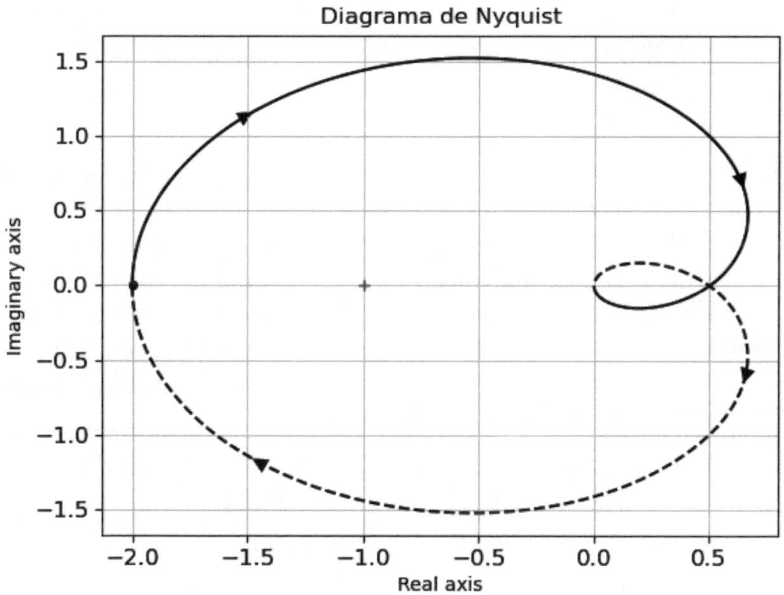

Figura 3.55: Diagrama de Nyquist do Exemplo 3.15, para $K = 1$.

Análise da estabilidade utilizando o critério de Nyquist

- *P é o número de polos no semiplano direito de $G(j\omega)$, isto é, $P = 0$.*
- *N é o número de envolvimentos do ponto $-1 + j0$ no sentido horário pela curva no plano $G(j\omega)$. Isso depende do valor do ganho K:*

  1. *Se $-2K > -1$, $K < 1/2$, então não existe envolvimento do ponto $-1 + j0$, isto é, $N = 0$; assim:*

     $$Z = N + P = 0$$

     O sistema é estável para $0 < K < 1/2$, pois não existe polos em malha fechada no semiplano direito do plano s;

  2. *Se $-2K < -1$, $K > 1/2$, então existe um envolvimento do ponto $-1 + j0$ no sentido horário, isto é, $N = 1$; assim:*

     $$Z = N + P = 1$$

     O sistema é instável para $K > 1/2$, pois existe um polo em malha fechada no semiplano direito do plano s.

Da análise, conclui-se que o sistema é estável para $0 < K < 1/2$. O código em Python para desenhar o diagrama de Nyquist para o Exemplo 3.15 da função de transferência é mostrado na Listagem .

***Exemplo* 3.16.** *Um sistema tem uma função de transferência em malha aberta instável:*

$$G(s) = \frac{K}{(s-1)(s+2)(s+3)}$$

Considere $K > 0$. Esboce o diagrama de Nyquist e determine o intervalo de K para que o sistema seja estável.

***Solução* 3.16.** *A função de transferência em malha aberta é:*

$$G(s) = \frac{K}{(s-1)(s+2)(s+3)}$$

Realizemos o procedimento para desenhar o diagrama polar:

1. *Obtemos a função de transferência senoidal:*

   $$G(j\omega) = \frac{K}{(j\omega-1)(j\omega+2)(j\omega+3)}$$

2. *Separamos a parte real e imaginária de $G(j\omega)$:*

$$G(j\omega) = \frac{K}{(j\omega - 1)(j\omega + 2)(j\omega + 3)}\left(\frac{-1 - j\omega}{-1 - j\omega}\right)\left(\frac{2 - j\omega}{2 - j\omega}\right)\left(\frac{3 - j\omega}{3 - j\omega}\right)$$

Finalmente, obtemos:

$$G(j\omega) = \frac{-K(4\omega^2 + 6)}{(1 + \omega^2)(4 + \omega^2)(9 + \omega^2)} - j\frac{K\omega(1 - \omega^2)}{(1 + \omega^2)(4 + \omega^2)(9 + \omega^2)}$$

3. *Analise o comportamento em baixa e alta frequência:*

- *Comportamento em baixa frequência:*

$$\lim_{\omega \to 0} G(j\omega) = -\frac{K}{6} - j\,0 = \frac{K}{6}\underline{/-180^\circ}$$

$$\lim_{\omega \to 0} G(j\omega) = \lim_{\omega \to 0} \frac{K}{(-1)(2)(3)} = \frac{K}{6}\underline{/-180^\circ}$$

- *Comportamento em alta frequência:*

$$\begin{aligned}\lim_{\omega \to \infty} G(j\omega) &= \lim_{\omega \to \infty}\left(\frac{-K\omega^2}{\omega^2\omega^2\omega^2} - j\frac{-K\omega^3}{\omega^2\omega^2\omega^2}\right)\\ &= lim_{\omega \to \infty}\left(\frac{-K}{\omega^4} + j\frac{K}{\omega^3}\right)\\ &= -0 + j\,0 = 0\underline{/-270^\circ}\end{aligned}$$

$$\begin{aligned}\lim_{\omega \to \infty} G(j\omega) &= \lim_{\omega \to \infty} \frac{K}{(j\omega - 1)(j\omega + 2)(j\omega + 3)}\\ &= \lim_{\omega \to \infty} \frac{K}{(j\omega)^3}\\ &= 0\underline{/-270^\circ}\end{aligned}$$

4. *Interseção com os eixos:*

- *Eixo imaginário:* $\mathrm{Re}[G(j\omega)] = 0$. *Analisando o numerador da parte real, concluímos que não existe interseção com o eixo imaginário, pois não existe frequência ω não nula e finita que faça com que o numerador da parte real seja nulo.*
- *Eixo real:* $\mathrm{Im}[G(j\omega)] = 0$. *Analisemos o numerador da parte imaginária de $G(j\omega)$:*

$$\omega(1 - \omega^2) = 0, \quad \textit{então,}$$

$$\omega_r = 0 \textit{ ou } \omega_r = 1 \textit{ assim escolhemos } \omega_r = 1$$

$$G(j\omega_r) = -\frac{K}{10} - j0$$

Desenhemos o diagrama polar de $G(j\omega)$ (Figura 3.56).

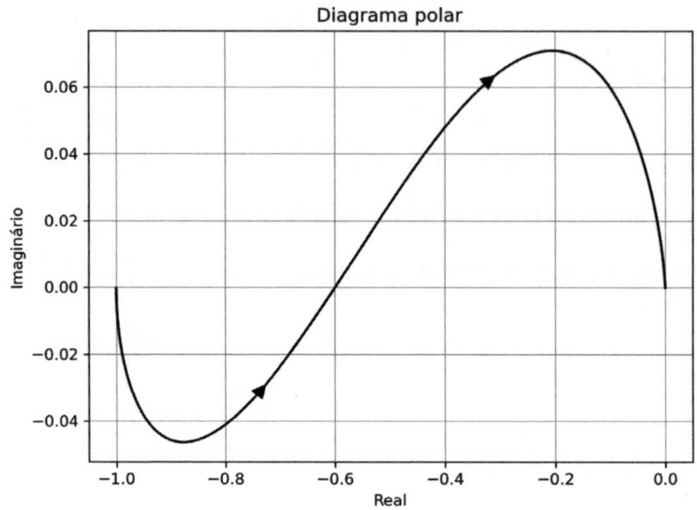

Figura 3.56: Diagrama polar de $G(s)$ no plano $G(j\omega)$, para $K = 6$.

A partir do diagrama polar, podemos desenhar o diagrama de Nyquist de $G(j\omega)$. Essa função de transferência em malha aberta não possui polos nem zeros sobre o eixo imaginário; assim, o contorno de Nyquist para este caso será como mostrado na Figura 3.48.

(a) *Mapeamento do semieixo positivo imaginário ($s = j\omega$, $\omega \geq 0$)*

Isto corresponde a realizar o diagrama polar; sendo assim, já temos o mapeamento correspondente do semieixo positivo imaginário.

(b) *Mapeamento do semieixo negativo imaginário ($s = -j\omega$, $\omega \geq 0$)*

Realizamos o diagrama polar simétrico correspondente ao semieixo positivo imaginário em relação ao eixo real.

(c) *Mapeamento da semicircunferência de raio infinito.*

Neste caso, $s = r\,e^{j\,\theta}$ com $r \to \infty$ e θ varia de +90°, passando por 0° e finalizando em −90°. A expressão para determinar o limite é:

$$\lim_{r\to\infty} \frac{K}{(r\,e^{j\,\theta}-1)(re^{j\theta}+2)(re^{j\theta}+3)} =$$
$$= \lim_{r\to\infty} \frac{K}{r^3\,e^{j3\theta}}$$
$$= 0\underline{/-3\theta}$$

	θ	r	$\|G(j\omega)H(j\omega)\|$	$\angle G(j\omega)H(j\omega)$
①	$90°$	$r \to \infty$	0	$-270°$
②	$0°$	$r \to \infty$	0	$0°$
③	$-90°$	$r \to \infty$	0	$+270°$

Finalmente, o diagrama de Nyquist é mostrado na Figura 3.57.

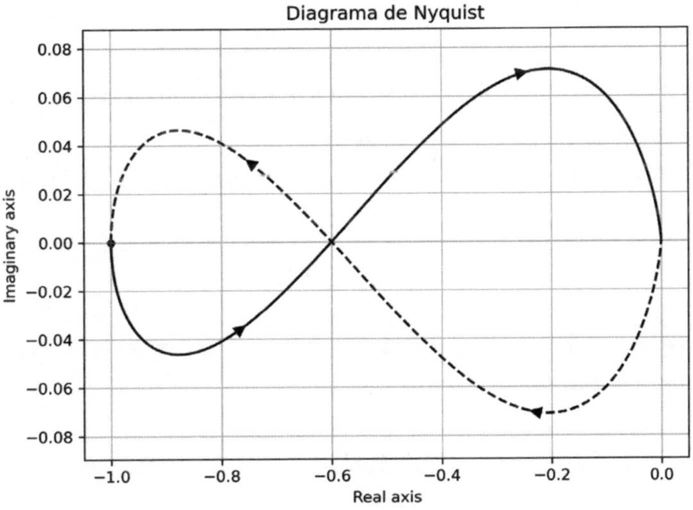

Figura 3.57: Diagrama de Nyquist do Exemplo 3.16, para $K = 6$.

Análise da estabilidade utilizando o critério de Nyquist

Observa-se que a curva no plano $G(j\omega)$ cruza o eixo real na frequência $\omega_r = 1$ e

$$G(j\omega_r) = -\frac{K}{10}\ ;\ \textit{sabemos que}\ G(j0) = -\frac{K}{6}.$$

Dependendo da localização de $G(j0)$ e $G(j\omega_r)$, é possível envolver o ponto -1 ou não, a depender do sentido horário ou anti-horário

- *P é o número de polos no semi-plano direito de $G(j\omega)$, isto é, $P = 1$.*
- *N é o número de envolvimentos do ponto $-1 + j0$ no sentido horário pela curva no plano $G(j\omega)$. Isso depende do valor do ganho K, assim:*

1. *Se* $-1 < -\frac{K}{6}$, $K < 6$, *então não existe envolvimento do ponto* $-1 + j0$, *isto é,* $N = 0$. *Logo:*

$$Z = N + P = 1$$

O sistema é instável para $0 < K < 6$, *pois existe um polo em malha fechada no semiplano direito do plano* s;

2. *Se* $-\frac{K}{6} < -1 < -\frac{K}{10}$, $6 < K < 10$, *então existe um envolvimento do ponto* $-1 + j0$ *no sentido anti-horário, isto é,* $N = -1$. *Logo:*

$$Z = N + P = 0$$

O sistema é estável para $6 < K < 10$, *pois não existem polos em malha fechada no semiplano direito do plano* s.

3. *Se* $-\frac{K}{10} < -1$, $K > 10$, *então existe um envolvimento do ponto* $-1 + j0$ *no sentido horário, isto é,* $N = 1$. *Logo:*

$$Z = N + P = 1$$

O sistema é instável para $K > 10$, *pois existe um polo em malha fechada no semiplano direito do plano* s.

Da análise, conclui-se que o sistema é estável para $6 < K < 10$.

O código em Python para desenhar o diagrama de Nyquist para o Exemplo 3.16 da função de transferência é mostrado na Listagem .

3.12.2 Análise de estabilidade de $G(s)$ com polos ou zeros no eixo imaginário

Para o caso de $G(s)$ ter polos ou zeros no eixo imaginário e deseja-se estudar a estabilidade, é necessário modificar o contorno fechado de Nyquist, de maneira a evitar passar pelos polos ou zeros de $G(s)$.

Consideremos um caso simples no qual $G(s)$ tem um polo na origem. Nesse caso, é necessário considerar uma semicircunferência de raio muito pequeno $\varepsilon << 1$ com centro na origem, isto é, no polo na origem (Figura 3.58). Aqui, estamos evitando incluir o polo na origem dentro de todo o semiplano direito e abarcando todos os polos restantes em malha fechada no semiplano direito — se por ventura existirem.

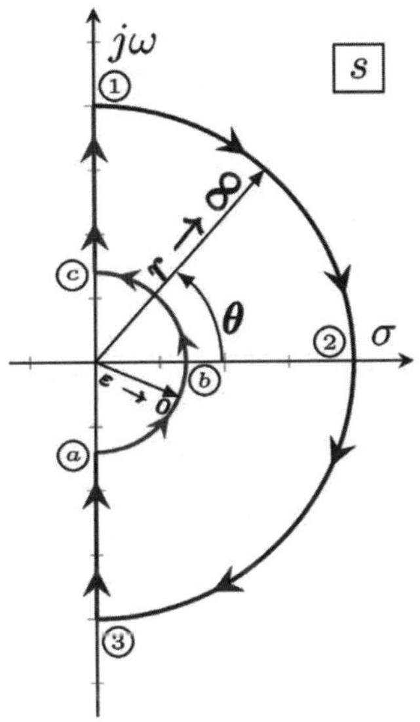

Figura 3.58: Contorno fechado de Nyquist modificado.

Se desejamos incluir o polo na origem dentro do semiplano direito, é possível utilizar o contorno fechado de Nyquits modificado (Figura 3.59), no qual todos os polos, incluindo a origem, estão dentro do contorno modificado da Figura 3.59.

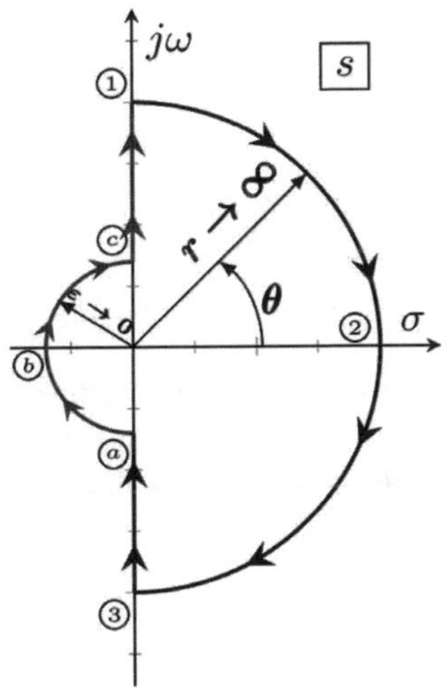

Figura 3.59: Contorno fechado de Nyquist modificado que inclui polo na origem.

Observação 3.4. *Para um mesmo sistema, a análise de estabilidade deve ter o mesmo resultado se for utilizado o contorno da Figura 3.58 ou o da Figura 3.59.*

***Exemplo* 3.17.** *Seja a função de transferência em malha fechada:*

$$G(s) = \frac{K}{s(\tau_1 s + 1)(\tau_2 s + 1)}$$

Na qual $K > 0$, τ_1 e $\tau_2 > 0$, esboce o diagrama de Nyquist e analise a estabilidade.

***Solução* 3.17.** *A função de transferência em malha aberta é:*

$$G(s) = \frac{K}{s(\tau_1 s + 1)(\tau_2 s + 1)}.$$

Realizemos o procedimento para desenhar o diagrama polar:

1. *Obtemos a função de transferência senoidal:*

$$G(j\omega) = \frac{K}{j\omega(j\tau_1\omega + 1)(j\tau_2\omega + 1)}$$

2. *Separamos a parte real e imaginária de $G(j\omega)$:*

$$G(j\omega) = \frac{K}{j\omega(1 + j\omega\tau_1)(1 + j\omega\tau_2)}\left(\frac{-j}{-j}\right)\left(\frac{1 - j\omega\tau_1}{1 - j\omega\tau_1}\right)\left(\frac{1 - j\omega\tau_2}{1 - j\omega\tau_2}\right)$$

Finalmente, obtemos:

$$G(j\omega) = \frac{-K\,(\tau_1 + \tau_2)}{\left(1 + \omega^2\tau_1^2\right)\left(1 + \omega^2\tau_2^2\right)} - \frac{j\,K\left(1 - \omega^2\tau_1\tau_2\right)}{\omega\left(1 + \omega^2\tau_1^2\right)\left(1 + \omega^2\tau_2^2\right)}$$

3. *Analisamos o comportamento em baixa e alta frequência:*

   - *Comportamento em baixa frequência:*

$$\lim_{\omega\to 0} G(j\omega) = -K\,(\tau_1 + \tau_2) - j\,\infty = \infty\underline{/-90^\circ}$$

ou

$$\lim_{\omega\to 0} G(j\omega) = \lim_{\omega\to 0^+} \frac{K}{j\omega(1 + j\omega\tau_1)(1 + j\omega\tau_2)}$$
$$= \lim_{\omega\to 0^+} \frac{K}{j\omega} = \infty\underline{/-90^\circ}$$

- *Comportamento em alta frequência:*

$$\lim_{\omega \to \infty} G(j\omega) = -0 + j\,0 = 0\underline{/-270^\circ}$$

$$ou$$

$$\lim_{\omega \to \infty} G(j\omega) = lim_{\omega \to \infty}\left(\frac{K}{j\omega(1 + j\omega\tau_1)(1 + j\omega\tau_2)}\right)$$
$$= \lim_{\omega \to +\infty} \frac{K}{j\omega(j\omega\tau_1)(j\omega\tau_2)} = 0\underline{/-270^\circ}$$

4. *Fazemos a interseção com os eixos:*

- *Eixo imaginário:* $\mathrm{Re}[G(j\omega)] = 0$. *Analisando o numerador da parte real, concluímos que não existe interseção com o eixo imaginário, pois não existe frequência* ω *não nula e finita que faça com que o numerador da parte real seja nulo.*
- *Eixo real:* $\mathrm{Im}[G(j\omega)] = 0$. *Analisemos o numerador da parte imaginária de* $G(j\omega)$*:*

$$1 - \omega^2\tau_1\tau_2 = 0, \quad \textit{então},$$
$$\omega_r = \frac{1}{\sqrt{\tau_1\tau_2}}, \quad \textit{assim},$$
$$G(j\omega_r) = \frac{-K\,\tau_1\tau_2}{(\tau_1 + \tau_2)}$$

Desenhemos o diagrama polar de $G(j\omega)$ *(Figura 3.60).*

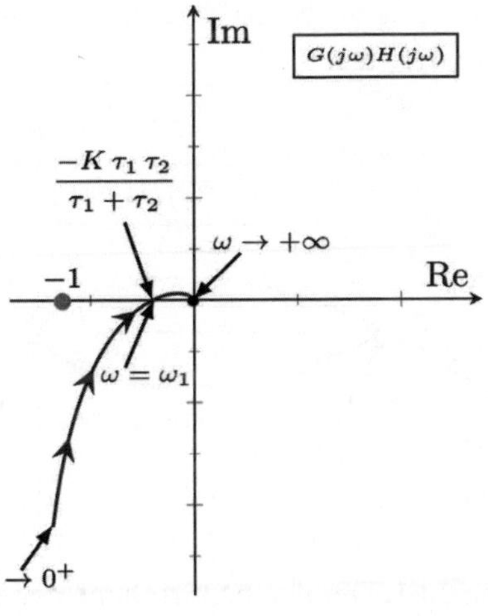

Figura 3.60: Diagrama polar de $G(s)$ no plano $G(j\omega)$.

A partir do diagrama polar, podemos desenhar o diagrama de Nyquist de $G(j\omega)$. Essa função de transferência em malha aberta possui um polo na origem. Assim, o contorno de Nyquist é como mostrado na Figura 3.58.

(a) *Mapeamento do semieixo positivo imaginário ($s = j\omega, \omega \geq 0^+$)*
Mapeamento do ponto ⓒ até o ponto ① corresponde a realizar o diagrama polar. Logo, já temos o mapeamento do semieixo positivo imaginário.

(b) *Mapeamento do semieixo negativo imaginário ($s = -j\omega, \omega \geq 0^-$)*
Mapeamento do ponto ③ até o ponto ⓐ corresponde a realizar o diagrama polar simétrico do semieixo imaginário positivo em relação ao eixo real.

(c) *Mapeamento da semicircunferência de raio infinito.*
Mapeamento que inicia no ponto ①, passando pelo ponto ② e finaliza no ponto ③. Neste caso, $s = r\, e^{j\,\theta}$ com $r \to \infty$ e θ varia de $+90°$, passando por $0°$ e finalizando em $-90°$. A expressão para determinar o limite é:

$$\lim_{r\to\infty} \frac{K}{r\, e^{j\,\theta}(1 + \tau_1 r\, e^{j\,\theta})(1 + \tau_2 r\, e^{j\,\theta})} = \lim_{r\to\infty} \frac{K}{\tau_1\tau_2 r^3\, e^{j\,3\theta}}$$
$$= 0\underline{/-3\,\theta}$$

	θ	r	$\lvert G(j\omega)H(j\omega)\rvert$	$\underline{/G(j\omega)H(j\omega)}$
①	$90°$	$r \to \infty$	0	$-270°$
②	$0°$	$r \to \infty$	0	$0°$
③	$-90°$	$r \to \infty$	0	$+270°$

Os dados de chegada na origem ponto ① e de saída da origem ponto ③ podem ser observados na Figura 3.61.

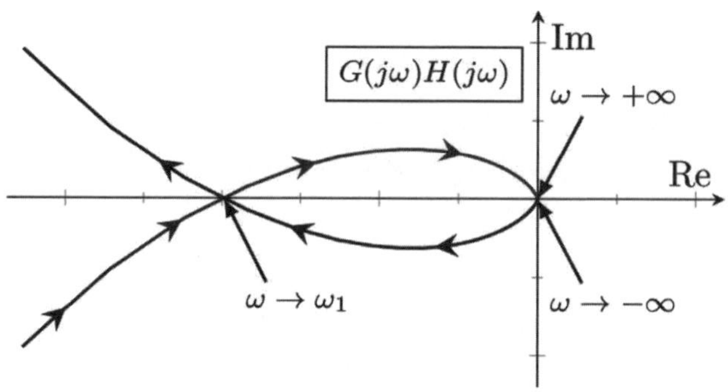

Figura 3.61: Detalhe na vizinhança da origem.

5. *Mapeamento da semicircunferência de raio nulo.*

Mapeamento que inicia no ponto ⓐ, *passando pelo ponto* ⓑ *e finalizando no ponto* ⓒ. *Neste caso,* $s = \varepsilon e^{j\theta}$ *com* $\varepsilon \to 0$ *e* θ *varia de* $-90°$, *passando por* $0°$ *e finalizando em* $+90°$. *A expressão para determinar o limite é:*

$$\lim_{\varepsilon \to 0} G(\varepsilon e^{j\theta}) = \lim_{\varepsilon \to 0} \frac{K}{\varepsilon\, e^{j\,\theta}(1 + \tau_1 \varepsilon\, e^{j\,\theta})(1 + \tau_2 \varepsilon\, e^{j\,\theta})}$$

$$= \lim_{\varepsilon \to 0} \frac{K}{\varepsilon\, e^{j\,\theta}} = \infty \underline{/-\theta}$$

	θ	ε	$\lvert GH(\varepsilon\, e^{j\,\theta})\rvert$	$\underline{/GH(\varepsilon\, e^{j\,\theta})}$
ⓐ	-90°	$\varepsilon \to 0$	∞	90°
ⓑ	0°	$\varepsilon \to 0$	∞	0°
ⓒ	90°	$\varepsilon \to 0$	∞	-90°

Finalmente, o diagrama de Nyquist é mostrado na Figura 3.62.

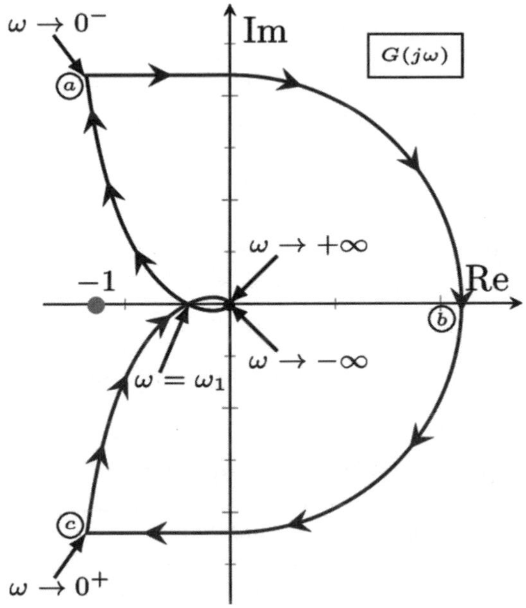

Figura 3.62: Diagrama de Nyquist do Exemplo 3.17.

Análise da estabilidade utilizando o critério de Nyquist

Observa-se que a curva no plano $G(j\omega)$ cruza o eixo real na frequência $\omega_r = \dfrac{1}{\sqrt{\tau_1\,\tau_2}}$ e

$$G(j\omega_r) = \frac{-K\,\tau_1\,\tau_2}{\tau_1 + \tau_2}$$

Dependendo da localização de $G(j\omega_r)$, é possível envolver o ponto -1 ou não.

- *P é o número de polos no semiplano direito de $G(j\omega)$, isto é, $P = 0$.*
- *N é o número de envolvimentos do ponto $-1 + j0$ no sentido horário pela curva no plano $G(j\omega)$. Isso depende do valor do ganho K; assim:*
    1. *Se $-1 < \frac{-K\,\tau_1\,\tau_2}{\tau_1+\tau_2}$, $K < \frac{\tau_1+\tau_2}{\tau_1\,\tau_2}$, então não existe envolvimento do ponto $-1 + j0$, isto é, $N = 0$. Logo:*

        $$Z = N + P = 0$$

        O sistema é estável para $0 < K < \frac{\tau_1+\tau_2}{\tau_1\,\tau_2}$, pois **não existe** *polos em malha fechada no semiplano direito do plano s.*
    2. *Se $\frac{-K\,\tau_1\,\tau_2}{\tau_1+\tau_2} < -1$, $K > \frac{\tau_1+\tau_2}{\tau_1\,\tau_2}$, então existe dois envolvimentos do ponto $-1 + j0$ no sentido horário, isto é, $N = 2$. Logo:*

        $$Z = N + P = 2$$

        O sistema é instável para $K > \frac{\tau_1+\tau_2}{\tau_1\,\tau_2}$, pois existe um par de polos em malha fechada no semiplano direito do plano s.

Da análise, conclui-se que o sistema é estável para $0 < K < \frac{\tau_1+\tau_2}{\tau_1\,\tau_2}$.

Outro contorno fechado de Nyquist modificado

Se o contorno fechado de Nyquist modificado da Figura 3.59 for utilizado, a análise e as conclusões devem ser as mesmas e o único que muda é o mapeamento da semicircunferência de raio nulo, isto é, o percurso que inicia em ⓐ, passa pelo ponto ⓑ e finaliza no ponto ⓒ (Figura 3.59). Realizemos a análise para o contorno de Nyquist modificado dada pela Figura 3.59.

1. *Mapeamento da semicircunferência de raio nulo.*

   Mapeamento que inicia no ponto ⓐ, passando pelo ponto ⓑ e finalizando no ponto ⓒ. Neste caso, $s = \varepsilon e^{j\theta}$ com $\varepsilon \to 0$ e θ varia de $-90°$, passando por $-180°$ e finalizando em $-270°$. A expressão para determinar o limite é:

$$\lim_{\varepsilon\to 0} G(\varepsilon e^{j\theta}) = \lim_{\varepsilon\to 0} \frac{K}{\varepsilon\, e^{j\theta}(1+\tau_1\varepsilon\, e^{j\theta})(1+\tau_2\varepsilon\, e^{j\theta})}$$
$$= \lim_{\varepsilon\to 0} \frac{K}{\varepsilon\, e^{j\theta}} = \infty\underline{/-\theta}$$

	θ	ε	$\lvert GH(\varepsilon\, e^{j\theta})\rvert$	$\underline{/GH(\varepsilon\, e^{j\theta})}$
ⓐ	-90°	$\varepsilon \to 0$	∞	90°
ⓑ	-180°	$\varepsilon \to 0$	∞	+180°
ⓒ	-270°	$\varepsilon \to 0$	∞	+270°

Finalmente, o diagrama de Nyquist é mostrado na Figura 3.63.

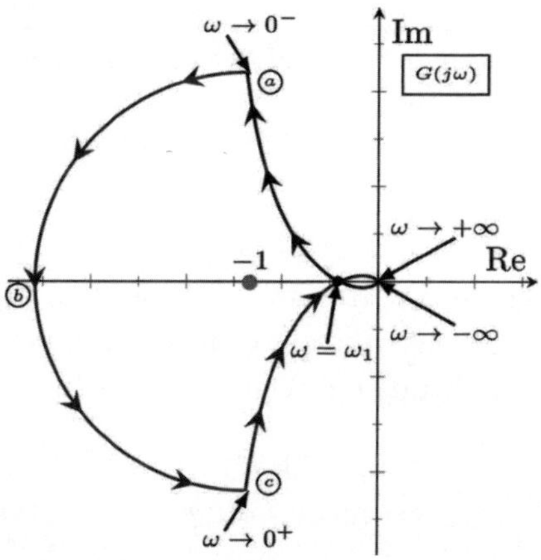

Figura 3.63: Diagrama de Nyquist do Exemplo 3.17.

Análise da estabilidade utilizando o critério de Nyquist

Observa-se que a curva no plano $G(j\omega)$ cruza o eixo real na frequência $\omega_r = \dfrac{1}{\sqrt{\tau_1\,\tau_2}}$ e

$$G(j\omega_r) = \frac{-K\,\tau_1\,\tau_2}{\tau_1+\tau_2}$$

Dependendo da localização de $G(j\omega_r)$, é possível envolver o ponto -1 ou não.

- *P é o número de polos no semiplano direito de $G(j\omega)$, isto é, $P = 1$.*
- *N é o número de envolvimentos do ponto $-1 + j0$ no sentido horário pela curva no plano $G(j\omega)$. Isso depende do valor do ganho K. Logo:*

  1. *Se $-1 < \frac{-K\tau_1\tau_2}{\tau_1+\tau_2}$, $K < \frac{\tau_1+\tau_2}{\tau_1\tau_2}$, então existe um envolvimento anti-horário do ponto $-1 + j0$, isto é, $N = -1$; assim:*

     $$Z = N + P = 0$$

     *O sistema é estável para $0 < K < \frac{\tau_1+\tau_2}{\tau_1\tau_2}$, pois **não existem** polos em malha fechada no semiplano direito do plano s.*
  2. *Se $\frac{-K\tau_1\tau_2}{\tau_1+\tau_2} < -1$, $K > \frac{\tau_1+\tau_2}{\tau_1\tau_2}$, então existe um envolvimento do ponto $-1 + j0$ no sentido horário, isto é, $N = 1$. Logo:*

     $$Z = N + P = 2$$

     O sistema é instável para $K > \frac{\tau_1+\tau_2}{\tau_1\tau_2}$, pois existe um par de polos em malha fechada no semiplano direito do plano s.

Da análise, conclui-se que o sistema é estável para $0 < K < \frac{\tau_1+\tau_2}{\tau_1\tau_2}$.

3.13 EXERCÍCIOS

1. Obtenha a função de transferência senoidal de malha aberta, discrime cada um dos fatores, desenhe os respectivos diagrama de Bode e esboce a curva real de magnitude e fase.

   (a) $G(s) = \dfrac{160s + 320}{s^4 + 3,7s^3 + 65,6s^2 + 32s}$

   (b) $G(s) = \dfrac{5(1 + 0,1s)}{s(1 + 0,5s)(1 + \frac{0,6s}{50} + (\frac{s}{50})^2)}$

   (c) $G(s) = \dfrac{16.000s + 320.000}{s^4 + 21s^3 + 6.480s^2 + 32.000s}$

   (d) $G(s) = \dfrac{500.000(s + 40)}{s^4 + 80s^3 + 11.200s^2 + 200.000s}$

   (e) $G(s) = \dfrac{20.000s + 1.000.000}{s^4 + 30s^3 + 10.200s^2 + 100.000s}$

   (f) $G(s) = \dfrac{12.8000s + 1.280.000}{s^4 + 36s^3 + 6.720s^2 + 128.000s}$

2. Considere o contorno de Nyquist mostrado na Figura 3.48 para realizar a análise de estabilidade das seguintes funções de transferência:

   (a) $G(j\omega) = \dfrac{K}{(1 + j\omega\tau_1)(1 + j\omega\tau_2)}$

   (b) $G(j\omega) = \dfrac{K}{(1 + j\omega\tau_1)(1 + j\omega\tau_2)(1 + j\omega\tau_3)}$

3. Considere o contorno de Nyquist mostrado na Figura 3.58 para realizar a análise de estabilidade das seguintes funções de transferência:

   (a) $G(j\omega) = \dfrac{K}{j\omega(1 + j\omega\tau_1)(1 + j\omega\tau_2)}$

   (b) $G(j\omega) = \dfrac{K(j\omega + 1)}{j\omega(j\omega - 2)}$

   (c) $G(j\omega) = \dfrac{K(j\omega - 1)}{j\omega(j\omega + 2)}$

4. Considere o contorno de Nyquist mostrado na Figura 3.59 para realizar a análise de estabilidade das seguintes funções de transferência:

   (a) $G(j\omega) = \dfrac{K}{j\omega(1 + j\omega\tau_1)(1 + j\omega\tau_2)}$

   (b) $G(j\omega) = \dfrac{K(j\omega + 1)}{j\omega(j\omega - 2)}$

   (c) $G(j\omega) = \dfrac{K(j\omega - 1)}{j\omega(j\omega + 2)}$

5. Esboce o diagrama polar de:

   (a) $G(s)H(s) = \dfrac{K(s - 2)}{(s + 1)^2}$

   (b) $G(s)H(s) = \dfrac{K}{(s - 1)(s + 2)(s + 3)}$

   (c) $G(s)H(s) = \dfrac{K}{s(\tau_1 s + 1)(\tau_2 s + 1)}$

   (d) $G(s)H(s) = \dfrac{K(s + 3)}{s(s - 1)}$

   (e) $G(s)H(s) = \dfrac{K}{s(1 + s\tau)}$

(f) $G(s)H(s) = \dfrac{K}{s(s-1)}$

(g) $G(s)H(s) = \dfrac{K(s+2)}{s^2(s+4)}$

6. A resposta de frequência de um processo $G(j\omega)$ é mostrada na Figura 3.64. Determine $G(s)$.

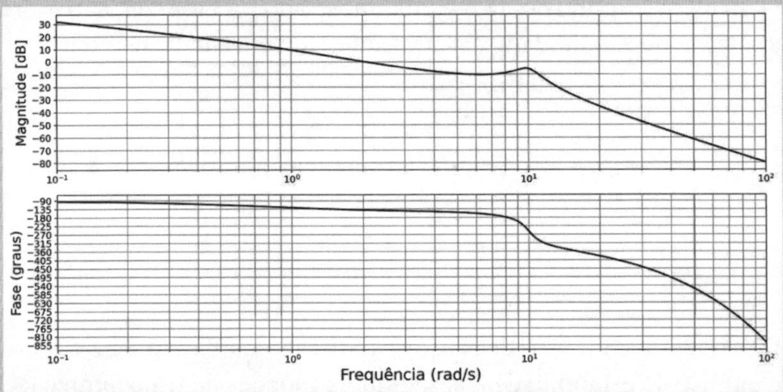

Figura 3.64: Diagrama de Bode: curvas de magnitude para diferentes valores de coeficiente de amortecimento ξ.

7. A resposta de frequência de um processo $G(j\omega)$ é mostrada na Figura 3.65. Determine $G(s)$.

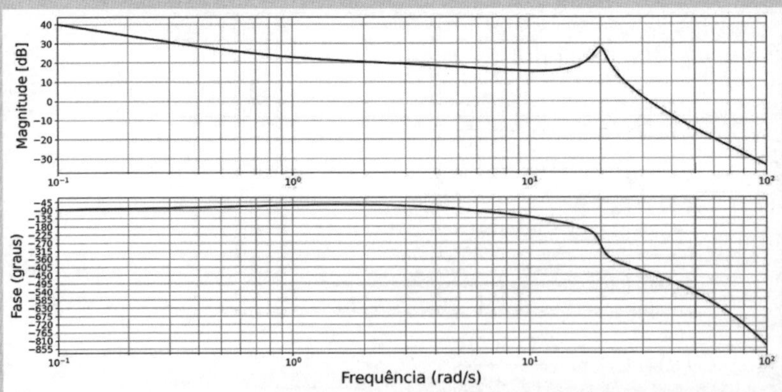

Figura 3.65: Diagrama de Bode: curvas de magnitude para diferentes valores de coeficiente de amortecimento ξ.

8. A resposta de frequência de um processo $G(j\omega)$ é mostrada na Figura 3.66. Determine $G(s)$.

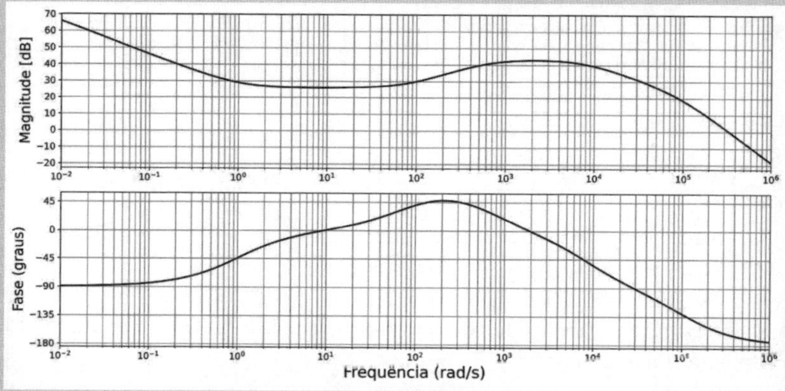

Figura 3.66: Diagrama de Bode: curvas de magnitude para diferentes valores de coeficiente de amortecimento ξ.

9. A resposta de frequência de um processo $G(j\omega)$ é mostrada na Figura 3.67. Determine $G(s)$.

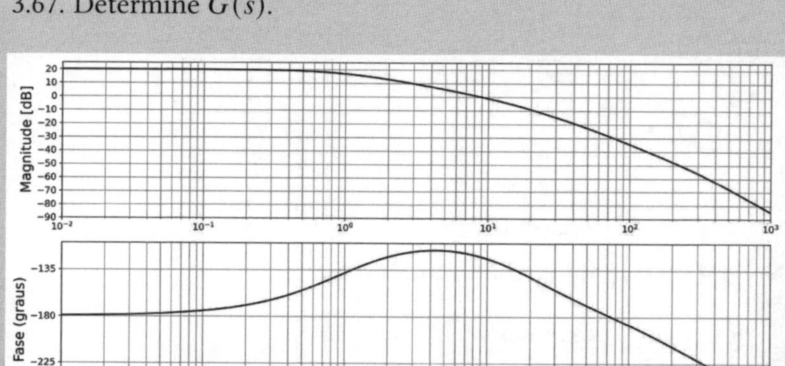

Figura 3.67: Diagrama de Bode: curvas de magnitude para diferentes valores de coeficiente de amortecimento ξ.

10. A resposta de frequência de um processo $G(j\omega)$ é mostrada na Figura 3.68. Determine $G(s)$.

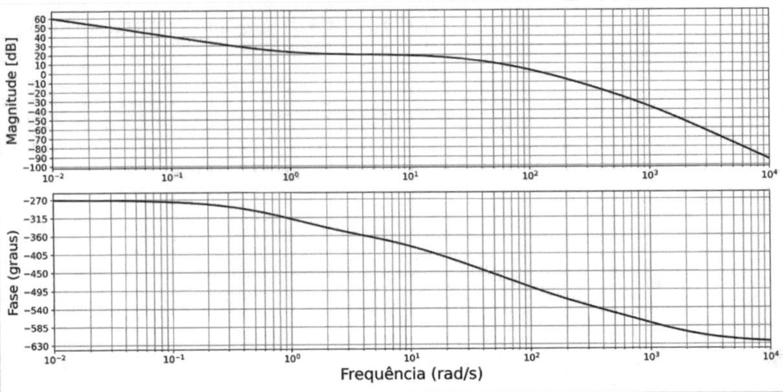

Figura 3.68: Diagrama de Bode: curvas de magnitude para diferentes valores de coeficiente de amortecimento ξ.

11. Desenhe a carta de Nichols da seguinte função de transferência em malha aberta:

    (a) $G(s) = \dfrac{50e^{-0,5s}}{s(s+5)(s+10)}$

    (b) $G(s) = \dfrac{50}{s(s+5)(s+10)}$

    (c) $G(s) = \dfrac{1}{s(s^2+2s+16)}$

    (d) $G(s) = \dfrac{e^{-s}}{s^2+2s+16}$

    No gráfico traçado de $G(j\omega)$, determinar:

    - o pico de ressonância M_r em dB;
    - a frequência de ressonância ω_r;
    - a banda passante;
    - a margem de fase do sistema e a frequência de cruzamento de ganho;
    - a margem de ganho e a frequência de cruzamento de fase.

CAPÍTULO 4

Projeto na resposta em frequência

Uma compensação é o ajuste de um mecanismo incluído no sistema, de forma que o comportamento do sistema atenda às especificações de desempenho requeridas. A definição das especificações de desempenho da resposta transitória é de maneira indireta pela margem de fase, margem de ganho, amplitude de pico de ressonância, frequência de cruzamento de ganho, frequência de ressonância, banda passante e constantes de erro estático.

Este capítulo apresenta os procedimentos para o projeto de compensadores pelo método de resposta em frequência. As técnicas de projeto de compensadores para sistemas lineares invariantes no tempo são a compensação de ganho, compensação por avanço de fase, compensação por atraso de fase e compensação por atraso-avanço de fase. No projeto dos compensadores, muitas vezes tem-se requisitos conflitantes. Se for o caso, deve-se alterar de algum modo a estrutura do sistema a fim de satisfazer os requisitos de desempenho solicitados.

Existem diversos tipos de compensação para um sistema de controle com realimentação unitária, como pode ser observado em (Dorf & Bishop, 2011; Nise, 2012). Neste capítulo, utiliza-se a estrutura mostrada na Figura 4.1, denominada compensador em cascata ou em série com o sistema.

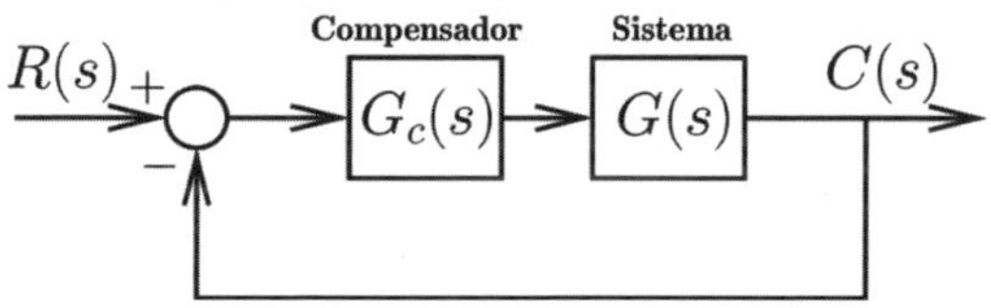

Figura 4.1: Estrutura de compensação.

O projeto do compensador $G_c(s)$ pode ser desenvolvido em termos da resposta em frequência apresentada no diagrama de Bode, por ser mais prático de obter e desenhar. Existem vários procedimentos de projeto dos compensadores, como pode ser observado em (Ogata & Severo, 2008), que tem como método de projeto a tentativa e erro na localização do zero e do polo dos compensadores de (Phillips & Harbor, 1997), que tem como método de projeto o uso do diagrama de Nyquist na localização e cálculo do zero e polo dos compensadores.

Os parâmetros de desempenho desejados de determinado sistema devem ser fornecidos antes do início do projeto, podendo ser: os erros em regime permanente permissíveis; sobressinal permitido para as variações em degrau na entrada; tempo de assentamento; largura de banda, que fornece uma estimativa da velocidade da resposta transitória; pico de ressonância, que fornece uma aproximação do amortecimento do sistema; constantes de erro estático, que fornecem a precisão em regime permanente.

Considere um sistema de controle, como o mostrado na Figura 4.1, com realimentação unitária e cuja função de transferência em malha aberta é:

$$G_c(s)G(s)$$

Onde $G_c(s)$ é a função de transferência do compensador e $G(s)$ é a função de transferência do sistema ou planta. A função de transferência em malha fechada é:

$$T(s) = \frac{G_c(s)G(s)}{1 + G_c(s)G(s)}$$

A resposta ao degrau de um sistema com polos dominantes de segunda ordem é dada na Figura 4.2.

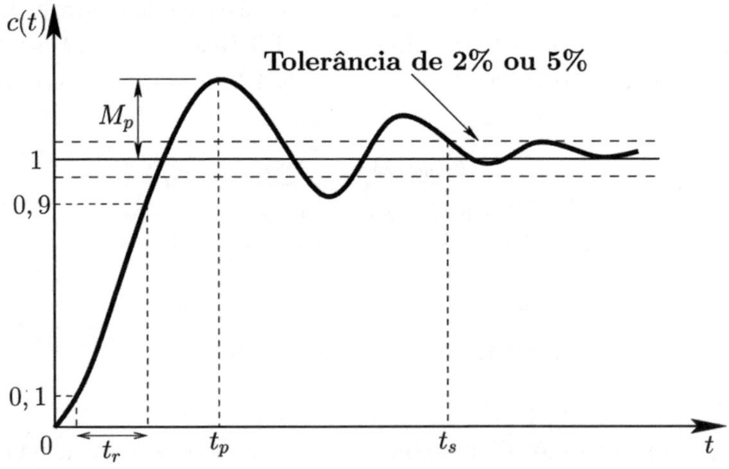

Figura 4.2: Resposta ao degrau de um sistema padrão de segunda ordem.

As características desta resposta que devem ter importância para um sistema de controle particular são:

1. O tempo de subida t_r.
2. O tempo de pico t_p.
3. O sobressinal percentual M_p.
4. O tempo de acomodação t_s.

Se queremos reduzir o t_s, os polos da função de transferência em malha fechada devem ser deslocados à esquerda no plano s, reduzindo as constantes de tempo. O M_p na resposta transitória está relacionada à ressonância do sistema em malha fechada e aparece como um pico na resposta em frequência.

A ressonância ocorre em sistemas em malha fechada se as margens de estabilidade relativas forem pequenas. Para reduzir o máximo sobressinal da resposta transitória, é necessário aumentar as margens de estabilidade relativa do sistema. O máximo sobressinal é mais sensível à margem de fase.

Para um comportamento apropriado da resposta transitória, é preciso que as margens de fase e de ganho sejam adequadas e que forneçam uma boa robustez para as imprecisões de modelagem. Para sistemas de controle com margens de estabilidades apropriadas, são necessárias uma margem de fase acima de 45° e uma margem de ganho acima de 8 dB.

O sistema mostrada na Figura 4.1 tem a seguinte equação característica:

$$1 + G_c(s)G(s) = 0. \tag{4.1}$$

Desejamos projetar $G_c(s)$ para que o sistema tenha certas características especificadas. Os efeitos da compensação nelas são indicados pela localização das raízes da equação característica da Equação 4.1.

4.1 COMPENSADOR DE GANHO

Consideremos a compensação por meio da variação do ganho. Seja um sistema como o mostrado na Figura 4.1, no qual o compensador $G_c(s)$ é um ganho K_c. Este é o controlador proporcional ou controle P. Na Figura 4.3, é mostrado o efeito de aumentar o ganho com $K_1 < K_2 < K_3$. O efeito que o ganho K_c tem no diagrama polar é aumentar ou reduzir o diagrama, se o ganho for aumentado ou se o ganho for reduzido, respectivamente.

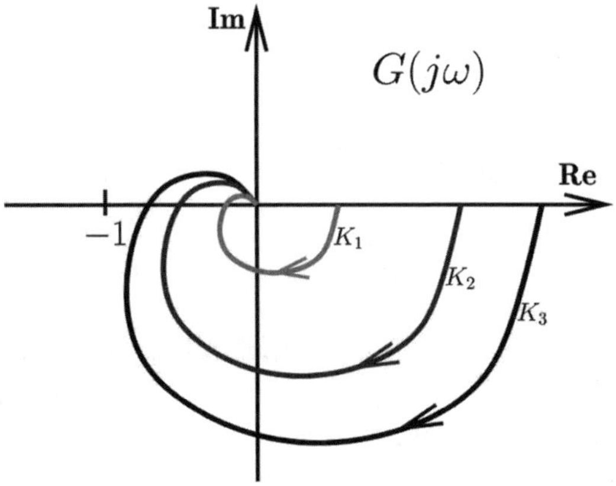

Figura 4.3: Diagrama polar de um sistema para três ganhos diferentes $K_1 < K_2 < K_3$.

A partir do efeito que o ganho K_c tem no diagrama de Bode (Figura 4.4), observa-se que a margem de fase e o efeito de adicionar um ganho menor que a unidade, a amplitude é deslocada para baixo, a curva de fase permanece inalterada, a margem de fase é aumentada, a frequência de cruzamento de ganho (ω_{cg}) é reduzida e, geralmente, a largura de faixa também é reduzida. Assim, o tempo de subida cresce, mas, como a margem de fase é aumenta (MF com), o M_p da resposta transitória deve ser menor.

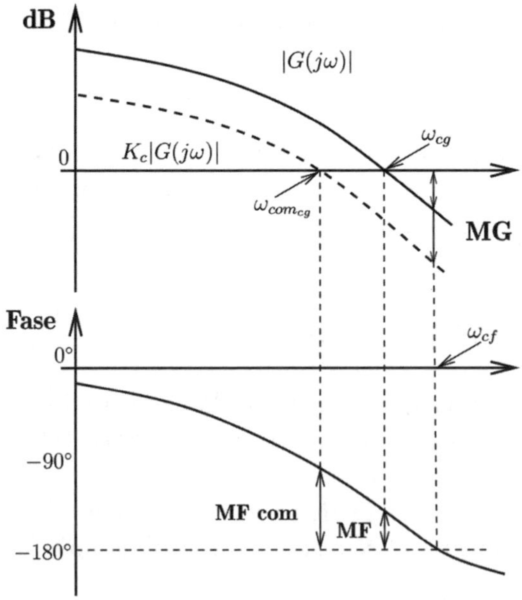

Figura 4.4: Diagrama de Bode com o acréscimo de um ganho menor que a unidade.

***Exemplo* 4.1.** *Considere a seguinte função de transferência em malha aberta:*

$$G(s) = \frac{4}{s(s+1)(s+2)}$$

Deseja-se que a margem de fase seja $50°$*. Projete um compensador de ganho.*

***Solução* 4.1.** *Como primeiro passo, desenhamos o diagrama de Bode do sistema, definindo no Python a função de transferência em malha aberta do sistema (Listagem).*

O diagrama de Bode do sistema é mostrado na Figura 4.5a e a resposta a uma entrada degrau unitário, na Figura 4.5b.

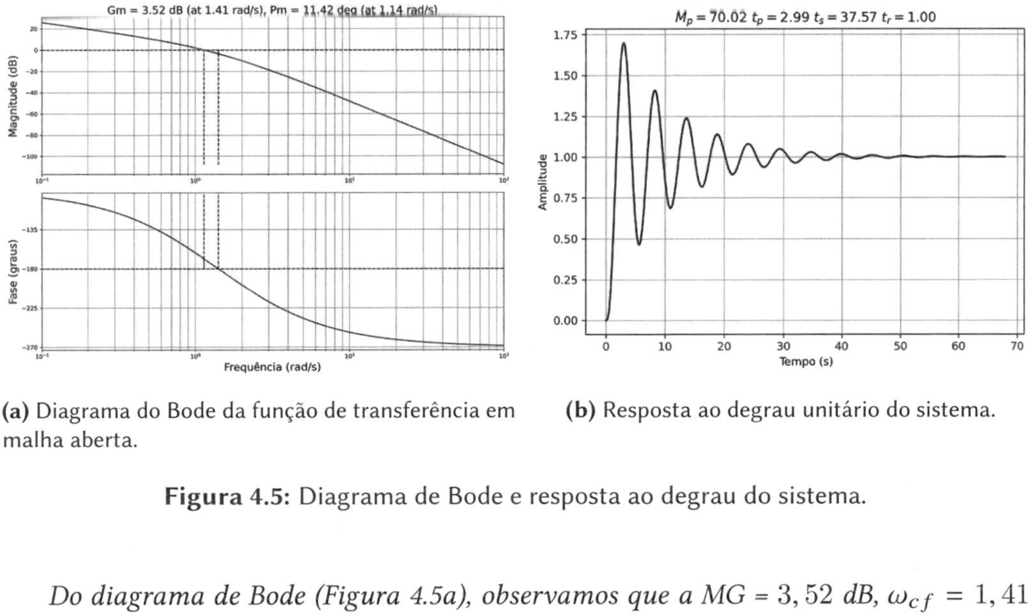

(a) Diagrama do Bode da função de transferência em malha aberta.

(b) Resposta ao degrau unitário do sistema.

Figura 4.5: Diagrama de Bode e resposta ao degrau do sistema.

Do diagrama de Bode (Figura 4.5a), observamos que a MG = $3,52$ *dB,* $\omega_{cf} = 1,41$ *rad/s, MF =* $11,42°$ *e* $\omega_{cg} = 1,14$ *rad/s. Da resposta ao degrau (Figura 4.5b), observamos que* $M_p = 70,01\%$ *e* $t_s = 37,54$ *s. Assim, o sistema é bastante oscilatório e verifica-se que MG e MF têm valores pequenos, isto é, menores que* $45°$ *e* 8 *dB, respectivamente.*

Para projetar o compensador de ganho, sabemos que o ganho na ω_{cg} *é unitário; da definição de margem de fase, sabemos que:*

$$MF = 180° + \phi(\omega)$$

Assim:

$$
\begin{aligned}
\phi(\omega) &= MF - 180^\circ \\
&= 50^\circ - 180^\circ \\
&= -130^\circ
\end{aligned}
$$

Para localizar essa frequência, é necessário fazer a leitura do diagrama de Bode ou criar uma tabela com os dados do diagrama de Bode da função de transferência em malha aberta (Tabela 4.1).

Da Tabela 4.1, determinamos aproximadamente que, para a frequência $\omega = 0,5$ *rad/s, a fase é* $130,6013^\circ$. *Como é desejado que nessa frequência ocorra a margem de fase de* 50°, *por definição o módulo deve ser unitário; assim, percebemos que a amplitude é de* $10,8088$ *dB ou* $3,4709$. *Para que a amplitude seja unitária, é necessário multiplicar* $G(j\omega)$ *pela a inversa do módulo nessa frequência; assim, o* K_c *é:*

$$
K_c = \frac{1}{3,4709}
$$

Com o ganho K_c, *multiplicamos e criamos o gráfico do diagrama de Bode da função de transferência em malha aberta com ganho ajustado, como mostrado na Figura 4.6a, na qual a margem de fase é de* $49,40^\circ$. *A resposta ao degrau do sistema com ganho ajustado é mostrada na Figura 4.6b, na qual pode ser observado que* $M_p = 18,80\%$ *e* $t_s = 12,31$ *s. Assim, o máximo sobressinal foi reduzido de* $70,01\%$ *para* $18,80\%$ *e o tempo de assentamento, de* $37,54$ *s para* $12,31$ *s. O resultado apresentado aqui é aproximado, uma vez que a frequência* ω *é escolhida de maneira próxima ao valor desejado para a fase na Tabela 4.1.*

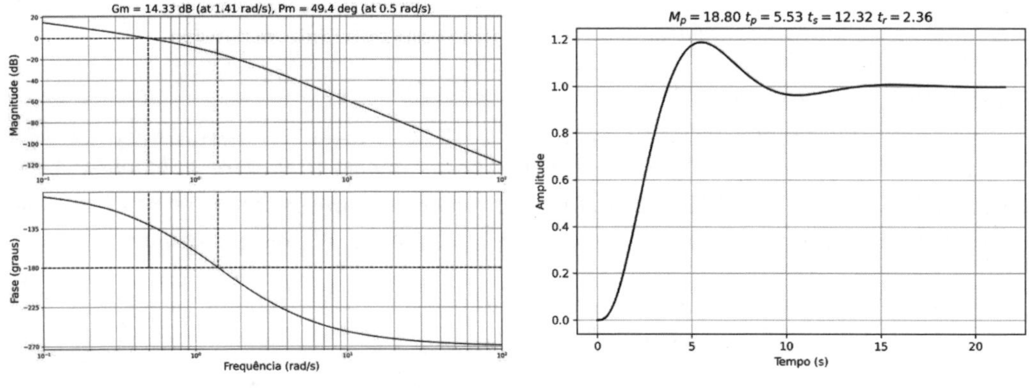

(a) Diagrama de Bode do sistema com ganho ajustado.

(b) Resposta ao degrau unitário do sistema.

Figura 4.6: Diagrama de Bode e resposta ao degrau do sistema com ganho ajustado.

Tabela 4.1: Resposta em frequência para o Exemplo 4.1.

ω [rad/s]	Amplitude	Amplitude [dB]	Fase [°]
0.10	19.8759	25.9665	-98.5730
0.11	18.0455	25.1274	-99.4254
0.12	16.5182	24.3593	-100.2764
0.13	15.2241	23.6506	-101.1259
0.14	14.1132	22.9925	-101.9738
0.15	13.1489	22.3778	-102.8199
0.16	12.3037	21.8007	-103.6642
0.17	11.5566	21.2566	-104.5065
0.18	10.8913	20.7416	-105.3467
0.19	10.2950	20.2525	-106.1848
0.20	9.7571	19.7865	-107.0205
0.21	9.2696	19.3412	-107.8539
0.22	8.8254	18.9146	-108.6847
0.23	8.4189	18.5051	-109.5130
0.24	8.0455	18.1111	-110.3385
0.25	7.7012	17.7312	-111.1613
0.26	7.3827	17.3643	-111.9811
0.27	7.0870	17.0093	-112.7980
0.28	6.8119	16.6653	-113.6119
0.29	6.5551	16.3316	-114.4225
0.30	6.3149	16.0073	-115.2300
0.31	6.0896	15.6918	-116.0342
0.32	5.8779	15.3844	-116.8349
0.33	5.6785	15.0847	-117.6323
0.34	5.4905	14.7922	-118.4261
0.35	5.3127	14.5064	-119.2163
0.36	5.1445	14.2268	-120.0029
0.37	4.9849	13.9532	-120.7857
0.38	4.8334	13.6851	-121.5648
0.39	4.6894	13.4223	-122.3400
0.40	4.5522	13.1645	-123.1113
0.41	4.4215	12.9113	-123.8788
0.42	4.2967	12.6626	-124.6422
0.43	4.1774	12.4182	-125.4016
0.44	4.0634	12.1777	-126.1569
0.45	3.9541	11.9410	-126.9081
0.46	3.8495	11.7080	-127.6552
0.47	3.7490	11.4784	-128.3981
0.48	3.6526	11.2521	-129.1367
0.49	3.5600	11.0290	-129.8712
0.50	3.4709	10.8088	-130.6013
0.51	3.3851	10.5915	-131.3271
0.52	3.3026	10.3770	-132.0486
0.53	3.2230	10.1652	-132.7658
0.54	3.1462	9.9559	-133.4786
0.55	3.0722	9.7490	-134.1870
0.56	3.0007	9.5444	-134.8911
0.57	2.9316	9.3421	-135.5907
0.58	2.8648	9.1420	-136.2859
0.59	2.8003	8.9439	-136.9767
0.60	2.7378	8.7479	-137.6630
0.61	2.6773	8.5538	-138.3449
0.62	2.6187	8.3616	-139.0223
0.63	2.5619	8.1713	-139.6954
0.64	2.5069	7.9826	-140.3639
0.65	2.4535	7.7957	-141.0280
0.66	2.4017	7.6105	-141.6877
0.67	2.3515	7.4268	-142.3429
0.68	2.3027	7.2447	-142.9937
0.69	2.2553	7.0641	-143.6401
0.70	2.2093	6.8849	-144.2821
0.71	2.1645	6.7072	-144.9196
0.72	2.1210	6.5308	-145.5528
0.73	2.0787	6.3558	-146.1815
0.74	2.0375	6.1822	-146.8059
0.75	1.9975	6.0097	-147.4259
0.76	1.9585	5.8386	-148.0416
0.77	1.9206	5.6686	-148.6530
0.78	1.8836	5.4999	-149.2600
0.79	1.8476	5.3323	-149.8628
0.80	1.8125	5.1658	-150.4612
0.81	1.7784	5.0004	-151.0554
0.82	1.7450	4.8361	-151.6454
0.83	1.7126	4.6729	-152.2311
0.84	1.6809	4.5107	-152.8127
0.85	1.6500	4.3495	-153.3900
0.86	1.6198	4.1893	-153.9632

Para o Exemplo 4.1, existe outra forma de resolvê-lo de maneira analítica, pois desejamos determinar a frequência na qual a fase é $-130°$*; assim, a função de transferência senoidal é:*

$$G(j\omega) = \frac{4}{j\omega(1 + j\omega)(2 + j\omega)}$$

A fase da função de transferência senoidal é:

$$\angle G(j\omega) = -90° - \text{tg}^{-1}(\omega) - \text{tg}^{-1}\left(\frac{\omega}{2}\right)$$

Sabemos que a fase desejada é $-130°$*; para determinar a frequência na qual ocorre essa fase, obtemos:*

$$-130° = -90° - \text{tg}^{-1}(\omega) - \text{tg}^{-1}\left(\frac{\omega}{2}\right)$$

Assim:

$$40° = \text{tg}^{-1}(\omega) + \text{tg}^{-1}\left(\frac{\omega}{2}\right)$$

Lembrando a relação da soma da tangente de dois ângulos:

$$\text{tg}(A + B) = \frac{\text{tg}(A) + \text{tg}(B)}{1 - \text{tg}(A)\,\text{tg}(B)}$$

Assim, precisamos ter cuidado com os ângulos que estão em radianos:

$$\text{tg}(40 \times \pi/180) = \frac{\omega + \frac{\omega}{2}}{1 - \frac{\omega^2}{2}}$$

Seja $a = \text{tg}(40 \times \pi/180)$ *um valor constante, realizando manipulações algébricas, obtemos a seguinte equação:*

$$\frac{a}{2}\omega^2 + \frac{3}{2}\omega - a = 0$$

Resolvendo essa equação, obtemos a única solução aceitável, que é:

$$\omega = 0,49176$$

Assim, a função de transferência senoidal em dita frequência fica como:

$$\begin{aligned} G(j\omega) &= \frac{4}{j0,49176(1 + j0,49176)(2 + j0,49176)} \\ &= -2,2781 - j2,7149 = 3,5440\angle{-130°} \end{aligned}$$

Portanto:

$$K_c = \frac{1}{3,5440}$$

As Figuras 4.7a e 4.7b mostram as simulações do sistema com o novo ganho $K_c = 1/3,544$*, nas quais são observadas pequenas diferenças em relação às Figuras 4.6a e 4.6b. A margem de ganho, que anteriormente era* $14,33$ *dB, foi para* $14,51$ *dB; a margem de fase, que era* $49,6°$*, foi para* $50°$*; o* M_p*, que era* $18,80\%$*, foi para* $18,14\%$*; e* t_s*, que era* $12,31$ *s, foi para* $12,34$ *s.*

Na Listagem, mostra-se o código em Python para o simulação do Exemplo 4.1, bem como para gerar as respectivas figuras.

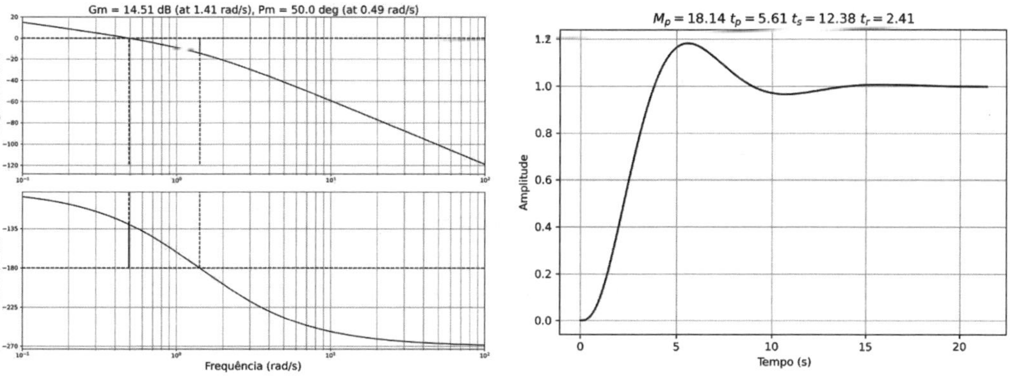

(a) Diagrama de Bode do sistema com ganho ajustado.

(b) Resposta ao degrau unitário do sistema.

Figura 4.7: Diagrama de Bode e resposta ao degrau do sistema com ganho ajustado.

4.2 COMPENSADOR POR AVANÇO DE FASE

Considere-se que o compensador por avanço de fase tem a função de transferência do tipo:

$$G_c(s) = K_c \frac{s + \omega_z}{s + \omega_p}$$

Na qual ω_z é a frequência de canto do zero, ω_p é a frequência de canto do polo e K_c é o ganho positivo. A função de transferência senoidal do compensador é:

$$G_c(j\omega) = K_c \frac{j\omega + \omega_z}{j\omega + \omega_p}$$

O módulo e a fase da função de transferência senoidal são:

$$|G_c(j\omega)| = \left|K_c \frac{j\omega + \omega_z}{j\omega + \omega_p}\right| \tag{4.2}$$

$$\angle G_c(j\omega) = \angle \frac{j\omega + \omega_z}{j\omega + \omega_p} \tag{4.3}$$

O diagrama de Bode do compensador por avanço tem a forma como mostrada na Figura 4.8, desde que a frequência de canto do zero seja menor que a frequência de canto do polo, isto é, $\omega_z < \omega_p$. Assim, vemos que este controlador é um tipo de filtro passa-altas.

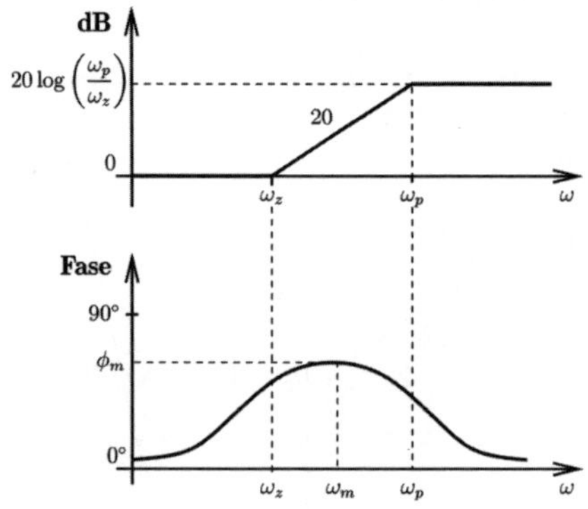

Figura 4.8: Diagrama de Bode do compensador por avanço de fase.

O diagrama polar do compensador é obtido sem considerar o ganho K_c e pressupõe-se:

$$\alpha = \frac{\omega_z}{\omega_p}. \tag{4.4}$$

1. Obtemos a função de transferência senoidal:

$$G_c(j\omega) = \frac{j\omega + \omega_z}{j\omega + \omega_p}$$

2. Separamos a parte real e imaginária de $G_c(j\omega)$, multiplicando $G_c(j\omega)$ pelo complexo conjugado do polo, como segue:

$$G_c(j\omega) = \frac{j\omega + \omega_z}{j\omega + \omega_p}\left(\frac{\omega_p - j\omega}{\omega_p - j\omega}\right)$$

Assim, obtém-se:

$$G_c(j\omega) = \frac{\omega^2 + \omega_z\omega_p}{\omega_p^2 + \omega^2} + j\frac{\omega(\omega_p - \omega_z)}{\omega_p^2 + \omega^2}$$

3. Determinamos o comportamento de $G_c(j\omega)$ em baixa frequência:

$$\lim_{\omega\to 0^+} G(j\omega) = \frac{\omega_z}{\omega_p} + j0$$
$$= \alpha + j0$$

Ou

$$\lim_{\omega\to 0^+} G_c(j\omega) = \lim_{\omega\to 0^+} \frac{j\omega + \omega_z}{j\omega + \omega_p}$$
$$\lim_{\omega\to 0^+} G_c(j\omega) = \frac{\omega_z}{\omega_p} = \alpha\angle 0^\circ$$

Isto quer dizer que começamos o diagrama polar desde α, que sai com valores positivos na parte imaginária.

4. Determinamos o comportamento de $G_c(j\omega)$ em alta frequência:

$$\lim_{\omega\to\infty} G_c(j\omega) = \lim_{\omega\to\infty} \frac{\omega^2 + \omega_z\omega_p}{\omega_p^2 + \omega^2} + j\frac{\omega(\omega_p - \omega_z)}{\omega_p^2 + \omega^2} \qquad = \lim_{\omega\to\infty} 1 + j0$$
$$= 1\angle 0^\circ$$

Ou

$$\lim_{\omega\to\infty} G_c(j\omega) = \lim_{\omega\to\infty} \left(\frac{j\omega + \omega_z}{j\omega + \omega_p}\right)$$
$$= 1 + j0 = 1\angle 0^\circ$$

Isto quer dizer que o diagrama polar converge para 1 com valores reais positivos e com valores imaginários positivos.

5. Determinamos possíveis cruzamentos com os eixos real e imaginário:

   (a) Interseção com o eixo real:

   Isto ocorre quando $\mathrm{Im}[G(j\omega)] = 0$. Observamos a parte imaginária de $G(j\omega)$, onde determinamos que não existe frequências finitas não nulas que fazem da parte imaginária nula.

   (b) Interseção com o eixo imaginário:

   Isto ocorre quando $\mathrm{Re}[G(j\omega)] = 0$. Observamos a parte real de $G(j\omega)$, onde determinamos que não existe frequências finitas não nulas que fazem da parte real nula.

6. Verificar as assintotas: não há assintotas.

O diagrama polar do compensador por avanço de fase é como mostrado na Figura 4.9.

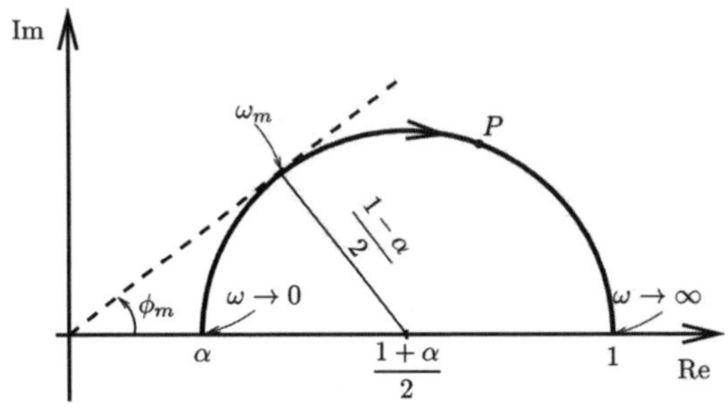

Figura 4.9: Diagrama polar do compensador por avanço de fase.

O ângulo de fase positivo do controlador tende a girar o diagrama de Nyquist, afastando-o do ponto -1 e, com isso, impondo a estabilidade.

Qualquer ponto P do diagrama polar pode ser localizado segundo:

$$P = (x, y) = \left(\frac{\omega^2 + \omega_z \omega_p}{\omega_p^2 + \omega^2}, \frac{\omega(\omega_p - \omega_z)}{\omega_p^2 + \omega^2} \right)$$

Para qualquer frequência ω. É possível demostrar que o diagrama polar é um semicircunferência com centro em:

$$C = (c_1, 0) = \left(\frac{1+\alpha}{2}, 0 \right)$$

Assim, a equação de um circunferência com centro em C é:

$$(x - c_1)^2 + (y - 0)^2 = r^2$$

onde r é o raio da circunferência. Assim:

$$\begin{aligned} (x - c_1)^2 + (y - 0)^2 &= r^2 \\ \left(\frac{\omega^2 + \omega_z \omega_p}{\omega_p^2 + \omega^2} - \frac{1+\alpha}{2} \right)^2 + \left(\frac{\omega(\omega_p - \omega_z)}{\omega_p^2 + \omega^2} \right)^2 &= r^2 \end{aligned}$$

Lembrando a relação da equação 4.4, obtemos:

$$\omega_z = \alpha \omega_p$$

Dessa maneira:

$$\left(\frac{\omega^2+\alpha\omega_p^2}{\omega_p^2+\omega^2}-\frac{1+\alpha}{2}\right)^2+\left(\frac{\omega\omega_p(1-\alpha)}{\omega_p^2+\omega^2}\right)^2=r^2$$

$$\left(\frac{2\omega^2+2\alpha\omega_p^2-(1+\alpha)\left(\omega_p^2+\omega^2\right)}{2\left(\omega_p^2+\omega^2\right)}\right)^2+\left(\frac{\omega\omega_p(1-\alpha)}{\omega_p^2+\omega^2}\right)^2=r^2$$

$$\left(\frac{(1-\alpha)\left(\omega^2-\omega_p^2\right)}{2\left(\omega_p^2+\omega^2\right)}\right)^2+\left(\frac{\omega\omega_p(1-\alpha)}{\omega_p^2+\omega^2}\right)^2=r^2$$

$$\frac{(1-\alpha)^2\left(\omega^2-\omega_p^2\right)^2}{4\left(\omega_p^2+\omega^2\right)^2}+\frac{\omega^2\omega_p^2(1-\alpha)^2}{\left(\omega_p^2+\omega^2\right)^2}=r^2$$

$$\frac{(1-\alpha)^2\left(\omega^2-\omega_p^2\right)^2+4\omega^2\omega_p^2(1-\alpha)^2}{4\left(\omega_p^2+\omega^2\right)^2}=r^2$$

$$\frac{(1-\alpha)^2}{4}=r^2$$

Finalmente:

$$\frac{1-\alpha}{2}=r$$

Portanto, todos os pontos do diagrama polar fazem parte de uma semicircunferência com centro em $\left(\frac{1+\alpha}{2},0\right)$ e raio $r=\frac{1-\alpha}{2}$, como mostrado na Figura 4.9.

Determinando a frequência na qual o contribuição angular do compensador é máxima, da Equação 4.3, obtemos:

$$\angle G_c(j\omega)=\phi(\omega)=\angle\frac{j\omega+\omega_z}{j\omega+\omega_p}=\mathrm{tg}^{-1}\left(\frac{\omega}{\omega_z}\right)-\mathrm{tg}^{-1}\left(\frac{\omega}{\omega_p}\right)$$

Lembrando que:

$$\frac{d}{d\omega}\,\mathrm{tg}^{-1}(x)=\frac{x'}{1+x^2}$$

Para determinar a máxima contribuição do compensador, utilizamos a seguinte relação:

$$\frac{d}{d\omega}\phi(\omega)=0.$$

Dessa maneira:

$$\frac{d}{d\omega}\phi(\omega) = 0$$

$$\frac{\frac{1}{\omega_z}}{1+\left(\frac{\omega}{\omega_z}\right)^2} - \frac{\frac{1}{\omega_p}}{1+\left(\frac{\omega}{\omega_p}\right)^2} = 0$$

$$\frac{\frac{1}{\omega_z}\left(1+\left(\frac{\omega}{\omega_p}\right)^2\right) - \frac{1}{\omega_p}\left(1+\left(\frac{\omega}{\omega_z}\right)^2\right)}{\left(1+\left(\frac{\omega}{\omega_z}\right)^2\right)\left(1+\left(\frac{\omega}{\omega_p}\right)^2\right)} = 0$$

$$\frac{\frac{1}{\omega_z}\left(\frac{\omega_p^2+\omega^2}{\omega_p^2}\right) - \frac{1}{\omega_p}\left(\frac{\omega_z^2+\omega^2}{\omega_z^2}\right)}{\left(\frac{\omega_z^2+\omega^2}{\omega_z^2}\right)\left(\frac{\omega_p^2+\omega^2}{\omega_p^2}\right)} = 0$$

$$\frac{\frac{\omega_z\left(\omega_p^2+\omega^2\right) - \omega_p\left(\omega_z^2+\omega^2\right)}{\omega_p^2\omega_z^2}}{\left(\frac{\omega_z^2+\omega^2}{\omega_z^2}\right)\left(\frac{\omega_p^2+\omega^2}{\omega_p^2}\right)} = 0$$

$$\frac{\omega_z\left(\omega_p^2+\omega^2\right) - \omega_p\left(\omega_z^2+\omega^2\right)}{\left(\omega_z^2+\omega^2\right)\left(\omega_p^2+\omega^2\right)} = 0$$

$$\frac{\left(\omega_z\omega_p-\omega^2\right)\left(\omega_p-\omega_z\right)}{\left(\omega_z^2+\omega^2\right)\left(\omega_p^2+\omega^2\right)} = 0$$

Assim, a única possibilidade viável para obter o máximo valor de $\phi(\omega)$ é:

$$\omega^2 = \omega_z\omega_p$$

O valor da frequência na qual a fase é máxima é:

$$\omega = \sqrt{\omega_z\omega_p}.$$

Para determinar o máximo valor de $\phi(\omega)$, utilizamos o valor de $\omega = \sqrt{\omega_z \omega_p}$, na equação da fase, que é:

$$\begin{aligned}
\phi(\omega) &= \text{tg}^{-1}\left(\frac{\omega}{\omega_z}\right) - \text{tg}^{-1}\left(\frac{\omega}{\omega_p}\right) \\
&= \text{tg}^{-1}\left(\frac{\sqrt{\omega_z \omega_p}}{\omega_z}\right) - \text{tg}^{-1}\left(\frac{\sqrt{\omega_z \omega_p}}{\omega_p}\right) \\
&= \text{tg}^{-1}\left(\sqrt{\frac{\omega_p}{\omega_z}}\right) - \text{tg}^{-1}\left(\sqrt{\frac{\omega_z}{\omega_p}}\right) \\
&= \text{tg}^{-1}\left(\sqrt{\frac{1}{\alpha}}\right) - \text{tg}^{-1}\left(\sqrt{\alpha}\right)
\end{aligned}$$

E seja:

$$A = \text{tg}^{-1}\left(\sqrt{\frac{1}{\alpha}}\right), \quad B = \text{tg}^{-1}\left(\sqrt{\alpha}\right).$$

Lembrando que:

$$\begin{aligned}
\text{sen}\left(\text{tg}^{-1}(x)\right) &= \frac{x}{\sqrt{1+x^2}} \\
\cos\left(\text{tg}^{-1}(x)\right) &= \frac{1}{\sqrt{1+x^2}} \\
\text{sen}\,(A - B) &= \text{sen}(A)\cos(B) - \text{sen}(B)\cos(A)
\end{aligned}$$

De onde obtemos:

$$\begin{aligned}
\text{sen}(A) &= \frac{\sqrt{\frac{1}{\alpha}}}{\sqrt{1+\frac{1}{\alpha}}} = \frac{1}{\sqrt{1+\alpha}} \\
\cos(A) &= \frac{1}{\sqrt{1+\frac{1}{\alpha}}} = \frac{\sqrt{\alpha}}{\sqrt{1+\alpha}} \\
\text{sen}(B) &= \frac{\sqrt{\alpha}}{\sqrt{1+\alpha}} \\
\cos(B) &= \frac{1}{\sqrt{1+\alpha}}
\end{aligned}$$

Assim, obtemos:

$$\begin{aligned}
\text{sen}\,(\phi) &= \text{sen}(A - B) \\
&= \text{sen}(A)\cos(B) - \text{sen}(B)\cos(A) \\
&= \frac{1}{\sqrt{1+\alpha}}\frac{1}{\sqrt{1+\alpha}} - \frac{\sqrt{\alpha}}{\sqrt{1+\alpha}}\frac{\sqrt{\alpha}}{\sqrt{1+\alpha}} \\
&= \frac{1}{1+\alpha} - \frac{\alpha}{1+\alpha} \\
&= \frac{1-\alpha}{1+\alpha}
\end{aligned}$$

Finalmente:

$$\text{sen}\,(\phi_m) = \frac{1-\alpha}{1+\alpha} \tag{4.5}$$

Ou

$$\alpha = \frac{1 - \text{sen}\,(\phi_m)}{1 + \text{sen}\,(\phi_m)} \tag{4.6}$$

O compensador por avanço de fase pode ser representado da seguinte maneira:

$$G_c(s) = K_c \frac{s + \omega_z}{s + \omega_p} = K_c \left(\frac{\omega_z}{\omega_p}\right) \frac{\dfrac{s}{\omega_z} + 1}{\dfrac{s}{\omega_p} + 1}$$

Definindo:

$$\begin{aligned}
T &= \frac{1}{\omega_z} \\
\alpha T &= \frac{1}{\omega_p}
\end{aligned}$$

Obtemos:

$$G_c(s) = K_c\,\alpha\,\frac{Ts + 1}{\alpha Ts + 1}$$

O diagrama de Bode do compensador $G_c(s)$ tem características de passa-altas. O ângulo máximo de avanço de fase (ϕ_m) é dada pela Equação 4.5 ou por:

$$\phi_m = \arcsin\left(\frac{1-\alpha}{1+\alpha}\right)$$

A relação mostrada da expressão acima é ilustrada pela Figura 4.10, muito útil no projeto de compensadores.

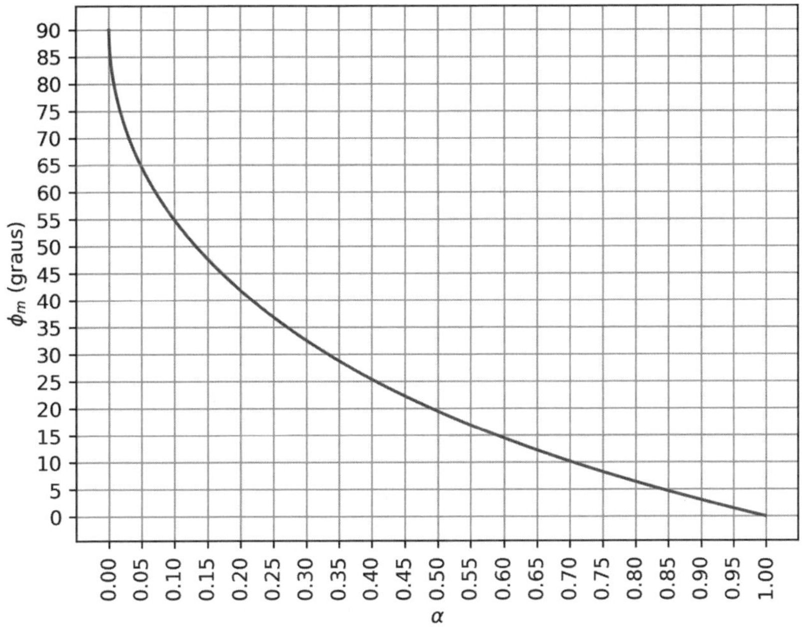

Figura 4.10: Gráfico $\alpha \times \phi_m$.

A frequência na qual ocorre o máximo ângulo de avanço é:

$$\omega_m = \sqrt{\omega_z \omega_p} = \sqrt{\frac{1}{T}\frac{1}{\alpha T}} = \frac{1}{T\sqrt{\alpha}}$$

A relação entre o ângulo de avanço de fase máximo e o valor de α é dada pela Equação 4.5 ou 4.6. O módulo da função de transferência do compensador na frequência ω_m pode ser determinada como:

$$
\begin{aligned}
|G_c(j\omega_m)| &= \left|\frac{\dfrac{j\omega}{\omega_z}+1}{\dfrac{j\omega}{\omega_p}+1}\right|_{\omega=\omega_m} \\
&= \left|\frac{\dfrac{\sqrt{\omega_z\omega_p}}{\omega_z}+1}{\dfrac{\sqrt{\omega_z\omega_p}}{\omega_p}+1}\right| \\
&= \left|\frac{j\sqrt{\dfrac{\omega_p}{\omega_z}}+1}{j\sqrt{\dfrac{\omega_z}{\omega_p}}+1}\right| \\
&= \left|\frac{j\sqrt{\dfrac{1}{\alpha}}+1}{j\sqrt{\alpha}+1}\right| \\
&= \sqrt{\frac{\dfrac{1}{\alpha}+1}{\alpha+1}} \\
&= \frac{1}{\sqrt{\alpha}}
\end{aligned}
$$

E o módulo em dB é:

$$
|G_c(j\omega_m)|_{\text{dB}} = 20\log_{10}\left(\frac{1}{\sqrt{\alpha}}\right) = -20\log_{10}\left(\sqrt{\alpha}\right) = -10\log_{10}(\alpha).
$$

4.2.1 Procedimento de projeto compensador por avanço: método tentativa-e-erro

O procedimento de projeto de compensador por avanço de fase são semelhantes nos livros de (Ogata & Severo, 2008) e (Nise, 2012). Nesta seção, é apresentada de maneira resumida o procedimento, como segue:

1. A função de transferência do compensador por avanço de fase é:

$$G_c(s) = K_c \frac{s+\omega_z}{s+\omega_p} = K_c \left(\frac{\omega_z}{\omega_p}\right) \frac{\dfrac{s}{\omega_z}+1}{\dfrac{s}{\omega_p}+1},$$
$$= K_c\,\alpha\,\frac{Ts+1}{\alpha Ts+1},$$

na qual $\alpha = \omega_z/\omega_p$ e $0 < \alpha < 1$, ou seja, a frequência de canto do zero é menor que a do polo. Definindo $K_c\alpha = K_1$, a função de transferência em malha aberta do sistema compensado é:

$$G_c(s)G(s) = K_1 \frac{Ts+1}{\alpha Ts+1} G(s),$$
$$= \frac{Ts+1}{\alpha Ts+1} G_1(s),$$

no qual $G_1(s) = K_1 G(s)$. O ganho K_1 é determinado para satisfazer o requisito da constante de erro estático solicitado.

2. Com o ganho K_1 calculado, temos que obter o diagrama de Bode da função de transferência com ganho ajustado:

$$G_1(j\omega) = K_1 G(j\omega)$$

No diagrama de Bode, realiza-se a leitura da margem de ganho (MG), da frequência de cruzamento de fase (ω_{cf}), da margem de fase (MF) e da frequência de cruzamento de ganho (ω_{cg}) do sistema com ganho ajustado.

3. Determinamos o ângulo de avanço de fase necessário como segue:

$$\phi_m = \text{MF}_{\text{desejada}} - \text{MF} + \text{Tolerância},$$

na qual ϕ_m é o ângulo de avanço de fase que o compensador fornece, $\text{MF}_{\text{desejada}}$ é a margem de fase desejada do sistema dada pelo problema, MF é a margem de fase do $G_1(j\omega)$ (MF_{atual}) e a Tolerância varia entre 5° e 12°, segundo (Ogata & Severo, 2008), uma vez que o compensador desloca para direita a ω_{cg} e, com isso, a margem de fase diminui. A Tolerância pode variar de tal maneira que a máxima contribuição de ϕ_m é 65°.

4. Determinamos o fator de atenuação como segue:

$$\alpha = \frac{1 - \text{sen}(\phi_m)}{1 + \text{sen}(\phi_m)},$$

e como α é menor que a unidade mas é positivo e o módulo do compensador na frequência ω_m é:

$$|G_c(j\omega_m)|_{\mathrm{dB}} = -10\log_{10}(\alpha)\,, \tag{4.7}$$

o qual é um módulo positivo em dB, e, como desejamos que a nova frequência de cruzamento seja na frequência ω_m, então o módulo deve ser unitário ou 0 dB. Portanto, no diagrama de Bode de $G_1(j\omega)$, devemos buscar o recíproco do módulo da Equação 4.7 e, consequentemente, a frequência, na qual o módulo é:

$$-20\log_{10}\left(\frac{1}{\sqrt{\alpha}}\right) = 10\log_{10}(\alpha)$$

De maneira que o módulo do sistema compensado seja unitário em ω_m. Selecionamos a frequência ω_m como a nova frequência de cruzamento de ganho, que corresponde a:

$$\omega_m = \frac{1}{T\sqrt{\alpha}}$$

Como demonstrado, a defasagem máxima ϕ_m ocorre em ω_m.

5. Determinamos as frequências de canto do compensador:

$$\omega_z = \frac{1}{T}$$
$$\omega_p = \frac{1}{\alpha T}$$

6. Conhecido K_1 e α, é possível determinar K_c como:

$$K_c = \frac{K_1}{\alpha}$$

7. Verificamos a margem de ganho e de fase do sistema compensador. Caso não tenham sido satisfeitas, modificamos a localização polo-zero do compensador e repetimos o processo.

***Exemplo* 4.2.** *Consideremos o sistema mostrado na Figura 4.11, na qual $G_c(s)$ é a função de transferência do compensador e $G(s)$ é a função de transferência em malha aberta do sistema definida por:*

$$G(s) = \frac{4}{s(s+2)}$$

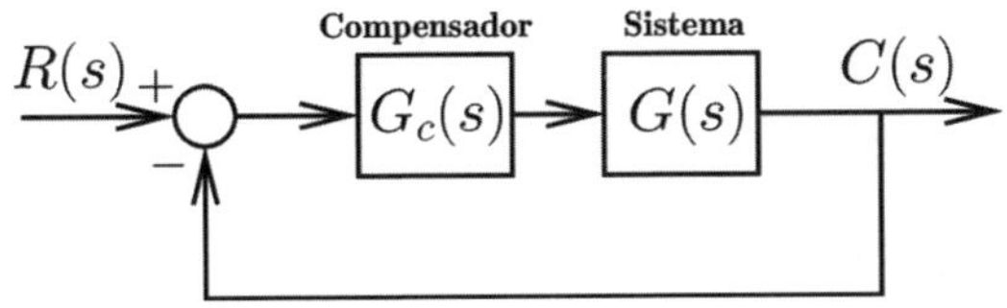

Figura 4.11: Estrutura de compensação.

Deseja-se projetar um compensador, de modo que a constante de erro estático de velocidade K_v seja $20\ s^{-1}$, a margem de fase seja pelo menos $50°$ e a margem de ganho seja pelo menos 10 dB.

Solução 4.2. *As especificações de projeto são:*

- $K_v = 20\ s^{-1}$, *ou erro estacionário para entrada rampa unitária inferior a* $0,05$ *s.*
- *Margem de fase de pelo menos* $50°$.
- *Margem de ganho de pelo menos* 10 *dB.*

O projeto e a simulação deste Exemplo são realizados utilizando o Python.

O comportamento do sistema sem compensação nem ganho ajustado é mostrado na Figura 4.12a, na qual é ilustrado o diagrama de Bode e observa-se que MF=$51,83°$ *e* $\omega_{cg} = 1,57$ *rad/s. Na Figura 4.12b, observa-se a resposta a um degrau unitário, que mostra* $M_p = 16,30\%$, $t_p = 1,81$ *s e* $t_s = 4,04$ *s. Na Figura 4.13, observa-se a resposta a uma entrada rampa unitária, onde o erro de regime estacionário é de* $0,5$.

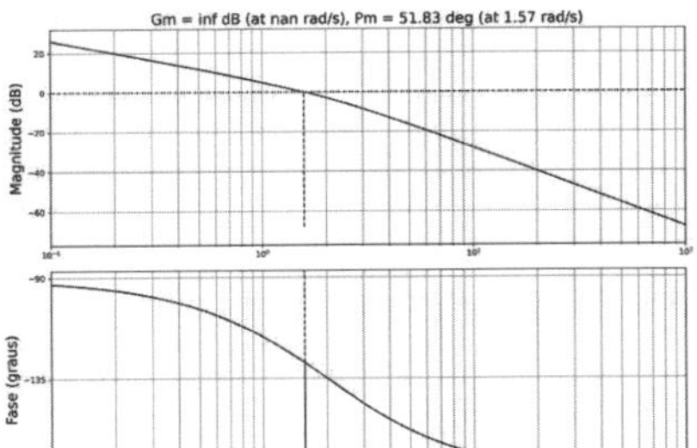

(a) Diagrama de Bode do sistema sem ganho ajustado nem compensado.

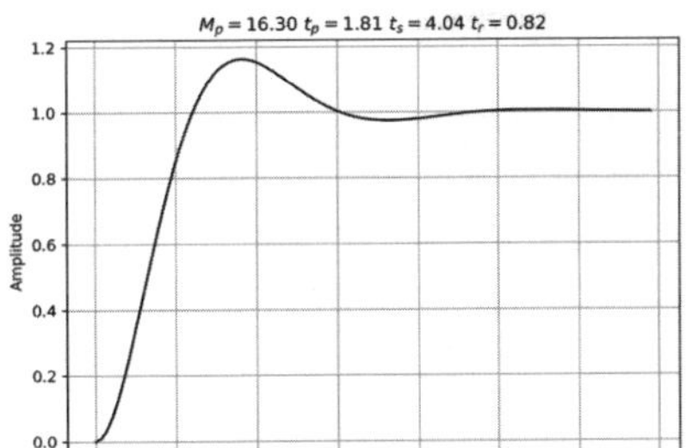

(b) Resposta ao degrau unitário do sistema sem ganho ajustado nem compensado.

Figura 4.12: Diagrama de Bode e resposta ao degrau do sistema sem ganho ajustado nem compensado.

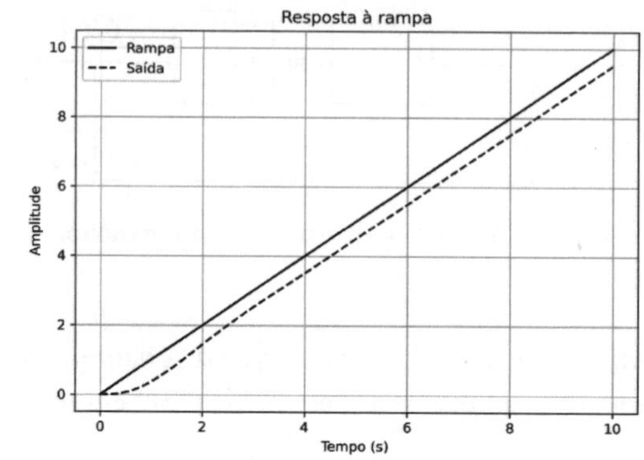

Figura 4.13: Resposta à rampa do sistema sem ganho ajustado nem compensado.

Procedimento de projeto:

1. *A função de transferência do compensador é:*

$$G_c(s) = K_c\alpha\frac{Ts+1}{\alpha Ts+1} = K_1\frac{Ts+1}{\alpha Ts+1}$$

Na qual $K_1 = K_c\alpha$.

2. *A função de transferência em malha aberta do sistema compensador é:*

$$G_c(s)G(s).$$

Para determinar o ganho que satisfaz a constante de erro estático de velocidade, utilizamos a seguinte expressão:

$$\begin{aligned} K_v &= \lim_{s\to 0} sG_c(s)G(s) \\ &= \lim_{s\to 0} s\left(K_1\frac{Ts+1}{\alpha Ts+1}\right)\left(\frac{4}{s(s+2)}\right) \\ &= \frac{4K_1}{2} = 2K_2 \end{aligned}$$

Como se deseja $K_v = 20\ s^{-1}$, *assim:*

$$K_v = 2K_1 = 20$$

obtemos:

$$K_1 = 10.$$

O erro de regime estacionário para o sistema compensado é calculado a seguir:

$$e(\infty) = e_{ss} = \lim_{s \to 0} \left(\frac{1}{sG_c(s)G(s)} \right) = 0,05$$

3. *Traçar o diagrama de Bode do sistema com ganho ajustado mas não compensado* $G_1(s) = K_1 G(s)$*:*

$$G_1(s) = K_1 G(j\omega) = \frac{40}{j\omega(j\omega + 2)} = \frac{20}{j\omega(j0,5\omega + 1)}$$

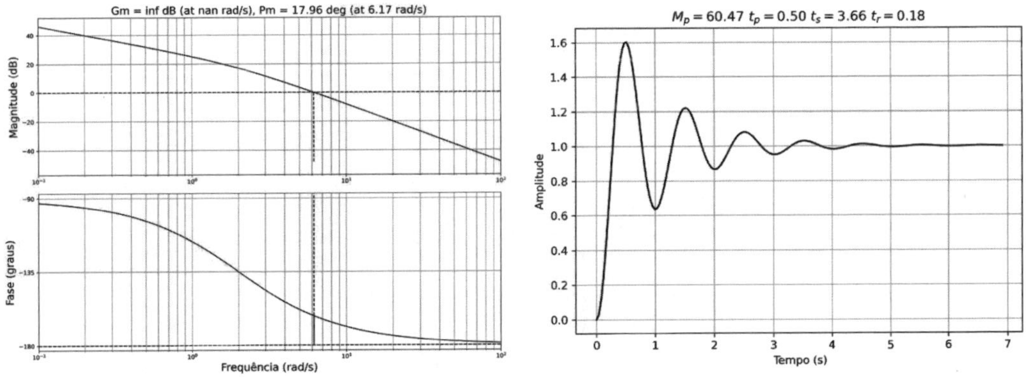

(a) Diagrama de Bode do sistema com ganho ajustado sem compensação.

(b) Resposta ao degrau unitário do sistema cem ganho ajustado sem compensação.

Figura 4.14: Diagrama de Bode e resposta ao degrau do sistema com ganho ajustado sem compensação.

Do diagrama de Bode na Figura 4.14a ou da Tabela 4.2, observamos que MF= $17,96^\circ$ *ocorre na frequência de cruzamento de ganho* $\omega_{cg} = 6,17$ *rad/s, onde a fase é* $\phi = -162,04^\circ$*. Na Figura 4.14b, é mostrado a simulação da resposta ao degrau unitário e observamos que* $M_p = 60.46\%$ *e* $t_s = 3,65$ *s.*

4. *Do passo anterior, podemos observar que MG=∞ e MF$\approx$ 18°. Para que tenhamos uma MF de 50°, é necessário adicionar um avanço de:*

$$\begin{aligned} \phi_m &= MF_{desejada} - MF_{atual} + Tolerância \\ &= 50^\circ - 18^\circ + 6^\circ \\ &= 38^\circ \end{aligned}$$

Tabela 4.2: Resposta em frequência para o Exemplo 4.2.

ω [rad/s]	Amplitude	Amplitude [dB]	Fase [°]
1.00	17.8885	25.0515	-116.5651
1.20	14.2915	23.1016	-120.9638
1.40	11.7033	21.3662	-124.9920
1.60	9.7609	19.7898	-128.6598
1.64	9.4301	19.4903	-129.3518
1.66	9.2709	19.3424	-129.6927
1.68	9.1155	19.1956	-130.0303
1.70	8.9640	19.0500	-130.3645
1.72	8.8161	18.9055	-130.6955
1.80	8.2588	18.3384	-131.9872
2.00	7.0711	16.9897	-135.0000
3.00	3.6980	11.3593	-146.3099
3.50	2.8351	9.0513	-150.2551
4.00	2.2361	6.9897	-153.4349
4.50	1.8051	5.1298	-156.0375
5.00	1.4856	3.4378	-158.1986
6.10	1.0215	0.1846	-161.8473
6.12	1.0151	0.1305	-161.9027
6.14	1.0088	0.0765	-161.9579
6.16	1.0026	0.0227	-162.0127
6.18	0.9964	-0.0309	-162.0671
6.20	0.9903	-0.0844	-162.1213
6.22	0.9843	-0.1377	-162.1751
6.24	0.9783	-0.1909	-162.2287
6.26	0.9723	-0.2439	-162.2819
6.28	0.9664	-0.2967	-162.3348
6.30	0.9606	-0.3494	-162.3874
6.32	0.9548	-0.4020	-162.4397
6.34	0.9490	-0.4544	-162.4917
6.36	0.9433	-0.5066	-162.5434
6.38	0.9377	-0.5587	-162.5949
6.40	0.9321	-0.6107	-162.6460
6.42	0.9266	-0.6625	-162.6968
6.44	0.9211	-0.7141	-162.7473
6.46	0.9156	-0.7656	-162.7976
6.48	0.9102	-0.8170	-162.8476
6.50	0.9049	-0.8682	-162.8973
6.52	0.8996	-0.9193	-162.9467
6.54	0.8943	-0.9702	-162.9958
6.56	0.8891	-1.0210	-163.0447
6.58	0.8839	-1.0716	-163.0933
6.60	0.8788	-1.1221	-163.1416
6.62	0.8737	-1.1725	-163.1897
6.64	0.8687	-1.2227	-163.2374
6.66	0.8637	-1.2728	-163.2850
6.68	0.8587	-1.3227	-163.3322
6.70	0.8538	-1.3725	-163.3792
6.72	0.8490	-1.4222	-163.4260
6.74	0.8441	-1.4717	-163.4725
6.76	0.8394	-1.5211	-163.5187
6.78	0.8346	-1.5703	-163.5647
6.80	0.8299	-1.6195	-163.6105
6.82	0.8252	-1.6685	-163.6560
6.84	0.8206	-1.7173	-163.7012
6.86	0.8160	-1.7661	-163.7462
6.88	0.8115	-1.8147	-163.7910
6.90	0.8069	-1.8631	-163.8355
8.62	0.5244	-5.6068	-166.9374
8.64	0.5220	-5.6460	-166.9666
8.66	0.5197	-5.6852	-166.9957
8.68	0.5174	-5.7242	-167.0247
8.70	0.5150	-5.7632	-167.0535
8.72	0.5127	-5.8021	-167.0822
8.74	0.5105	-5.8409	-167.1108
8.76	0.5082	-5.8796	-167.1392
8.78	0.5059	-5.9183	-167.1675
8.80	0.5037	-5.9568	-167.1957
8.82	0.5015	-5.9953	-167.2238
8.84	0.4992	-6.0337	-167.2518
8.86	0.4971	-6.0720	-167.2796
8.88	0.4949	-6.1102	-167.3073
8.90	0.4927	-6.1484	-167.3349
8.92	0.4905	-6.1864	-167.3624
8.94	0.4884	-6.2244	-167.3898
8.96	0.4863	-6.2623	-167.4170
8.98	0.4842	-6.3001	-167.4442
9.00	0.4821	-6.3378	-167.4712

No qual a Tolerância é escolhida arbitrariamente como $6°$. *Devemos calcular o respectivo fator de atenuação* α *para o dito avanço de fase* ϕ_m:

$$\alpha = \frac{1 - \text{sen}\,(\phi_m)}{1 + \text{sen}\,(\phi_m)} = \frac{1 - \text{sen}\,(38°)}{1 + \text{sen}\,(38°)} = 0,2379$$

Assim, deve-se buscar o valor da frequência, na qual o valor do módulo é:

$$-20\log\left(\frac{1}{\sqrt{\alpha}}\right) = -6,2363dB$$

Reduzindo o valor de K_1, *poderíamos conseguir a MF desejada. Mas, se isso fosse feito, a especificação relativa ao erro de estacionário seria violada.*

5. *Da Tabela 4.2, a frequência na qual se tem um módulo de* $-6,2363$ *dB é* $\omega_m \approx 8,94$ *rad/s. Assim:*

$$\omega_m = \frac{1}{\sqrt{\alpha}T}$$

Daqui:

$$T = 0,2293.$$

Então, a função de transferência do compensador é:

$$K_1G_c(s) = 10\frac{1 + 0,2293s}{1 + 0,0546s}$$

Na Figura 4.15a, observamos o diagrama de Bode do sistema compensado em malha aberta, na qual MG=∞, *MF=*$50,60°$ *e* $\omega_{cg} = 8,95$ *rad/s. Na Figura 4.15b, observamos que obtivemos* $M_p = 21,56\%$ *e* $t_s = 0,61$ *s. Na Figura 4.16b, observamos que o erro de regime estacionário reduziu consideravelmente para* $e_{ss} \approx 0,05$.

Comparando o sistema original sem nenhuma compensação e o sistema compensado, observamos que o máximo sobressinal teve uma degradação de $16,29\%$, $M_p = 21,56\%$, *e o tempo de assentamento teve uma considerável melhora de* $4,01$ *s para* $0,61$ *s, ou seja, o sistema estabiliza muito rapidamente. A margem de fase do sistema teve uma pequena mudança de* $51,83°$ *para* $50,60°$ *e a frequência de cruzamento de ganho aumentou consideravelmente de* $1,87$ *rad/s para* $8,95$ *rad/s, ou seja, o sistema estabiliza mais rapidamente. Por fim, o erro em regime estacionário a uma entrada rampa diminuiu significativamente de* $0,5$ *para* $0,05$.

Os polos da função de transferência em malha fechada são $-7,01685345 \pm 8,1985781j$ *e* $-6,29600944$, *e o zero da função de transferência em malha fechada é* $-4,36032934$.

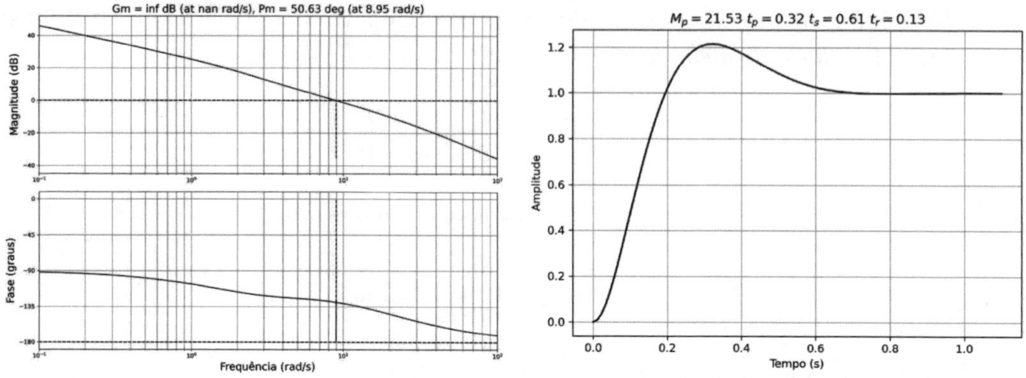

(a) Diagrama de Bode do sistema compensado.

(b) Resposta ao degrau unitário do sistema compensado.

Figura 4.15: Diagrama de Bode e resposta ao degrau do sistema compensado.

Na Figura 4.16a, é possível observar que, no sistema sem compensação, o pico de ressonância é $M_r^s = 1,25$ *dB, a frequência de ressonância é* $\omega_r^s = 1,41$ *rad/s e a largura de banda é* $BW^s = 2,54$ *rad/s, enquanto no sistema compensado, o pico de ressonância é* $M_r^c = 1,85$ *dB, a frequência de ressonância é* $\omega_r^c = 6,69$ *rad/s e a largura de banda é* $BW^c = 14,64$ *rad/s. Percebe-se um aumento na banda passante do sistema (Figura 4.16a).*

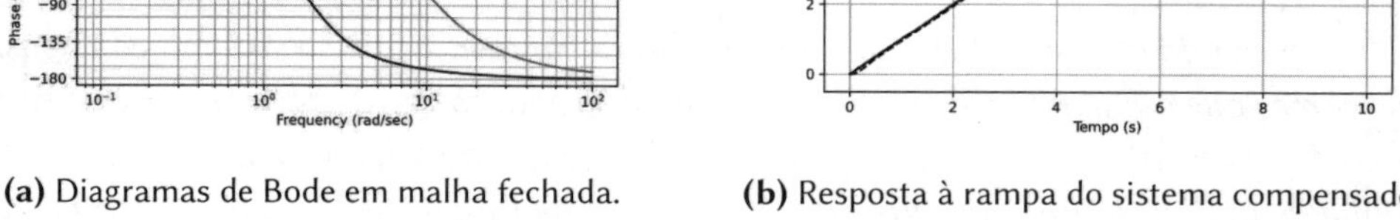

(a) Diagramas de Bode em malha fechada.

(b) Resposta à rampa do sistema compensado.

Figura 4.16: Diagramas de Bode em malha fechada e resposta à rampa unitária do sistema compensado.

O código em Python para o Exemplo 4.2 é mostrado na Listagem . O código quando executado mostra as simulações do sistema sujeito a uma entrada onda quadrada e uma onda triangular. Os respectivos esforços de controle também podem ser observados:

o esforço de controle para onda quadrada apresenta instantes de alta magnitude, devido às mudanças abruptas em um pequeno instante de tempo na onda, enquanto o esforço de controle na onda triangular é de pequena magnitude, devido às mudanças mais suaves.

***Exemplo* 4.3.** *Consideremos o sistema mostrado na Figura 4.11, na qual $G_c(s)$ é a função de transferência do compensador e $G(s)$ é a função de transferência em malha aberta do sistema definida por:*

$$G(s) = \frac{80}{s(0,02s+1)(0.05s+1)}$$

Deseja-se projetar um compensador, de modo que a margem de fase seja pelo menos 28° e a margem de ganho seja pelo menos 10 dB.

***Solução* 4.3.** *As especificações de projeto são:*

- *Margem de fase de pelo menos 28°.*
- *Margem de ganho de pelo menos 10 dB.*

O projeto e a simulação deste Exemplo são realizados utilizando o Python.

O comportamento do sistema sem compensação nem ganho ajustado é mostrado na Figura 4.17a, na qual é ilustrado o diagrama de Bode e observa-se que MF=$-3,41^\circ$, $\omega_{cg} = 33,78$ rad/s, MG= $-1,16$ dB e $\omega_{cf} = 31,62$ rad/s. Na Figura 4.17b, observa-se a resposta a um degrau unitário e verifica-se que o sistema é instável.

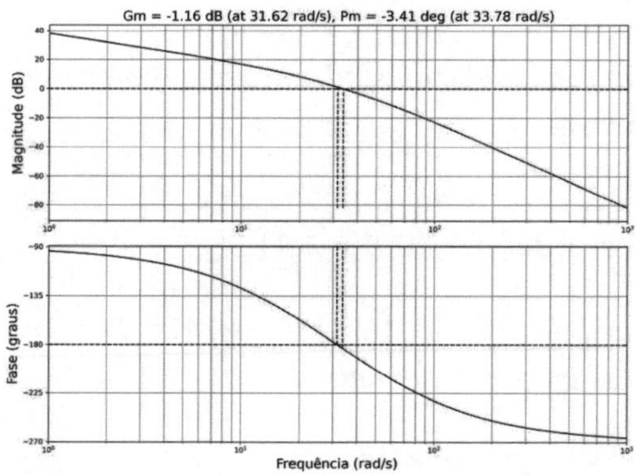

(a) Diagrama de Bode do sistema sem ganho ajustado nem compensado.

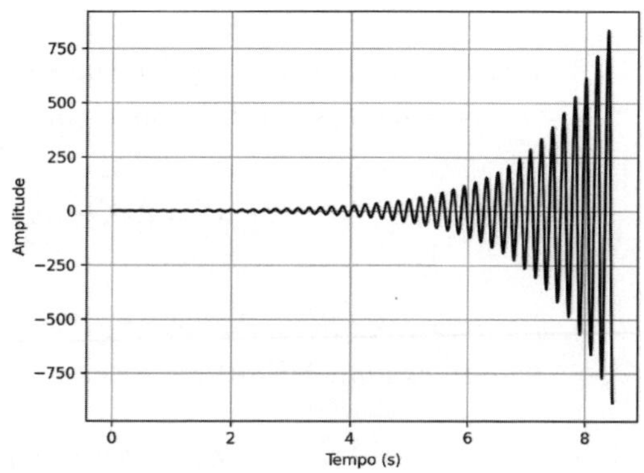

(b) Resposta ao degrau unitário do sistema sem ganho ajustado nem compensado.

Figura 4.17: Diagrama de Bode e resposta ao degrau do sistema sem ganho ajustado nem compensado.

Procedimento de projeto:

1. *A função de transferência do compensador é:*

$$G_c(s) = K_c\alpha\frac{Ts+1}{\alpha Ts+1} = K_1\frac{Ts+1}{\alpha Ts+1}$$

Na qual $K_1 = K_c\alpha$.

2. *A função de transferência em malha aberta do sistema compensador é:*

$$G_c(s)G(s)$$

O exemplo não dá nenhuma informação sobre o estado em regime permanente. Podemos determinar a constante de erro estático de velocidade como segue:

$$\begin{aligned} K_v &= \lim_{s\to 0} sG_c(s)G(s) \\ &= \lim_{s\to 0} s\left(K_1\frac{Ts+1}{\alpha Ts+1}\right)\left(\frac{80}{s(0,02s+1)(0,05s+1)}\right) \\ &= 80 \end{aligned}$$

O erro de regime estacionário para o sistema compensado é calculado a seguir:

$$e(\infty) = e_{ss} = \lim_{s\to 0}\left(\frac{1}{sG_c(s)G(s)}\right) = \frac{1}{K_v} = 0,0125$$

3. *Traçamos o diagrama de Bode do sistema com ganho ajustado mas não compensado* $G_1(s) = K_1G(s)$*; neste caso, o ganho é* $K_1 = 1$*:*

$$G_1(s) = K_1G(j\omega) = \frac{80}{s(0,02s+1)(0,05s+1)}$$

4. *Do diagrama de Bode podemos observar que MG=*$-1,16$ *e MF=*$-3,41°$*. Para que tenhamos uma MF de* $28°$*, é necessário adicionar um avanço de:*

$$\begin{aligned} \phi_m &= MF_{desejada} - MF_{atual} + \textit{Tolerância} \\ &= 28° - (-3,4°) + 30° = 61,4° \end{aligned}$$

No qual a Tolerância é escolhida arbitrariamente como $30°$*. Devemos calcular o respectivo fator de atenuação* α *para o dito avanço de fase* ϕ_m*:*

$$\alpha = \frac{1-\text{sen}\,(\phi_m)}{1+\text{sen}\,(\phi_m)} = \frac{1-\text{sen}\,(61,4°)}{1+\text{sen}\,(61,4°)} = 0,06497$$

Assim, deve-se buscar o valor da frequência na qual o valor do módulo é:

$$-20\log\left(\frac{1}{\sqrt{\alpha}}\right) = -11,8727\ dB$$

5. *Da Tabela 4.3, a frequência na qual se tem um módulo de* $-11,8727$ *dB é* $\omega_m \approx 61,4$ *rad/s. Assim:*

$$\omega_m = \frac{1}{\sqrt{\alpha}T}$$

Daqui:

$$T = 0,06389$$

Então, a função de transferência do compensador é:

$$K_1G_c(s) = \frac{1+0,06389s}{1+0,004151s}$$

Na Figura 4.18a, observamos o diagrama de Bode do sistema compensado em malha aberta, na qual MG = $9,99$ *dB,* $\omega_{cf} = 115,24$ *rad/s, MF =* $28,61°$ *e* $\omega_{cg} = 61,39$ *rad/s. Na Figura 4.18b, observamos que* $M_p = 42,30\%$ *e* $t_s = 0,24$ *s. Na Figura 4.19b, observamos que o erro de regime estacionário está próximo de zero.*

Comparando o sistema original sem nenhuma compensação e o sistema compensado, observamos que o sistema original é instável, pois MF= $-3,41°$ *e MG=* $-1,16$ *dB. O sistema compensador por avanço de fase tem um tempo de assentamento de* $0,24$ *s, ou seja, o sistema estabiliza muito rapidamente. A margem de fase do sistema teve uma grande mudança de* $-3,41°$ *para* $28,61°$ *e a frequência de cruzamento de ganho aumentou consideravelmente de* $33,78$ *rad/s para* $61,39$ *rad/s, ou seja, o sistema estabiliza mais rapidamente. O erro em regime estacionário a uma entrada rampa permanece no mesmo valor, visto que nenhum ganho para estado em regime permanente foi solicitado.*

Os polos da função de transferência em malha fechada são $-16,24184826 \pm 67,51214541j$, $-263,21411584$ *e* $-15,1839841$, *e o zero da função de transferência em malha fechada é* $-15,65066375$.

Na Figura 4.19a, é possível observar que, no sistema sem compensação, o pico de ressonância é $M_r^s = 25,38$ *dB, a frequência de ressonância é* $\omega_r^s = 33,40$ *rad/s e a largura de banda é* $BW^s = 49,14$ *rad/s, enquanto no sistema compensado, o pico de ressonância é* $M_r^c = 6,33$ *dB, a frequência de ressonância é* $\omega_r^c = 65,27$ *rad/s e a largura de banda é* $BW^c = 100,35$ *rad/s. Percebe-se um aumento na banda passante do sistema (Figura 4.19a).*

Tabela 4.3: Resposta em frequência para o Exemplo 4.3.

ω [rad/s]	Amplitude	Amplitude [dB]	Fase [°]
33.16	1.0384	0.3273	-182.4566
33.17	1.0378	0.3219	-182.4722
33.18	1.0371	0.3166	-182.4878
33.19	1.0365	0.3113	-182.5034
33.20	1.0358	0.3059	-182.5190
33.21	1.0352	0.3006	-182.5346
33.22	1.0346	0.2952	-182.5501
33.23	1.0339	0.2899	-182.5657
33.74	1.0022	0.0192	-183.3534
33.75	1.0016	0.0139	-183.3687
33.76	1.0010	0.0086	-183.3840
33.77	1.0003	0.0033	-183.3993
33.78	0.9998	-0.0020	-183.4146
37.68	0.7949	-1.9932	-189.0430
37.69	0.7945	-1.9982	-189.0566
37.70	0.7940	-2.0031	-189.0702
37.71	0.7936	-2.0080	-189.0838
37.72	0.7931	-2.0130	-189.0974
37.78	0.7904	-2.0426	-189.1788
37.79	0.7900	-2.0475	-189.1924
37.80	0.7895	-2.0524	-189.2059
37.81	0.7891	-2.0574	-189.2195
37.82	0.7887	-2.0623	-189.2330
60.74	0.2618	-11.6407	-212.3142
60.75	0.2617	-11.6443	-212.3216
60.76	0.2616	-11.6478	-212.3290
60.77	0.2615	-11.6514	-212.3364
60.78	0.2614	-11.6550	-212.3439
60.79	0.2613	-11.6585	-212.3513
60.80	0.2612	-11.6621	-212.3587
60.81	0.2610	-11.6657	-212.3661
60.82	0.2609	-11.6693	-212.3736
60.83	0.2608	-11.6728	-212.3810
60.84	0.2607	-11.6764	-212.3884
61.00	0.2590	-11.7334	-212.5068
61.04	0.2586	-11.7477	-212.5363
61.08	0.2582	-11.7619	-212.5658
61.12	0.2577	-11.7761	-212.5953
61.16	0.2573	-11.7904	-212.6247
61.20	0.2569	-11.8046	-212.6541
61.24	0.2565	-11.8188	-212.6835
61.28	0.2561	-11.8330	-212.7129
61.32	0.2556	-11.8472	-212.7422
61.36	0.2552	-11.8614	-212.7715
61.40	0.2548	-11.8755	-212.8008
61.44	0.2544	-11.8897	-212.8301
61.48	0.2540	-11.9039	-212.8593
61.52	0.2536	-11.9180	-212.8885
61.56	0.2532	-11.9322	-212.9177
61.60	0.2527	-11.9463	-212.9468
61.64	0.2523	-11.9605	-212.9759
61.68	0.2519	-11.9746	-213.0050
61.72	0.2515	-11.9887	-213.0341
61.76	0.2511	-12.0028	-213.0631
61.80	0.2507	-12.0170	-213.0922
65.25	0.2185	-13.2093	-215.4966
65.26	0.2185	-13.2127	-215.5033
65.27	0.2184	-13.2161	-215.5100
65.28	0.2183	-13.2195	-215.5167
65.29	0.2182	-13.2228	-215.5234
65.30	0.2181	-13.2262	-215.5301
65.31	0.2180	-13.2296	-215.5368
65.32	0.2179	-13.2330	-215.5435
65.33	0.2179	-13.2364	-215.5502
65.34	0.2178	-13.2398	-215.5569
65.35	0.2177	-13.2431	-215.5636

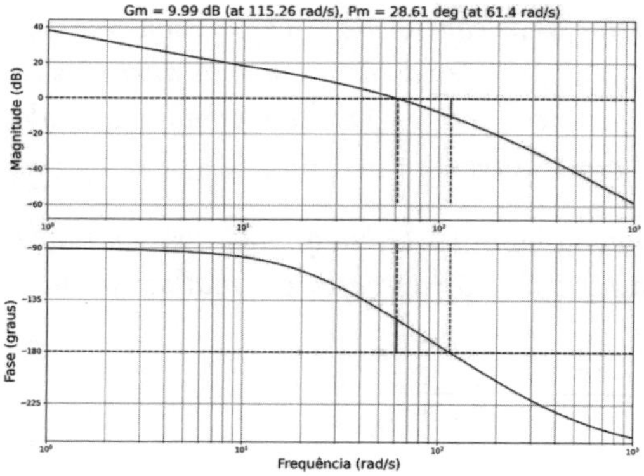

(a) Diagrama de Bode do sistema compensado.

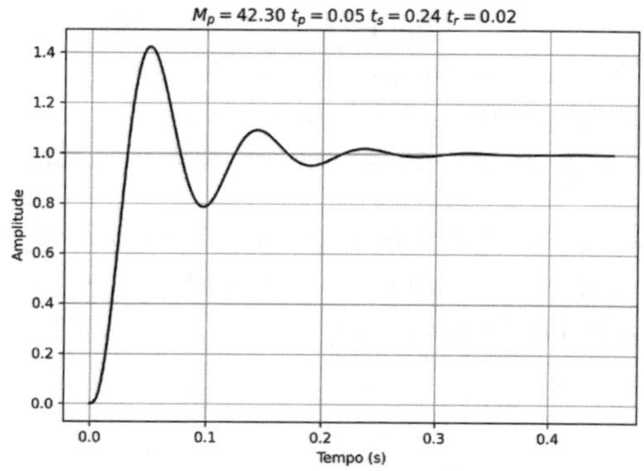

(b) Resposta ao degrau unitário do sistema compensado.

Figura 4.18: Diagrama de Bode e resposta ao degrau do sistema compensado.

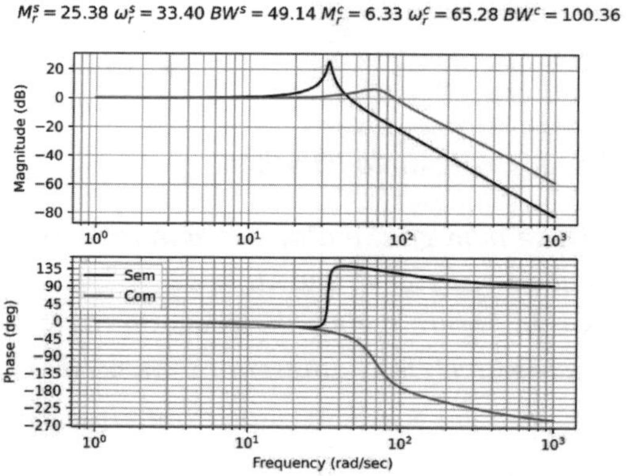

(a) Diagramas de Bode em malha fechada.

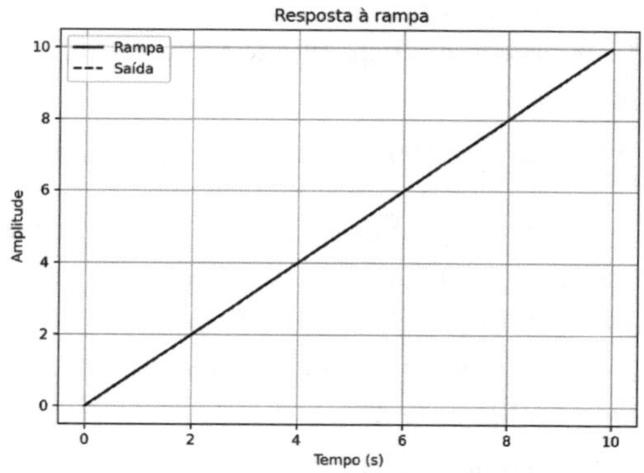

(b) Resposta à rampa do sistema compensado.

Figura 4.19: Diagramas de Bode em malha fechada e resposta à rampa unitária do sistema compensado.

Embora o projeto do compensador tenha satisfeito os requisitos solicitados, a saída do sistema apresenta máximo sobressinal de $42,30\%$. *O sistema sem compensação é instável e o sistema com a compensação por avanço tem um comportamento estável e um tempo de assentamento de* $0,24$ *s.*

O código em Python para o Exemplo 4.3 é mostrado na Listagem. O código quando executado mostra as simulações do sistema sujeito a uma entrada onda quadrada e uma onda triangular, bem como os respectivos esforços de controle: o esforço de controle para onda quadrada apresenta instantes de baixa magnitude, devido às mudanças abruptas em um pequeno instante de tempo na onda, enquanto o esforço de controle na onda triangular é de pequena magnitude, devido às mudanças mais suaves.

Exemplo 4.4. *Consideremos o sistema mostrado na Figura 4.11, na qual $G_c(s)$ é a função de transferência do compensador e $G(s)$ é a função de transferência em malha aberta do sistema definida por:*

$$G(s) = \frac{100}{s(0,02s+1)(0,005s+1)}$$

Deseja-se projetar um compensador, de modo que a margem de fase seja pelo menos 47° e a margem de ganho seja pelo menos 10 dB.

Solução 4.4. *As especificações de projeto são:*

- *Margem de fase de pelo menos 47°.*
- *Margem de ganho de pelo menos 10 dB.*

O projeto e a simulação deste Exemplo são realizados utilizando o Python.

O comportamento do sistema sem compensação nem ganho ajustado é mostrado na Figura 4.20a, na qual é ilustrado o diagrama de Bode e observa-se que MF = $22,54^\circ$, $\omega_{cg} = 60,78$ rad/s, MG= $7,96$ dB e $\omega_{cf} = 100$ rad/s. Na Figura 4.20b, observa-se a resposta a um degrau unitário e verifica-se que o sistema é estável, mas apresenta uma oscilação amortecida com $M_p = 52,87\%$, $t_p = 0,05$ s e $t_s = 0,30$ s, pois a margem de fase e de ganho são pequenas.

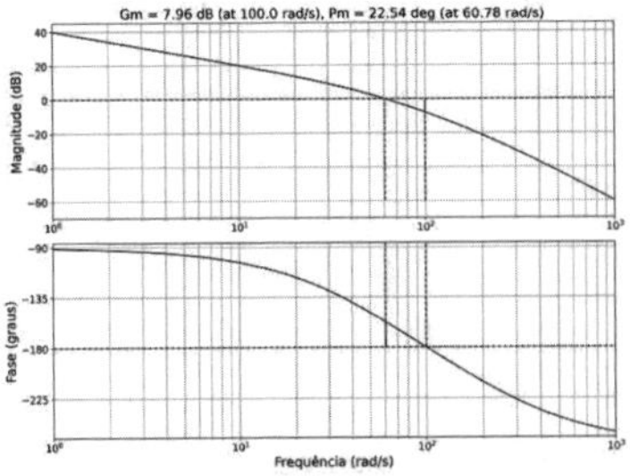

(a) Diagrama de Bode do sistema sem ganho ajustado nem compensado.

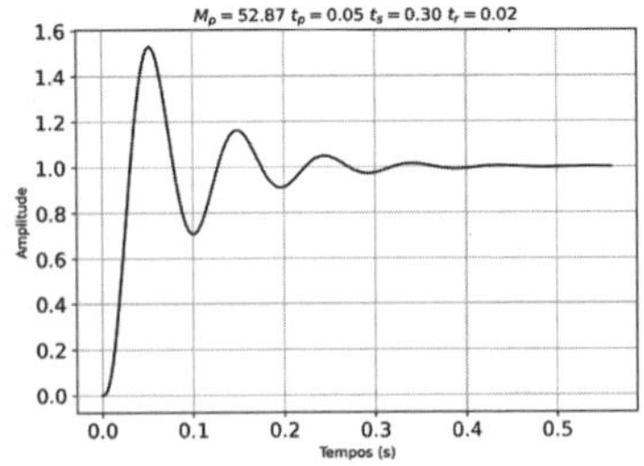

(b) Resposta ao degrau unitário do sistema sem ganho ajustado nem compensado.

Figura 4.20: Diagrama de Bode e resposta ao degrau do sistema sem ganho ajustado nem compensado.

Procedimento de projeto:

1. *A função de transferência do compensador é:*

$$G_c(s) = K_c\alpha\frac{Ts+1}{\alpha Ts+1} = K_1\frac{Ts+1}{\alpha Ts+1}$$

Na qual $K_1 = K_c\alpha$.

2. *A função de transferência em malha aberta do sistema compensador é:*

$$G_c(s)G(s)$$

O exemplo não dá nenhuma informação sobre o estado em regime permanente. Podemos determinar a constante de erro estático de velocidade como segue:

$$\begin{aligned}K_v &= \lim_{s\to 0} sG_c(s)G(s)\\ &= \lim_{s\to 0} s\left(K_1\frac{Ts+1}{\alpha Ts+1}\right)\left(\frac{100}{s(0,02s+1)(0,005s+1)}\right)\\ &= 100\end{aligned}$$

O erro de regime estacionário para o sistema compensado é calculado a seguir:

$$e(\infty) = e_{ss} = \lim_{s\to 0}\left(\frac{1}{sG_c(s)G(s)}\right) = \frac{1}{K_v} = 0,01$$

3. *Traçamos o diagrama de Bode do sistema com ganho ajustado mas não compensado* $G_1(s) = K_1G(s)$. *Neste caso, o ganho é* $K_1 = 1$*:*

$$G_1(s) = K_1G(j\omega) = \frac{100}{s(0,02s+1)(0,005s+1)}$$

4. *Do diagrama de Bode, podemos observar que MG =* $7,96$ *dB e MF =* $22,54°$. *Para que tenhamos uma MF de* $47°$, *é necessário adicionar um avanço de:*

$$\begin{aligned}\phi_m &= MF_{desejada} - MF_{atual} + Tolerância\\ &= 47° - (22,54°) + 24° \qquad = 48,46°\end{aligned}$$

No qual a Tolerância é escolhida arbitrariamente como $24°$. *Devemos calcular o respectivo fator de atenuação* α *para o dito avanço de fase* ϕ_m*:*

$$\alpha = \frac{1-\text{sen}\,(\phi_m)}{1+\text{sen}\,(\phi_m)} = \frac{1-\text{sen}\,(48,46°)}{1+\text{sen}\,(48,46°)} = 0,143842$$

Assim, deve-se buscar o valor da frequência na qual o valor do módulo é:

$$-20\log\left(\frac{1}{\sqrt{\alpha}}\right) = -8,4211\ dB$$

Tabela 4.4: Resposta em frequência para o Exemplo 4.4.

ω [rad/s]	Amplitude	Amplitude [dB]	Fase [°]
33.15	2.4804	7.8903	-132.9556
33.16	2.4794	7.8868	-132.9663
33.17	2.4784	7.8833	-132.9771
33.18	2.4774	7.8798	-132.9878
33.19	2.4764	7.8763	-132.9986
33.20	2.4754	7.8729	-133.0093
33.21	2.4744	7.8694	-133.0201
33.22	2.4734	7.8659	-133.0308
33.23	2.4724	7.8624	-133.0415
33.24	2.4714	7.8589	-133.0523
60.74	1.0012	0.0103	-157.4330
60.75	1.0009	0.0079	-157.4402
60.76	1.0006	0.0055	-157.4475
60.77	1.0004	0.0031	-157.4547
60.78	1.0001	0.0007	-157.4620
60.79	0.9998	-0.0017	-157.4692
60.80	0.9995	-0.0041	-157.4765
60.81	0.9993	-0.0065	-157.4837
60.82	0.9990	-0.0089	-157.4910
65.26	0.8860	-1.0517	-160.6134
65.27	0.8857	-1.0540	-160.6202
65.28	0.8855	-1.0563	-160.6270
65.29	0.8853	-1.0586	-160.6339
65.30	0.8850	-1.0609	-160.6407
65.31	0.8848	-1.0632	-160.6475
65.32	0.8846	-1.0655	-160.6543
65.33	0.8843	-1.0678	-160.6612
65.34	0.8841	-1.0701	-160.6680
100.50	0.3960	-8.0455	-180.2286
100.55	0.3956	-8.0542	-180.2514
100.60	0.3952	-8.0628	-180.2742
100.65	0.3948	-8.0715	-180.2970
100.70	0.3945	-8.0801	-180.3197
100.75	0.3941	-8.0888	-180.3425
100.80	0.3937	-8.0974	-180.3652
100.85	0.3933	-8.1060	-180.3880
100.90	0.3929	-8.1147	-180.4107
100.95	0.3925	-8.1233	-180.4334
101.00	0.3921	-8.1319	-180.4561
101.05	0.3917	-8.1406	-180.4788
101.10	0.3913	-8.1492	-180.5014
101.15	0.3909	-8.1578	-180.5241
101.20	0.3906	-8.1664	-180.5468
101.25	0.3902	-8.1750	-180.5694
101.30	0.3898	-8.1836	-180.5920
101.35	0.3894	-8.1923	-180.6146
101.40	0.3890	-8.2009	-180.6373
101.45	0.3886	-8.2095	-180.6599
101.50	0.3882	-8.2181	-180.6824
101.55	0.3879	-8.2267	-180.7050
101.60	0.3875	-8.2352	-180.7276
101.65	0.3871	-8.2438	-180.7501
101.70	0.3867	-8.2524	-180.7727
101.75	0.3863	-8.2610	-180.7952
101.80	0.3859	-8.2696	-180.8177
101.85	0.3856	-8.2782	-180.8402
101.90	0.3852	-8.2868	-180.8627
101.95	0.3848	-8.2953	-180.8852
102.00	0.3844	-8.3039	-180.9077
102.10	0.3837	-8.3210	-180.9526
102.20	0.3829	-8.3382	-180.9975
102.30	0.3822	-8.3553	-181.0423
102.40	0.3814	-8.3724	-181.0871
102.50	0.3807	-8.3894	-181.1318
102.60	0.3799	-8.4065	-181.1765
102.70	0.3792	-8.4236	-181.2211
102.80	0.3784	-8.4406	-181.2657
102.90	0.3777	-8.4577	-181.3103
103.00	0.3769	-8.4747	-181.3548
103.10	0.3762	-8.4917	-181.3993
103.20	0.3755	-8.5087	-181.4437

5. *Da Tabela 4.4, a frequência na qual se tem um módulo* $-8,4211$ *é* $\omega_m \approx 101,52$ *rad/s. Assim:*

$$\omega_m = \frac{1}{\sqrt{\alpha}T}$$

Daqui:

$$T = 0,02597.$$

Então, a função de transferência do compensador é:

$$K_1 G_c(s) = \frac{1 + 0,02597s}{1 + 0,003736s}$$

Na Figura 4.21a, observamos o diagrama de Bode do sistema compensado em malha aberta, na qual MG = $12,14$ *dB,* $\omega_{cf} = 243,31$ *rad/s, MF =* $47,25°$ *e* $\omega_{cg} = 102,69$ *rad/s. Na Figura 4.21b, observamos que* $M_p = 18,88\%$, $t_p = 0,03$ *s e* $t_s = 0,06$ *s. Na Figura 4.22b, observamos que o erro de regime estacionário está próximo de zero.*

Comparando o sistema original sem nenhuma compensação e o sistema compensado, observamos que o sistema original é estável mas oscilatório, pois MF= $22,54°$ *e MG=* $7,96$ *dB. O sistema compensador por avanço de fase tem um tempo de assentamento de* $0,06$ *s, ou seja, o sistema estabiliza muito rapidamente. A margem de fase do sistema teve uma grande mudança de* $22,54°$ *para* $47,25°$ *e a frequência de cruzamento de ganho aumentou consideravelmente de* $60,78$ *rad/s para* $102,69$ *rad/s, ou seja,o sistema estabiliza mais rapidamente. O erro em regime estacionário a uma entrada rampa permanece no mesmo valor, visto que nenhum ganho para estado em regime permanente foi solicitado.*

Os polos da função de transferência em malha fechada são $-52,87191456 \pm 130,88558066j$, $-376,22661859$ e $-35,70495367$, *e o zero da função de transferência em malha fechada é* $-38,50301652$.

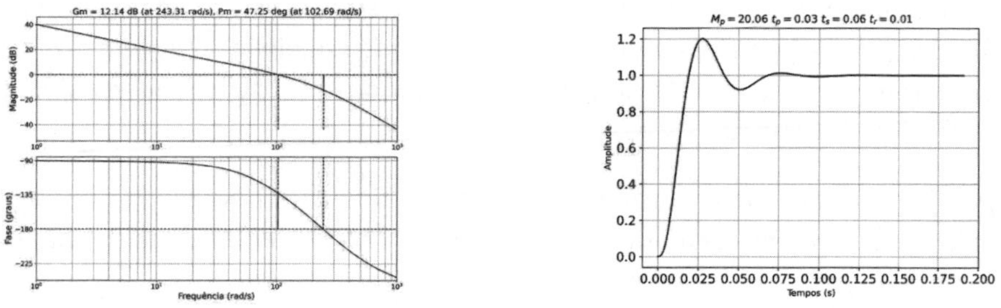

(a) Diagrama de Bode do sistema compensado.

(b) Resposta ao degrau unitário do sistema compensado.

Figura 4.21: Diagrama de Bode e resposta ao degrau do sistema compensado.

Na Figura 4.22a, é possível observar que, no sistema sem compensação, o pico de ressonância é $M_r^s = 8,44$ *dB, a frequência de ressonância é* $\omega_r^s = 64,11$ *rad/s e a largura de banda é* $BW^s = 98,22$ *rad/s, enquanto no sistema compensado, o pico de ressonância é* $M_r^c = 2,16$ *dB, a frequência de ressonância é* $\omega_r^c = 116,74$ *rad/s e a largura de banda é* $BW^c = 182,72$ *rad/s. Percebe-se um aumento na banda passante do sistema (Figura 4.22a).*

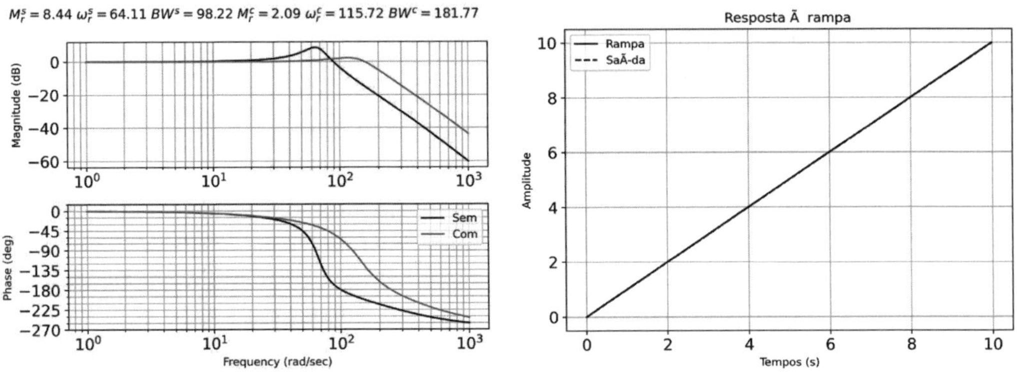

(a) Diagramas de Bode em malha fechada. **(b)** Resposta à rampa do sistema compensado.

Figura 4.22: Diagramas de Bode em malha fechada e resposta à rampa unitária do sistema compensado.

O código em Python para o Exemplo 4.4 é mostrado na Listagem . O código quando executado mostra as simulações do sistema sujeito a uma entrada onda quadrada e uma onda triangular, bem como os respectivos esforços de controle: o esforço de controle para onda quadrada apresenta instantes de baixa magnitude, devido às mudanças abruptas em um pequeno instante de tempo na onda, enquanto o esforço de controle para onda triangular é de pequena magnitude, devido às mudanças mais suaves. Na resposta a uma entrada de onda triangular, é possível observar o erro de estado estacionário de aproximadamente $0,04$*, enquanto o erro de estado estacionário calculado é de* $0,01$*, uma vez que esse erro somente é atingido quando* $t \longrightarrow \infty$.

***Exemplo* 4.5.** *Consideremos o sistema mostrado na Figura 4.11, na qual* $G_c(s)$ *é a função de transferência do compensador e* $G(s)$ *é a função de transferência em malha aberta do sistema definida por:*

$$G(s) = \frac{2 \times 10^7}{s(s+10)(s+2000)}$$

Deseja-se projetar um compensador, de modo que a margem de fase seja pelo menos $50°$ *e a margem de ganho seja pelo menos* 10 *dB.*

Solução 4.5. *As especificações de projeto são:*

- *Margem de fase de pelo menos* $50°$*.*
- *Margem de ganho de pelo menos* 10 *dB.*

O projeto e a simulação deste Exemplo são realizados utilizando o Python.

O comportamento do sistema sem compensação nem ganho ajustado é mostrado na Figura 4.23a, na qual é ilustrado o diagrama de Bode e observa-se que MF = $2,87°$*,* $\omega_{cg} = 99,69$ *rad/s, MG=* $6,06$ *dB e* $\omega_{cf} = 141,42$ *rad/s. Na Figura 4.23b, observa-se a resposta a um degrau unitário e verifica-se que o sistema é estável, mas muito oscilatório, com* $M_p = 92,31\%$ *e* $t_s = 1,55$ *s.*

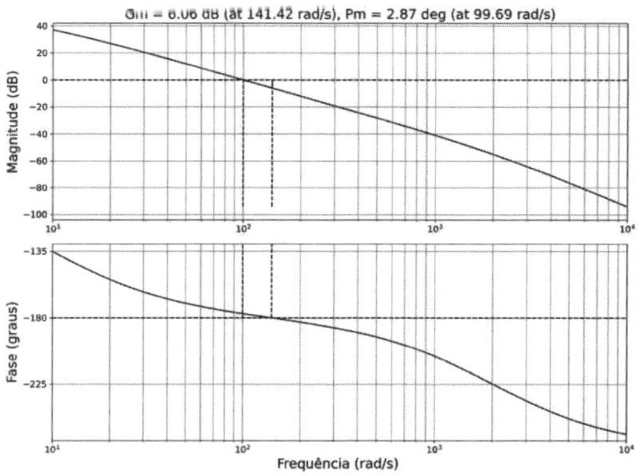

(a) Diagrama de Bode do sistema sem ganho ajustado nem compensado.

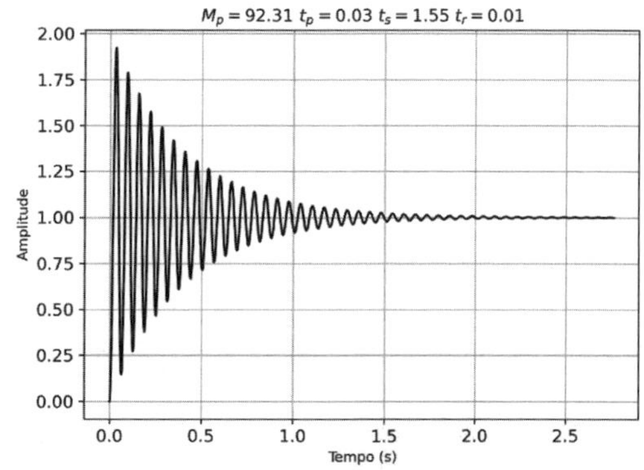

(b) Resposta ao degrau unitário do sistema sem ganho ajustado nem compensado.

Figura 4.23: Diagrama de Bode e resposta ao degrau do sistema sem ganho ajustado nem compensado.

Procedimento de projeto:

1. *A função de transferência do compensador é:*

$$G_c(s) = K_c\alpha\frac{Ts+1}{\alpha Ts+1} = K_1\frac{Ts+1}{\alpha Ts+1}$$

   Na qual $K_1 = K_c\alpha$*.*

2. *A função de transferência em malha aberta do sistema compensador é:*

$$G_c(s)G(s)$$

O exemplo não dá nenhuma informação sobre o estado em regime permanente. Podemos determinar a constante de erro estático de velocidade como segue:

$$\begin{aligned} K_v &= \lim_{s \to 0} sG_c(s)G(s) \\ &= \lim_{s \to 0} s\left(K_1 \frac{Ts+1}{\alpha Ts+1}\right)\left(\frac{2 \times 10^7}{s(s+10)(s+2000)}\right) \\ &= 1000 \end{aligned}$$

O erro de regime estacionário para o sistema compensado é calculado a seguir:

$$e(\infty) = e_{ss} = \lim_{s \to 0}\left(\frac{1}{sG_c(s)G(s)}\right) = \frac{1}{K_v} = 0,001$$

3. *Traçamos o diagrama de Bode do sistema com ganho ajustado mas não compensado $G_1(s) = K_1G(s)$. Neste caso, o ganho é $K_1 = 1$:*

$$G_1(s) = K_1G(j\omega) = \frac{1000}{s(0,1s+1)(0,0005s+1)}$$

4. *Do diagrama de Bode, podemos observar que MG = $6,06$ dB e MF = $2,87°$. Para que tenhamos uma MF de $50°$, é necessário adicionar um avanço de:*

$$\begin{aligned} \phi_m &= MF_{desejada} - MF_{atual} + \text{Tolerância} \\ &= 50° - (3°) + 8° \qquad = 55° \end{aligned}$$

No qual a Tolerância é escolhida arbitrariamente como $8°$. Devemos calcular o respectivo fator de atenuação α para o dito avanço de fase ϕ_m:

$$\alpha = \frac{1 - \text{sen}(\phi_m)}{1 + \text{sen}(\phi_m)} = \frac{1 - \text{sen}(55°)}{1 + \text{sen}(55°)} = 0,09941$$

Assim, deve-se buscar o valor da frequência na qual o valor do módulo é:

$$-20\log\left(\frac{1}{\sqrt{\alpha}}\right) = -10,0256\ dB$$

5. *Da Tabela 4.5, a frequência na qual se tem um módulo de $-10,0256$ dB é $\omega_m \approx 177,08$ rad/s. Assim:*

$$\omega_m = \frac{1}{\sqrt{\alpha}T}$$

Daqui:

$$T = 0,01791.$$

Então, a função de transferência do compensador é:

$$K_1G_c(s) = \frac{1 + 0,01791s}{1 + 0,001781s}$$

Na Figura 4.24a, observamos o diagrama de Bode do sistema compensado em malha aberta, na qual MG = $22,13$ *dB,* $\omega_{cf} = 1005,3$ *rad/s, MF=*$53,23°$ *e* $\omega_{cg} = 178,54$ *rad/s. Na Figura 4.24b, observamos que obtivemos* $M_p = 21,45\%$ *e* $t_s = 0,046$ *s.*

Comparando o sistema original sem nenhuma compensação e o sistema compensado, observamos que o sistema original é estável mas oscilatório, pois MF= $2,87°$ *e MG=* $6,06$ *dB. O sistema compensador por avanço de fase tem um tempo de assentamento de* $0,046$ *s, ou seja, o sistema estabiliza muito rapidamente. A margem de fase do sistema teve uma grande mudança de* $2,87°$ *para* $53,23°$*, a frequência de cruzamento de ganho aumentou consideravelmente de* $99,69$ *rad/s para* $178,54$ *rad/s, ou seja, o sistema estabiliza mais rapidamente. O erro em regime estacionário a uma entrada rampa permanece no mesmo valor, visto que nenhum ganho para o estado em regime permanente foi solicitado.*

Os polos da função de transferência em malha fechada são $-211,92145214 \pm 140,21877877j$, $-2063,46815624$ *e* $-84,29908911$, *e o zero da função de transferência em malha fechada é* -55.83153304.

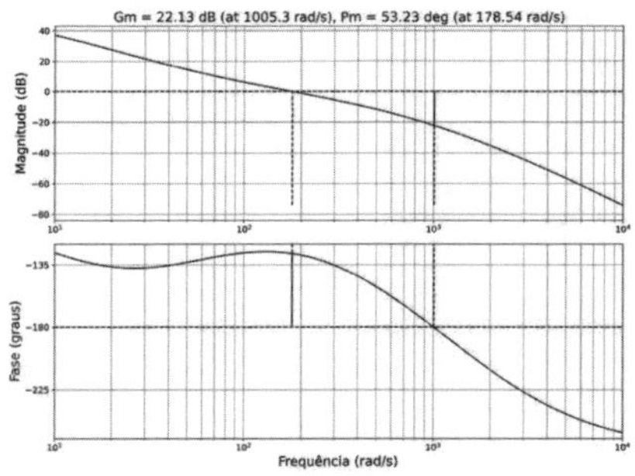

(a) Diagrama de Bode do sistema compensado.

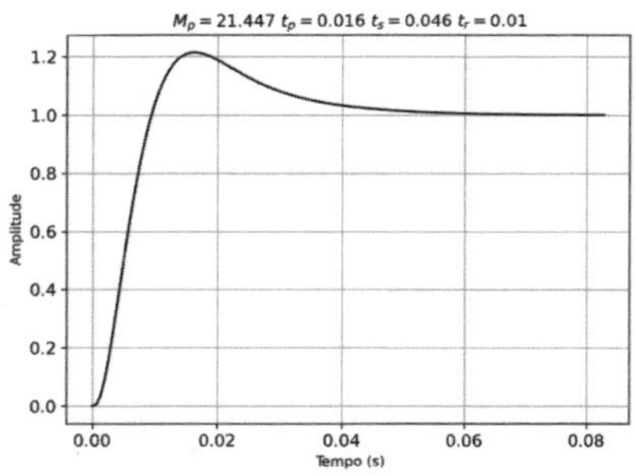

(b) Resposta ao degrau unitário do sistema compensado.

Figura 4.24: Diagrama de Bode e resposta ao degrau do sistema compensado.

Na Figura 4.25a, é possível observar que, no sistema sem compensação, o pico de ressonância é $M_r^s = 26,00$ *dB, a frequência de ressonância é* $\omega_r^s = 99,81$ *rad/s e a largura de banda é* $BW^s = 154,92$ *rad/s, enquanto no sistema compensado, o pico de ressonância é* $M_r^c = 1,83$ *dB, a frequência de ressonância é* $\omega_r^c = 105,80$ *rad/s e a largura de banda é* $BW^c = 307,09$ *rad/s. Percebe-se um aumento na banda passante do sistema (Figura 4.25a).*

Tabela 4.5: Resposta em frequência para o Exemplo 4.5.

ω [rad/s]	Amplitude	Amplitude [dB]	Fase [°]
99.50	1.0038	0.0327	-177.1090
99.51	1.0036	0.0310	-177.1099
99.52	1.0034	0.0292	-177.1107
99.53	1.0032	0.0275	-177.1116
99.54	1.0030	0.0257	-177.1125
99.55	1.0028	0.0240	-177.1133
99.56	1.0026	0.0223	-177.1142
99.57	1.0024	0.0205	-177.1150
99.58	1.0022	0.0188	-177.1159
99.59	1.0020	0.0170	-177.1167
99.60	1.0018	0.0153	-177.1176
99.61	1.0016	0.0136	-177.1185
99.62	1.0014	0.0118	-177.1193
99.63	1.0012	0.0101	-177.1202
99.64	1.0010	0.0084	-177.1210
99.65	1.0008	0.0066	-177.1219
99.66	1.0006	0.0049	-177.1227
99.67	1.0004	0.0032	-177.1236
99.68	1.0002	0.0014	-177.1245
99.69	1.0000	-0.0003	-177.1253
99.70	0.9998	-0.0021	-177.1262
99.71	0.9996	-0.0038	-177.1270
99.72	0.9994	-0.0055	-177.1279
99.73	0.9992	-0.0073	-177.1287
99.74	0.9990	-0.0090	-177.1296
123.42	0.6531	-3.7003	-178.8990
123.43	0.6530	-3.7018	-178.8997
123.44	0.6529	-3.7032	-178.9003
123.45	0.6528	-3.7046	-178.9010
123.46	0.6527	-3.7060	-178.9017
123.47	0.6526	-3.7074	-178.9023
123.48	0.6525	-3.7088	-178.9030
123.49	0.6524	-3.7102	-178.9036
123.50	0.6523	-3.7116	-178.9043
125.36	0.6331	-3.9709	-179.0258
125.37	0.6330	-3.9723	-179.0264
125.38	0.6329	-3.9737	-179.0271
125.39	0.6328	-3.9751	-179.0277
125.40	0.6327	-3.9765	-179.0284
125.41	0.6326	-3.9779	-179.0290
125.42	0.6325	-3.9792	-179.0297
125.43	0.6324	-3.9806	-179.0303
125.44	0.6323	-3.9820	-179.0309
177.04	0.3173	-9.9706	-181.8258
177.05	0.3173	-9.9716	-181.8262
177.06	0.3172	-9.9726	-181.8267
177.07	0.3172	-9.9735	-181.8272
177.08	0.3172	-9.9745	-181.8276
177.09	0.3171	-9.9755	-181.8281
177.10	0.3171	-9.9765	-181.8286
177.11	0.3170	-9.9775	-181.8290
177.12	0.3170	-9.9785	-181.8295
177.56	0.3154	-10.0217	-181.8500
177.57	0.3154	-10.0226	-181.8504
177.58	0.3154	-10.0236	-181.8509
177.59	0.3153	-10.0246	-181.8514
177.60	0.3153	-10.0256	-181.8518
177.61	0.3153	-10.0266	-181.8523
177.62	0.3152	-10.0275	-181.8528
177.63	0.3152	-10.0285	-181.8532
177.64	0.3152	-10.0295	-181.8537

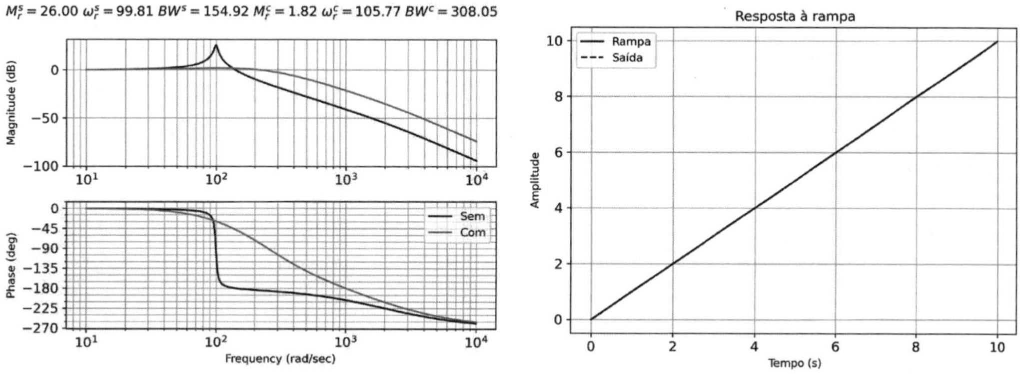

(a) Diagramas de Bode em malha fechada.

(b) Resposta à rampa do sistema compensado.

Figura 4.25: Diagramas de Bode em malha fechada e resposta à rampa unitária do sistema compensado.

O código em Python para o Exemplo 4.5 é mostrado na Listagem . O código, quando executado, mostra as simulações do sistema sujeito a uma entrada onda quadrada e uma onda triangular, bem como os respectivos esforços de controle: o esforço de controle para onda quadrada apresenta instantes de baixa magnitude, devido às mudanças abruptas em um pequeno instante de tempo na onda quadrada, enquanto o esforço de controle para a onda triangular é de pequena magnitude, devido às mudanças mais suaves.

***Exemplo* 4.6.** *Consideremos o sistema mostrado na Figura 4.11, na qual $G_c(s)$ é a função de transferência do compensador e $G(s)$ é a função de transferência em malha aberta do sistema definida por:*

$$G(s) = \frac{100K}{s(s+36)(s+100)}$$

Deseja-se projetar um compensador, de modo que a constante de erro estático de velocidade K_v seja $40\ s^{-1}$, o máximo sobressinal M_p seja 20% e o tempo de pico seja $0,1$ s.

***Solução* 4.6.** *As especificações de projeto são:*

- $K_v = 40\ s^{-1}$, *ou erro estacionário para entrada rampa unitária inferior a* $0,025$ *s.*
- $M_p = 20\%$.
- $t_p = 0,1$ *s.*

O projeto e a simulação deste Exemplo são realizados utilizando o Python.

O comportamento do sistema sem compensação nem ganho ajustado é mostrado na Figura 4.26a, na qual é ilustrado o diagrama de Bode e observa-se que MF = $89,94°$, $\omega_{cg} =$ $0,03$ *rad/s, MG =* $73,8$ *dB e* $\omega_{cf} = 60$ *rad/s. Na Figura 4.26b, observa-se a resposta a um degrau unitário, na qual* $M_p = 0,0\%$ *e* $t_s = 140,76$ *s. E, na Figura 4.27, observa-se a resposta a uma entrada rampa unitária, na qual mostra-se que o erro de regime estacionário é* 36*. Nessas simulações, considerou-se* $K = 1$*.*

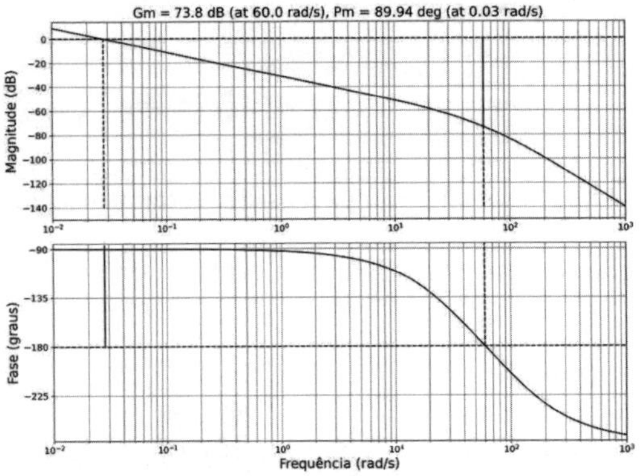

(a) Diagrama de Bode do sistema sem ganho ajustado nem compensado.

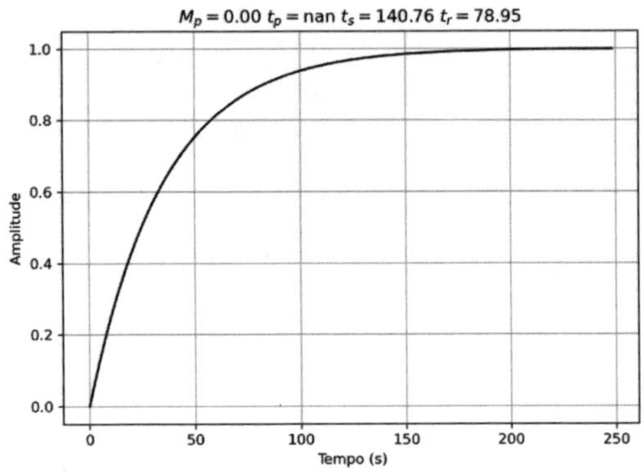

(b) Resposta ao degrau unitário do sistema sem ganho ajustado nem compensado.

Figura 4.26: Diagrama de Bode e resposta ao degrau do sistema sem ganho ajustado nem compensado.

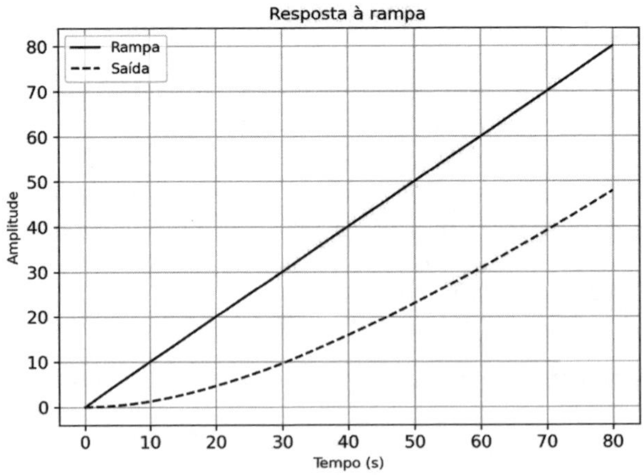

Figura 4.27: Resposta à rampa do sistema sem ganho ajustado nem compensado.

As relações matemáticas que utilizamos neste exemplo são:

$$\xi = \frac{\left|\ln\left(M_p/100\right)\right|}{\sqrt{\pi^2 + \left(\ln\left(M_p/100\right)\right)^2}} \tag{4.8}$$

$$\omega_n = \frac{\pi}{t_p\sqrt{1-\xi^2}} \tag{4.9}$$

$$\omega_{BW} = \omega_n\sqrt{1 - 2\xi^2 + \sqrt{4\xi^4 - 4\xi^2 + 2}}$$

$$\omega_{BW} = \frac{\pi}{t_p\sqrt{1-\xi^2}}\sqrt{1 - 2\xi^2 + \sqrt{4\xi^4 - 4\xi^2 + 2}} \tag{4.10}$$

Da Equação 4.8, obtemos:

$$\xi = 0,4559$$

E a margem de fase desejada é:

$$MF = 100\xi = 46^\circ$$

Procedimento de projeto:

1. *A função de transferência do compensador é:*

$$G_c(s) = K_c\alpha\frac{Ts+1}{\alpha Ts+1} = K_1\frac{Ts+1}{\alpha Ts+1}$$

Na qual $K_1 = K_c\alpha$.

2. *A função de transferência em malha aberta do sistema compensador é:*

$$G_c(s)G(s)$$

Para determinar o ganho que satisfaz à constante de erro estático de velocidade, utilizamos a seguinte expressão:

$$\begin{aligned}
K_v &= \lim_{s\to 0} sG_c(s)G(s) \\
&= \lim_{s\to 0} s\left(K_1\frac{Ts+1}{\alpha Ts+1}\right)\left(\frac{100K}{s(s+36)(s+100)}\right) \\
&= \frac{100K_1}{36\times 100} = \frac{K_1}{36}
\end{aligned}$$

Como se deseja $K_v = 20\ s^{-1}$, *então:*

$$K_v = \frac{K_1}{36} = 40, \quad \textit{obtemos:} \quad K_1 = 1440.$$

O erro de regime estacionário para o sistema compensado é calculado a seguir:

$$e(\infty) = e_{ss} = \lim_{s \to 0} \left(\frac{1}{sG_c(s)G(s)} \right) = 0,025$$

3. *Traçamos o diagrama de Bode do sistema com ganho ajustado mas não compensado* $G_1(s) = K_1 G(s)$*:*

$$G_1(s) = K_1 G(j\omega) = \frac{144000}{j\omega(j\omega + 36)(j\omega + 100)}$$

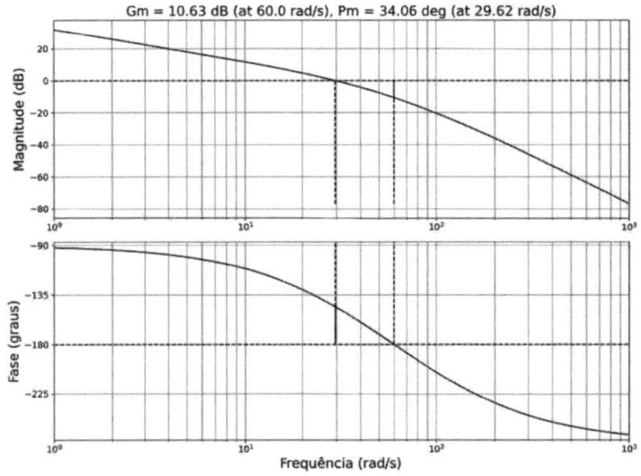

(a) Diagrama de Bode do sistema com ganho ajustado sem compensação.

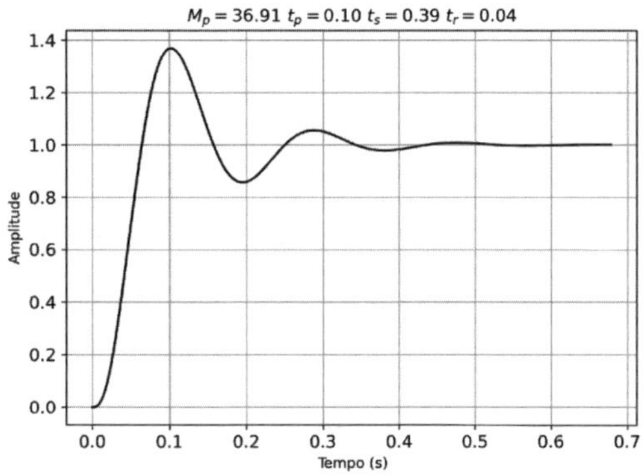

(b) Resposta ao degrau unitário do sistema sem ganho ajustado nem compensação.

Figura 4.28: Diagrama de Bode e resposta ao degrau do sistema com ganho ajustado sem compensação.

Do diagrama de Bode, na Figura 4.28a, ou da Tabela 4.6, observamos que MF= $34,06°$ *ocorre na frequência de cruzamento de ganho* $\omega_{cg} = 29,62$ *rad/s, enquanto MG=* $10,63$ *dB ocorre na frequência de cruzamento de fase* $\omega_{cf} = 60$ *rad/s.*

Na Figura 4.28b, é mostrado a simulação da resposta ao degrau unitário, e observamos que $M_p = 36,91\%$, $t_p = 0,1$ *s e* $t_s = 0,39$ *s. O requisito de* t_p *está satisfeito, agora falta satisfazer a margem de fase.*

Tabela 4.6: Resposta em frequência para o Exemplo 4.6.

ω [rad/s]	Amplitude	Amplitude [dB]	Fase [°]
22.04	1.5116	3.5885	-133.9052
22.05	1.5107	3.5833	-133.9222
22.06	1.5098	3.5781	-133.9392
22.07	1.5089	3.5729	-133.9563
22.08	1.5080	3.5677	-133.9733
22.09	1.5070	3.5626	-133.9903
22.10	1.5061	3.5574	-134.0074
22.11	1.5053	3.5522	-134.0244
22.12	1.5044	3.5470	-134.0414
22.13	1.5035	3.5418	-134.0584
22.14	1.5026	3.5366	-134.0754
22.15	1.5017	3.5314	-134.0924
29.57	1.0024	0.0208	-145.8723
29.58	1.0019	0.0165	-145.8870
29.59	1.0014	0.0121	-145.9018
29.60	1.0009	0.0077	-145.9166
29.61	1.0004	0.0034	-145.9313
29.62	0.9999	-0.0010	-145.9461
29.63	0.9994	-0.0053	-145.9608
29.64	0.9989	-0.0097	-145.9756
29.65	0.9984	-0.0140	-145.9903
29.66	0.9979	0.0184	-146.0051
29.67	0.9974	-0.0227	-146.0198
30.07	0.9777	-0.1960	-146.6073
30.08	0.9772	-0.2003	-146.6219
30.09	0.9767	-0.2046	-146.6365
30.10	0.9762	-0.2089	-146.6512
30.11	0.9757	-0.2132	-146.6658
30.12	0.9753	-0.2176	-146.6804
30.13	0.9748	-0.2219	-146.6950
30.14	0.9743	-0.2262	-146.7096
30.15	0.9738	-0.2305	-146.7242
31.95	0.8920	-0.9932	-149.3077
31.96	0.8915	-0.9974	-149.3218
31.97	0.8911	-1.0015	-149.3359
31.98	0.8907	-1.0057	-149.3500
31.99	0.8902	-1.0099	-149.3641
32.00	0.8898	-1.0140	-149.3782
32.01	0.8894	-1.0182	-149.3923
32.02	0.8890	-1.0223	-149.4064
32.03	0.8885	-1.0265	-149.4205
32.04	0.8881	-1.0307	-149.4345
32.05	0.8877	-1.0348	-149.4486
39.84	0.6253	-4.0777	-159.6209
39.85	0.6251	-4.0814	-159.6330
39.86	0.6248	-4.0851	-159.6451
39.87	0.6245	-4.0888	-159.6572
39.88	0.6243	-4.0924	-159.6693
39.89	0.6240	-4.0961	-159.6814
39.90	0.6238	-4.0998	-159.6935
39.91	0.6235	-4.1035	-159.7055
39.92	0.6232	-4.1071	-159.7176
39.93	0.6230	-4.1108	-159.7297
39.94	0.6227	-4.1145	-159.7418
39.95	0.6224	-4.1182	-159.7539
39.96	0.6222	-4.1218	-159.7659
40.00	0.6211	-4.1365	-159.8142
40.10	0.6185	-4.1732	-159.9347
40.20	0.6159	-4.2098	-160.0550
40.30	0.6133	-4.2464	-160.1750
40.40	0.6107	-4.2829	-160.2948
40.50	0.6082	-4.3194	-160.4144
40.60	0.6056	-4.3558	-160.5338
40.70	0.6031	-4.3922	-160.6529
40.80	0.6006	-4.4285	-160.7718
40.90	0.5981	-4.4648	-160.8905
41.00	0.5956	-4.5010	-161.0089

4. *Do diagrama de Bode, podemos observar que MG = $10,63$ dB e MF = $34,06°$. Para que tenhamos uma MF de $46°$, é necessário adicionar um avanço de:*

$$\begin{aligned}\phi_m &= MF_{desejada} - MF_{atual} + Toler\hat{a}ncia \\ &= 46° - 34° + 14° \qquad = 26°\end{aligned}$$

No qual a Tolerância é escolhida arbitrariamente como $14°$. Devemos calcular o respectivo fator de atenuação α para o dito avanço de fase ϕ_m:

$$\alpha = \frac{1 - \text{sen}(\phi_m)}{1 + \text{sen}(\phi_m)} = \frac{1 - \text{sen}(21°)}{1 + \text{sen}(21°)} = 0,39046$$

Assim, deve-se buscar o valor da frequência na qual o valor do módulo é:

$$-20 \log\left(\frac{1}{\sqrt{\alpha}}\right) = -4,0842 \ dB$$

5. *Da Tabela 4.6, a frequência na qual se tem um módulo de $-4,0842$ dB é $\omega_m \approx 39,90$ rad/s. Assim:*

$$\omega_m = \frac{1}{\sqrt{\alpha}T}$$

Daqui:

$$T = 0,04011$$

Então, a função de transferência do compensador é:

$$K_1 G_c(s) = 1440 \frac{1 + 0,04011s}{1 + 0,01566s}$$

Na Figura 4.29a, observamos o diagrama de Bode do sistema compensado em malha aberta, na qual MG = $11,41$ dB, $\omega_{cf} = 89,53$ rad/s, MF = $46,38°$ e $\omega_{cg} = 39,84$ rad/s. Na Figura 4.29b, observamos que $M_p = 21,58\%$, $t_p = 0,072$ s e $t_s = 0,2$ s. Na Figura 4.30b, observamos que o erro de regime estacionário reduziu consideravelmente para $e_{ss} \approx 0,025$.

Comparando o sistema original sem nenhuma compensação e o sistema compensado, observamos que o máximo sobressinal teve uma degradação de $0,0\%$, $M_p = 21,56\%$. O tempo de assentamento teve uma considerável melhora de 140 s para $0,2$ s, ou seja, o sistema estabiliza rapidamente. A margem de fase do sistema teve uma mudança de $89,94°$ para $46,38°$ e a frequência de cruzamento de ganho aumentou consideravelmente de $0,03$ rad/s para $39,84$ rad/s, ou seja, o sistema estabiliza mais rapidamente. O erro em regime estacionário a uma entrada rampa diminuiu significativamente de 36 para $0,025$.

Os polos da função de transferência em malha fechada são $-19,27490439 \pm 50,9953112j$, $-139,05482516$ *e* $-22,24871376$, *e o zero da função de transferência em malha fechada é* $-24,93228714$.

Observamos que os polos da função de transferência em malha fechada encontram-se afastados do eixo imaginário. Devido ao ganho de 1440, *o esforço de controle pode ter uma amplitude grande.*

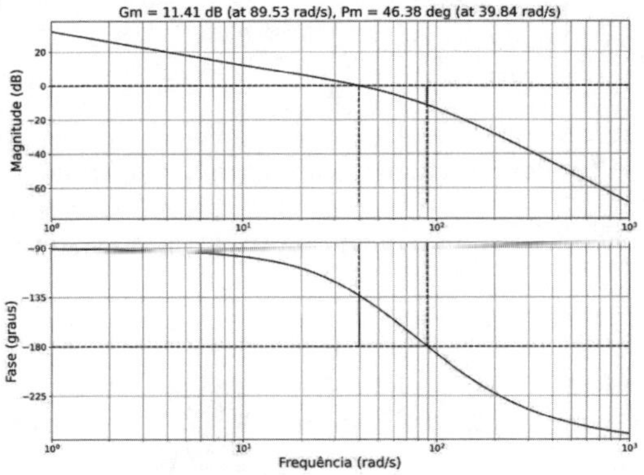

(a) Diagrama de Bode do sistema compensado.

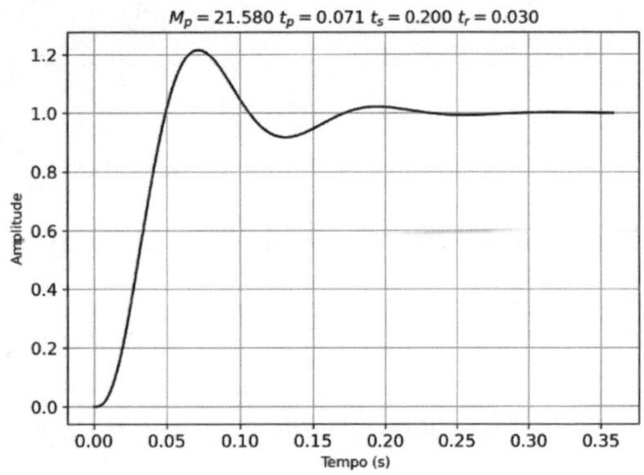

(b) Resposta ao degrau unitário do sistema compensado.

Figura 4.29: Diagrama de Bode e resposta ao degrau do sistema compensado.

Para a condição de $t_p = 0,1$ *s e da Equação 4.10, é necessária uma largura de banda de aproximadamente* $\omega_{BW} \approx 46,5937$ *rad/s. Percebe-se um aumento na banda passante do sistema na Figura 4.30a, e a largura de banda é de aproximadamente* $70,55$ *rad/s, o que satisfaz a condição do tempo de pico.*

Na Figura 4.30a, é possível observar que, no sistema sem compensação, o pico de ressonância é $M_r^s = 0,0$ *dB, a frequência de ressonância é* $\omega_r^s = 0,001$ *rad/s e a largura de banda é* $BW^s = 0,02$ *rad/s, enquanto no sistema compensado, o pico de ressonância é* $M_r^c = 2,34$ *dB, a frequência de ressonância é* $\omega_r^c = 45,87$ *rad/s e a largura de banda é* $BW^c = 70,55$ *rad/s. Percebe-se um aumento na banda passante do sistema (Figura 4.30a).*

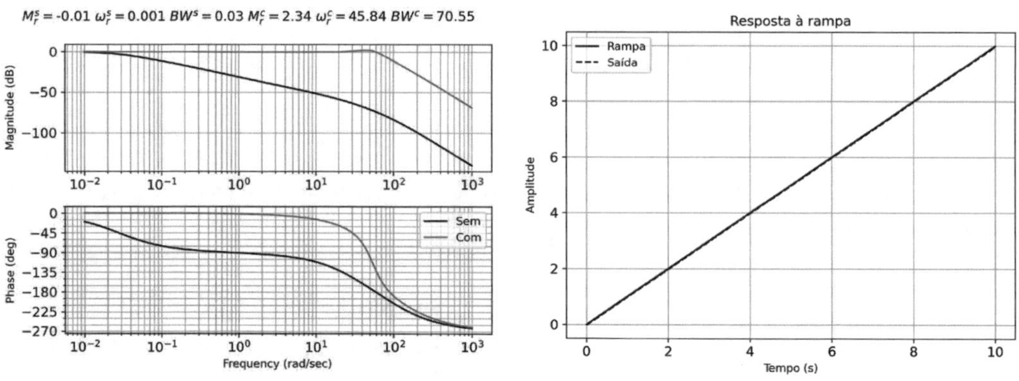

(a) Diagramas de Bode em malha fechada.

(b) Resposta à rampa do sistema compensado.

Figura 4.30: Diagramas de Bode em malha fechada e resposta à rampa unitária do sistema compensado.

O código em Python para o Exemplo 4.6 é mostrado na Listagem . O código quando executado mostra as simulações do sistema sujeito a uma entrada onda quadrada e onda triangular, bem como os respectivos esforços de controle: o esforço de controle para onda quadrada apresenta instantes de baixa magnitude, devido às mudanças abruptas em um pequeno instante de tempo na onda quadrada, enquanto o esforço de controle para onda triangular é de pequena magnitude, devido às mudanças mais suaves. Na resposta a uma entrada de onda triangular, é possível observar que o erro de estado estacionário é aproximadamente $0,05$*, e o erro de estado estacionário calculado é de* $0,025$*, uma vez que esse erro somente é atingido quando* $t \longrightarrow \infty$.

4.2.2 Procedimento de projeto compensador por avanço: método analítico

O livro (Phillips & Harbor, 1997) mostra um procedimento analítico para o projeto de compensadores, que nos permite ajustar a margem de fase do sistema e o ganho do compensador. Para isto, considera-se a configuração mostrada na Figura 4.1. O procedimento detalhado do desenvolvimento desse procedimento encontra-se no referido livro.

A Equação característica do sistema é:

$$1 + G_c(s)G(s) = 0 \tag{4.11}$$

E a função de transferência do compensador é:

$$G_c(s) = K_c \frac{n_2 s + 1}{d_2 s + 1} \tag{4.12}$$

A função de transferência do compensador tem a mesma estrutura que o método tentativa-e-erro, mas o procedimento para determinar os valores de n_2 e d_2 é diferente. O ganho dc é representado por K_c.

Para desenvolver as equações do projeto, supõe-se que o diagrama de Nyquist do sistema compensado é como mostrado na Figura 4.31.

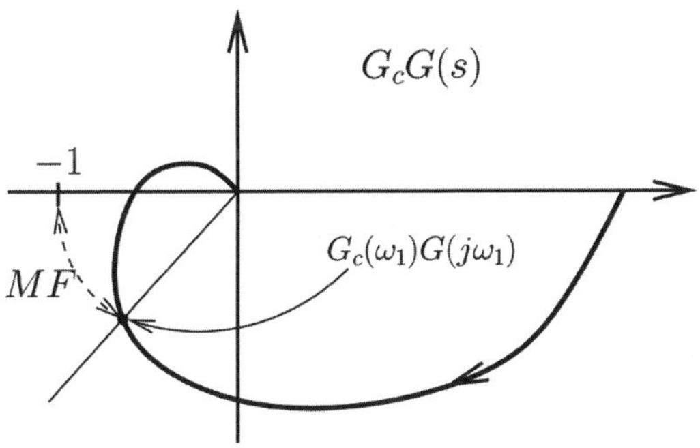

Figura 4.31: Diagrama de Nyquist do sistema compensador.

Observe-se que a margem de fase especificada MF está representada para a frequência ω_1 (Figura 4.31). Dessa maneira:

$$G_c(j\omega_1)G(j\omega_1) = 1\underline{/-180^\circ + \text{MF}} \tag{4.13}$$

Desejamos determinar os coeficientes n_2 e d_2 do compensador, de forma a satisfazer a Equação 4.13 para um ganho especificado, K_c. Substituindo a Equação 4.12 na Equação 4.13, obtemos:

$$G_c(j\omega_1)G(j\omega_1) = K_c \left| \frac{1 + j\omega_1 n_2}{1 + j\omega_1 d_2} \right| G(j\omega_1) = 1\underline{/-180^\circ + \text{MF}} \tag{4.14}$$

Das Equações 4.13 e 4.14 e expandido 4.14 em duas equações, igualando as partes reais e imaginárias, temos quatro incógnitas em 4.14: os coeficientes n_2 e d_2, a frequência ω_1 na qual a margem de fase MF ocorre e K_c. Resolvemos a Equação 4.14 para n_2 e d_2 em função de ω_1. Define-se θ como o ângulo de $G_c(j\omega_1)$, de forma que, da Equação 4.14, obtemos:

$$\theta = \underline{/G_c(j\omega_1)} = -180^\circ + \phi_m - \underline{/G(j\omega_1)} \tag{4.15}$$

As equações de projeto resultantes são:

$$n_2 = \frac{1 - |G(j\omega_1)| \cos(\theta)}{\omega_1 |G(j\omega_1)| \operatorname{sen}(\theta)} \tag{4.16}$$

$$d_2 = \frac{\cos(\theta) - |G(j\omega_1)|}{\omega_1 \operatorname{sen}(\theta)} \tag{4.17}$$

As especificações do e_{ss} podem ser usadas para determinar o ganho K_c do compensador. Além disso, se o tempo de acomodação t_s é especificado:

$$\operatorname{tg}(\text{MF}) = \frac{2\xi\omega_n}{\omega_1} = \frac{8}{\omega_1 t_s} \tag{4.18}$$

Assim, a frequência é:

$$\omega_1 = \frac{8}{t_s \operatorname{tg}(\text{MF})} \tag{4.19}$$

Lembre-se de que esta equação é exata apenas no sistema de segunda ordem padrão. Nos sistemas de ordem mais elevada, ela é apenas aproximada e pode ser muito imprecisa.

Procedimento de projeto:

1. A partir das especificações, determinamos a margem de fase MF, o ganho dc do compensador K_c e o tempo de acomodação t_s.

2. De t_s e MF, usamos a Equação 4.19 para calcular ω_1, a frequência na qual MF ocorre.

3. Da equação 4.15, calculamos θ, o ângulo do compensador em ω_1.

4. Todos os parâmetros do lado direito das Equações 4.16 e 4.17 são conhecidos; resolvemos então esta equação para encontrar n_2 e d_2. A faixa de valores de frequência para o qual ω_1 deve ser escolhido é especificada pelas seguintes restrições para os compensadores por avanço de fase:

   (a) A fase do compensador por avanço, θ, deve ser positiva:

   $$\theta = -180^\circ + \text{MF} - \underline{/G(j\omega_1)} > 0^\circ$$

   Isto é, a escolha de ω_1 deve satisfazer a condição de fase:

   $$\underline{/G(j\omega_1)} < -180^\circ + \text{MF} \tag{4.20}$$

   (b) A escolha de ω_1 deve satisfazer a condição de ganho:

   $$|G(j\omega_1)| < 1. \tag{4.21}$$

(c) Em $G_c(j\omega)$, os parâmetros n_2 e d_2 devem ser positivos. Desde que $\text{sen}(\theta) > 0$ para o compensador por avanço e com base nas Equações 4.16-4.17, obtém-se:

$$\cos(\theta) > |G(j\omega_1)| \tag{4.22}$$

***Exemplo* 4.7.** *Consideremos o mesmo problema do Exemplo 4.2. Deseja-se projetar um compensador, de modo que a constante de erro estático de velocidade K_v seja $20\ s^{-1}$, a margem de fase seja pelo menos $50°$ e a margem de ganho seja pelo menos 10 dB. Utilizamos o procedimento do projeto analítico.*

***Solução* 4.7.** *As especificações de projeto são:*

- $K_v = 20\ s^{-1}$, *ou erro estacionário para entrada rampa unitária inferior a* $0,05$ *s.*
- *Margem de fase de pelo menos* $50°$.
- *Margem de ganho de pelo menos* 10 *dB.*

O projeto e a simulação deste Exemplo são realizados utilizando o Python.

O comportamento do sistema sem compensação nem ganho ajustado é mostrado na Figura 4.12a, na qual é ilustrado o diagrama de Bode e observa-se que MF = $51,83°$ *e* $\omega_{cg} = 1,57$ *rad/s. Na Figura 4.12b, observa-se a resposta a um degrau unitário, na qual mostra-se que* $M_p = 16,30\%$, $t_p = 1,81$ *s,* $t_s = 4,04$ *s. E, na Figura 4.13, observa-se a resposta a uma entrada rampa unitária, na qual mostra-se que o erro de regime estacionário é* $0,5$.

Procedimento de projeto:

1. *A função de transferência do compensador é:*

$$G_c(s) = K_1 \frac{n_2 s + 1}{d_2 s + 1}$$

2. *A função de transferência em malha aberta do sistema compensado é:*

$$G_c(s)G(s)$$

Para determinar o ganho que satisfaz a constante de erro estático de velocidade, utilizamos a seguinte expressão:

$$\begin{aligned} K_v &= \lim_{s\to 0} sG_c(s)G(s) \\ &= \lim_{s\to 0} s\left(K_1 \frac{n_2 s + 1}{d_2 s + 1}\right)\left(\frac{4}{s(s+2)}\right) \\ &= \frac{4K_1}{2} = 2K_2 \end{aligned}$$

Como se deseja $K_v = 20\ s^{-1}$, então:

$$K_v = 2K_1 = 20$$

Obtemos:

$$K_1 = 10.$$

O erro de regime estacionário para o sistema compensado é calculado a seguir:

$$e(\infty) = e_{ss} = \lim_{s\to 0}\left(\frac{1}{sG_c(s)G(s)}\right) = 0,05$$

3. *Traçamos o diagrama de Bode do sistema com ganho ajustado mas não compensado $G_1(s) = K_1G(s)$:*

$$G_1(s) = K_1G(j\omega) = \frac{40}{j\omega(j\omega+2)} = \frac{20}{j\omega(j0,5\omega+1)}$$

Do diagrama de Bode (Figura 4.14a), observamos que MF= $17,96^\circ$ ocorre na frequência de cruzamento de ganho $\omega_{cg} = 6,17$ rad/s da Figura 4.14a ou em $\omega_{cg} = 6,2$ rad/s da Tabela 4.2, onde a fase é $\phi = -162^\circ$, assim a MF= 18°.

Na Figura 4.14b, é mostrado a simulação da resposta ao degrau unitário, e observamos que $M_p = 60.46\%$ e $t_s = 3,65$ s.

4. *Deseja-se uma MF_d de 50°, e as condições para o projeto do compensador por avanço de fase são:*

$$\theta = -180^\circ + MF_d - \underline{/G_1(j\omega_1)} > 0^\circ$$

Isto é, a escolha de ω_1 deve satisfazer a condição de fase:

$$\underline{/G_1(j\omega_1)} < -180^\circ + MF_d = -130^\circ$$

Isso ocorre para frequências ω_1:

$$\omega_1 > 1,68\ rad/s$$

5. *Da Tabela 4.2, deve-se escolher ω_1 para satisfazer a condição de ganho:*

$$|G_1(j\omega_1)| < 1$$

Isso ocorre para:

$$\omega_1 > 6,16\ rad/s$$

6. *Desde que* $\text{sen}(\theta) > 0$ *para o compensador por avanço e a partir das Equações 4.16 e 4.17, obtém-se:*

$$\cos(\theta) > |G_1(j\omega_1)|$$

Após algumas tentativas para verificar essa última relação, obtém-se:

$$\omega_1 \geq 6,8 \; rad/s$$

Considerando $\omega_1 = 6,84$ *rad/s, então:*

$$G_1(j\omega_1) = 0,8206\underline{/-163,7012^\circ}$$

Dessa maneira:

$$\begin{aligned} |G_1(j\omega_1)| &= 0,8206 \\ \underline{/G_1(j\omega_1)} &= -163,7012^\circ \\ \theta &= -180^\circ + 50 + 163,7012 = 33,7012^\circ \\ \cos(\theta) &= 0,8319 > |G_1(j\omega_1)| = 0,8206 \end{aligned}$$

Satisfeitas todas essas condições, obtém-se:

$$n_2 = \frac{1 - 0,8206 \times \cos(\theta)}{6,84 \times 0,8206 \times \text{sen}(theta)} = 0,1019$$

$$d_2 = \frac{\cos(\theta) - 0,8206}{6,94 \times \text{sen}(theta)} = 0,0009201$$

Então, a função de transferência do compensador é:

$$K_1 G_c(s) = 10\frac{1 + 0,1019s}{1 + 0009201s}$$

Na Figura 4.32a, observamos o diagrama de Bode do sistema compensado em malha aberta, na qual MG = ∞*, MF =* $50,0^\circ$ *e* $\omega_{cg} = 6,84$ *rad/s. Na Figura 4.32b, observamos* $M_p = 24,01\%$ *e* $t_s = 1,22$ *s. Na Figura 4.33b, observamos que o erro de regime estacionário reduziu consideravelmente para* $e_{ss} \approx 0,05$.

Comparando o sistema original sem nenhuma compensação e o sistema compensado, observamos que o máximo sobressinal teve uma degradação de $16,29\%$*,* $M_p = 24,01\%$*. O tempo de assentamento teve uma considerável melhora de* $4,01$ *s para* $1,22$ *s, ou seja o sistema estabiliza rapidamente. A margem de fase do sistema teve uma pequena mudança de* $51,83^\circ$ *para* $50,0^\circ$ *e a frequência de cruzamento de ganho aumentou consideravelmente de* $1,87$ *rad/s para* $6,84$ *rad/s, ou seja, o sistema estabiliza mais rapidamente. O erro em regime estacionário a uma entrada rampa diminuiu significativamente de* $0,5$ *para* $0,05$.

Os polos da função de transferência em malha fechada são $-3,01345826 \pm 5,60413483j$ *e* $-330,57785548$*, e o zero da função de transferência em malha fechada é* $-9,81502663$.

Observamos que os polos da função de transferência em malha fechada encontram-se afastados do eixo imaginário, portanto o esforço de controle pode ter uma amplitude grande. É necessário um esforço de controle alto para que o sistema possa estabilizar no menor tempo possível.

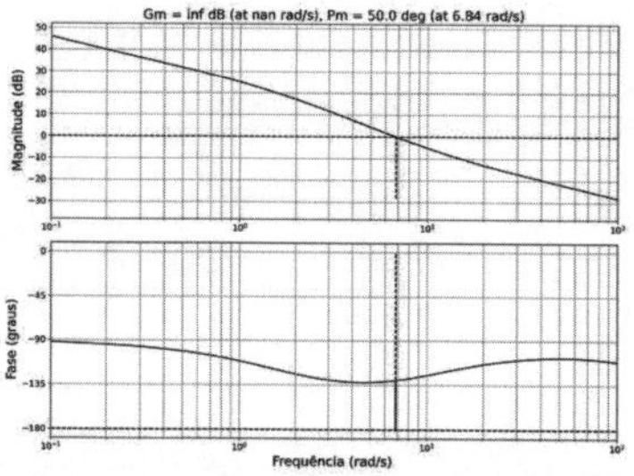

(a) Diagrama de Bode do sistema compensado. Método analítico.

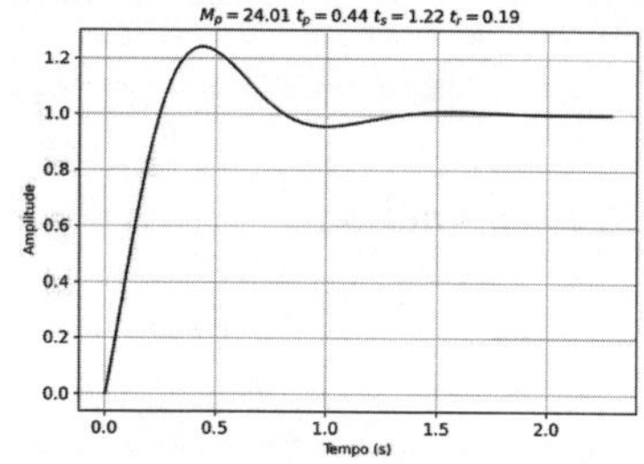

(b) Resposta ao degrau unitário do sistema compensado. Método analítico.

Figura 4.32: Diagrama de Bode e resposta ao degrau do sistema compensado. Método analítico.

Na Figura 4.33a, é possível observar que, no sistema sem compensação, o pico de ressonância é $M_r^s = 1,25$ *dB, a frequência de ressonância é* $\omega_r^s = 1,41$ *rad/s e a largura de banda é* $BW^s = 2,54$ *rad/s, enquanto no sistema compensado, o pico de ressonância é* $M_r^c = 2,56$ *dB, a frequência de ressonância é* $\omega_r^c = 5,20$ *rad/s e a largura de banda é* $BW^c = 9,77$ *rad/s. Percebe-se um aumento na banda passante do sistema (Figura 4.33a).*

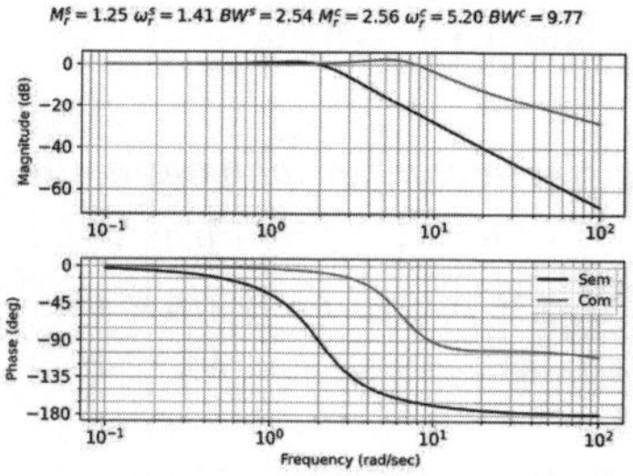

(a) Diagramas de Bode em malha fechada. Método analítico.

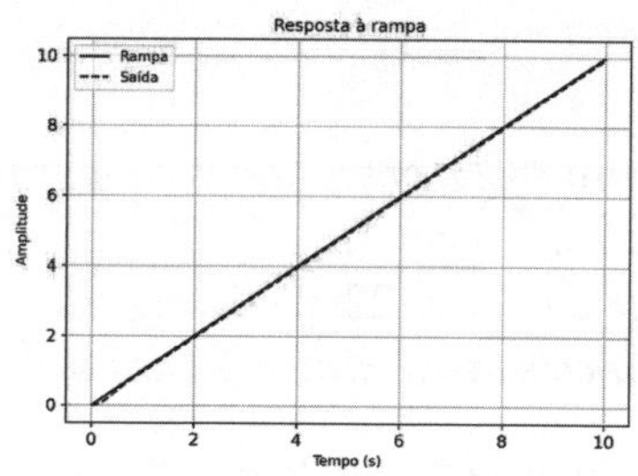

(b) Resposta à rampa do sistema compensado. Método analítico.

Figura 4.33: Diagramas de Bode em malha fechada e resposta à rampa unitária do sistema compensado.

O código em Python para o Exemplo 4.7 é mostrado na Listagem . O código quando executado mostra as simulações do sistema sujeito a uma entrada onda quadrada e onda triangular, bem como os respectivos esforços de controle: o esforço de controle para onda quadrada apresenta instantes de alta magnitude, devido às mudanças abruptas em um pequeno instante de tempo na onda, enquanto o esforço de controle da onda triangular é de pequena magnitude, devido às mudanças mais suaves.

O método analítico apresenta maior exatidão em obter a margem de fase desejada a uma frequência escolhida que satisfaça os requisitos de projeto do compensador. No caso do método tentativa-e-erro do Exemplo 4.2, foi obtido uma frequência de cruzamento de ganho $\omega_{cg} = 8,95$ *rad/s, se escolhido* $\omega_1 = 8,94$ *rad/s, isto é:*

$$G_1(j\omega_1) = 0,4884\underline{/-167,3898^\circ}$$

Obtemos uma margem de fase de 50° *e uma frequência de cruzamento de ganho* $\omega_{cg} = 8,94$ *rad/s,* $M_p = 22,12\%$, $t_p = 0,32$ *s,* $t_s = 0,61$ *s e o esforço de controle nos instantes iniciais é da ordem de 40 unidades de controle. Por conseguinte, o método analítico apresenta uma maior flexibilidade e exatidão que o método tentativa-e-erro.*

Exemplo 4.8. *Consideremos o mesmo problema do Exemplo 4.3. Deseja-se projetar um compensador, de modo que a margem de fase seja pelo menos* 28° *e a margem de ganho seja pelo menos* 10 *dB. Utilizamos o método analítico.*

Solução 4.8. *As especificações de projeto são:*

- *Margem de fase de pelo menos* 28°.
- *Margem de ganho de pelo menos* 10 *dB.*

O projeto e a simulação deste Exemplo são realizados utilizando o Python.

O comportamento do sistema sem compensação nem ganho ajustado é mostrado na Figura 4.17a, na qual é ilustrado o diagrama de Bode e observa-se que MF = $-3,41^\circ$, $\omega_{cg} = 33,78$ *rad/s, a MG=* $-1,16$ *dB e* $\omega_{cf} = 31,62$ *rad/s. Na Figura 4.17b, observa-se a resposta a um degrau unitário e verifica-se que o sistema é instável.*

Procedimento de projeto:

1. *A função de transferência do compensador é:*

$$G_c(s) = K_1 \frac{n_2 s + 1}{d_2 s + 1}$$

2. *A função de transferência em malha aberta do sistema compensado é:*

$$G_c(s)G(s)$$

O exemplo não dá nenhuma informação sobre o estado em regime permanente. Podemos determinar a constante de erro estático de velocidade como segue:

$$\begin{aligned} K_v &= \lim_{s\to 0} sG_c(s)G(s) \\ &= \lim_{s\to 0} s\left(K_1\frac{n_2s+1}{d_2s+1}\right)\left(\frac{80}{s(0,02s+1)(0,05s+1)}\right) \\ &= 80 \end{aligned}$$

O erro de regime estacionário para o sistema compensado é calculado a seguir:

$$e(\infty) = e_{ss} = \lim_{s\to 0}\left(\frac{1}{sG_c(s)G(s)}\right) = \frac{1}{K_v} = 0,0125$$

3. *Traçamos o diagrama de Bode do sistema com ganho ajustado mas não compensado $G_1(s) = K_1G(s)$. Neste caso, o ganho é $K_1 = 1$:*

$$G_1(s) = K_1G(j\omega) = \frac{80}{s(0,02s+1)(0,05s+1)}$$

Do diagrama de Bode, podemos observar que MG=$-1,16$ e MF=$-3,41°$.

4. *Deseja-se uma MF_d de $28°$, e as condições para o projeto do compensador por avanço de fase são:*

$$\theta = -180° + MF_d - \angle G_1(j\omega_1) > 0°$$

Isto é, a escolha de ω_1 deve satisfazer a condição de fase:

$$\angle G_1(j\omega_1) < -180° + MF_d = -152°$$

Isso ocorre para frequências ω_1:

$$\omega_1 > 18,08 \; rad/s$$

5. *Da Tabela 4.3, deve-se escolher ω_1 para satisfazer a condição de ganho:*

$$|G_1(j\omega_1)| < 1$$

Isso ocorre para:

$$\omega_1 > 33,76 \text{ rad/s}$$

6. *Desde que* $\text{sen}(\theta) > 0$ *para o compensador por avanço e a partir das Equações 4.16 e 4.17, obtém-se:*

$$\cos(\theta) > |G_1(j\omega_1)|$$

Após algumas tentativas para verificar essa última relação, obtém-se que:

$$\omega_1 \geq 37,7 \text{ rad/s}$$

Considerando $\omega_1 = 37,8$ *rad/s, então:*

$$G_1(j\omega_1) = 0,7895\underline{/-189,2059^\circ}$$

dessa maneira:

$$\begin{aligned}|G_1(j\omega_1)| &= 0,7895\\ \underline{/G_1(j\omega_1)} &= -189,2059^\circ\\ \theta &= -180^\circ + 28 + 189,2059 = 37,2059^\circ\\ \cos(\theta) &= 0,7965 > |G_1(j\omega_1)| = 0,7895\end{aligned}$$

Satisfeitas todas essas condições, obtém-se:

$$\begin{aligned}n_2 &= \frac{1 - 0,7895 \times \cos(\theta)}{37,8 \times 0,7895 \times \text{sen}(theta)} = 0,02057\\ d_2 &= \frac{\cos(\theta) - 0,7895}{37,8 \times \text{sen}(theta)} = 0,0003048\end{aligned}$$

Então, a função de transferência do compensador é:

$$K_1 G_c(s) = \frac{1 + 0,02057s}{1 + 0,0003048s}$$

Na Figura 4.34a, observamos o diagrama de Bode do sistema compensado em malha aberta, na qual MG=$32,64$ *dB,* $\omega_{cf} = 264,62$ *rad/s, MF=*$28,0^\circ$ *e* $\omega_{cg} = 37,80$ *rad/s. Na Figura 4.34b, observamos que obtivemos* $M_p = 44,59\%$ *e* $t_s = 0,35$ *s. Na Figura 4.35b, observamos que o erro de regime estacionário está próximo de zero.*

Comparando o sistema original sem nenhuma compensação e o sistema compensado, observamos que o sistema original é instável, pois MF= $-3,41^\circ$ *e MG=* $-1,16$ *dB. O sistema compensador por avanço de fase tem um tempo de assentamento de* $0,35$ *s, ou seja, o sistema estabiliza rapidamente. A margem de fase do sistema teve uma grande mudança de*

−3, 41° para 28, 0° e a frequência de cruzamento de ganho aumentou levemente de 33, 78 rad/s para 37, 80 rad/s. O erro em regime estacionário a uma entrada rampa permanece no mesmo valor, visto que nenhum ganho para o estado em regime permanente foi solicitado.

Os polos da função de transferência em malha fechada são $-10,11925322 \pm 39,00633916j$, $-3280,94058654$ *e* $-49,25672671$, *e o zero da função de transferência em malha fechada é* $-48,61558385$.

Observamos que os polos da função de transferência em malha fechada encontram-se afastados do eixo imaginário, portanto o esforço de controle pode ter uma amplitude média.

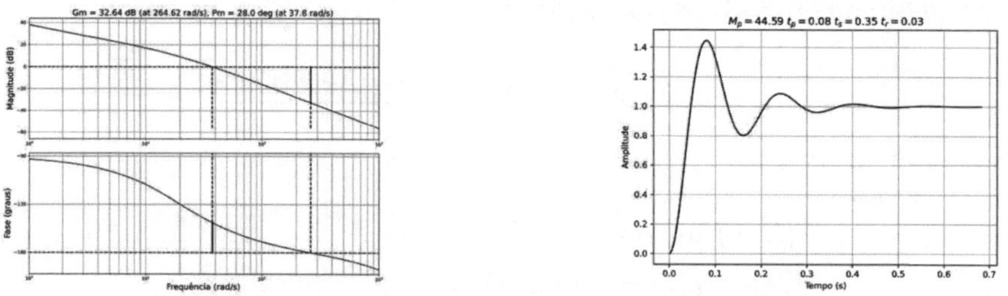

(a) Diagrama de Bode do sistema compensado. Método analítico.

(b) Resposta ao degrau unitário do sistema compensado. Método analítico.

Figura 4.34: Diagrama de Bode e resposta ao degrau do sistema compensado. Método analítico.

Na Figura 4.35a, é possível observar que, no sistema sem compensação, o pico de ressonância é $M_r^s = 25,38$ *dB, a frequência de ressonância é* $\omega_r^s = 33,40$ *rad/s e a largura de banda é* $BW^s = 49,14$ *rad/s, enquanto no sistema compensado, o pico de ressonância é* $M_r^c = 6,31$ *dB, a frequência de ressonância é* $\omega_r^c = 37,69$ *rad/s e a largura de banda é* $BW^c = 59,93$ *rad/s. Percebe-se um aumento na banda passante do sistema (Figura 4.35a).*

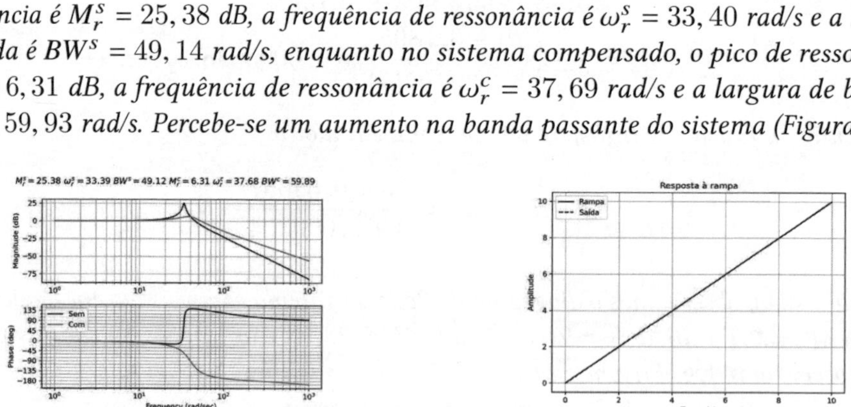

(a) Diagramas de Bode em malha fechada. Método analítico.

(b) Resposta à rampa do sistema compensado. Método analítico.

Figura 4.35: Diagramas de Bode em malha fechada e resposta à rampa unitária do sistema compensado.

Embora o projeto do compensador satisfaça os requisitos solicitados, a saída do sistema apresenta máximo sobressinal de $44,59\%$. *O sistema sem compensação é instável, enquanto o sistema com a compensação por avanço tem um comportamento estável e um tempo de assentamento de* $0,35$ *s.*

O código em Python para o Exemplo 4.8 é mostrado na Listagem . O código quando executado mostra as simulações do sistema sujeito a uma entrada onda quadrada e onda triangular, bem como os respectivos esforços de controle: o esforço de controle para onda quadrada apresenta instantes de baixa magnitude, devido às mudanças abruptas em um pequeno instante de tempo na onda, enquanto o esforço de controle para a onda triangular é de pequena magnitude, devido às mudanças mais suaves.

Exemplo 4.9. *Consideremos o mesmo problema do Exemplo 4.4. Deseja-se projetar um compensador, de modo que a margem de fase seja pelo menos* $47°$ *e a margem de ganho seja pelo menos* 10 *dB. Utilizamos o procedimento de projeto do método analítico.*

Solução 4.9. *As especificações de projeto são:*

- *Margem de fase de pelo menos* $47°$.
- *Margem de ganho de pelo menos* 10 *dB.*

O projeto e a simulação deste Exemplo são realizados utilizando o Python.

O comportamento do sistema sem compensação nem ganho ajustado é mostrado na Figura 4.20a, na qual é ilustrado o diagrama de Bode e observa-se que MF=$22,54°$, $\omega_{cg} = 60,78$ *rad/s, a MG=* $7,96$ *dB e* $\omega_{cf} = 100$ *rad/s. Na Figura 4.20b, observa-se a resposta a um degrau unitário e verifica-se que o sistema é estável, mas apresenta uma oscilação amortecida com* $M_p = 52,87\%$, $t_p = 0,05$ *s e* $t_s = 0,30$ *s, pois a margem de fase e de ganho são pequenas.*

Procedimento de projeto:

1. *A função de transferência do compensador é:*

$$G_C(s) = K_1 \frac{n_2 s + 1}{d_2 s + 1}$$

2. *A função de transferência em malha aberta do sistema compensado é:*

$$G_c(s)G(s)$$

O exemplo não dá nenhuma informação sobre o estado em regime permanente. Podemos determinar a constante de erro estático de velocidade como segue:

$$\begin{aligned} K_v &= \lim_{s\to 0} sG_c(s)G(s) \\ &= \lim_{s\to 0} s\left(K_1\frac{n_2 s+1}{d_2 s+1}\right)\left(\frac{100}{s(0,02s+1)(0,005s+1)}\right) \\ &= 100 \end{aligned}$$

O erro de regime estacionário para o sistema compensado é calculado a seguir:

$$e(\infty) = e_{ss} = \lim_{s\to 0}\left(\frac{1}{sG_c(s)G(s)}\right) = \frac{1}{K_v} = 0,01$$

3. *Traçamos o diagrama de Bode do sistema com ganho ajustado mas não compensado* $G_1(s) = K_1 G(s)$. *Neste caso, o ganho é* $K_1 = 1$:

$$G_1(s) = K_1 G(j\omega) = \frac{100}{s(0,02s+1)(0,005s+1)}$$

4. *Deseja-se uma* MF_d *de* 47°, *e as condições para o projeto do compensador por avanço de fase são:*

$$\theta = -180^\circ + MF_d - \angle G_1(j\omega_1) > 0^\circ$$

Isto é, a escolha de ω_1 *deve satisfazer a condição de fase:*

$$\angle G_1(j\omega_1) < -180^\circ + MF_d = -133^\circ$$

Isso ocorre para frequências ω_1:

$$\omega_1 > 33,19 \; rad/s$$

5. *Da Tabela 4.4, deve-se escolher* ω_1 *para satisfazer a condição de ganho:*

$$|G_1(j\omega_1)| < 1$$

Isso ocorre para:

$$\omega_1 > 60,78 \; rad/s$$

6. *Desde que* $\operatorname{sen}(\theta) > 0$ *para o compensador por avanço e a partir das Equações 4.16 e 4.17, obtém-se:*

$$\cos(\theta) > G_1(j\omega_1)$$

Após algumas tentativas para verificar essa última relação, obtém-se que:

$$\omega_1 \geq 65,30 \ rad/s$$

Considerando $\omega_1 = 65,40$ *rad/s, então:*

$$G_1(j\omega_1) = 0,8827\underline{/-160,7089^\circ}$$

Dessa maneira:

$$|G_1(j\omega_1)| = 0,8827$$
$$\underline{/G_1(j\omega_1)} = -160,7089^\circ$$
$$\theta = -180^\circ + 47 + 160,7089 = 27,7089^\circ$$
$$\cos(\theta) = 0,8853 > |G_1(j\omega_1)| = 0,8827$$

Satisfeitas todas essas condições, obtém-se:

$$n_2 = \frac{1 - 0,8827 \times \cos(\theta)}{65,4 \times 0,8827 \times \text{sen}(theta)} = 0,008141$$
$$d_2 = \frac{\cos(\theta) - 0,8827}{65,4 \times \text{sen}(theta)} = 8,62 \times 10^{-5}$$

Então, a função de transferência do compensador é:

$$K_1 G_c(s) = \frac{1 + 0,008141s}{1 + 0,0000862s}$$

Na Figura 4.36a, observamos o diagrama de Bode do sistema compensado em malha aberta, na qual MG = $45,23$ *dB,* $\omega_{cf} = 1210,04$ *rad/s, MF =* $47,0^\circ$ *e* $\omega_{cg} = 65,4$ *rad/s. Na Figura 4.36b, observamos que obtivemos* $M_p = 21,67\%$ *e* $t_s = 0,11$ *s. Na Figura 4.37b, observamos que o erro de regime estacionário está próximo de zero.*

Comparando o sistema original sem nenhuma compensação e o sistema compensado, observamos que o sistema original é estável mas oscilatório, pois MF= $22,54^\circ$ *e MG=* $7,96$ *dB. O sistema compensador por avanço de fase tem um tempo de assentamento de* $0,11$ *s, ou seja, o sistema estabiliza rapidamente. A margem de fase do sistema teve uma grande mudança de* $22,54^\circ$ *para* $47,0^\circ$ *e a frequência de cruzamento de ganho aumentou consideravelmente de* $100,0$ *rad/s para* $1210,04$ *rad/s, ou seja, o sistema estabiliza mais rapidamente. O erro em regime estacionário a uma entrada rampa permanece no mesmo valor, visto que nenhum ganho para estado em regime permanente foi solicitado.*

Os polos da função de transferência em malha fechada são $-34,73800087 \pm 65,98649976j$, $-11601,21220698$ *e* $-179,81449351$*, e o zero da função de transferência em malha fechada é* $-122,83441387$.

Observamos que os polos da função de transferência em malha fechada encontram-se afastados do eixo imaginário, portanto o esforço de controle pode ter uma amplitude grande.

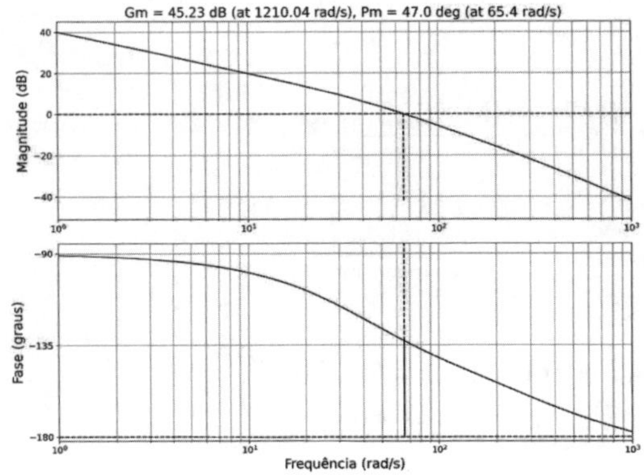

(a) Diagrama de Bode do sistema compensado. Método analítico.

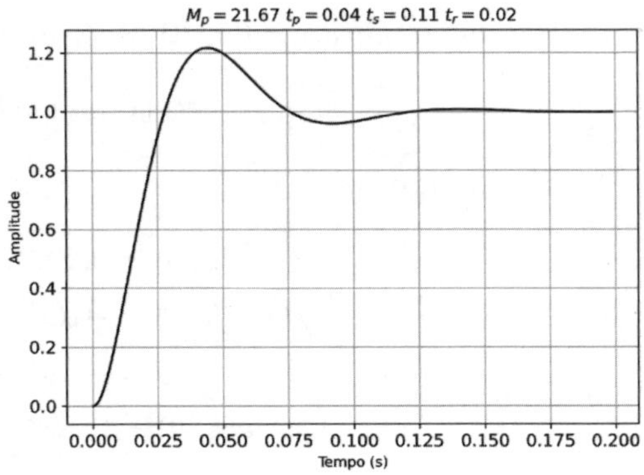

(b) Resposta ao degrau unitário do sistema compensado. Método analítico.

Figura 4.36: Diagrama de Bode e resposta ao degrau do sistema compensado. Método analítico.

Na Figura 4.37a, é possível observar que, no sistema sem compensação, o pico de ressonância é $M_r^s = 8,44$ *dB, a frequência de ressonância é* $\omega_r^s = 64,11$ *rad/s e a largura de banda é* $BW^s = 98,22$ *rad/s, enquanto no sistema compensado, o pico de ressonância é* $M_r^c = 2,11$ *dB, a frequência de ressonância é* $\omega_r^c = 58,50$ *rad/s e a largura de banda é* $BW^c = 103,84$ *rad/s. Percebe-se um aumento na banda passante do sistema (Figura 4.37a).*

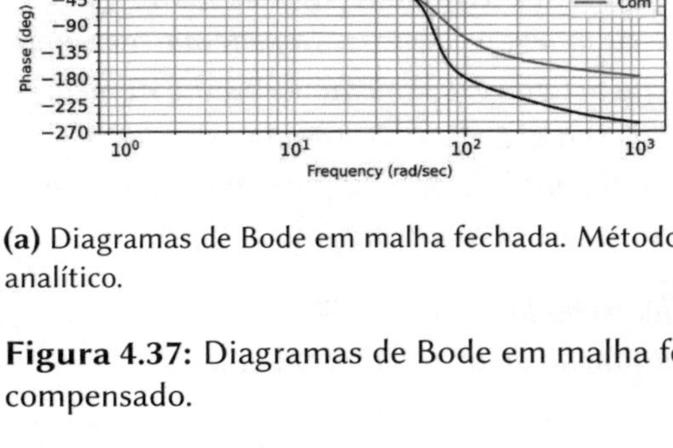

(a) Diagramas de Bode em malha fechada. Método analítico.

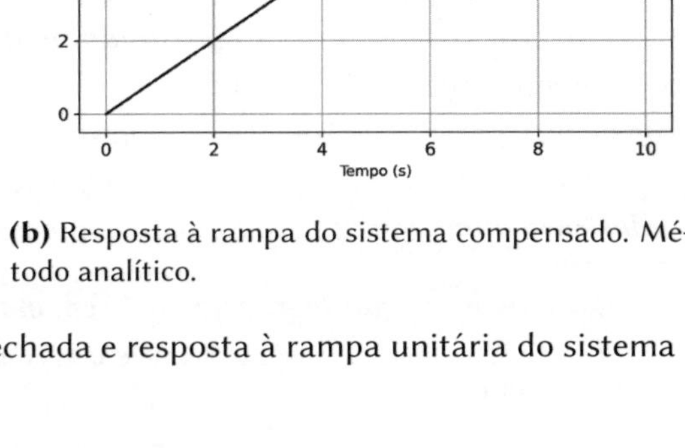

(b) Resposta à rampa do sistema compensado. Método analítico.

Figura 4.37: Diagramas de Bode em malha fechada e resposta à rampa unitária do sistema compensado.

O código em Python para o Exemplo 4.9 é mostrado na Listagem . O código quando executado mostra as simulações do sistema sujeito a uma entrada onda quadrada e onda triangular, bem como os respectivos esforços de controle: o esforço de controle para onda quadrada apresenta instantes de baixa magnitude, devido às mudanças abruptas em um pequeno instante de tempo na onda, enquanto o esforço de controle para onda triangular é de pequena magnitude, devido às mudanças mais suaves.

***Exemplo* 4.10.** *Consideremos o mesmo problema do Exemplo 4.5. Deseja-se projetar um compensador, de modo que a margem de fase seja pelo menos* $50°$ *e a margem de ganho seja pelo menos* 10 *dB.*

***Solução* 4.10.** *As especificações de projeto são:*

- *Margem de fase de pelo menos* $50°$.
- *Margem de ganho de pelo menos* 10 *dB.*

O projeto e a simulação deste Exemplo são realizados utilizando o Python.

O comportamento do sistema sem compensação nem ganho ajustado é mostrado na Figura 4.23a, na qual é ilustrado o diagrama de Bode e observa-se que MF = $2,87°$, $\omega_{cg} = 99,69$ *rad/s, MG=* $6,06$ *dB e* $\omega_{cf} = 141,42$ *rad/s. Na Figura 4.23b, observa-se a resposta a um degrau unitário e verifica-se que o sistema é estável, mas muito oscilatório, com* $M_p = 92,31\%$ *e* $t_s = 1,55$ *s.*

Procedimento de projeto:

1. *A função de transferência do compensador é:*

$$G_c(s) = K_1 \frac{n_2 s + 1}{d_2 s + 1}$$

2. *A função de transferência em malha aberta do sistema compensado é:*

$$G_c(s)G(s)$$

O exemplo não dá nenhuma informação sobre o estado em regime permanente. Podemos determinar a constante de erro estático de velocidade como segue:

$$\begin{aligned} K_v &= \lim_{s\to 0} sG_c(s)G(s) \\ &= \lim_{s\to 0} s\left(K_1 \frac{n_2 s + 1}{d_2 s + 1}\right)\left(\frac{2\times 10^7}{s(s+10)(s+2000)}\right) \\ &= 1000 \end{aligned}$$

O erro de regime estacionário para o sistema compensado é calculado a seguir:

$$e(\infty) = e_{ss} = \lim_{s\to 0}\left(\frac{1}{sG_c(s)G(s)}\right) = \frac{1}{K_v} = 0,001$$

3. *Traçamos o diagrama de Bode do sistema com ganho ajustado mas não compensado* $G_1(s) = K_1G(s)$. *Neste caso, o ganho é* $K_1 = 1$:

$$G_1(s) = K_1G(j\omega) = \frac{100}{s(s+10)(s+2000)}$$

4. *Deseja-se uma* MF_d *de* 50°, *e as condições para o projeto do compensador por avanço de fase são:*

$$\theta = -180^\circ + MF_d - \angle G_1(j\omega_1) > 0^\circ$$

Isto é, a escolha de ω_1 *deve satisfazer a condição de fase:*

$$\angle G_1(j\omega_1) < -180^\circ + MF_d = -130^\circ$$

Isso ocorre para frequências ω_1:

$$\omega_1 > 8,32\ rad/s$$

5. *Da Tabela 4.5, deve-se escolher* ω_1 *para satisfazer a condição de ganho:*

$$|G_1(j\omega_1)| < 1$$

Isso ocorre para:

$$\omega_1 > 99,69\ rad/s$$

6. *Desde que* $\text{sen}(\theta) > 0$ *para o compensador por avanço e a partir das Equações 4.16 e 4.17, obtém-se:*

$$\cos(\theta) > |G_1(j\omega_1)|$$

Após algumas tentativas para verificar essa última relação, obtém-se que:

$$\omega_1 \geq 123,46\ rad/s$$

Considerando $\omega_1 = 125,40$ *rad/s, então:*

$$G_1(j\omega_1) = 0,6327\angle{-179,0284^\circ}$$

Dessa maneira:

$$
\begin{aligned}
|G_1(j\omega_1)| &= 0,6327 \\
\angle G_1(j\omega_1) &= -179,0284^\circ \\
\theta &= -180^\circ + 50 + 179,0284 = 49,0284^\circ \\
\cos(\theta) &= 0,6557 > |G_1(j\omega_1)| = 0,6327
\end{aligned}
$$

Satisfeitas todas essas condições, obtém-se:

$$
\begin{aligned}
n_2 &= \frac{1 - 0,6327 \times \cos(\theta)}{125,40 \times 0,6327 \times \mathrm{sen}(\theta)} = 0,009768 \\
d_2 &= \frac{\cos(\theta) - 0,6327}{125,40 \times \mathrm{sen}(\theta)} = 0,0002428
\end{aligned}
$$

Então, a função de transferência do compensador é:

$$
K_1 G_c(s) = \frac{1 + 0,009768s}{1 + 0,0002428s}
$$

Na Figura 4.38a, observamos o diagrama de Bode do sistema compensado em malha aberta, na qual MG = $35,32$ *dB,* $\omega_{cf} = 2770,09$ *rad/s, MF=*$50,0^\circ$ *e* $\omega_{cg} = 125,4$ *rad/s. Na Figura 4.38b, observamos que* $M_p = 28,14\%$ *e* $t_s = 0,072$ *s. Na Figura 4.39b, observamos que o erro de regime estacionário está próximo de zero.*

Comparando o sistema original sem nenhuma compensação e o sistema compensado, observamos que o sistema original é estável mas oscilatório, pois MF= $2,87^\circ$ *e MG=* $6,06$ *dB. O sistema compensado por avanço de fase tem um tempo de assentamento de* $0,072$ *s, ou seja, o sistema estabiliza muito rapidamente. A margem de fase do sistema teve uma grande mudança de* $2,87^\circ$ *para* $50,0^\circ$ *e a frequência de cruzamento de ganho aumento de* $99,69$ *rad/s para* $125,4$ *rad/s, ou seja, o sistema estabiliza mais rapidamente. O erro em regime estacionário a uma entrada rampa permanece no mesmo valor, visto que nenhum ganho para estado em regime permanente foi solicitado.*

Os polos da função de transferência em malha fechada são $-53,8016289 \pm 88,81104489j$, $-4204,2188282$ *e* $-1817,47006378$*, e o zero da função de transferência em malha fechada é* $-102,37558684$.

Observamos que os polos da função de transferência em malha fechada encontram-se afastados do eixo imaginário, portanto o esforço de controle pode ter uma amplitude grande.

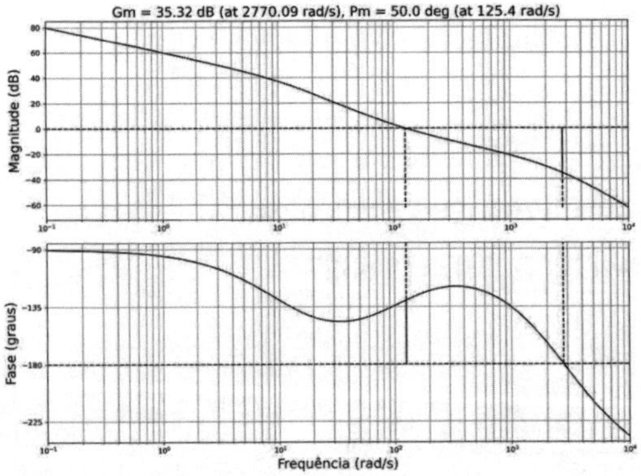

(a) Diagrama de Bode do sistema compensado. Método analítico.

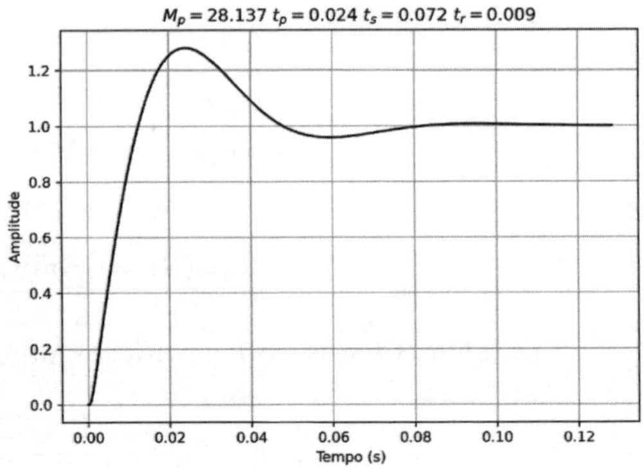

(b) Resposta ao degrau unitário do sistema compensado. Método analítico.

Figura 4.38: Diagrama de Bode e resposta ao degrau do sistema compensado. Método analítico.

Na Figura 4.39a, é possível observar que, no sistema sem compensação, o pico de ressonância é $M_r^s = 26,0$ *dB, a frequência de ressonância é* $\omega_r^s = 99,81$ *rad/s e a largura de banda é* $BW^s = 154,92$ *rad/s, enquanto no sistema compensado, o pico de ressonância é* $M_r^c = 3,09$ *dB, a frequência de ressonância é* $\omega_r^c = 87,68$ *rad/s e a largura de banda é* $BW^c = 187,24$ *rad/s. Percebe-se um aumento na banda passante do sistema (Figura 4.39a).*

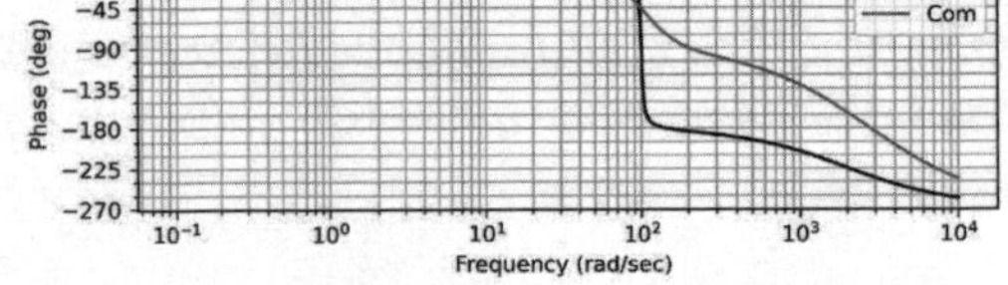

(a) Diagramas de Bode em malha fechada. Método analítico.

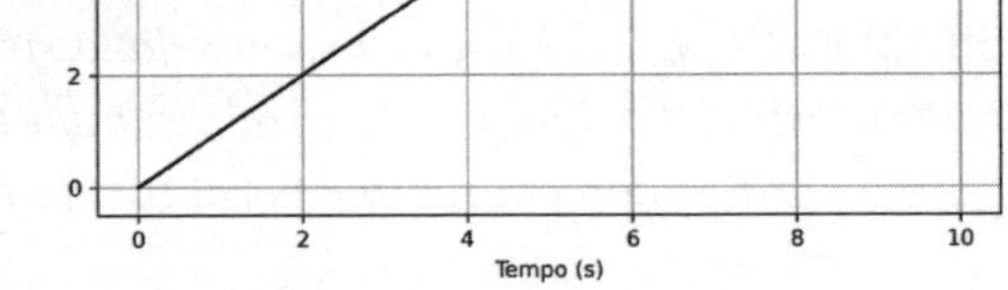

(b) Resposta à rampa do sistema compensado. Método analítico.

Figura 4.39: Diagramas de Bode em malha fechada e resposta à rampa unitária do sistema compensado.

O código em Python para o Exemplo 4.10 é mostrado na Listagem . O código quando executado mostra as simulações do sistema sujeito a uma entrada onda quadrada e onda triangular, bem como os respectivos esforços de controle: o esforço de controle para onda quadrada apresenta instantes de baixa magnitude, devido às mudanças abruptas em um pequeno instante de tempo na onda, enquanto o esforço de controle para onda triangular é de pequena magnitude devido às mudanças mais suaves.

***Exemplo* 4.11.** *Consideremos o mesmo problema do Exemplo 4.6. Deseja-se projetar um compensador de modo que a constante de erro estático de velocidade K_v seja $40\ s^{-1}$, o máximo sobressinal M_p seja 20% e o tempo de pico seja $0,1$ s.*

***Solução* 4.11.** *As especificações de projeto são:*

- $K_v = 40\ s^{-1}$, *ou erro estacionário para entrada rampa unitária inferior a* $0,025$ *s.*
- $M_p = 20\%$.
- $t_p = 0,1$ *s.*

O projeto e a simulação deste Exemplo são realizados utilizando o Python.

O comportamento do sistema sem compensação nem ganho ajustado é mostrado na Figura 4.26a, na qual é ilustrado o diagrama de Bode e observa-se que MF = $89,94°$, $\omega_{cg} = 0,03$ *rad/s, MG=*$73,8$ *dB e* $\omega_{cf} = 60$ *rad/s. Na Figura 4.26b, observa-se a resposta a um degrau unitário, em que* $M_p = 0,0\%$ *e* $t_s = 140,76$ *s. Na Figura 4.27, observa-se a resposta a uma entrada rampa unitária, em que o erro de regime estacionário é* 36*. Nessas simulações, considerou-se* $K = 1$.

As relações matemáticas que utilizaremos neste Exemplo são:

$$\xi = \frac{\left|\ln\left(M_p/100\right)\right|}{\sqrt{\pi^2 + \left(\ln\left(M_p/100\right)\right)^2}} \tag{4.23}$$

$$\omega_n = \frac{\pi}{t_p\sqrt{1-\xi^2}} \tag{4.24}$$

$$\omega_{BW} = \omega_n\sqrt{1 - 2\xi^2 + \sqrt{4\xi^4 - 4\xi^2 + 2}}$$

$$\omega_{BW} = \frac{\pi}{t_p\sqrt{1-\xi^2}}\sqrt{1 - 2\xi^2 + \sqrt{4\xi^4 - 4\xi^2 + 2}} \tag{4.25}$$

Da Equação 4.23, obtemos: $\xi = 0,4559$

E a margem de fase desejada é: MF = $100\xi = 46°$

Procedimento de projeto:

1. *A função de transferência do compensador é:*

$$G_c(s) = K_1 \frac{n_2 s + 1}{d_2 s + 1}$$

2. *A função de transferência em malha aberta do sistema compensador é:*

$$G_c(s)G(s)$$

Para determinar o ganho que satisfaz a constante de erro estático de velocidade. utilizamos a seguinte expressão:

$$\begin{aligned} K_v &= \lim_{s \to 0} sG_c(s)G(s) \\ &= \lim_{s \to 0} s \left(K_1 \frac{n_2 s + 1}{d_2 s + 1} \right) \left(\frac{100K}{s(s+36)(s+100)} \right) \\ &= \frac{100K_1}{36 \times 100} = \frac{K_1}{36} \end{aligned}$$

Como se deseja $K_v = 20\ s^{-1}$, *então:*

$$K_v = \frac{K_1}{36} = 40$$

Obtemos:

$$K_1 = 1440.$$

O erro de regime estacionário para o sistema compensado é calculado a seguir:

$$e(\infty) = e_{ss} = \lim_{s \to 0} \left(\frac{1}{sG_c(s)G(s)} \right) = 0,025$$

3. *Traçamos o diagrama de Bode do sistema com ganho ajustado mas não compensado* $G_1(s) = K_1 G(s)$:

$$G_1(s) = K_1 G(j\omega) = \frac{144000}{j\omega(j\omega + 36)(j\omega + 100)}$$

Do diagrama de Bode (Figura 4.28a), observamos que MF= $34,06°$ *ocorre na frequência de cruzamento de ganho* $\omega_{cg} = 29,62$ *rad/s, enquanto MG=* $10,63$ *dB ocorre na frequência de cruzamento de fase* $\omega_{cf} = 60$ *rad/s.*

Na Figura 4.28b, é mostrado a simulação da resposta ao degrau unitário, e observamos que $M_p = 36,90\%$, $t_p = 0,1$ *s e* $t_s = 0,39$ *s. O requisito de* t_p *está satisfeito; agora falta satisfazer a margem de fase.*

4. *Deseja-se uma* MF_d *de* $46°$*, e as condições para o projeto do compensador por avanço de fase são:*

$$\theta = -180° + MF_d - \angle G_1(j\omega_1) > 0°$$

Isto é, a escolha de ω_1 *deve satisfazer a condição de fase:*

$$\angle G_1(j\omega_1) < -180° + MF_d = -134°$$

Isso ocorre para frequências ω_1*:*

$$\omega_1 > 22,09\ rad/s$$

5. *Da Tabela 4.6, deve-se escolher* ω_1 *para satisfazer a condição de ganho:*

$$|G_1(j\omega_1)| < 1$$

Isso ocorre para:

$$\omega_1 > 29,62\ rad/s$$

6. *Desde que* $\text{sen}(\theta) > 0$ *para o compensador por avanço e a partir das Equações 4.16 e 4.17, obtém-se:*

$$\cos(\theta) > |G_1(j\omega_1)|$$

Após algumas tentativas para verificar essa última relação, obtém-se que:

$$\omega_1 \geq 30,11\ rad/s$$

Considerando $\omega_1 = 32$ *rad/s, então:*

$$G_1(j\omega_1) = 0,8898\angle{-149,3782°}$$

Dessa maneira:

$$|G_1(j\omega_1)| = 0,8898$$
$$\angle G_1(j\omega_1) = -149,3782°$$
$$\theta = -180° + 46 + 149,3782 = 15,3782°$$
$$\cos(\theta) = 0,9642 > |G_1(j\omega_1)| = 0,8898$$

Satisfeitas todas essas condições, obtém-se:

$$n_2 = \frac{1 - 0,8898 \times \cos(\theta)}{32 \times 0,8898 \times \mathrm{sen}(\theta)} = 0,01881$$

$$d_2 = \frac{\cos(\theta) - 0,8898}{32 \times \mathrm{sen}(\theta)} = 0,008767$$

Então, a função de transferência do compensador é:

$$G_c(s) = 1440\frac{1 + 0,01881s}{1 + 0,008767s}$$

Na Figura 4.40a, observamos o diagrama de Bode do sistema compensado em malha aberta, na qual MG = $14,78$ *dB, MF =* $46,0°$ *e* $\omega_{cg} = 32$ *rad/s. Na Figura 4.40b, observamos que obtivemos* $M_p = 22,39\%$, $t_p = 0,088$ *s e* $t_s = 0,21$ *s.*

Comparando o sistema original sem nenhuma compensação e o sistema compensado, observamos que o máximo sobressinal teve uma degradação de $M_p = 0,0\%$ *para* $M_p = 22,39\%$ *e o tempo de assentamento teve uma considerável melhora de* 140 *s para* $0,21$ *s, ou seja, o sistema estabiliza muito rapidamente. A margem de fase do sistema teve uma mudança de* $89,94°$ *para* $46,0°$ *e a frequência de cruzamento de ganho aumentou consideravelmente de* $0,03$ *rad/s para* $32,0$ *rad/s, ou seja, o sistema estabiliza mais rapidamente. O erro em regime estacionário a uma entrada rampa diminuiu significativamente de* 36 *para* $0,025$.

Os polos da função de transferência em malha fechada são $-18,48568408 \pm 37,22958966j$, $-149,50648744$ *e* $-63,58760833$*, e o zero da função de transferência em malha fechada é* $-53,15357016$.

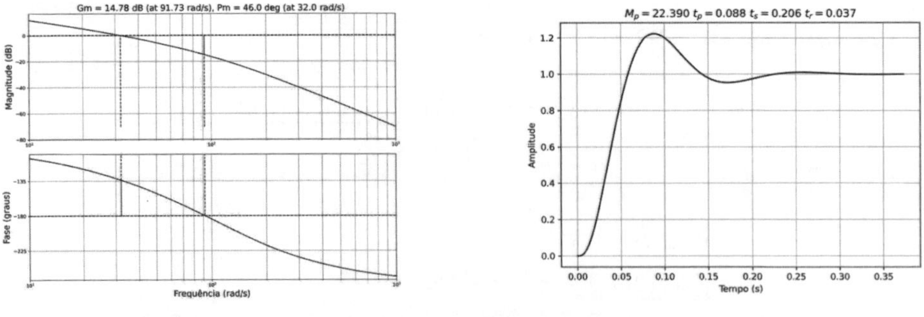

(a) Diagrama de Bode do sistema compensado. Método analítico.

(b) Resposta ao degrau unitário do sistema compensado. Método analítico.

Figura 4.40: Diagrama de Bode e resposta ao degrau do sistema compensado. Método analítico.

A condição de $t_p = 0,1$ *s e da Equação 4.25 é necessária para uma largura de banda de aproximadamente* $\omega_{BW} = 46,5937$ *rad/s. Percebe-se um aumento na banda passante do sistema na Figura 4.41a, e a largura de banda é aproximadamente* $55,86$ *rad/s, o que satisfaz a condição do tempo de pico.*

Na Figura 4.41a, é possível observar que, no sistema sem compensação, o pico de ressonância é $M_r^s = 0,0$ *dB, a frequência de ressonância é* $\omega_r^s = 0,001$ *rad/s e a largura de banda é* $BW^s = 0,02$ *rad/s, enquanto no sistema compensado, o pico de ressonância é* $M_r^c = 2,15$ *dB, a frequência de ressonância é* $\omega_r^c = 32,59$ *rad/s e a largura de banda é* $BW^c = 55,86$ *rad/s. Percebe-se um aumento na banda passante do sistema (Figura 4.41a).*

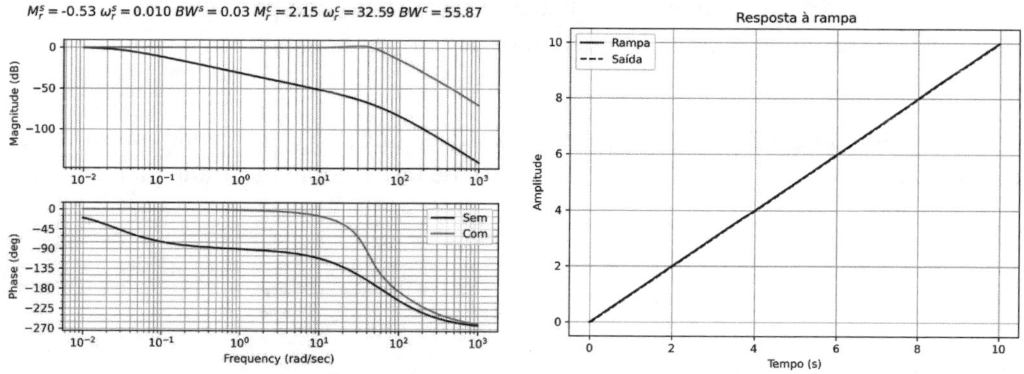

(a) Diagramas de Bode em malha fechada. Método analítico.

(b) Resposta à rampa do sistema compensado. Método analítico.

Figura 4.41: Diagramas de Bode em malha fechada e resposta à rampa unitária do sistema compensado.

O código em Python para o Exemplo 4.11 é mostrado na Listagem . O código quando executado mostra as simulações do sistema sujeito a uma entrada onda quadrada e uma onda triangular, bem como os respectivos esforços de controle: o esforço de controle para onda quadrada apresenta instantes de baixa magnitude, devido às mudanças abruptas em um pequeno instante de tempo na onda, enquanto o esforço de controle para onda triangular é de pequena magnitude, devido às mudanças mais suaves. Na resposta a uma entrada de onda triangular, é possível observar que o erro de estado estacionário é de aproximadamente $0,05$*, e o erro de estado estacionário calculado é de* $0,025$*, pois esse erro somente é atingido quando* $t \longrightarrow \infty$*.*

4.3 COMPENSADOR POR ATRASO DE FASE

Compensadores por atraso de fase têm a função de transferência do tipo:

$$G_c(s) = K_c \frac{s+\omega_z}{s+\omega_p} = K_c \frac{s+\dfrac{1}{T}}{s+\dfrac{1}{\beta T}}$$

$$= K_c \beta \frac{Ts+1}{\beta Ts+1} \text{ e } \beta > 1$$

Na qual $\omega_z = \frac{1}{T}$ é a frequência de canto do zero do compensador, $\omega_p = \frac{1}{\beta T}$ é a frequência de canto do polo do compensador, K_c é o ganho positivo do compensador e $\omega_z > \omega_p$.

Considerando que o compensador tem ganho dc unitário e afirmando que $\omega_z > \omega_p$, o diagrama de Bode do compensador por atraso de fase é como mostrado na Figura 4.42.

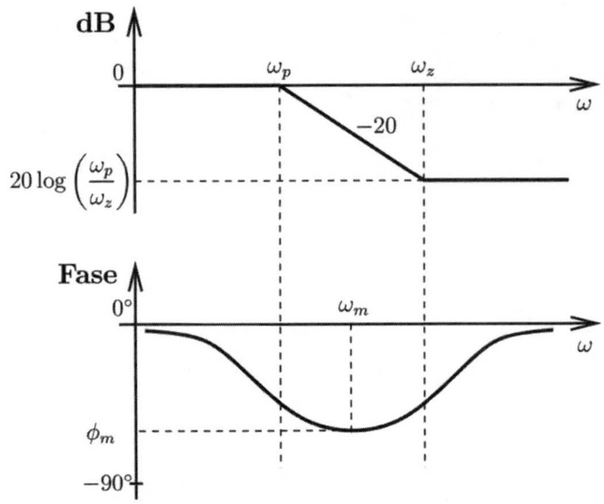

Figura 4.42: Diagrama de Bode do compensador por atraso de fase.

O atraso máximo ϕ_m, menor que 90°, ocorre em ω_m que é igual à média geométrica de ω_z e ω_p, isto é, $\omega_m = \sqrt{\omega_z \omega_p}$.

O diagrama polar do compensador é obtido sem considerar o ganho K_c.

1. Obtemos a função de transferência senoidal:

$$G_c(j\omega) = \frac{\dfrac{j\omega}{\omega_z} + 1}{\dfrac{j\omega}{\omega_p} + 1}$$

2. Separamos a parte real e imaginária de $G_c(j\omega)$, multiplicando $G_c(j\omega)$ pelo complexo conjugado do polo, como segue:

$$G_c(j\omega) = \frac{\dfrac{j\omega}{\omega_z} + 1}{\dfrac{j\omega}{\omega_p} + 1}\left(\frac{1 - \dfrac{j\omega}{\omega_p}}{1 - \dfrac{j\omega}{\omega_p}}\right)$$

Assim, obtém-se:

$$G_c(j\omega) = \frac{1 + \dfrac{\omega^2}{\omega_z\omega_p} + j\omega\left(\dfrac{1}{\omega_z} - \dfrac{1}{\omega_p}\right)}{1 + \left(\dfrac{\omega}{\omega_p}\right)^2}$$

3. Determinamos o comportamento de $G_c(j\omega)$ em baixa frequência:

$$\lim_{\omega \to 0^+} G(j\omega) = 1 - j0$$

Ou

$$\lim_{\omega \to 0^+} G_c(j\omega) = \lim_{\omega \to 0^+} \frac{\dfrac{j\omega}{\omega_z} + 1}{\dfrac{j\omega}{\omega_p} + 1}$$

$$\lim_{\omega \to 0^+} G_c(j\omega) = 1 = 1\underline{/0^\circ}$$

Isto quer dizer que começamos o diagrama polar desde 1, que sai com valores negativos na parte imaginária.

4. Determinamos o comportamento de $G_c(j\omega)$ em alta frequência:

$$\lim_{\omega \to \infty} G_c(j\omega) = \lim_{\omega \to \infty} \frac{1 + \dfrac{\omega^2}{\omega_z\omega_p} + j\omega\left(\dfrac{1}{\omega_z} - \dfrac{1}{\omega_p}\right)}{1 + \left(\dfrac{\omega}{\omega_p}\right)^2}$$

$$= \frac{\omega_p}{\omega_z} - j0$$

$$= \frac{\omega_p}{\omega_z}\underline{/0^\circ}$$

Ou

$$\lim_{\omega \to \infty} G_c(j\omega) = \lim_{\omega \to \infty} \left(\frac{\dfrac{j\omega}{\omega_z} + 1}{\dfrac{j\omega}{\omega_p} + 1} \right)$$

$$= \frac{\omega_p}{\omega_z} = \frac{\omega_p}{\omega_z} \underline{/0^\circ}$$

Isto quer dizer que o diagrama polar converge para $\dfrac{\omega_p}{\omega_z}$ com valores reais positivos e com valores imaginários negativos.

5. Determinamos possíveis cruzamentos com os eixos real e imaginário:

   (a) Interseção com o eixo real:
   Isto ocorre quando $\text{Im}[G(j\omega)] = 0$. Observamos a parte imaginária de $G(j\omega)$, onde determinamos que não existem frequências finitas não nulas que fazem da parte imaginária nula.

   (b) Interseção com o eixo imaginário:
   Isto ocorre quando $\text{Re}[G(j\omega)] = 0$. Observamos a parte real de $G(j\omega)$, onde determinamos que não existem frequências finitas não nulas que fazem da parte real nula.

6. Verificar as assintotas: não há assintotas.

O diagrama polar do compensador por avanço de fase é como mostrado na Figura 4.43.

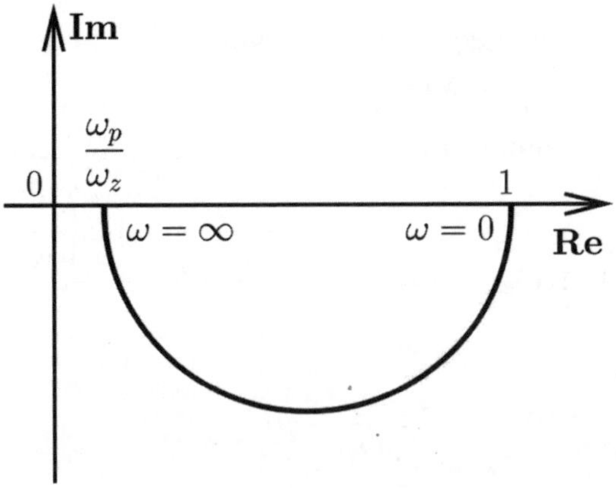

Figura 4.43: Diagrama polar do compensador por atraso de fase.

4.3.1 Procedimento de projeto compensador por atraso: método tentativa-e-erro

Os procedimentos de projeto de compensadores por atraso de fase são semelhantes nos livros de (Ogata & Severo, 2008) e (Nise, 2012). Nesta seção, é apresentado de maneira resumida o procedimento, como segue:

1. A função de transferência do compensador por atraso de fase é:

$$G_c(s) = K_c \frac{s+\omega_z}{s+\omega_p} = K_c \left(\frac{\omega_z}{\omega_p}\right) \frac{\dfrac{s}{\omega_z}+1}{\dfrac{s}{\omega_p}+1}$$
$$= K_c\,\beta \frac{Ts+1}{\beta Ts+1}$$

   Na qual $\beta = \omega_z/\omega_p$ e $\beta > 1$, ou seja, a frequência de canto do zero é maior que a frequência de canto do polo, e definamos $K_c\beta = K_1$. A função de transferência em malha aberta do sistema compensado é:

$$G_c(s)G(s) = K_1 \frac{Ts+1}{\beta Ts+1} G(s)$$
$$= \frac{Ts+1}{\beta Ts+1} G_1(s)$$

   Na qual foi definido $G_1(s) = K_1 G(s)$. O ganho K_1 é determinado para satisfazer o requisito da constante de erro estático solicitada.

2. Com o ganho K_1 calculado, temos que obter o diagrama de Bode da função de transferência com ganho ajustado:

$$G_1(j\omega) = K_1 G(j\omega)$$

   Do diagrama de Bode, realizamos a leitura da margem de ganho (MG), frequência de cruzamento de fase (ω_{cf}), margem de fase (MF) e frequência de cruzamento de ganho (ω_{cg}) do sistema com ganho ajustado.

3. Determinamos a frequência ω_{cg}, em que a fase de $G_1(j\omega)$ é igual a:

$$\angle G_1(j\omega) = -180^\circ + \text{MF} + \text{Tolerância}$$

   Na qual MF é a margem de fase desejada e a Tolerância fica contida entre 5° a 20°. Essa frequência deve ser escolhida para que o ganho seja 0 dB, isto é, a nova frequência de cruzamento de ganho.

4. Escolhemos a frequência de canto do zero (zero do compensador) de uma oitava a uma década abaixo da nova frequência de cruzamento de ganho:

$$\omega_z^{AT} = \frac{\omega_{cg}}{\text{Fator}}, \quad 2 \leq \text{Fator} \leq 10.$$

Frequentemente, escolhe-se:

$$\omega_z^{AT} = \frac{\omega_{cg}}{10} \Rightarrow T = \frac{1}{\omega_z^{AT}} = \frac{10}{\omega_{cg}}$$

5. Determinamos a atenuação necessária para que o ganho 0 dB corresponda à frequência fixada no passo anterior, isto é, o módulo $\left|G_1\left(j\omega_{cg}\right)\right|$.

6. Determinamos β considerando que a atenuação obtida no passo anterior seja:

$$-\left|G_1\left(j\omega_{cg}\right)\right| = -20\log\beta$$

Calculamos a frequência de canto do polo:

$$\omega_p^{AT} = \frac{1}{\beta T} \Rightarrow \beta T = \frac{1}{\omega_p^{AT}}$$

7. O compensador é:

$$G_c^{AT}(s) = K_1 \frac{Ts+1}{\beta Ts+1}$$

***Exemplo* 4.12.** *Consideremos o sistema cuja função de transferência em malha aberta é:*

$$G(s) = \frac{1}{s(s+1)(0.5s+1)}$$

Desejamos compensar o sistema de modo que a constante de erro estático de velocidade K_v seja $5\ s^{-1}$, a margem de fase seja pelo menos 40° e a margem de ganho seja pelo menos 10 dB.

***Solução* 4.12.** *As especificações de projeto são:*

- *Erro estacionário para entrada rampa unitária inferior a $0,2$ s ou $K_v = 5\ s^{-1}$.*
- *Margem de fase de pelo menos 40°.*
- *Margem de ganho de pelo menos 10 dB.*

O projeto e a simulação deste Exemplo são realizados utilizando o Python.

O comportamento do sistema sem compensação nem ganho ajustado é mostrado na Figura 4.44a, na qual é ilustrado o diagrama de Bode e observa-se que MF = $32,61^\circ$, $\omega_{cg} = 0,75$ *rad/s, MG=* $9,54$ *dB e* $\omega_{cf} = 1,41$ *rad/s. Na Figura 4.44b, observa-se a resposta a um degrau unitário e verifica-se que o sistema é estável, mas oscilatório, com* $M_p = 38,94\%$, $t_p = 4,08$ *s e* $t_s = 16,02$ *s. Na Figura 4.45, é mostrada a resposta à rampa do sistema e observa-se um erro de estado estacionário de* 1 *unidade.*

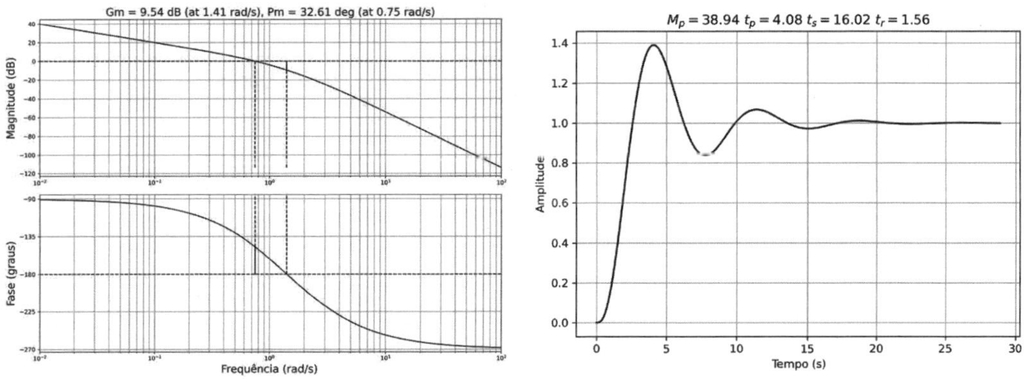

(a) Diagrama de Bode do sistema sem ganho ajustado nem compensado.

(b) Resposta ao degrau unitário do sistema sem ganho ajustado nem compensado.

Figura 4.44: Diagrama de Bode e resposta ao degrau do sistema sem ganho ajustado nem compensado.

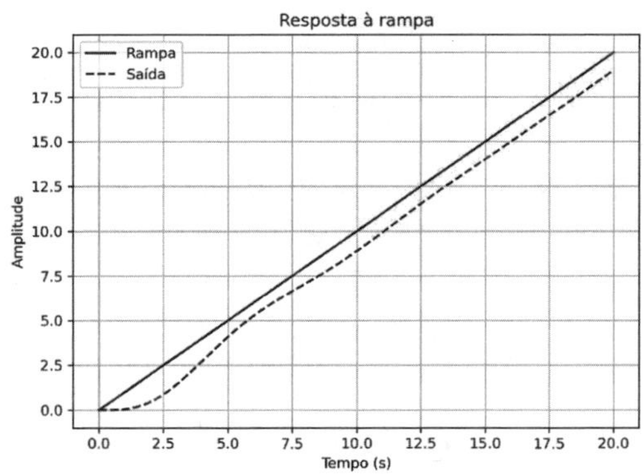

Figura 4.45: Resposta à rampa unitária do sistema sem ganho ajustado nem compensado.

1. *Suponhamos o seguinte compensador por atraso de fase:*

$$G_c(s) = K_c\beta\frac{1+sT}{1+s\beta T} = K_c\frac{s+\frac{1}{T}}{s+\frac{1}{\beta T}} \quad e \quad \beta > 1$$

Definimos $K_c\beta = K_1$. *A função de transferência em malha aberta do sistema compensado é:*

$$\begin{aligned} G_c(s)G(s) &= K_1\frac{Ts+1}{\beta Ts+1}G(s) \\ &= \frac{Ts+1}{\beta Ts+1} \quad onde \quad G_1(s) = K_1G(s) \end{aligned}$$

2. *O primeiro passo consiste em determinar o valor de* K_1*, de modo a atender à especificação do erro estacionário:*

$$\begin{aligned} K_v &= \lim_{s\to 0} sG_c(s)G(s) = \lim_{s\to 0} s\left(\frac{Ts+1}{\beta Ts+1}\right)G_1(s) \\ &como\, s \to 0 \quad e \quad G_1(s) = K_1\, G(s) \\ &= \lim_{s\to 0} s\, G_1(s) = \lim_{s\to 0} s\, K_1\, G(s) \\ &= \lim_{s\to 0} \not{s}\,\frac{K_1}{\not{s}(s+1)(0,5s+1)} \\ &= K_1 = 5 \end{aligned}$$

Lembrando a definição de erro de estado estacionário para uma entrada rampa:

$$e_{ss} = e(\infty) = \lim_{s\to 0}\left(\frac{1}{s\, G_c(s)\, G_1(s)}\right) = \frac{1}{K_v}$$

3. *Com o valor de ganho* $K_1 = 5$*, traçamos o diagrama de Bode do sistema com ganho ajustado mas não compensado* $G_1(s) = K_1G(s)$*:*

$$G_1(s) = K_1G(j\omega) = \frac{5}{j\omega(j\omega+1)(j0,5\omega+1)}.$$

Do diagrama de Bode (Figura 4.46a), observamos que MF= -13° *ocorre na frequência de cruzamento de ganho* $\omega_{cg} = 1,8$ *rad/s e que MG=* $-4,44$ *dB ocorre na frequência de cruzamento de fase* $\omega_{cf} = 1,41$ *rad/s.*

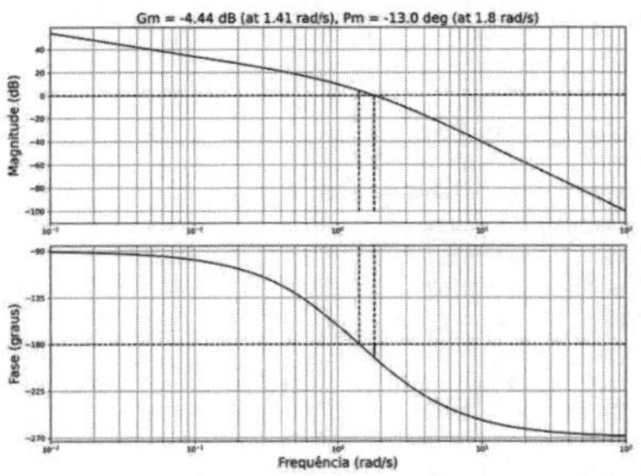

(a) Diagrama de Bode do sistema com ganho ajustado sem compensação.

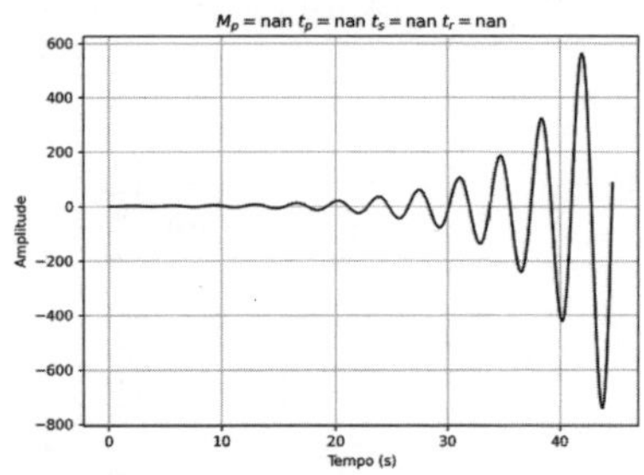

(b) Resposta ao degrau unitário do sistema sem ganho ajustado sem compensação.

Figura 4.46: Diagrama de Bode e resposta ao degrau do sistema com ganho ajustado sem compensação.

Na Figura 4.28b, é mostrada a simulação da resposta ao degrau unitário, e observamos que o sistema é instável.

4. *A fase correspondente a* 40° *de margem de fase com uma tolerância de* 5° *é:*

$$\underline{/G_1(j\omega)} = -180^\circ + 40^\circ + 5^\circ = -135^\circ$$

A dita fase está em torno de $0,56$ *rad/s (Tabela 4.7). Então, a nova frequência de cruzamento de ganho deve ser nesse valor. A frequência de canto do zero do compensador deve ficar dentro do intervalo:*

$$\omega_z \in \left[\frac{0,56}{10}, \; \frac{0,56}{2}\right] = [0,056; \; 0,28] \; rad/s$$

Escolhemos então a frequência de canto $\omega_z = 1/T$ *como* $0,056$ *rad/s e, assim,* $T = 17,8571$ *s. Para que a curva de ganho passe por* 0 *dB nessa frequência, o compensador deve fornecer uma atenuação de* $-17,5032$ *dB; portanto,* $\beta = 7,5017$.

Assim, a função de transferência do compensador fica:

$$G_c(s) = 5\frac{1 + sT}{1 + s\beta T} = 5\frac{17,8571s + 1}{133,9589s + 1}$$

Na Figura 4.47a, observamos o diagrama de Bode do sistema compensado em malha aberta, na qual MG = $12,41$ *dB,* $\omega_{cf} = 1,36$ *rad/s, MF =* $40,03^\circ$ *e* $\omega_{cg} = 0,56$ *rad/s. Na Figura 4.47b, observamos que* $M_p = 33,86\%$, $t_p = 5,16$ *s e* $t_s = 24,95$ *s. Na Figura 4.48b, observamos que o erro de regime estacionário reduziu consideravelmente para* $e_{ss} \approx 0,2$, *o que é atingido quando* $t \longrightarrow \infty$.

Tabela 4.7: Resposta em frequência para o Exemplo 4.12.

ω [rad/s]	Amplitude	Amplitude [dB]	Fase [°]
0.30	15.7872	23.9661	-115.2300
0.31	15.2240	23.6506	-116.0342
0.32	14.6947	23.3432	-116.8349
0.33	14.1964	23.0435	-117.6323
0.34	13.7262	22.7510	-118.4261
0.35	13.2818	22.4652	-119.2163
0.36	12.8612	22.1856	-120.0029
0.37	12.4623	21.9120	-120.7857
0.38	12.0836	21.6439	-121.5648
0.39	11.7235	21.3811	-122.3400
0.40	11.3806	21.1233	-123.1113
0.41	11.0537	20.8701	-123.8788
0.42	10.7417	20.6214	-124.6422
0.43	10.4436	20.3770	-125.4016
0.44	10.1584	20.1365	-126.1569
0.45	9.8853	19.8998	-126.9081
0.46	9.6236	19.6668	-127.6552
0.47	9.3726	19.4372	-128.3981
0.48	9.1316	19.2109	-129.1367
0.49	8.8999	18.9878	-129.8712
0.50	8.6772	18.7676	-130.6013
0.51	8.4629	18.5503	-131.3271
0.52	8.2564	18.3358	-132.0486
0.53	8.0575	18.1240	-132.7658
0.54	7.8656	17.9147	-133.4786
0.55	7.6805	17.7078	-134.1870
0.56	7.5017	17.5032	-134.8911
0.57	7.3290	17.3009	-135.5907
0.58	7.1621	17.1008	-136.2859
0.59	7.0006	16.9027	-136.9767
0.60	6.8444	16.7067	-137.6630
0.61	6.6932	16.5126	-138.3449
0.62	6.5467	16.3204	-139.0223
0.63	6.4048	16.1301	-139.6954
0.64	6.2672	15.9414	-140.3639
0.65	6.1338	15.7545	-141.0280
0.66	6.0043	15.5693	-141.6877
0.67	5.8787	15.3856	-142.3429
0.68	5.7567	15.2035	-142.9937
0.69	5.6382	15.0229	-143.6401
0.70	5.5231	14.8437	-144.2821
0.71	5.4113	14.6660	-144.9196
0.72	5.3025	14.4896	-145.5528
0.73	5.1968	14.3146	-146.1815
0.74	5.0939	14.1410	-146.8059
0.75	4.9938	13.9685	-147.4259
1.65	1.2115	1.6667	-188.3042
1.66	1.1960	1.5544	-188.6275
1.67	1.1807	1.4425	-188.9486
1.68	1.1656	1.3311	-189.2675
1.69	1.1508	1.2200	-189.5843
1.70	1.1362	1.1093	-189.8990
1.71	1.1219	0.9990	-190.2115
1.72	1.1078	0.8891	-190.5220
1.73	1.0939	0.7796	-190.8304
1.74	1.0802	0.6705	-191.1367
1.75	1.0668	0.5617	-191.4410
1.76	1.0536	0.4533	-191.7433
1.77	1.0406	0.3453	-192.0436
1.78	1.0277	0.2377	-192.3419
1.79	1.0151	0.1304	-192.6382
1.80	1.0027	0.0235	-192.9326
1.81	0.9905	-0.0830	-193.2251
1.82	0.9785	-0.1892	-193.5156
1.83	0.9666	-0.2950	-193.8042
1.84	0.9549	-0.4005	-194.0909
1.85	0.9435	-0.5056	-194.3758

Comparando o sistema original sem nenhuma compensação e o sistema compensado, observamos que o máximo sobressinal manteve-se de $34,94\%$ *para* $M_p = 33,86\%$ *e o tempo de assentamento teve uma degradação de* $15,99$ *s para* $24,95$ *s, ou seja, o sistema tende à posição desejada em um tempo maior. A margem de fase do sistema teve uma mudança de* $32,61°$ *para* $40,03°$ *e a frequência de cruzamento de ganho diminuiu de* $0,75$ *rad/s para* $0,56$ *rad/s, ou seja, o sistema estabiliza mais lentamente. O erro em regime estacionário a uma entrada rampa diminuiu significativamente de* 1 *para* $0,2$.

Os polos da função de transferência em malha fechada são $-0,31742162 \pm 0,54272102j$, $-2,32060188$ *e* $-0,04905488$, *e o zero da função de transferência em malha fechada é* $-0,045$.

Observamos que os polos da função de transferência em malha fechada encontram-se nas cercanias do eixo imaginário. O esforço de controle pode ter uma amplitude pequena.

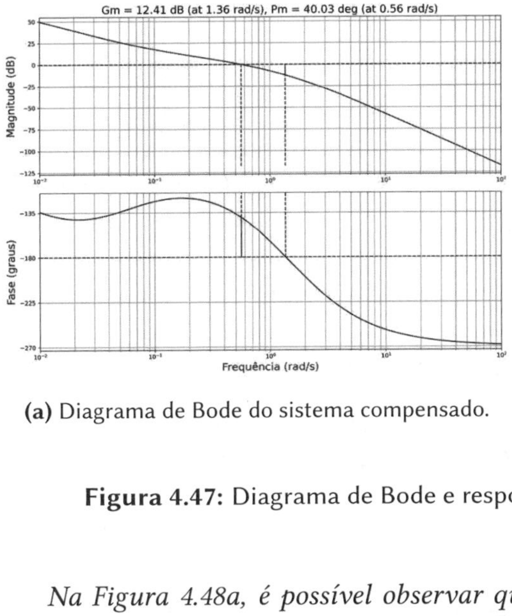

(**a**) Diagrama de Bode do sistema compensado.

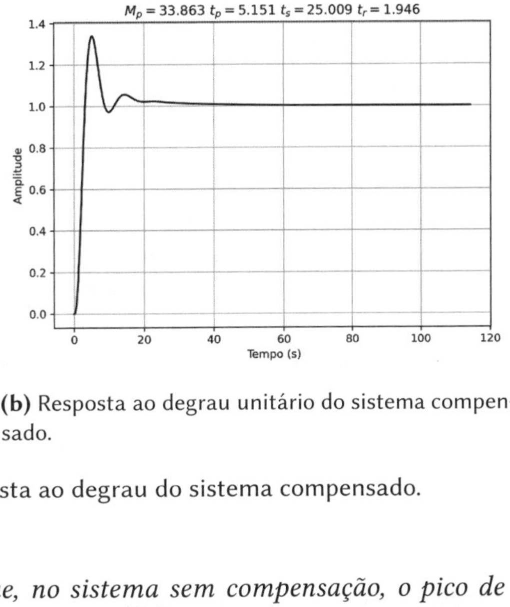

(**b**) Resposta ao degrau unitário do sistema compensado.

Figura 4.47: Diagrama de Bode e resposta ao degrau do sistema compensado.

Na Figura 4.48a, é possível observar que, no sistema sem compensação, o pico de ressonância é $M_r^s = 5,28$ *dB, a frequência de ressonância é* $\omega_r^s = 0,82$ *rad/s e a largura de banda é* $BW^s = 1,26$ *rad/s, enquanto no sistema compensado, o pico de ressonância é* $M_r^c = 3,33$ *dB, a frequência de ressonância é* $\omega_r^c = 0,59$ *rad/s e a largura de banda é* $BW^c = 0,99$ *rad/s. Percebe-se um redução na banda passante do sistema (Figura 4.48a).*

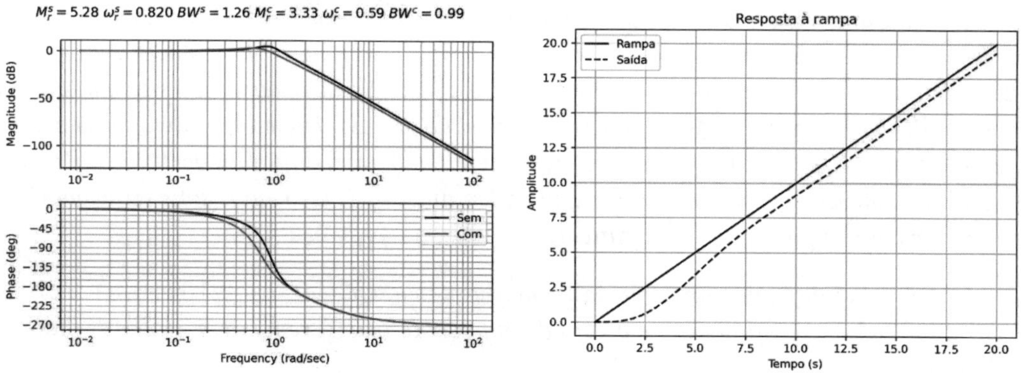

(a) Diagramas de Bode em malha fechada. **(b)** Resposta à rampa do sistema compensado.

Figura 4.48: Diagramas de Bode em malha fechada e resposta à rampa unitária do sistema compensado.

O código em Python para o Exemplo 4.12 é mostrado na Listagem . O código quando executado mostra as simulações do sistema sujeito a uma entrada onda quadrada e onda triangular, bem como os respectivos esforços de controle: o esforço de controle para onda quadrada apresenta instantes de baixa magnitude, devido às mudanças abruptas em um pequeno instante de tempo na onda, enquanto o esforço de controle para onda triangular é de pequena magnitude, devido às mudanças mais suaves. Na resposta a uma entrada de onda triangular, é possível observar o erro de estado estacionário considerável, e o erro de estado estacionário calculado é de $0,2$*, uma vez que esse erro somente é atingido quando* $t \longrightarrow \infty$.

***Exemplo* 4.13.** *Consideremos o sistema mostrado na Figura 4.11, na qual* $G_c(s)$ *é a função de transferência do compensador e* $G(s)$ *é a função de transferência em malha aberta do sistema definida por:*

$$G(s) = \frac{K}{s(s+2)}$$

Deseja-se projetar um compensador de modo que a constante de erro estático de velocidade K_v *seja* $20\ s^{-1}$ *e a margem de fase seja pelo menos* $45°$.

***Solução* 4.13.** *As especificações de projeto são:*

- *Erro estacionário para entrada rampa unitária inferior a* $0,05\ s$ *ou* $K_v = 20\ s^{-1}$.
- *Margem de fase de pelo menos* $45°$.

O projeto e a simulação deste Exemplo são realizados utilizando o Python.

O comportamento do sistema sem compensação nem ganho ajustado é mostrado na Figura 4.49a, na qual é ilustrado o diagrama de Bode e observa-se que MF = $76,35°$*,* $\omega_{cg} = 0,49$ *rad/s, MG=* ∞ *dB e* $\omega_{cf} = \infty$ *rad/s. Na Figura 4.49b, observa-se a resposta a um degrau unitário e verifica-se que o sistema é estável, mas oscilatório, com* $M_p = 0,0\%$*,* t_p *indefinido e* $t_s = 5,84$ *s. Na Figura 4.50, é mostrada a resposta à rampa do sistema e observa-se um erro de estado estacionário de* 2 *unidades.*

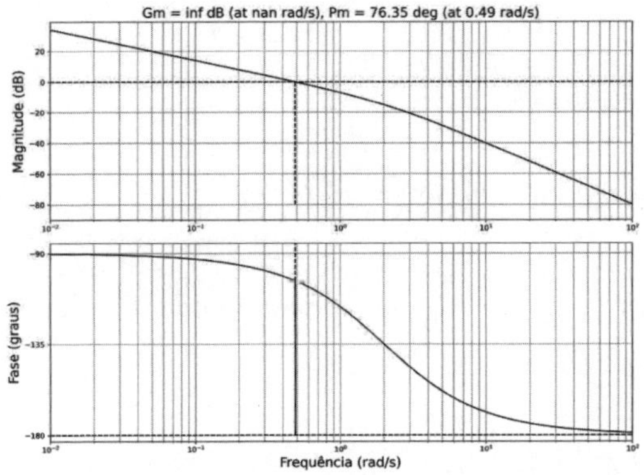

(a) Diagrama de Bode do sistema sem ganho ajustado nem compensado.

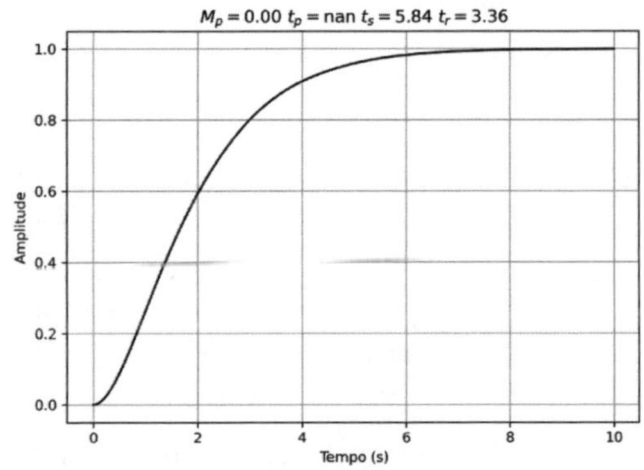

(b) Resposta ao degrau unitário do sistema sem ganho ajustado nem compensado.

Figura 4.49: Diagrama de Bode e resposta ao degrau do sistema sem ganho ajustado nem compensado.

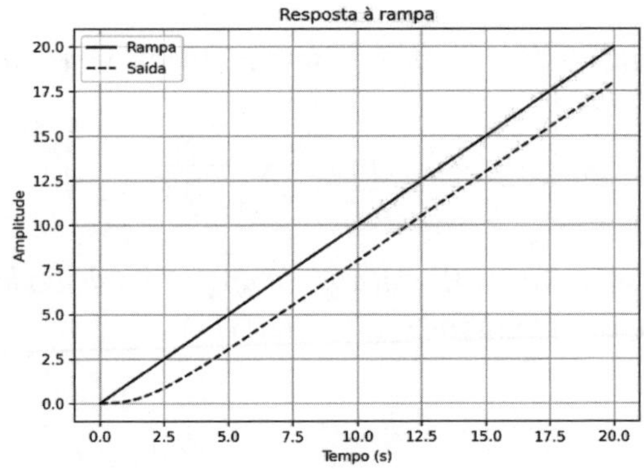

Figura 4.50: Resposta à rampa unitária do sistema sem ganho ajustado nem compensado.

1. *Suponhamos o seguinte compensador por atraso de fase:*

$$G_c(s) = K_c\beta\frac{1 + sT}{1 + s\beta T} = K_c\frac{s + \frac{1}{T}}{s + \frac{1}{\beta T}} \quad e \quad \beta > 1$$

Definimos $K_c\beta = K_1$. *A função de transferência em malha aberta do sistema compensado é:*

$$\begin{aligned} G_c(s)G(s) &= K_1\frac{Ts + 1}{\beta Ts + 1}G(s) \\ &= \frac{Ts + 1}{\beta Ts + 1} \quad onde \quad G_1(s) = K_1G(s) \end{aligned}$$

2. *O primeiro passo consiste em determinar o valor de* K_1, *de modo a atender à especificação do erro estacionário:*

$$\begin{aligned} K_v &= \lim_{s\to 0} sG_c(s)G(s) = \lim_{s\to 0} s\left(\frac{Ts + 1}{\beta Ts + 1}\right)G_1(s) \\ & como\ s \longrightarrow 0 \quad e \quad G_1(s) = K_1\, G(s) \\ &= \lim_{s\to 0} s\, G_1(s) = \lim_{s\to 0} s\, K_1\, G(s) \\ &= \lim_{s\to 0} \not{s}\, \frac{K_1}{\not{s}(s + 2)} = 20 \\ &= K_1 = 40 \end{aligned}$$

Lembrando a definição de erro de estado estacionário para uma entrada rampa:

$$e_{ss} = e(\infty) = \lim_{s\to 0}\left(\frac{1}{s\, G_c(s)\, G_1(s)}\right) = \frac{1}{K_v}$$

3. *Com o valor de ganho* $K_1 = 40$, *traçamos o diagrama de Bode do sistema com ganho ajustado mas não compensado* $G_1(s) = K_1G(s)$:

$$G_1(s) = K_1G(j\omega) = \frac{40}{j\omega(j\omega + 2)}$$

Do diagrama de Bode (Figura 4.51a), observa-se que MF= $17,96^\circ$ *ocorre na frequência de cruzamento de ganho* $\omega_{cg} = 6,17$ *rad/s e que MG=* ∞ *dB ocorre na frequência de cruzamento de fase* $\omega_{cf} = \infty$ *rad/s.*

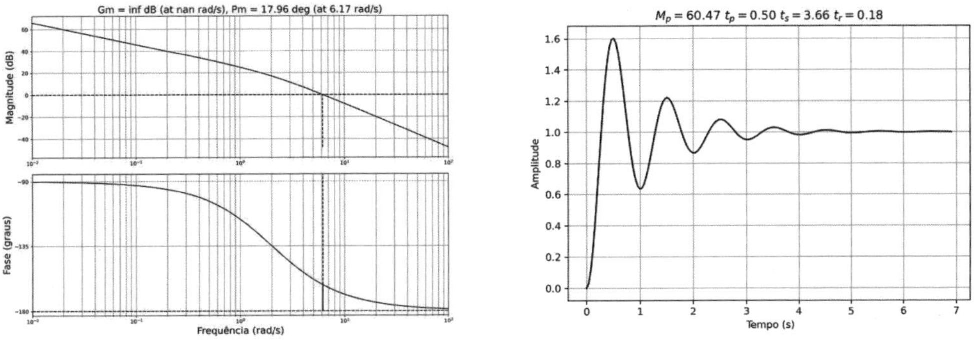

(a) Diagrama de Bode do sistema com ganho ajustado sem compensação.

(b) Resposta ao degrau unitário do sistema sem ganho ajustado nem compensação.

Figura 4.51: Diagrama de Bode e resposta ao degrau do sistema com ganho ajustado sem compensação.

Na Figura 4.51b, é mostrada a simulação da resposta ao degrau unitário, e observamos que o sistema é estável mas oscilatório com $M_p = 60,47\%$, $t_p = 0,5$ *s e* $t_s = 3,66$ *s.*

4. *A fase correspondente à margem de fase de* $45°$ *com uma tolerância de* $6°$ *é:*

$$\underline{/G(j\omega)} = -180° + 45° + 6° = -129°$$

Para o sistema com ganho ajustado mas não compensado ocorre na frequência de $1,62$ *rad/s, conforme Tabela 4.8. Para que a curva de ganho passe por* 0 *dB nessa frequência, o compensador deve fornecer uma atenuação de* $19,6394$ *dB. Assim,* $\beta = 9,5934$.

5. *A frequência de canto do zero do compensador pode ser escolhida uma década ou uma oitava abaixo da nova frequência de cruzamento de ganho, assim:*

$$\omega_z \in [0,162;\ \ 0,81]\ rad/s$$

Escolhemos $\omega_z = 0,162$ *rad/s. A função de transferência do compensador é:*

$$G_c(s) = 40\frac{6,173s + 1}{59,22s + 1}.$$

Na Figura 4.52a, observamos o diagrama de Bode do sistema compensado em malha aberta, na qual MG = ∞ *dB,* $\omega_{cf} = \infty$ *rad/s, MF =* $45,80°$ *e* $\omega_{cg} = 1,63$ *rad/s. Na Figura 4.52b, observamos que obtivemos* $M_p = 26,32\%$, $t_p = 1,80$ *s e* $t_s = 7,62$ *s. Na Figura 4.53b, observamos que o erro de regime estacionário reduziu consideravelmente para* $e_{ss} \approx 0,05$*, o que é atingido quando* $t \longrightarrow \infty$.

Tabela 4.8: Resposta em frequência para o Exemplo 4.13.

ω [rad/s]	Amplitude	Amplitude [dB]	Fase [°]
1.50	10.6667	20.5606	-126.8699
1.51	10.5706	20.4820	-127.0528
1.52	10.4758	20.4038	-127.2348
1.53	10.3823	20.3259	-127.4160
1.54	10.2900	20.2483	-127.5963
1.55	10.1989	20.1711	-127.7757
1.56	10.1090	20.0942	-127.9542
1.57	10.0203	20.0176	-128.1319
1.58	9.9327	19.9413	-128.3087
1.59	9.8462	19.8654	-128.4847
1.60	9.7609	19.7898	-128.6598
1.61	9.6766	19.7144	-128.8341
1.62	9.5934	19.6394	-129.0075
1.63	9.5112	19.5647	-129.1800
1.64	9.4301	19.4903	-129.3518
1.65	9.3500	19.4162	-129.5226
1.66	9.2709	19.3424	-129.6927
1.67	9.1927	19.2689	-129.8619
1.68	9.1155	19.1956	-130.0303
1.69	9.0393	19.1227	-130.1978
1.70	8.9640	19.0500	-130.3645
1.80	8.2588	18.3384	-131.9872
1.81	8.1928	18.2686	-132.1451
1.82	8.1275	18.1992	-132.3022
1.83	8.0630	18.1300	-132.4585
1.84	7.9993	18.0610	-132.6141
1.85	7.9362	17.9923	-132.7688
1.86	7.8739	17.9238	-132.9228
1.87	7.8123	17.8556	-133.0761
1.88	7.7514	17.7876	-133.2285
1.89	7.6911	17.7198	-133.3802
1.90	7.6316	17.6523	-133.5312
1.91	7.5727	17.5850	-133.6814
1.92	7.5145	17.5179	-133.8309
1.93	7.4569	17.4511	-133.9796
1.94	7.3999	17.3845	-134.1275
1.95	7.3436	17.3182	-134.2748
1.96	7.2879	17.2520	-134.4213
1.97	7.2328	17.1861	-134.5670
1.98	7.1783	17.1204	-134.7121
1.99	7.1244	17.0550	-134.8564
2.00	7.0711	16.9897	-135.0000
2.01	7.0183	16.9247	-135.1429
2.02	6.9661	16.8598	-135.2851
2.03	6.9145	16.7952	-135.4265
2.04	6.8634	16.7308	-135.5673
2.05	6.8129	16.6667	-135.7073
2.06	6.7629	16.6027	-135.8467
2.07	6.7135	16.5389	-135.9853
2.08	6.6645	16.4754	-136.1233
2.09	6.6161	16.4120	-136.2606
2.10	6.5681	16.3489	-136.3972
6.10	1.0215	0.1846	-161.8473
6.11	1.0183	0.1575	-161.8751
6.12	1.0151	0.1305	-161.9027
6.13	1.0120	0.1035	-161.9303
6.14	1.0088	0.0765	-161.9579
6.15	1.0057	0.0496	-161.9853
6.16	1.0026	0.0227	-162.0127
6.17	0.9995	-0.0041	-162.0399
6.18	0.9964	-0.0309	-162.0671
6.19	0.9934	-0.0577	-162.0943
6.20	0.9903	-0.0844	-162.1213
6.21	0.9873	-0.1111	-162.1483
6.22	0.9843	-0.1377	-162.1751
6.23	0.9813	-0.1643	-162.2020
6.24	0.9783	-0.1909	-162.2287
6.25	0.9753	-0.2174	-162.2553
6.26	0.9723	-0.2439	-162.2819
6.27	0.9694	-0.2703	-162.3084
6.28	0.9664	-0.2967	-162.3348
6.29	0.9635	-0.3231	-162.3612
6.30	0.9606	-0.3494	-162.3874

Comparando o sistema original sem nenhuma compensação e o sistema compensado, observamos que o máximo sobressinal teve uma degradação de $M_p = 0,0\%$ *para* $M_p = 26,33\%$ *e o tempo de assentamento teve uma degradação de* $5,34$ *s para* $7,68$ *s, ou seja, o sistema tende a posição desejada em um tempo maior. A margem de fase do sistema teve uma mudança de* $76,35°$ *para* $45,80°$ *e a frequência de cruzamento de ganho aumenta de* $0,49$ *rad/s para* $1,62$ *rad/s, ou seja, o sistema estabiliza mais rapidamente, mas o sistema compensado é um pouco mais devagar. O erro em regime estacionário a uma entrada rampa diminuiu significativamente de* 2 *para* $0,05$.

Os polos da função de transferência em malha fechada são $-0,92145941 \pm 1,74172629j$ *e* $-0,17396779$*, e o zero da função de transferência em malha fechada é* $-0,162$.

Observamos que os polos da função de transferência em malha fechada encontram-se nas cercanias do eixo imaginário. O esforço de controle pode ter uma amplitude pequena.

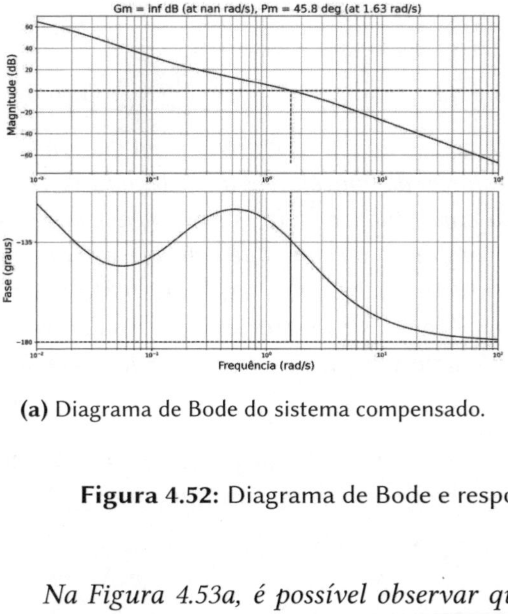

(a) Diagrama de Bode do sistema compensado.

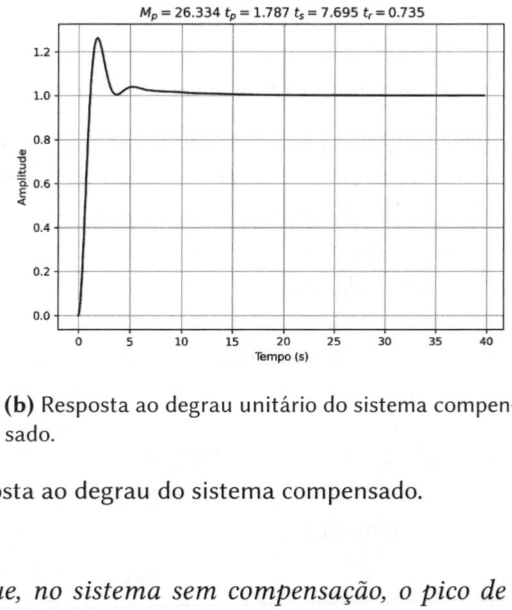

(b) Resposta ao degrau unitário do sistema compensado.

Figura 4.52: Diagrama de Bode e resposta ao degrau do sistema compensado.

Na Figura 4.53a, é possível observar que, no sistema sem compensação, o pico de ressonância é $M_r^s = 0,00$ *dB, a frequência de ressonância é* $\omega_r^s = 0,01$ *rad/s e a largura de banda é* $BW^s = 0,64$ *rad/s, enquanto no sistema compensado, o pico de ressonância é* $M_r^c = 2,26$ *dB, a frequência de ressonância é* $\omega_r^c = 1,48$ *rad/s e a largura de banda é* $BW^c = 2,66$ *rad/s. Percebe-se um aumento na banda passante do sistema (Figura 4.53a).*

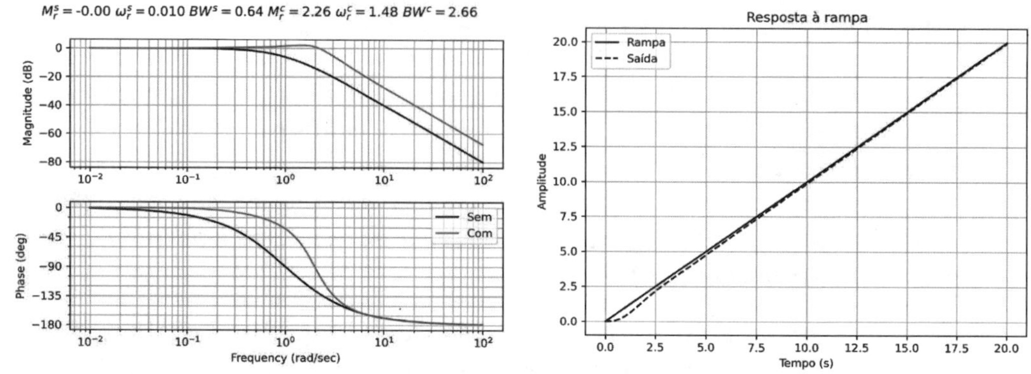

(a) Diagramas de Bode em malha fechada. **(b)** Resposta à rampa do sistema compensado.

Figura 4.53: Diagramas de Bode em malha fechada e resposta à rampa unitária do sistema compensado.

O código em Python para o Exemplo 4.13 é mostrado na Listagem . O código quando executado mostra as simulações do sistema sujeito a uma entrada onda quadrada e uma onda triangular, bem como os respectivos esforços de controle: o esforço de controle para onda quadrada apresentam instantes de baixa magnitude, devido às mudanças abruptas em um pequeno instante de tempo na onda, enquanto o esforço de controle para onda triangular é de pequena magnitude devido às mudanças mais suaves. Na resposta a uma entrada de onda triangular, é possível observar o erro de estado estacionário considerável, e o erro de estado estacionário calculado é de $0,05$, *uma vez que esse erro somente é atingido quando* $t \rightarrow \infty$.

Exemplo 4.14. *Consideremos o sistema mostrado na Figura 4.11, na qual* $G_c(s)$ *é a função de transferência do compensador e* $G(s)$ *é a função de transferência em malha aberta do sistema definida por:*

$$G(s) = \frac{100K}{s(s+36)(s+100)}$$

Para o ganho K *foi escolhido o valor de* 720, *de forma a obter uma margem de fase de aproximadamente* $53,4^\circ$ *sem compensação. Deseja-se projetar um compensador por atraso de fase, de modo que a constante de erro estático de velocidade* K_v *seja* $200\ s^{-1}$ *e o máximo sobressinal* M_p *seja* 9%.

***Solução* 4.14.** *As especificações de projeto são:*

- *Erro estacionário para entrada rampa unitária inferior a* $0,005$ *s ou* $K_v = 200$ s^{-1}.
- *Máximo sobressinal de* 9% *ou que equivale a uma margem de fase de pelo menos* $65°$.

O projeto e a simulação deste Exemplo são realizado utilizando o Python.

O comportamento do sistema sem compensação nem ganho ajustado é mostrado na Figura 4.54a, na qual é ilustrado o diagrama de Bode e observa-se que MF = $53,82°$, $\omega_{cg} = 17,68$ *rad/s, MG=* $16,65$ *dB e* $\omega_{cf} = 60$ *rad/s. Na Figura 4.54b, observa-se a resposta a um degrau unitário e verifica-se que o sistema é estável com* $M_p = 13,97\%$, $t_p = 0,15$ *s e* $t_s = 0,30$ *s. Na Figura 4.55, é mostrada a resposta à rampa do sistema, e observa-se um erro de estado estacionário de* $0,05$ *unidades.*

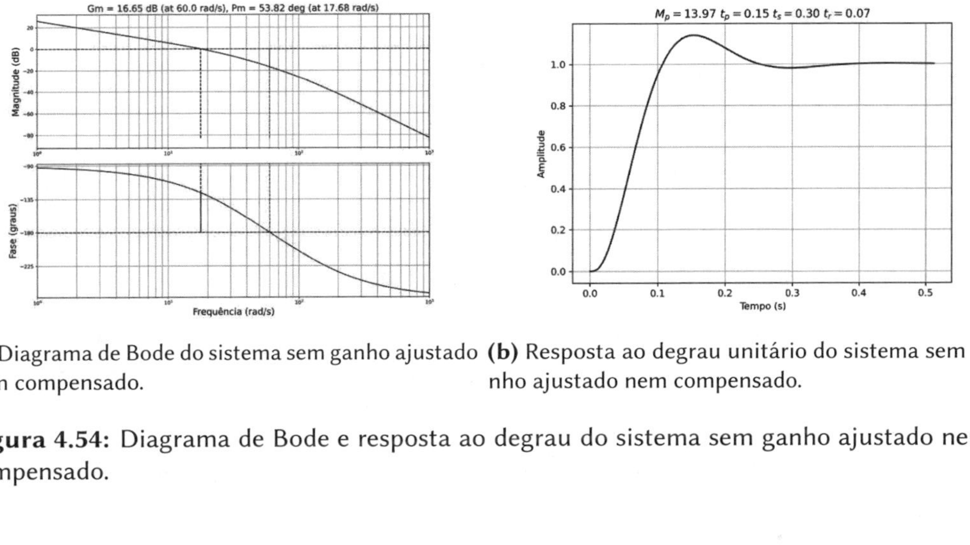

(a) Diagrama de Bode do sistema sem ganho ajustado nem compensado.

(b) Resposta ao degrau unitário do sistema sem ganho ajustado nem compensado.

Figura 4.54: Diagrama de Bode e resposta ao degrau do sistema sem ganho ajustado nem compensado.

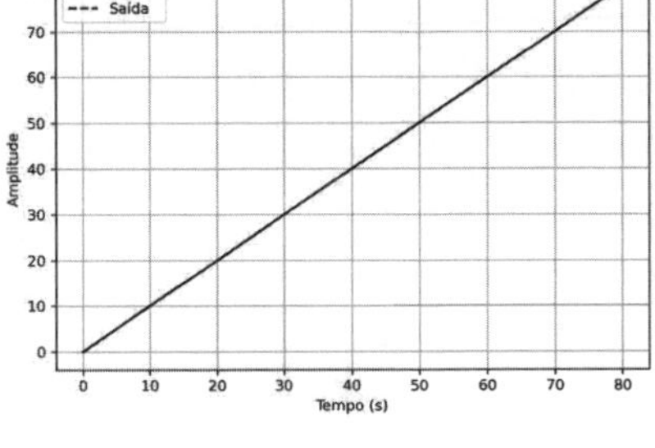

Figura 4.55: Resposta à rampa unitária do sistema sem ganho ajustado nem compensado.

1. *Suponhamos o seguinte compensador por atraso de fase:*

$$G_c(s) = K_c\beta\frac{1+sT}{1+s\beta T} = K_c\frac{s+\frac{1}{T}}{s+\frac{1}{\beta T}} \quad e \quad \beta > 1$$

Definimos $K_c\beta = K_1$. *A função de transferência em malha aberta do sistema compensado é:*

$$\begin{aligned} G_c(s)G(s) &= K_1\frac{Ts+1}{\beta Ts+1}G(s) \\ &= \frac{Ts+1}{\beta Ts+1} \quad onde \quad G_1(s) = K_1G(s) \end{aligned}$$

2. *O primeiro passo consiste em determinar o valor de* K_1, *de modo a atender à especificação do erro estacionário:*

$$\begin{aligned} K_v &= \lim_{s\to 0} sG_c(s)G(s) = \lim_{s\to 0} s\left(\frac{Ts+1}{\beta Ts+1}\right)G_1(s) \\ & como\; s \to 0 \quad e \quad G_1(s) = K_1\,G(s) \\ &= \lim_{s\to 0} s\,G_1(s) = \lim_{s\to 0} s\,K_1\,G(s) \\ &= \lim_{s\to 0} \not{s}\,\frac{K_1 \times 7.2\times 10^4}{\not{s}(s+100)(s+36)} \\ &= 20K_1 = 200 \end{aligned}$$

Assim:

$$K_1 = 10$$

Lembrando a definição de erro de estado estacionário para uma entrada rampa:

$$e_{ss} = e(\infty) = \lim_{s\to 0}\left(\frac{1}{s\,G_c(s)\,G_1(s)}\right) = \frac{1}{K_v}$$

3. *Com o valor de ganho* $K_1 = 10$, *traçar o diagrama de Bode do sistema com ganho ajustado mas não compensado* $G_1(s) = K_1G(s)$:

$$G_1(s) = K_1G(j\omega) = \frac{7,2\times 10^5}{j\omega(j\omega+100)(j\omega+36)}$$

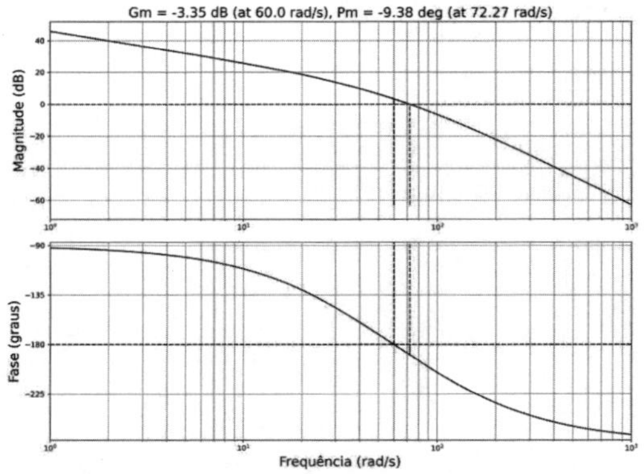

(a) Diagrama de Bode do sistema com ganho ajustado sem compensação.

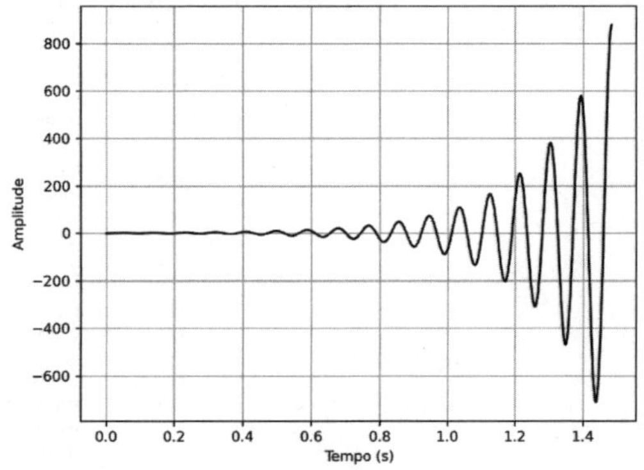

(b) Resposta ao degrau unitária do sistema sem ganho ajustado nem compensação.

Figura 4.56: Diagrama de Bode e resposta ao degrau do sistema com ganho ajustado sem compensação.

Do diagrama de Bode (Figura 4.56a), observamos que MF= $-9,38°$ ocorre na frequência de cruzamento de ganho $\omega_{cg} = 72,27$ rad/s, enquanto MG= $-3,35$ dB ocorre na frequência de cruzamento de fase $\omega_{cf} = 60$ rad/s.

Na Figura 4.56b, é mostrado a simulação da resposta ao degrau unitário, e observamos que o sistema é instável.

4. *A fase correspondente à margem de fase de $65°$ com uma tolerância de $5°$ é:*

$$\underline{/G(j\omega)} = -180° + 65° + 5° = -110°$$

Para o sistema com ganho ajustado mas não compensado ocorre na frequência de $9,40$ rad/s, conforme Tabela 4.9. Para que a curva de ganho passe por 0 dB nessa frequência, o compensador deve fornecer uma atenuação de $26,2334$ dB. Assim, $\beta = 20,4960$.

5. *A frequência de canto do zero do compensador pode ser escolhido uma década ou uma oitava abaixo da nova frequência de cruzamento de ganho, assim:*

$$\omega_z \in [0,94;\ 4,70] \ \textit{rad/s}$$

Escolhemos $\omega_z = 0,94$ rad/s. A função de transferência do compensador é:

$$G_c(s) = 10\frac{1,0638s + 1}{21,8043s + 1}$$

Tabela 4.9: Resposta em frequência para o Exemplo 4.14.

ω [rad/s]	Amplitude	Amplitude [dB]	Fase [°]
9.30	20.7323	26.3330	-109.7980
9.31	20.7085	26.3230	-109.8186
9.32	20.6847	26.3130	-109.8392
9.33	20.6609	26.3030	-109.8597
9.34	20.6372	26.2930	-109.8803
9.35	20.6136	26.2831	-109.9009
9.36	20.5900	26.2731	-109.9215
9.37	20.5664	26.2632	-109.9421
9.38	20.5429	26.2532	-109.9627
9.39	20.5194	26.2433	-109.9833
9.40	20.4960	26.2334	-110.0039
9.41	20.4727	26.2235	-110.0244
9.42	20.4494	26.2136	-110.0450
9.43	20.4261	26.2037	-110.0656
9.44	20.4029	26.1938	-110.0862
9.45	20.3797	26.1840	-110.1067
9.46	20.3566	26.1741	-110.1273
9.47	20.3335	26.1642	-110.1479
9.48	20.3105	26.1544	-110.1684
9.49	20.2875	26.1446	-110.1890
9.50	20.2646	26.1347	-110.2095
11.30	16.7800	24.4958	-113.8736
11.31	16.7636	24.4874	-113.8937
11.32	16.7473	24.4789	-113.9139
11.33	16.7310	24.4704	-113.9340
11.34	16.7147	24.4620	-113.9541
11.35	16.6985	24.4535	-113.9743
11.36	16.6823	24.4451	-113.9944
11.37	16.6661	24.4367	-114.0145
11.38	16.6499	24.4282	-114.0347
11.39	16.6338	24.4198	-114.0548
11.40	16.6177	24.4114	-114.0749
11.41	16.6016	24.4030	-114.0950
11.42	16.5855	24.3946	-114.1151
11.43	16.5695	24.3862	-114.1353
11.44	16.5535	24.3778	-114.1554
11.45	16.5375	24.3694	-114.1755
11.46	16.5216	24.3610	-114.1956
11.47	16.5057	24.3527	-114.2157
11.48	16.4898	24.3443	-114.2358
11.49	16.4739	24.3359	-114.2559
11.50	16.4581	24.3276	-114.2760
11.80	15.9950	24.0797	-114.8778
11.81	15.9800	24.0715	-114.8978
11.82	15.9650	24.0634	-114.9178
11.83	15.9500	24.0552	-114.9378
11.84	15.9350	24.0471	-114.9578
11.85	15.9201	24.0389	-114.9779
11.86	15.9051	24.0308	-114.9979
11.87	15.8903	24.0226	-115.0179
11.88	15.8754	24.0145	-115.0379
11.89	15.8605	24.0064	-115.0579
11.90	15.8457	23.9982	-115.0779
72.20	1.0022	0.0188	-189.3278
72.21	1.0019	0.0162	-189.3347
72.22	1.0016	0.0136	-189.3416
72.23	1.0013	0.0110	-189.3486
72.24	1.0010	0.0085	-189.3555
72.25	1.0007	0.0059	-189.3624
72.26	1.0004	0.0033	-189.3693
72.27	1.0001	0.0007	-189.3763
72.28	0.9998	-0.0019	-189.3832
72.29	0.9995	-0.0044	-189.3901
72.30	0.9992	-0.0070	-189.3971
72.31	0.9989	-0.0096	-189.4040
72.32	0.9986	-0.0122	-189.4109
72.33	0.9983	-0.0147	-189.4178
72.34	0.9980	-0.0173	-189.4247
72.35	0.9977	-0.0199	-189.4317
72.36	0.9974	-0.0225	-189.4386
72.37	0.9971	-0.0250	-189.4455
72.38	0.9968	-0.0276	-189.4524
72.39	0.9965	-0.0302	-189.4593
72.40	0.9962	-0.0328	-189.4662

Na Figura 4.57a, observamos o diagrama de Bode do sistema compensado em malha aberta, na qual MG = $22,58$ *dB,* $\omega_{cf} = 58,98$ *rad/s, MF* = $64,50°$ *e* $\omega_{cg} = 9,44$ *rad/s. Na Figura 4.57b, observamos que* $M_p = 8,92\%$*,* $t_p = 0,337$ *s e* $t_s = 1,736$ *s. Na Figura 4.58b, observamos que o erro de regime estacionário reduziu consideravelmente para* $e_{ss} \approx 0,005$*, o que é atingido quando* $t \longrightarrow \infty$*.*

Comparando o sistema original sem nenhuma compensação e o sistema compensado, observamos que o máximo sobressinal teve uma melhora de $M_p = 13,97\%$ *para* $M_p = 8,92\%$ *e o tempo de assentamento teve uma degradação de* $0,15$ *s para* $0,337$ *s, ou seja o sistema tende à posição desejada em um tempo maior. A margem de fase do sistema teve uma mudança de* $53,82°$ *para* $64,50°$ *e a frequência de cruzamento de ganho diminuiu de* $17,68$ *rad/s para* $9,44$ *rad/s, o que significa que o sistema estabiliza mais lentamente, isto é, o sistema compensado é um pouco mais devagar. O erro em regime estacionário a uma entrada rampa diminuiu significativamente de* $0,05$ *para* $0,005$*.*

Os polos da função de transferência em malha fechada são $-15,08813622 \pm 8,63582879j$*,* $-104,82732061$ *e* $-1,04226956$*, e o zero da função de transferência em malha fechada é* $-0,94$*.*

Observamos que um polo da função de transferência em malha fechada encontra-se nas cercanias do eixo imaginário. O esforço de controle pode ter uma amplitude pequena.

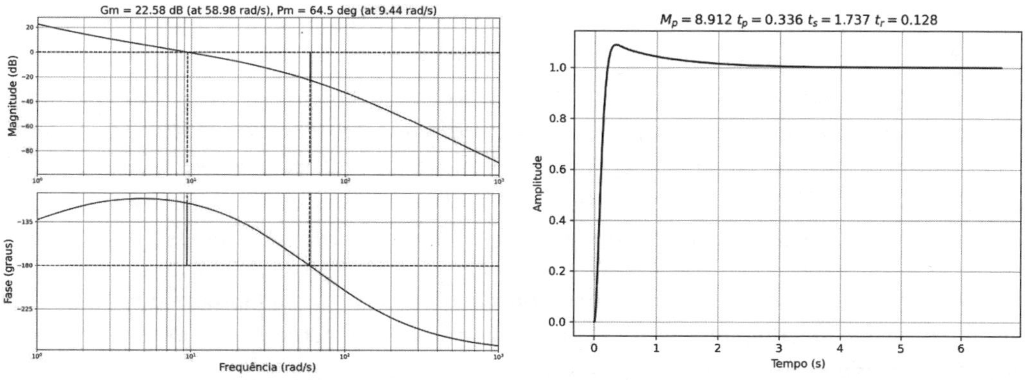

(a) Diagrama de Bode do sistema compensado.

(b) Resposta ao degrau unitário do sistema compensado.

Figura 4.57: Diagrama de Bode e resposta ao degrau do sistema compensado.

Na Figura 4.58a, é possível observar que, no sistema sem compensação, o pico de ressonância é $M_r^s = 0,88$ *dB, a frequência de ressonância é* $\omega_r^s = 16,81$ *rad/s e a largura de banda é* $BW^s = 31,18$ *rad/s, enquanto no sistema compensado, o pico de ressonância* *é $M_r^c = 0,68$ dB, a frequência de ressonância é $\omega_r^c = 2,57$ rad/s e a largura de banda é $BW^c = 15,35$ rad/s. Percebe-se uma redução na banda passante do sistema (Figura 4.58a).*

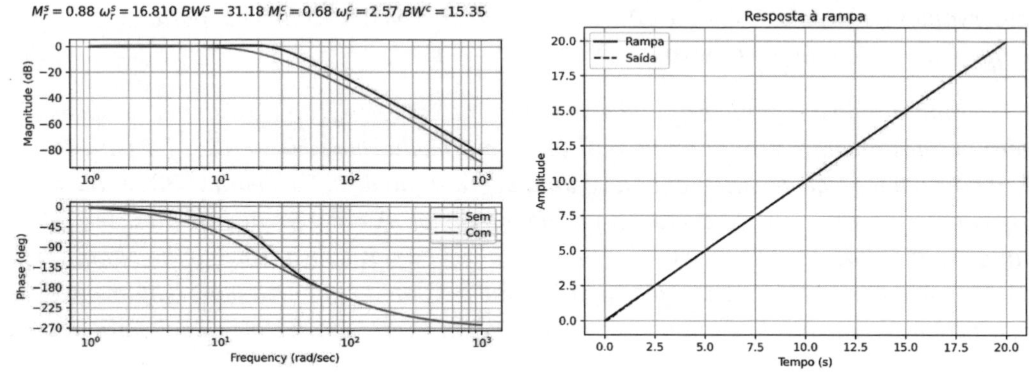

(a) Diagramas de Bode em malha fechada. **(b)** Resposta à rampa do sistema compensado.

Figura 4.58: Diagramas de Bode em malha fechada e resposta à rampa unitária do sistema compensado.

O código em Python para o Exemplo 4.14 é mostrado na Listagem. O código quando executado mostra as simulações do sistema sujeito a uma entrada onda quadrada e onda triangular, bem como os respectivos esforços de controle: o esforço de controle para onda quadrada apresenta instantes de baixa magnitude, devido às mudanças abruptas em um pequeno instante de tempo na onda, enquanto o esforço de controle para onda triangular é de pequena magnitude, devido às mudanças mais suaves. Na resposta a uma entrada de onda triangular, é possível observar que o erro de estado estacionário é pequeno e o erro de estado estacionário calculado é de $0,005$, que é atingido quando $t \to \infty$.

Exemplo 4.15. *Consideremos o sistema mostrado na Figura 4.11, na qual $G_c(s)$ é a função de transferência do compensador e $G(s)$ é a função de transferência em malha aberta do sistema definida por:*

$$G(s) = \frac{100}{s(s+10)^2}$$

Deseja-se projetar um compensador por atraso de fase, de modo que a constante de erro estático de velocidade K_v seja $20\ s^{-1}$ e o máximo sobressinal M_p seja 9%.

***Solução* 4.15.** *As especificações de projeto são:*

- *Erro estacionário para entrada rampa unitária inferior a* $0,05$ *s ou* $K_v = 20\ s^{-1}$.
- *Máximo sobressinal de* 9% *ou que equivale a uma margem de fase de pelo menos* $65°$.

O projeto e a simulação deste Exemplo são realizados utilizando o Python.

O comportamento do sistema sem compensação nem ganho ajustado é mostrado na Figura 4.59a, na qual é ilustrado o diagrama de Bode e observa-se que MF = $78,69°$, $\omega_{cg} = 0,99$ *rad/s, MG=* $26,02$ *dB e* $\omega_{cf} = 10$ *rad/s. Na Figura 4.59b, observa-se a resposta a um degrau unitário e verifica-se que o sistema é estável com* $M_p = 0,0\%$, t_p *indefinido e* $t_s = 3,22$ *s. Na Figura 4.60, é mostrada a resposta à rampa do sistema e observa-se um erro de estado estacionário de* 1 *unidade.*

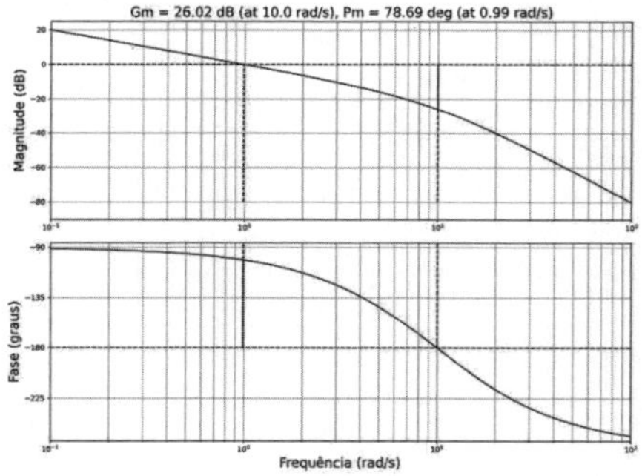

(a) Diagrama de Bode do sistema sem ganho ajustado nem compensado.

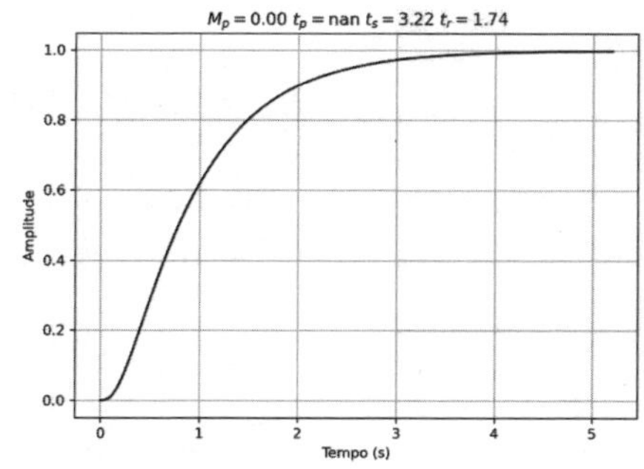

(b) Resposta ao degrau unitário do sistema sem ganho ajustado nem compensado.

Figura 4.59: Diagrama de Bode e resposta ao degrau do sistema sem ganho ajustado nem compensado.

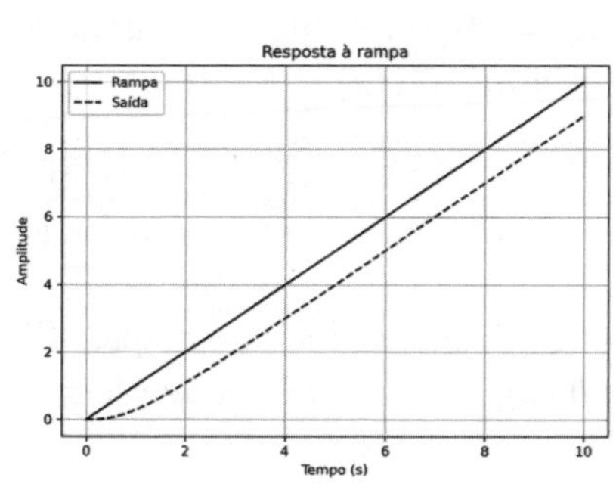

Figura 4.60: Resposta à rampa unitária do sistema sem ganho ajustado nem compensado.

1. *Suponhamos o seguinte compensador por atraso de fase:*

$$G_c(s) = K_c\beta\frac{1 + sT}{1 + s\beta T} = K_c\frac{s + \frac{1}{T}}{s + \frac{1}{\beta T}} \quad e \quad \beta > 1$$

Definimos $K_c\beta = K_1$. *A função de transferência em malha aberta do sistema compensado é:*

$$\begin{aligned} G_c(s)G(s) &= K_1\frac{Ts + 1}{\beta Ts + 1}G(s) \\ &= \frac{Ts + 1}{\beta Ts + 1} \quad \textit{onde} \quad G_1(s) = K_1G(s) \end{aligned}$$

2. *O primeiro passo consiste em determinar o valor de* K_1, *de modo a atender à especificação do erro estacionário:*

$$\begin{aligned} K_v &= \lim_{s\to 0} sG_c(s)G(s) = \lim_{s\to 0} s\left(\frac{Ts + 1}{\beta Ts + 1}\right)G_1(s) \\ &\textit{como } s \to 0 \quad e \quad G_1(s) = K_1\,G(s) \\ &= \lim_{s\to 0} s\,G_1(s) = \lim_{s\to 0} s\,K_1\,G(s) \\ &= \lim_{s\to 0} \cancel{s}\,\frac{K_1 \times 100}{\cancel{s}(s + 10)^2} \\ &= K_1 = 20 \end{aligned}$$

Lembrando a definição de erro de estado estacionário para uma entrada rampa:

$$e_{ss} = e(\infty) = \lim_{s\to 0}\left(\frac{1}{s\,G_c(s)\,G_1(s)}\right) = \frac{1}{K_v}$$

3. *Com o valor de ganho* $K_1 = 20$, *traçamos o diagrama de Bode do sistema com ganho ajustado mas não compensado* $G_1(s) = K_1G(s)$:

$$G_1(s) = K_1G(j\omega) = \frac{2000}{j\omega(j\omega + 10)^2}$$

Do diagrama de Bode (Figura 4.61a), observamos que MF= $0,0°$, *ocorre na frequência de cruzamento de ganho* $\omega_{cg} = 10$ *rad/s e que MG=* 0 *dB ocorre na frequência de cruzamento de fase* $\omega_{cf} = 10$ *rad/s.*

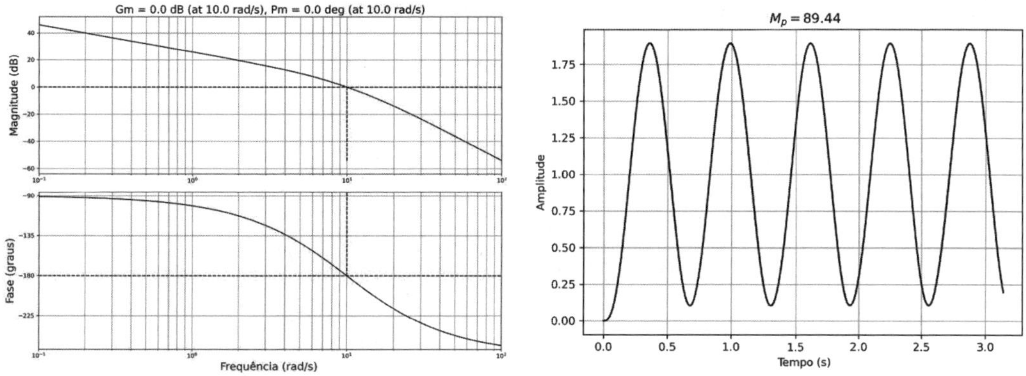

(**a**) Diagrama de Bode do sistema com ganho ajustado sem compensação.

(**b**) Resposta ao degrau unitário do sistema sem ganho ajustado sem compensação.

Figura 4.61: Diagrama de Bode e resposta ao degrau do sistema com ganho ajustado sem compensação.

Na Figura 4.61b, é mostrada a simulação da resposta ao degrau unitário, e observamos que o sistema é estável e tem um comportamento oscilatório sustentado.

4. *A fase correspondente à margem de fase de* 65° *com uma tolerância de* 5° *é:*

$$\underline{/G(j\omega)} = -180^\circ + 65^\circ + 5^\circ = -110^\circ$$

O sistema com ganho ajustado mas não compensado ocorre na frequência de $1,76$ *rad/s, conforme Tabela 4.10. Para que a curva de ganho passe por* 0 *dB nessa frequência, o compensador deve fornecer uma atenuação de* $20,8454$ *dB. Assim,* $\beta = 11,0222$.

5. *A frequência de canto do zero do compensador pode ser escolhido uma década ou uma oitava abaixo da nova frequência de cruzamento de ganho, assim:*

$$\omega_z \in [0,176;\; 0,88] \; rad/s$$

Escolhemos $\omega_z = 0,176$ *rad/s. A função de transferência do compensador é:*

$$G_c(s) = 20\frac{5,6818s + 1}{62,6261s + 1}$$

Na Figura 4.62a, observamos o diagrama de Bode do sistema compensado em malha aberta, na qual MG=$20,56$ *dB,* $\omega_{cf} = 9,84$ *rad/s, MF=*$64,78^\circ$ *e* $\omega_{cg} = 1,77$ *rad/s. Na Figura 4.62b, observamos que* $M_p = 8,28\%$, $t_p = 1,82$ *s e* $t_s = 9,10$ *s. Na Figura 4.63b, observamos que*

Tabela 4.10: Resposta em frequência para o Exemplo 4.15.

ω [rad/s]	Amplitude	Amplitude [dB]	Fase [°]
1.70	11.4272	21.1588	-109.3072
1.71	11.3566	21.1050	-109.4186
1.72	11.2869	21.0515	-109.5299
1.73	11.2179	20.9982	-109.6412
1.74	11.1497	20.9453	-109.7524
1.75	11.0823	20.8926	-109.8636
1.76	11.0156	20.8401	-109.9748
1.77	10.9496	20.7880	-110.0859
1.78	10.8844	20.7361	-110.1970
1.79	10.8199	20.6844	-110.3080
1.80	10.7561	20.6331	-110.4190
1.81	10.6929	20.5819	-110.5300
1.82	10.6305	20.5310	-110.6410
1.83	10.5687	20.4804	-110.7518
1.84	10.5075	20.4300	-110.8627
1.85	10.4470	20.3799	-110.9735
2.00	9.6102	19.6547	-112.6309
2.01	9.5587	19.6080	-112.7410
2.02	9.5078	19.5616	-112.8512
2.03	9.4573	19.5153	-112.9612
2.04	9.4072	19.4692	-113.0713
2.05	9.3577	19.4234	-113.1812
2.06	9.3086	19.3777	-113.2912
2.07	9.2600	19.3322	-113.4011
2.08	9.2118	19.2869	-113.5110
2.09	9.1641	19.2418	-113.6208
2.10	9.1168	19.1969	-113.7305
2.11	9.0700	19.1521	-113.8403
2.12	9.0236	19.1076	-113.9499
2.13	8.9776	19.0632	-114.0596
2.14	8.9320	19.0190	-114.1692
2.15	8.8868	18.9749	-114.2787
2.16	8.8421	18.9311	-114.3882
2.17	8.7977	18.8874	-114.4977
2.18	8.7537	18.8438	-114.6071
2.19	8.7101	18.8005	-114.7164
2.20	8.6669	18.7573	-114.8258
2.21	8.6241	18.7143	-114.9350
2.22	8.5816	18.6714	-115.0443
2.23	8.5395	18.6287	-115.1535
2.24	8.4978	18.5862	-115.2626
2.25	8.4565	18.5438	-115.3717
2.26	8.4154	18.5015	-115.4807
2.27	8.3748	18.4595	-115.5897
2.28	8.3344	18.4175	-115.6987
2.29	8.2945	18.3758	-115.8076
2.30	8.2548	18.3341	-115.9164
9.90	1.0200	0.1724	-179.4300
9.91	1.0180	0.1550	-179.4878
9.92	1.0160	0.1375	-179.5456
9.93	1.0139	0.1201	-179.6033
9.94	1.0119	0.1026	-179.6610
9.95	1.0099	0.0852	-179.7186
9.96	1.0078	0.0678	-179.7761
9.97	1.0058	0.0504	-179.8336
9.98	1.0038	0.0330	-179.8910
9.99	1.0018	0.0156	-179.9484
10.00	0.9998	-0.0017	-180.0057
10.01	0.9978	-0.0191	-180.0630
10.02	0.9958	-0.0365	-180.1202
10.03	0.9938	-0.0538	-180.1773
10.04	0.9918	-0.0712	-180.2344
10.05	0.9899	-0.0885	-180.2915
10.06	0.9879	-0.1058	-180.3484
10.07	0.9859	-0.1231	-180.4054
10.08	0.9840	-0.1404	-180.4622
10.09	0.9820	-0.1577	-180.5190
10.10	0.9801	-0.1750	-180.5758

o erro de regime estacionário reduziu consideravelmente, para $e_{ss} \approx 0,05$, *o que é atingido quando* $t \longrightarrow \infty$.

Comparando o sistema original sem nenhuma compensação e o sistema compensado, observamos que o máximo sobressinal teve uma mudança de $0,0\%$ *para* $M_p = 8,28\%$ *e o tempo de assentamento teve uma degradação de* $5,3$ *s para* $9,098$ *s, ou seja, o sistema tende à posição desejada em um tempo maior. A margem de fase do sistema teve uma mudança de* $78,69°$ *para* $64,78°$ *e a frequência de cruzamento de ganho aumentou de* $0,99$ *rad/s para* $1,77$ *rad/s, ou seja, o sistema estabiliza, mas o sistema compensado é um pouco mais devagar. O erro em regime estacionário a uma entrada rampa diminuiu significativamente de* 1 *para* $0,05$.

Os polos da função de transferência em malha fechada são $-3,09705639 \pm 1,56990987j$, $-13,62747924$ *e* $-0,19437575$, *e o zero da função de transferência em malha fechada é* $-0,176$.

Observamos que um polo da função de transferência em malha fechada encontra-se nas cercanias do eixo imaginário. O esforço de controle pode ter uma amplitude pequena.

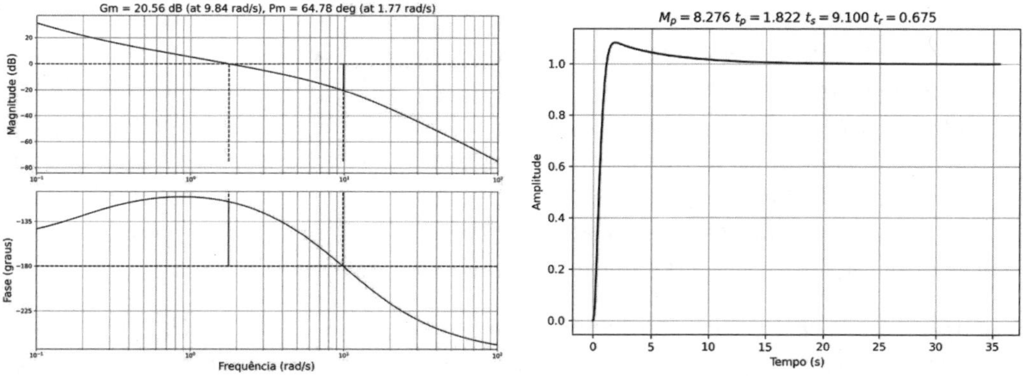

(a) Diagrama de Bode do sistema compensado.

(b) Resposta ao degrau unitário do sistema compensado.

Figura 4.62: Diagrama de Bode e resposta ao degrau do sistema compensado.

Na Figura 4.63a, é possível observar que, no sistema sem compensação, o pico de ressonância é $M_r^s = 0,0$ *dB, a frequência de ressonância é* $\omega_r^s = 0,001$ *rad/s e a largura de banda é* $BW^s = 1,25$ *rad/s, enquanto no sistema compensado, o pico de ressonância é* $M_r^c = 0,65$ *dB, a frequência de ressonância é* $\omega_r^c = 0,47$ *rad/s e a largura de banda é* $BW^c = 2,91$ *rad/s. Percebe-se um aumento na banda passante do sistema (Figura 4.63a).*

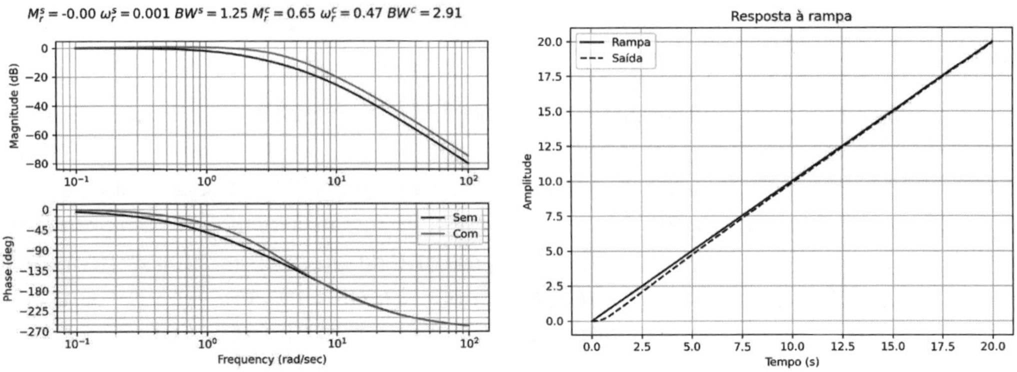

(a) Diagramas de Bode em malha fechada.

(b) Resposta à rampa do sistema compensado.

Figura 4.63: Diagramas de Bode em malha fechada e resposta à rampa unitária do sistema compensado.

O código em Python para o Exemplo 4.15 é mostrado na Listagem . O código quando executado mostra as simulações do sistema sujeito a uma entrada onda quadrada e onda triangular, bem como os respectivos esforços de controle: o esforço de controle para onda quadrada apresenta instantes de baixa magnitude, devido às mudanças abruptas em um pequeno instante de tempo na onda, enquanto o esforço de controle para onda triangular é de pequena magnitude, devido às mudanças mais suaves. Na resposta a uma entrada de onda triangular, é possível observar que o erro de estado estacionário nas mudanças de inclinação começa com valores maiores e tendem a valores pequenos, e o erro de estado estacionário calculado é de $0,05$, *que é atingido quando* $t \longrightarrow \infty$.

Exemplo 4.16. *Consideremos o sistema mostrado na Figura 4.11, na qual* $G_c(s)$ *é a função de transferência do compensador e* $G(s)$ *é a função de transferência em malha aberta do sistema definida por:*

$$G(s) = \frac{(s+1)}{s(s+4)(s+5)}$$

Deseja-se projetar um compensador por atraso de fase, de modo que a constante de erro estático de velocidade K_v *seja* $20\ s^{-1}$ *e o coeficiente de amortecimento* ξ *seja* $0,75$.

Solução 4.16. *As especificações de projeto são:*

- *Erro estacionário para entrada rampa unitária inferior a* $0,05\ s$ *ou* $K_v = 20\ s^{-1}$.
- *Coeficiente de amortecimento* ξ *é* $0,75$ *ou que equivale a uma margem de fase de pelo menos* $75°$.

O projeto e a simulação deste exemplo são realizados utilizando o Python.

O comportamento do sistema sem compensação nem ganho ajustado é ilustrado na Figura 4.64a, na qual é mostrado o diagrama de Bode e observa-se que MF=$91,58°$*,* $\omega_{cg} = 0,05$ *rad/s, MG=* ∞ *dB e* $\omega_{cf} = \infty$ *rad/s. Na Figura 4.64b, observa-se a resposta a um degrau unitário e verifica-se que o sistema é estável com* $M_p = 0,0\%$*, tempo de pico indefinido e* $t_s = 79.86$ *s. Na Figura 4.65, é mostrada a resposta à rampa do sistema e observa-se um erro de estado estacionário de* 20 *unidades.*

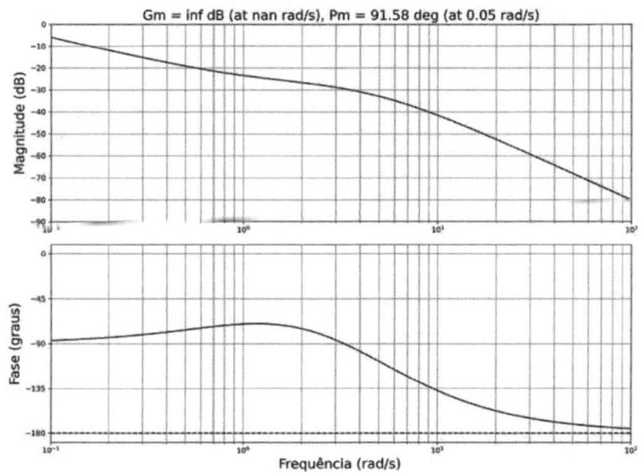

(a) Diagrama de Bode do sistema sem ganho ajustado nem compensado.

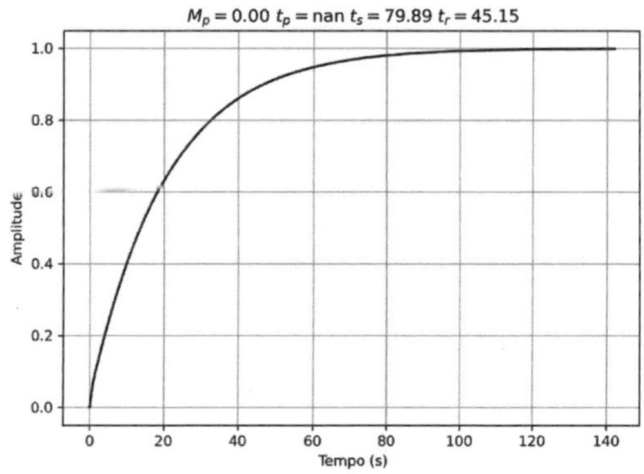

(b) Resposta ao degrau unitário do sistema sem ganho ajustado nem compensado.

Figura 4.64: Diagrama de Bode e resposta ao degrau do sistema sem ganho ajustado nem compensado.

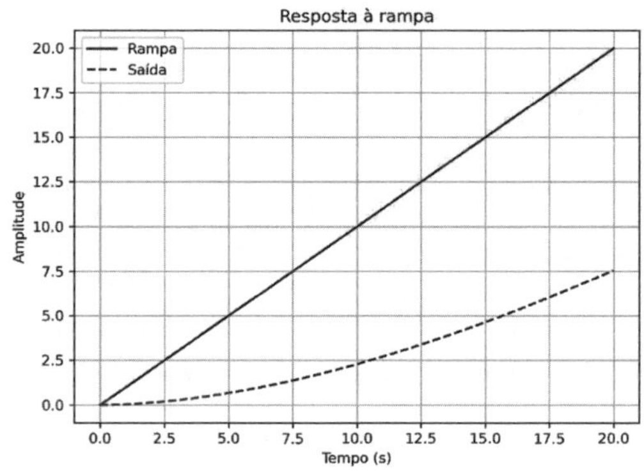

Figura 4.65: Resposta à rampa unitária do sistema sem ganho ajustado nem compensado.

1. *Suponhamos o seguinte compensador por atraso de fase:*

$$G_c(s) = K_c\beta\frac{1+sT}{1+s\beta T} = K_c\frac{s+\frac{1}{T}}{s+\frac{1}{\beta T}} \quad e \quad \beta > 1$$

Definimos $K_c\beta = K_1$. *A função de transferência em malha aberta do sistema compensado é:*

$$\begin{aligned} G_c(s)G(s) &= K_1\frac{Ts+1}{\beta Ts+1}G(s) \\ &= \frac{Ts+1}{\beta Ts+1} \quad onde \quad G_1(s) = K_1G(s) \end{aligned}$$

2. *O primeiro passo consiste em determinar o valor de* K_1*, de modo a atender à especificação do erro estacionário:*

$$\begin{aligned} K_v &= \lim_{s\to 0} sG_c(s)G(s) = \lim_{s\to 0} s\left(\frac{Ts+1}{\beta Ts+1}\right)G_1(s) \\ &\text{como } s \to 0 \quad e \quad G_1(s) = K_1\,G(s) \\ &= \lim_{s\to 0} s\,G_1(s) = \lim_{s\to 0} s\,K_1\,G(s) \\ &= \lim_{s\to 0} \not{s}\,\frac{K_1(s+1)}{\not{s}(s+4)(s+5)} \\ &= \frac{K_1}{20} = 20 \end{aligned}$$

Assim:

$$K_1 = 400.$$

Lembrando a definição de erro de estado estacionário para uma entrada rampa:

$$e_{ss} = e(\infty) = \lim_{s\to 0}\left(\frac{1}{s\,G_c(s)\,G_1(s)}\right) = \frac{1}{K_v}$$

3. *Com o valor de ganho,* $K_1 = 400$*, traçamos o diagrama de Bode do sistema com ganho ajustado mas não compensado* $G_1(s) = K_1G(s)$*:*

$$G_1(s) = K_1G(j\omega) = \frac{400(s+1)}{j\omega(j\omega+4)(s+5)}.$$

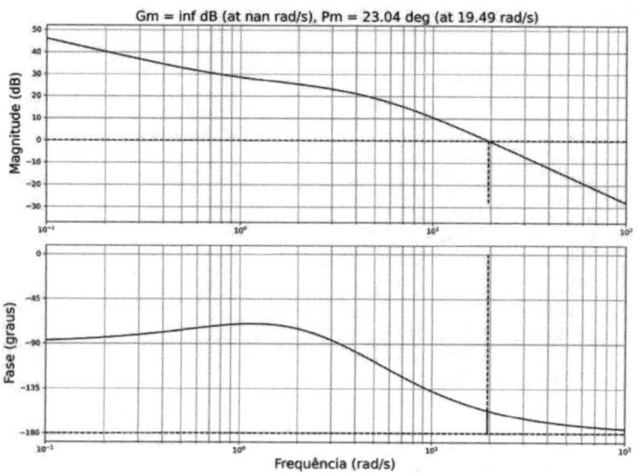

(a) Diagrama de Bode do sistema com ganho ajustado sem compensação.

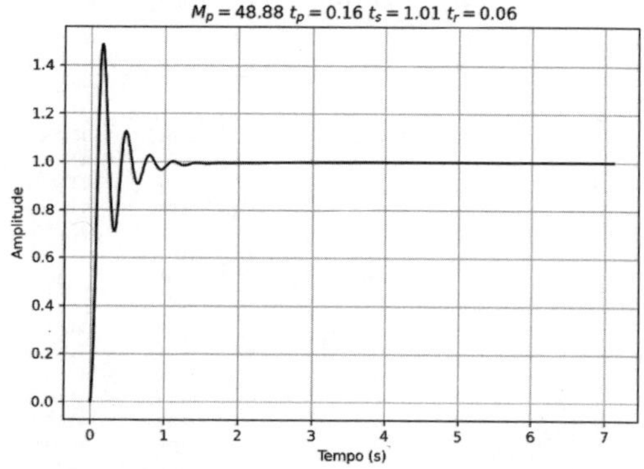

(b) Resposta ao degrau unitário do sistema sem ganho ajustado nem compensação.

Figura 4.66: Diagrama de Bode e resposta ao degrau do sistema com ganho ajustado sem compensação.

Do diagrama de Bode (Figura 4.66a), observamos que MF= $23,04°$ *ocorre na frequência de cruzamento de ganho* $\omega_{cg} = 19,49$ *rad/s e que MG=* ∞ *dB ocorre na frequência de cruzamento de fase* $\omega_{cf} = \infty$ *rad/s.*

Na Figura 4.66b, é mostrada a simulação da resposta ao degrau unitário, e observamos que o sistema tem um comportamento estável mas oscilatório com $M_p = 48,88\%$, $t_p = 0,16$ *s e* $t_s = 1,01$ *s.*

4. *A fase correspondente a margem de fase de* $75°$ *com uma tolerância de* $6°$ *é:*

$$\underline{/G(j\omega)} = -180° + 75° + 6° = -99°$$

O sistema com ganho ajustado mas não compensado ocorre na frequência de $4,12$ *rad/s, conforme Tabela 4.11. Para que a curva de ganho passe por* 0 *dB nessa frequência, o compensador deve fornecer uma atenuação de* $20,8782$ *dB. Assim,* $\beta = 11,0639$.

5. *A frequência de canto do zero do compensador pode ser escolhido uma década ou uma oitava abaixo da nova frequência de cruzamento de ganho, assim:*

$$\omega_z \in [0,412;\ 2,06]\ rad/s$$

Escolhemos $\omega_z = 0,412$ *rad/s. A função de transferência do compensador é:*

$$G_c(s) = 20\frac{2,42718s + 1}{26,8541s + 1}.$$

Tabela 4.11: Resposta em frequência para o Exemplo 4.16.

ω [rad/s]	Amplitude	Amplitude [dB]	Fase [°]
4.00	11.3803	21.1231	-97.7068
4.01	11.3534	21.1025	-97.8145
4.02	11.3265	21.0819	-97.9221
4.03	11.2996	21.0613	-98.0294
4.04	11.2729	21.0407	-98.1367
4.05	11.2462	21.0201	-98.2437
4.06	11.2196	20.9995	-98.3506
4.07	11.1930	20.9789	-98.4574
4.08	11.1665	20.9584	-98.5640
4.09	11.1401	20.9378	-98.6704
4.10	11.1138	20.9172	-98.7767
4.11	11.0875	20.8967	-98.8828
4.12	11.0613	20.8761	-98.9887
4.13	11.0352	20.8556	-99.0945
4.14	11.0091	20.8350	-99.2001
4.15	10.9831	20.8145	-99.3056
4.16	10.9572	20.7940	-99.4108
4.17	10.9313	20.7734	-99.5160
4.18	10.9055	20.7529	-99.6209
4.19	10.8798	20.7324	-99.7258
4.20	10.8541	20.7119	-99.8304
4.50	10.1149	20.0992	-102.8924
4.51	10.0913	20.0789	-102.9919
4.52	10.0677	20.0586	-103.0912
4.53	10.0442	20.0383	-103.1903
4.54	10.0207	20.0180	-103.2893
4.55	9.9973	19.9977	-103.3881
4.56	9.9740	19.9774	-103.4867
4.57	9.9507	19.9571	-103.5852
4.58	9.9275	19.9368	-103.6835
4.59	9.9044	19.9166	-103.7816
4.60	9.8813	19.8963	-103.8795
4.61	9.8583	19.8760	-103.9773
4.62	9.8353	19.8558	-104.0749
4.63	9.8125	19.8356	-104.1724
4.64	9.7896	19.8153	-104.2696
4.65	9.7669	19.7951	-104.3667
4.66	9.7441	19.7749	-104.4637
4.67	9.7215	19.7547	-104.5604
4.68	9.6989	19.7345	-104.6570
4.69	9.6764	19.7143	-104.7535
4.70	9.6539	19.6941	-104.8497
4.71	9.6315	19.6739	-104.9458
4.72	9.6092	19.6537	-105.0417
4.73	9.5869	19.6335	-105.1375
4.74	9.5646	19.6134	-105.2331
4.75	9.5425	19.5932	-105.3285
4.76	9.5204	19.5731	-105.4237
4.77	9.4983	19.5529	-105.5188
4.78	9.4763	19.5328	-105.6137
4.79	9.4544	19.5127	-105.7085
4.80	9.4325	19.4926	-105.8030
4.81	9.4107	19.4725	-105.8974
4.82	9.3890	19.4524	-105.9917
4.83	9.3673	19.4323	-106.0857
4.84	9.3457	19.4122	-106.1796
4.85	9.3241	19.3921	-106.2734
19.40	1.0092	0.0797	-156.8492
19.41	1.0082	0.0712	-156.8607
19.42	1.0072	0.0627	-156.8721
19.43	1.0063	0.0542	-156.8835
19.44	1.0053	0.0457	-156.8949
19.45	1.0043	0.0372	-156.9064
19.46	1.0033	0.0287	-156.9178
19.47	1.0023	0.0202	-156.9291
19.48	1.0014	0.0118	-156.9405
19.49	1.0004	0.0033	-156.9519
19.50	0.9994	-0.0052	-156.9632
19.51	0.9984	-0.0136	-156.9746
19.52	0.9975	-0.0221	-156.9859
19.53	0.9965	-0.0305	-156.9972
19.54	0.9955	-0.0390	-157.0085
19.55	0.9946	-0.0474	-157.0198
19.56	0.9936	-0.0559	-157.0311
19.57	0.9926	-0.0643	-157.0424
19.58	0.9917	-0.0728	-157.0537
19.59	0.9907	-0.0812	-157.0649
19.60	0.9897	-0.0896	-157.0762

Na Figura 4.67a, observamos o diagrama de Bode do sistema compensado em malha aberta, na qual MG=∞ *dB,* $\omega_{cf} = \infty$ *rad/s, MF=*$75,64°$ *e* $\omega_{cg} = 4,14$ *rad/s. Na Figura 4.67b, observamos que* $M_p = 5,64\%$, $t_p = 3,46$ *s e* $t_s = 7,189$ *s. Na Figura 4.68b, observamos que o erro de regime estacionário reduziu consideravelmente para* $e_{ss} \approx 0,05$, *o que é atingido quando* $t \longrightarrow \infty$.

Comparando o sistema original sem nenhuma compensação e o sistema compensado, observamos que o máximo sobressinal teve uma mudança de $M_p 0,0\%$ *para* $M_p = 5,64\%$ *e o tempo de assentamento teve uma melhora de* $78,86$ *s para* $7,189$ *s, ou seja, o sistema tende à posição desejada em um tempo menor, a margem de fase do sistema teve uma mudança de* $91,58°$ *para* $75,64°$. *A frequência de cruzamento de ganho aumentou de* $0,05$ *rad/s para* $4,14$ *rad/s, ou seja, o sistema estabiliza mais rapidamente, isto é, o sistema compensado é um pouco mais rápido. O erro em regime estacionário a uma entrada rampa diminuiu significativamente de* 20 *para* $0,05$.

Os polos da função de transferência em malha fechada são $-4,0043941 \pm 5,64856199j$ *e* $-0.51422501 \pm 0.2151054j$, *e o zero da função de transferência em malha fechada é* $-0,412$.

Observamos que um polo da função de transferência em malha fechada encontra-se nas cercanias do eixo imaginário. O esforço de controle pode ter uma amplitude pequena.

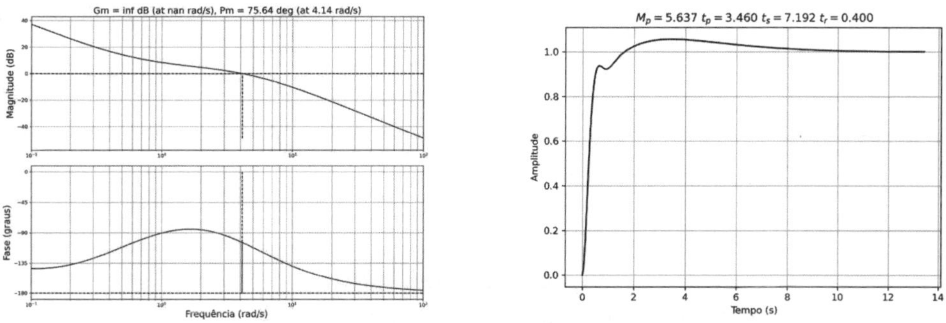

(a) Diagrama de Bode do sistema compensado.

(b) Resposta ao degrau unitário do sistema compensado.

Figura 4.67: Diagrama de Bode e resposta ao degrau do sistema compensado.

Na Figura 4.68a, é possível observar que, no sistema sem compensação, o pico de ressonância é $M_r^s = 0,0$ *dB, a frequência de ressonância é* $\omega_r^s = 0,001$ *rad/s e a largura de banda é* $BW^s = 0,04$ *rad/s, enquanto no sistema compensado, o pico de ressonância é* $M_r^c = 0,55$ *dB, a frequência de ressonância é* $\omega_r^c = 0,39$ *rad/s e a largura de banda é* $BW^c = 6,36$ *rad/s. Percebe-se um aumento na banda passante do sistema (Figura 4.68a).*

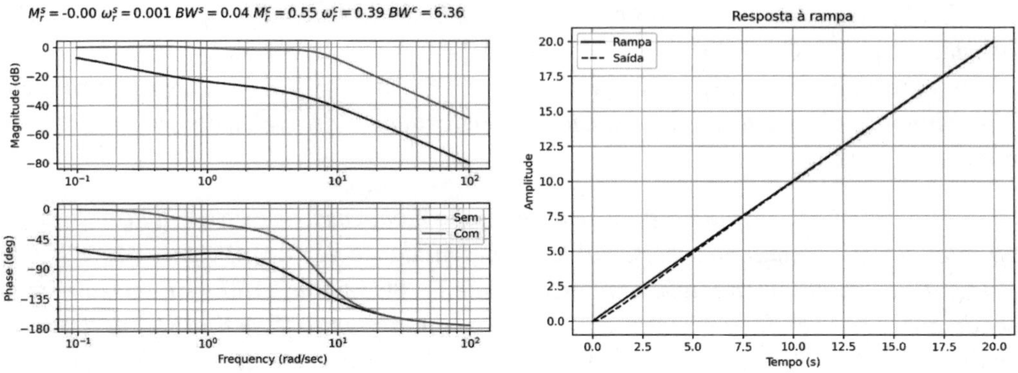

(a) Diagramas de Bode em malha fechada.

(b) Resposta à rampa do sistema compensado.

Figura 4.68: Diagramas de Bode em malha fechada e resposta à rampa unitária do sistema compensado.

O código em Python para o Exemplo 4.16 é mostrado na Listagem . O código quando executado mostra as simulações do sistema sujeito a uma entrada onda quadrada e onda triangular, bem como os respectivos esforços de controle: o esforço de controle para onda quadrada apresenta instantes de baixa magnitude, devido às mudanças abruptas em um pequeno instante de tempo na onda, enquanto o esforço de controle para onda triangular é de pequena magnitude, devido às mudanças mais suaves. Na resposta a uma entrada de onda triangular, é possível observar que o erro de estado estacionário nas mudanças de inclinação começa com valores maiores e tende a valores pequenos, e o erro de estado estacionário calculado é de $0,05$, *que é atingido quando* $t \to \infty$.

4.3.2 Procedimento de projeto compensador por atraso de fase: método analítico

Em um compensador em atraso de fase, o ângulo do compensador θ deve ser negativo; portanto, o critério de fase torna-se:

$$\underline{/G(j\omega_1)} > -180^\circ + \phi_m \tag{4.26}$$

Da Equação 4.17, temos:

$$d_2 = \frac{\cos(\theta) - |G(j\omega_1)|}{\omega_1 \operatorname{sen}(\theta)} \tag{4.27}$$

Uma vez que este coeficiente deve ser negativo e $\operatorname{sen}(\theta)$ é negativo:

$$\cos(\theta) < |G(j\omega_1)| \tag{4.28}$$

Essas são as três restrições a serem satisfeitas pela escolha de ω_1 para o compensador em atraso de fase.

Procedimento de projeto:

1. A partir das especificações, determinamos a margem de fase (MF) e o ganho dc do compensador K_c.
2. Da Equação 4.15, calculamos θ, o ângulo do compensador em ω_1.
3. Todos os parâmetros do lado direito das Equações 4.16 e 4.17 são conhecidos; resolvemos então esta equação para encontrar n_2 e d_2. A faixa de valores de frequência para qual ω_1 deve ser escolhido é especificada pelas seguintes restrições para os compensadores por atraso de fase:

   (a) A fase do compensador por atraso, θ, deve ser negativa:

   $$\theta = -180^\circ + \text{MF} - \angle G(j\omega_1) < 0^\circ$$

   Isto é, a escolha de ω_1 deve satisfazer a condição de fase:

   $$\angle G(j\omega_1) > -180^\circ + \text{MF}. \tag{4.29}$$

   (b) A escolha de ω_1 deve satisfazer a condição de ganho:

   $$|G(j\omega_1)| > 1. \tag{4.30}$$

   (c) Em $G_c(j\omega)$, os parâmetros n_2 e d_2 devem ser positivos. Desde que $\operatorname{sen}(\theta) < 0$ para o compensador por atraso e das equações 4.16 e 4.17, obtém-se:

   $$\cos(\theta) < |G(j\omega_1)|\,. \tag{4.31}$$

   O valor de θ deve ser escolhido dentro do seguinte intervalo:

   $$-5^\circ < \theta < 0^\circ.$$

***Exemplo* 4.17.** *Consideremos o mesmo problema do Exemplo 4.12. Desejamos compensar o sistema de modo que a constante de erro estático de velocidade K_v seja $5\ s^{-1}$, a margem de fase seja pelo menos 40° e a margem de ganho seja pelo menos 10 dB.*

***Solução* 4.17.** *As especificações de projeto são:*

- *Erro estacionário para entrada rampa unitária inferior a* $0,2$ *s ou* $K_v = 5\ s^{-1}$.
- *Margem de fase de pelo menos* $40°$.
- *Margem de ganho de pelo menos* 10 *dB.*

O projeto e a simulação deste Exemplo são realizados utilizando o Python.

O comportamento do sistema sem compensação nem ganho ajustado é mostrado na Figura 4.44a, na qual é ilustrado o diagrama de Bode e observa-se que MF=$32,61°$, $\omega_{cg} = 0,75$ *rad/s, MG=* $9,54$ *dB e* $\omega_{cf} = 1,41$ *rad/s. Na Figura 4.44b, observa-se a resposta a um degrau unitário e verifica-se que o sistema é estável, mas oscilatório, com* $M_p = 38,94\%$, $t_p = 4,08$ *s e* $t_s = 16,02$ *s. Na Figura 4.45, é mostrada a resposta à rampa do sistema e observa-se um erro de estado estacionário de* 1 *unidade.*

1. *Suponhamos o seguinte compensador por atraso de fase:*

$$G_c(s) = K_1 \frac{n_2 s + 1}{d_2 s + 1}$$

A função de transferência em malha aberta do sistema compensado é:

$$\begin{aligned} G_c(s)G(s) &= K_1 \frac{n_2 s + 1}{d_2 s + 1} G(s) \\ &= \frac{n_2 s + 1}{d_2 s + 1} G_1(s) \quad \textit{onde} \quad G_1(s) = K_1 G(s) \end{aligned}$$

2. *O primeiro passo consiste em determinar o valor de* K_1, *de modo a atender à especificação do erro estacionário:*

$$\begin{aligned} K_v &= \lim_{s\to 0} sG_c(s)G(s) = \lim_{s\to 0} s\left(\frac{Ts+1}{\beta Ts+1}\right)G_1(s) \\ &\textit{como } s \to 0 \quad e \quad G_1(s) = K_1\, G(s) \\ &= \lim_{s\to 0} s\, G_1(s) = \lim_{s\to 0} s\, K_1\, G(s) \\ &= \lim_{s\to 0} \not{s} \frac{K_1}{\not{s}(s+1)(0,5s+1)} \\ &= K_1 = 5 \end{aligned}$$

Lembrando a definição de erro de estado estacionário para uma entrada rampa:

$$e_{ss} = e(\infty) = \lim_{s\to 0}\left(\frac{1}{s\, G_c(s)\, G_1(s)}\right) = \frac{1}{K_v}$$

3. *Com o valor de ganho, $K_1 = 5$, traçar o diagrama de Bode do sistema com ganho ajustado mas não compensado: $G_1(s) = K_1G(s)$:*

$$G_1(s) = K_1G(j\omega) = \frac{5}{j\omega(j\omega+1)(j0,5\omega+1)}.$$

Do diagrama de Bode (Figura 4.46a), observamos que MF= $-13°$ ocorre na frequência de cruzamento de ganho $\omega_{cg} = 1,8$ rad/s e MG= $-4,44$ dB ocorre na frequência de cruzamento de fase $\omega_{cf} = 1,41$ rad/s.

Na Figura 4.46b, é mostrada a simulação da resposta ao degrau unitário e observamos que o sistema é instável.

4. *Da equação 4.29, obtemos:*

$$\angle G_1(j\omega) > -180° + MF_d = -180° + 40° = 140°$$

Da Tabela 4.7, observamos que ω_1 deve ser menor que $0,64$ rad/s e, da Equação 4.31, obtemos:

$$|G_1(j\omega_1)| > 1$$

Verificamos que ω_1 deve ser menor do que aproximadamente:

$$\omega_1 < 1,80 \; rad/s$$

Escolhemos $\omega_1 = 0,62$ rad/s e, da Tabela 4.7, observamos que:

$$G_1(j\omega_1) = 6,5467\angle -139,0223°$$

De onde

$$|G(j\omega_1)| = 6,5467, \textit{ satisfaz a restrição } 4.30$$
$$\angle G(j\omega_1) = -139,0223°$$

Da equação 4.29:

$$\theta = \angle G_c(j\omega_1) = -180° + \phi_m - \angle G_1(j\omega_1)$$
$$= -180° + 40° + 139,0223° = -0.9777°$$

$\cos(\theta) = 0,9998$ *e* $\text{sen}(\theta) = -0,01706$ *e das equações 4.16 e 4.17:*

$$n_2 = \frac{1 - |G(j\omega_1)|\cos(\theta)}{\omega_1 |G(j\omega_1)| \text{sen}(\theta)} = \frac{1-(6,5467)(0,9998)}{(0,62)(6,5467)((-0,01706)} = 80,0726$$

$$d_2 = \frac{\cos(\theta) - |G(j\omega_1)|}{\omega_1 \text{sen}(\theta)} = \frac{(0,9998)-(6,5467)}{(0,62)((-0,01706)} = 524,3152$$

Assim, a função de transferência do compensador fica:

$$G_c(s) = 5\frac{80,0726s+1}{524,3152s+1}$$

Na Figura 4.69a, observamos o diagrama de Bode do sistema compensado em malha aberta, na qual MG=$11,75$ *dB,* $\omega_{cf} = 1,40$ *rad/s, MF=*$40,0°$ *e* $\omega_{cg} = 0,62$ *rad/s. Na Figura 4.69b, observamos que* $M_p = 30,67\%$, $t_p = 4,77$ *s e* $t_s = 15,28$ *s. Na Figura 4.70b, observamos que o erro de regime estacionário reduziu consideravelmente para* $e_{ss} \approx 0,2$, *o que é atingido quando* $t \longrightarrow \infty$.

Comparando o sistema original sem nenhuma compensação e o sistema compensado, observamos que o máximo sobressinal teve uma pequena redução de $34,94\%$ *para* $M_p = 30,67\%$ *e o tempo de assentamento teve uma pequena melhora de* $15,99$ *s para* $15,19$ *s, ou seja, o sistema tende a posição desejada em um tempo menor. A margem de fase do sistema teve uma mudança de* $32,61°$ *para* $40,0°$ *e a frequência de cruzamento de ganho diminuiu de* $0,75$ *rad/s para* $0,62$ *rad/s, ou seja, o sistema estabiliza mais lentamente. O erro em regime estacionário a uma entrada rampa diminuiu significativamente de* 1 *para* $0,2$.

Os polos da função de transferência em malha fechada são $-0,27706816 \pm 0,73601547j$, $-2,43510724$ *e* $-0,01266368$, *e o zero da função de transferência em malha fechada é* $-0,01248$.

Observamos que os polos da função de transferência em malha fechada encontram-se nas cercanias do eixo imaginário. O esforço de controle pode ter uma amplitude pequena.

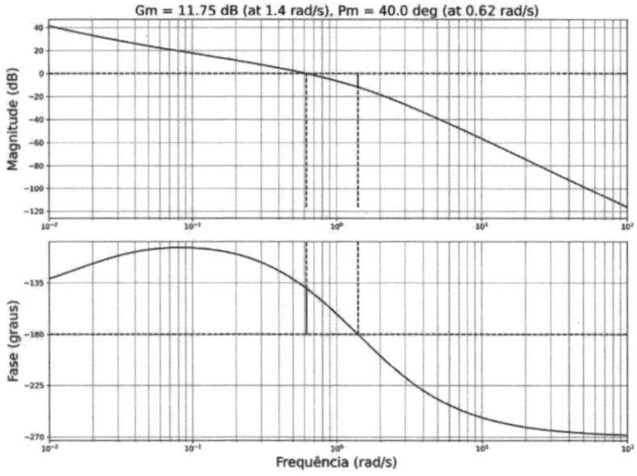

(**a**) Diagrama de Bode do sistema compensado. Método analítico.

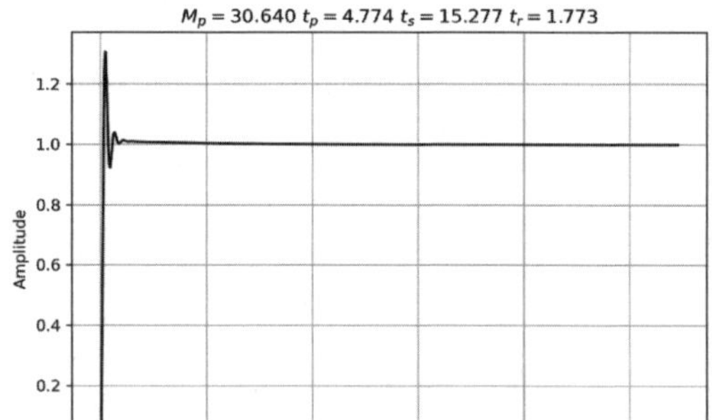

(**b**) Resposta ao degrau unitário do sistema compensado. Método analítico.

Figura 4.69: Diagrama de Bode e resposta ao degrau do sistema compensado. Método analítico.

Na Figura 4.70a, é possível observar que, no sistema sem compensação, o pico de ressonância é $M_r^s = 5,28$ *dB, a frequência de ressonância é* $\omega_r^s = 0,82$ *rad/s e a largura de banda é* $BW^s = 1,26$ *rad/s, enquanto no sistema compensado, o pico de ressonância é* $M_r^c =$

3, 41 dB, a frequência de ressonância é $\omega_r^c = 0,67$ *rad/s e a largura de banda é* $BW^c = 1,07$ *rad/s. Percebe-se um redução na banda passante do sistema veja (Figura 4.70a).*

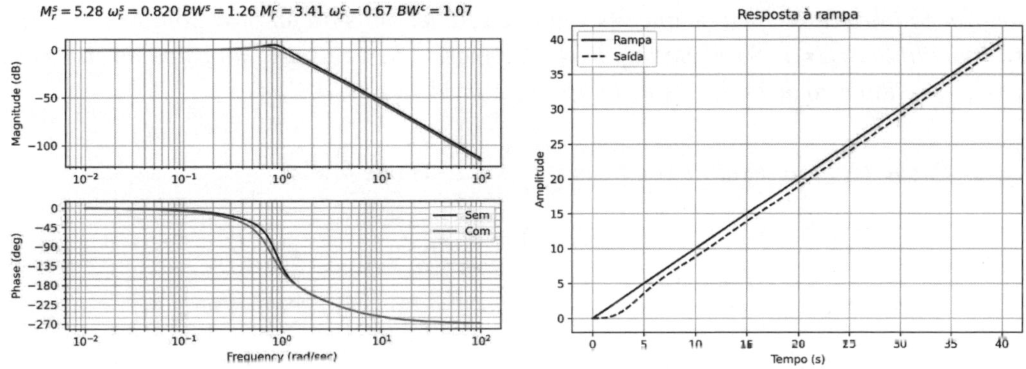

(a) Diagramas de Bode em malha fechada. Método analítico.

(b) Resposta à rampa do sistema compensado. Método analítico.

Figura 4.70: Diagramas de Bode em malha fechada e resposta à rampa unitária do sistema compensado.

O código em Python para o Exemplo 4.17 é mostrado na Listagem . O código quando executado mostrará as simulações do sistema sujeito a uma entrada onda quadrada e onda triangular, bem como os respectivos esforços de controle: o esforço de controle para onda quadrada apresenta instantes de baixa magnitude, devido às mudanças abruptas em um pequeno instante de tempo na onda, enquanto o esforço de controle para onda triangular é de pequena magnitude, devido às mudanças mais suaves. Na resposta a uma entrada de onda triangular, é possível observar o erro de estado estacionário considerável, e o erro de estado estacionário calculado é $0,2$*,uma vez que esse erro somente é atingido quando* $t \longrightarrow \infty$.

***Exemplo* 4.18.** *Consideremos o mesmo problema do Exemplo 4.13. Deseja-se projetar um compensador, de modo que a constante de erro estático de velocidade* K_v *seja* $20\ s^{-1}$ *e a margem de fase seja pelo menos* $45°$.

***Solução* 4.18.** *As especificações de projeto são:*

- *Erro estacionário para entrada rampa unitária inferior a* $0,05$ *s ou* $K_v = 20\ s^{-1}$.
- *Margem de fase de pelo menos* $45°$.

O projeto e a simulação deste Exemplo são realizados utilizando o Python.

O comportamento do sistema sem compensação nem ganho ajustado é mostrado na Figura 4.49a, na qual é ilustrado o diagrama de Bode e observa-se que MF=$76,35°$, $\omega_{cg} = 0,49$ *rad/s, MG=* ∞ *dB e* $\omega_{cf} = \infty$ *rad/s. Na Figura 4.49b, observa-se a resposta a um degrau unitário e verifica-se que o sistema é estável, mas oscilatório, com* $M_p = 0,0\%$, t_p *indefinido e* $t_s = 5,84$ *s. Na Figura 4.50, é mostrada a resposta à rampa do sistema e observa-se um erro de estado estacionário de* 2 *unidades.*

1. *Suponhamos o seguinte compensador por atraso de fase:*

$$G_c(s) = K_1 \frac{n_2 s + 1}{d_2 s + 1}$$

A função de transferência em malha aberta do sistema compensado é:

$$\begin{aligned} G_c(s)G(s) &= K_1 \frac{n_2 s + 1}{d_2 s + 1} G(s) \\ &= \frac{n_2 s + 1}{d_2 s + 1} G_1(s) \quad \textit{onde} \quad G_1(s) = K_1 G(s) \end{aligned}$$

2. *O primeiro passo consiste em determinar o valor de* K_1, *de modo a atender à especificação do erro estacionário:*

$$\begin{aligned} K_v &= \lim_{s \to 0} s G_c(s) G(s) = \lim_{s \to 0} s \left(\frac{Ts + 1}{\beta T s + 1} \right) G_1(s) \\ & \textit{como } s \to 0 \quad e \quad G_1(s) = K_1\, G(s) \\ &= \lim_{s \to 0} s\, G_1(s) = \lim_{s \to 0} s\, K_1\, G(s) \\ &= \lim_{s \to 0} \not{s} \frac{K_1}{\not{s}(s+2)} = 20 \\ &= K_1 = 40 \end{aligned}$$

Lembrando a definição de erro de estado estacionário para uma entrada rampa:

$$e_{ss} = e(\infty) = \lim_{s \to 0} \left(\frac{1}{s\, G_c(s)\, G_1(s)} \right) = \frac{1}{K_v}$$

3. *Com o valor de ganho* $K_1 = 40$, *traçamos o diagrama de Bode do sistema com ganho ajustado mas não compensado* $G_1(s) = K_1 G(s)$:

$$G_1(s) = K_1 G(j\omega) = \frac{40}{j\omega(j\omega + 2)}.$$

Do diagrama de Bode (Figura 4.51a), observamos que MF= $17,96°$ *ocorre na frequência de cruzamento de ganho* $\omega_{cg} = 6,17$ *rad/s e que MG=* ∞ *dB ocorre na frequência de cruzamento de fase* $\omega_{cf} = \infty$ *rad/s.*

Na Figura 4.51b, é mostrada a simulação da resposta ao degrau unitário e observamos que o sistema é estável mas oscilatório com $M_p = 60,47\%$, $t_p = 0,5$ *s e* $t_s = 3,66$ *s.*

4. *Da Equação 4.29, obtemos:*

$$\underline{/G_1(j\omega)} > -180^\circ + MF_d = -180^\circ + 45^\circ = -135^\circ$$

Da Tabela 4.8, observamos que ω_1 *deve ser menor que* $2,0$ *rad/s e, da Equação 4.31, obtemos:*

$$|G_1(j\omega_1)| > 1$$

Verificamos que ω_1 *deve ser menor do que aproximadamente:*

$$\omega_1 < 6,17 \; rad/s$$

Escolhemos $\omega_1 = 1,93$ *rad/s e, da Tabela 4.8, observamos que:*

$$G_1(j\omega_1) = 7,4569\underline{/-133,9796^\circ}$$

De onde:

$$|G(j\omega_1)| = 7,4569, \textit{ satisfaz a restrição } 4.30$$
$$\underline{/G(j\omega_1)} = -133,9796^\circ$$

Da Equação 4.29:

$$\begin{aligned}\theta = \underline{/G_c(j\omega_1)} &= -180^\circ + \phi_m - \underline{/G_1(j\omega_1)} \\ &= -180^\circ + 45^\circ + 133,9796^\circ = -1,0204^\circ\end{aligned}$$

$\cos(\theta) = 0,9998$ *e* $\operatorname{sen}(\theta) = -0,01781$ *e das Equações 4.16 e 4.17:*

$$n_2 = \frac{1 - |G(j\omega_1)| \cos(\theta)}{\omega_1 |G(j\omega_1)| \operatorname{sen}(\theta)} = \frac{1 - (7,4569)(0,9998)}{(1,93)(7,4569)((-0,01781)} = 25,18859$$
$$d_2 = \frac{\cos(\theta) - |G(j\omega_1)|}{\omega_1 \operatorname{sen}(\theta)} = \frac{(0,9998) - (7,4569)}{(1,93)((-0,01781)} = 187,86789$$

Assim, a função de transferência do compensador fica:

$$G_c(s) = 40\frac{25,18859s + 1}{187,86789s + 1}$$

Na Figura 4.71a, observamos o diagrama de Bode do sistema compensado em malha aberta, na qual MG=∞ *dB,* $\omega_{cf} = \infty$ *rad/s, MF=*$45,0^\circ$ *e* $\omega_{cg} = 1,93$ *rad/s. Na Figura 4.71b,* *observamos que $M_p = 24,21\%$, $t_p = 1,51$ s e $t_s = 4,86$ s. Na Figura 4.72b, observamos que o erro de regime estacionário reduziu consideravelmente para $e_{ss} \approx 0,05$, o que é atingido quando $t \longrightarrow \infty$.*

Comparando o sistema original sem nenhuma compensação e o sistema compensado, observamos que o máximo sobressinal teve uma degradação de $M_p = 0,0\%$ para $M_p = 24,21\%$ e o tempo de assentamento teve uma melhora de $5,34$ s para $4,86$ s, ou seja, o sistema tende à posição desejada em um tempo menor. A margem de fase do sistema teve uma mudança de $76,35°$ para $45,0°$ e a frequência de cruzamento de ganho aumenta de $0,49$ rad/s para $1,93$ rad/s, ou seja, o sistema estabiliza mais rapidamente, mas o sistema compensado é um pouco mais devagar. O erro em regime estacionário a uma entrada rampa diminuiu significativamente de 2 para $0,05$.

Os polos da função de transferência em malha fechada são $-0,98255484 \pm 2,08068586j$ e $-0,04021321$, e o zero da função de transferência em malha fechada é $-0,0397005$.

Observamos que os polos da função de transferência em malha fechada encontram-se nas cercanias do eixo imaginário. O esforço de controle pode ter uma amplitude pequena.

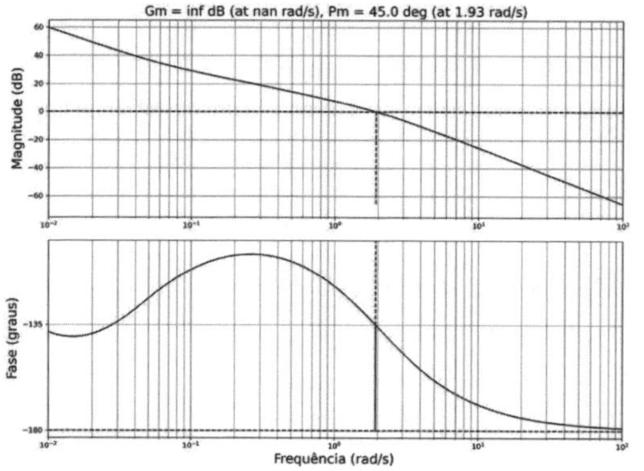

(a) Diagrama de Bode do sistema compensado. Método analítico.

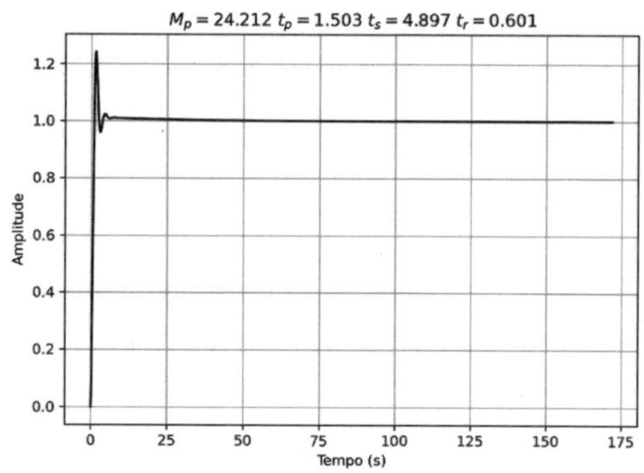

(b) Resposta ao degrau unitário do sistema compensado. Método analítico.

Figura 4.71: Diagrama de Bode e resposta ao degrau do sistema compensado. Método analítico.

Na Figura 4.72a, é possível observar que no sistema sem compensação o pico de ressonância é $M_r^s = 0,00$ dB, a frequência de ressonância é $\omega_r^s = 0,01$ rad/s e a largura de banda é $BW^s = 0,64$ rad/s, enquanto no sistema compensado o pico de ressonância é $M_r^c = 2,36$ dB, a frequência de ressonância é $\omega_r^c = 1,83$ rad/s e a largura de banda é $BW^c = 3,12$ rad/s. Percebe-se um aumento na banda passante do sistema (Figura 4.72a).

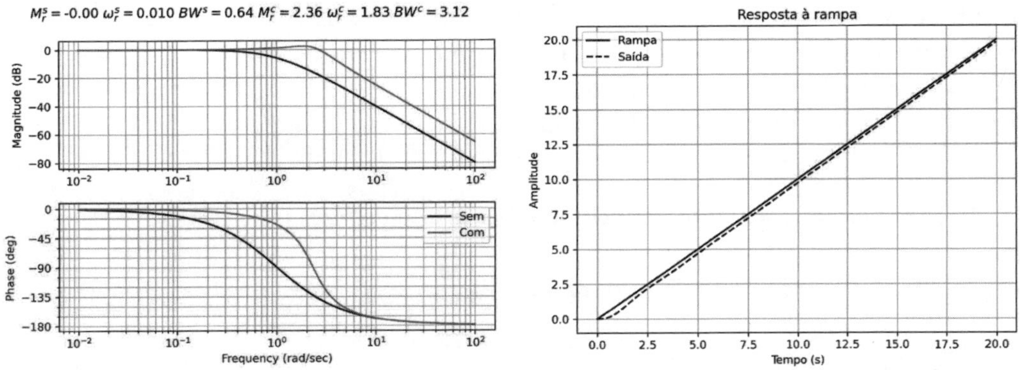

(a) Diagramas de Bode em malha fechada. Método analítico.

(b) Resposta à rampa do sistema compensado. Método analítico.

Figura 4.72: Diagramas de Bode em malha fechada e resposta à rampa unitária do sistema compensado.

O código em Python para o Exemplo 4.18 é mostrado na Listagem . O código quando executado mostra as simulações do sistema sujeito a uma entrada onda quadrada e onda triangular, bem como os respectivos esforços de controle: o esforço de controle para onda quadrada apresenta instantes de baixa magnitude, devido às mudanças abruptas em um pequeno instante de tempo na onda, enquanto o esforço de controle para onda triangular é de pequena magnitude, devido às mudanças mais suaves. Na resposta a uma entrada de onda triangular, é possível observar o erro de estado estacionário considerável, e o erro de estado estacionário calculado é $0,05$*, uma vez que esse erro somente é atingido quando* $t \longrightarrow \infty$.

Exemplo 4.19. *Consideremos o mesmo problema do Exemplo 4.14. Para o ganho K foi escolhido o valor de* 720*, de forma a obter uma margem de fase de aproximadamente* $53,4°$ *sem compensação. Deseja-se projetar um compensador por atraso de fase, de modo que a constante de erro estático de velocidade* K_v *seja* $200\ s^{-1}$ *e o máximo sobressinal* M_p *seja* 9%.

Solução 4.19. *As especificações de projeto são:*

- *Erro estacionário para entrada rampa unitária inferior a* $0,005$ *s ou* $K_v = 200\ s^{-1}$.
- *Máximo sobressinal de* 9% *ou que equivale a uma margem de fase de pelo menos* $65°$.

O projeto e a simulação deste Exemplo são realizados utilizando o Python.

O comportamento do sistema sem compensação nem ganho ajustado é mostrado na Figura 4.54a, na qual é ilustrado o diagrama de Bode e observa-se que MF=$53,82°$, ω_{cg} =

$17,68$ *rad/s, MG=* $16,65$ *dB e* $\omega_{cf} = 60$ *rad/s. Na Figura 4.54b, observa-se a resposta a um degrau unitário e verifica-se que o sistema é estável com* $M_p = 13,97\%$, $t_p = 0,15$ *s e* $t_s = 0,30$ *s. Na Figura 4.55, é mostrada a resposta à rampa do sistema e observa-se um erro de estado estacionário de* $0,05$ *unidades.*

1. *Suponhamos o seguinte compensador por atraso de fase:*

$$G_c(s) = K_1 \frac{n_2 s + 1}{d_2 s + 1}$$

2. *O primeiro passo consiste em determinar o valor de* K_1*, de modo a atender à especificação do erro estacionário:*

$$\begin{aligned}
K_v &= \lim_{s \to 0} sG_c(s)G(s) = \lim_{s \to 0} s \left(\frac{Ts+1}{\beta Ts+1} \right) G_1(s) \\
& \textit{como } s \to 0 \quad e \quad G_1(s) = K_1\, G(s) \\
&= \lim_{s \to 0} s\, G_1(s) = \lim_{s \to 0} s\, K_1\, G(s) \\
&= \lim_{s \to 0} \not{s} \frac{K_1 \times 7.2 \times 10^4}{\not{s}(s+100)(s+36)} \\
&= 20K_1 = 200
\end{aligned}$$

Assim:

$$K_1 = 10$$

Lembrando a definição de erro de estado estacionário para uma entrada rampa:

$$e_{ss} = e(\infty) = \lim_{s \to 0} \left(\frac{1}{s\, G_c(s)\, G_1(s)} \right) = \frac{1}{K_v}$$

3. *Com o valor de ganho* $K_1 = 10$*, traçamos o diagrama de Bode do sistema com ganho ajustado mas não compensado* $G_1(s) = K_1 G(s)$*:*

$$G_1(s) = K_1 G(j\omega) = \frac{7,2 \times 10^5}{j\omega(j\omega+100)(j\omega+36)}.$$

Do diagrama de Bode (Figura 4.56a), observamos que MF= $-9,38^\circ$ *ocorre na frequência de cruzamento de ganho* $\omega_{cg} = 72,27$ *rad/s e que MG=* $-3,35$ *dB ocorre na frequência de cruzamento de fase* $\omega_{cf} = 60$ *rad/s.*

Na Figura 4.56b, é mostrada a simulação da resposta ao degrau unitário e observamos que o sistema é instável.

4. *Da Equação 4.29, obtemos:*

$$\underline{/G_1(j\omega)} > -180^\circ + MF_d = -180^\circ + 65^\circ = -115^\circ$$

Da Tabela 4.9, observamos que ω_1 *deve ser menor que* $11,86$ *rad/s e, da Equação 4.31, obtemos:*

$$|G_1(j\omega_1)| > 1$$

Verifica-se que ω_1 *deve ser menor do que aproximadamente:*

$$\omega_1 < 72,27 \ rad/s$$

Escolhemos $\omega_1 = 11,4$ *rad/s e, da Tabela 4.9, observamos que:*

$$G_1(j\omega_1) = 16,6177\underline{/-114,0749^\circ}$$

De onde:

$$|G(j\omega_1)| = 16,6177, \textit{ satisfaz a restrição } 4.30$$
$$\underline{/G(j\omega_1)} = -114,0749^\circ$$

Da Equação 4.29:

$$\begin{aligned}\theta = \underline{/G_c(j\omega_1)} &= -180^\circ + \phi_m - \underline{/G_1(j\omega_1)} \\ &= -180^\circ + 65^\circ + 114,0749^\circ = -0,9251^\circ\end{aligned}$$

$\cos(\theta) = 0,9998$ *e* $\operatorname{sen}(\theta) = -0,01615$ *e das Equações 4.16 e 4.17:*

$$\begin{aligned}n_2 &= \frac{1 - |G(j\omega_1)| \cos(\theta)}{\omega_1 |G(j\omega_1)| \operatorname{sen}(\theta)} = 5,10545 \\ d_2 &= \frac{\cos(\theta) - |G(j\omega_1)|}{\omega_1 \operatorname{sen}(\theta)} = \frac{(0,9998) - (16,6177)}{(11,4)((-0,01615)} = 84,85329\end{aligned}$$

Assim, a função de transferência do compensador fica:

$$G_c(s) = 40\frac{5,10545s + 1}{84,85329s + 1}$$

Na Figura 4.73a, observamos o diagrama de Bode do sistema compensado em malha aberta, na qual MG=$21,0$ *dB,* $\omega_{cf} = 59,79$ *rad/s, MF=*$65,0^\circ$ *e* $\omega_{cg} = 11,4$ *rad/s. Na Figura 4.73b, observamos que* $M_p = 4,45\%$, $t_p = 0,246$ *s e* $t_s = 0,367$ *s. Na Figura 4.74b, observamos que o erro de regime estacionário reduziu consideravelmente para* $e_{ss} \approx 0,005$, *o que é atingido quando* $t \longrightarrow \infty$.

Comparando o sistema original sem nenhuma compensação e o sistema compensado, observamos que o máximo sobressinal teve uma melhora de $M_p = 13,97\%$ para $M_p = 4,45\%$ e o tempo de assentamento teve uma degradação de $0,15$ s para $0,367$ s, ou seja, o sistema tende à posição desejada em um tempo maior. A margem de fase do sistema teve uma mudança de $53,82°$ para $65,0°$ e a frequência de cruzamento de ganho diminuiu de $17,68$ rad/s para $11,4$ rad/s, ou seja, o sistema estabiliza mais lentamente, isto é, o sistema compensado é um pouco mais devagar. O erro em regime estacionário a uma entrada rampa diminuiu significativamente de $0,05$ para $0,005$.

Os polos da função de transferência em malha fechada são $14,98184497 \pm 13,36028497j$, $-105,84915509$ e $-0,19894002$, e o zero da função de transferência em malha fechada é $-0,19586918$.

Observamos que um polo da função de transferência em malha fechada encontra-se nas cercanias do eixo imaginário. O esforço de controle pode ter uma amplitude pequena.

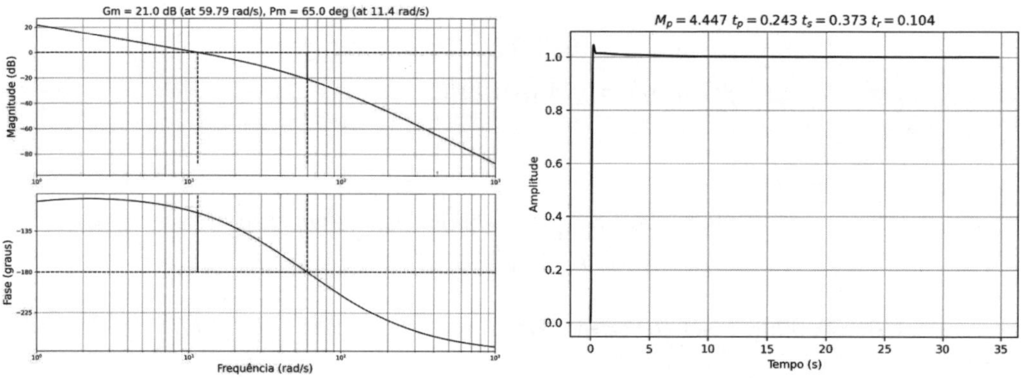

(a) Diagrama de Bode do sistema compensado. Método analítico.

(b) Resposta ao degrau unitário do sistema compensado. Método analítico.

Figura 4.73: Diagrama de Bode e resposta ao degrau do sistema compensado. Método analítico.

Na Figura 4.74a, é possível observar que, no sistema sem compensação, o pico de ressonância é $M_r^s = 0,88$ dB, a frequência de ressonância é $\omega_r^s = 16,81$ rad/s e a largura de banda é $BW^s = 31,18$ rad/s, enquanto no sistema compensado, o pico de ressonância é $M_r^c = 0,13$ dB, a frequência de ressonância é $\omega_r^c = 1,14$ rad/s e a largura de banda é $BW^c = 18,93$ rad/s. Percebe-se uma redução na banda passante do sistema (Figura 4.74a).

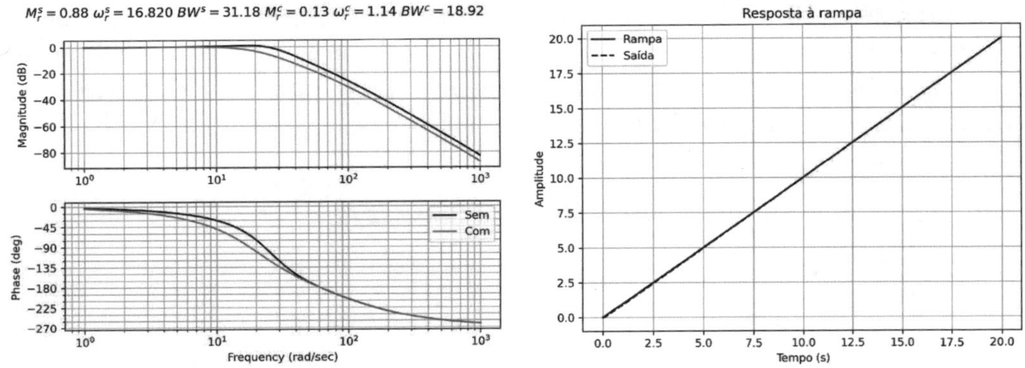

(a) Diagramas de Bode em malha fechada. Método analítico.

(b) Resposta à rampa do sistema compensado. Método analítico.

Figura 4.74: Diagramas de Bode em malha fechada e resposta à rampa unitária do sistema compensado.

O código em Python para o Exemplo 4.19 é mostrado na Listagem. O código quando executado mostra as simulações do sistema sujeito a uma entrada onda quadrada e onda triangular, bem como os respectivos esforços de controle: o esforço de controle para onda quadrada apresenta instantes de baixa magnitude, devido às mudanças abruptas em um pequeno instante de tempo na onda, enquanto o esforço de controle para onda triangular é de pequena magnitude, devido às mudanças mais suaves. Na resposta a uma entrada de onda triangular, é possível observar que o erro de estado estacionário é pequeno, e o erro de estado estacionário calculado é de $0,005$*, o que é atingido quando* $t \longrightarrow \infty$.

Exemplo 4.20. *Consideremos o mesmo problema do Exemplo 4.15. Deseja-se projetar um compensador por atraso de fase, de modo que a constante de erro estático de velocidade* K_v *seja* $20\ s^{-1}$ *e o máximo sobressinal* M_p *seja* 9%.

Solução 4.20. *As especificações de projeto são:*

- *Erro estacionário para entrada rampa unitária inferior a* $0,05\ s$ *ou* $K_v = 20\ s^{-1}$.
- *Máximo sobressinal de* 9% *ou que equivale a uma margem de fase de pelo menos* $65°$.

O projeto e a simulação deste Exemplo são realizados utilizando o Python.

O comportamento do sistema sem compensação nem ganho ajustado é mostrado na Figura 4.59a, na qual é ilustrado o diagrama de Bode e observa-se que MF=$78,69°$, $\omega_{cg} =$

$0,99$ *rad/s, MG=* $26,02$ *dB e* $\omega_{cf} = 10$ *rad/s. Na Figura 4.59b, observa-se a resposta a um degrau unitário e verifica-se que o sistema é estável com* $M_p = 0,0\%$, t_p *indefinido e* $t_s = 3,22$ *s. Na Figura 4.60, é mostrada a resposta à rampa do sistema e observa-se um erro de estado estacionário de* 1 *unidade.*

1. *Suponhamos o seguinte compensador por atraso de fase:*

$$G_c(s) = K_1 \frac{n_2 s + 1}{d_2 s + 1}$$

2. *O primeiro passo consiste em determinar o valor de* K_1, *de modo a atender à especificação do erro estacionário:*

$$\begin{aligned}
K_v &= \lim_{s \to 0} sG_c(s)G(s) = \lim_{s \to 0} s\left(\frac{Ts+1}{\beta Ts+1}\right)G_1(s) \\
&\text{como } s \longrightarrow 0 \quad e \quad G_1(s) = K_1\,G(s) \\
&= \lim_{s \to 0} s\,G_1(s) = \lim_{s \to 0} s\,K_1\,G(s) \\
&= \lim_{s \to 0} \not{s}\,\frac{K_1 \times 100}{\not{s}(s+10)^2} \\
&= K_1 = 20
\end{aligned}$$

Lembrando a definição de erro de estado estacionário para uma entrada rampa:

$$e_{ss} = e(\infty) = \lim_{s \to 0}\left(\frac{1}{s\,G_c(s)\,G_1(s)}\right) = \frac{1}{K_v}$$

3. *Com o valor de ganho* $K_1 = 20$, *traçamos o diagrama de Bode do sistema com ganho ajustado mas não compensado* $G_1(s) = K_1G(s)$:

$$G_1(s) = K_1G(j\omega) = \frac{2000}{j\omega(j\omega+10)^2}.$$

Do diagrama de Bode (Figura 4.61a), observamos que MF= $0,0°$ *ocorre na frequência de cruzamento de ganho* $\omega_{cg} = 10$ *rad/s e que MG=* 0 *dB ocorre na frequência de cruzamento de fase* $\omega_{cf} = 10$ *rad/s.*

Na Figura 4.61b, é mostrada a simulação da resposta ao degrau unitário, e observamos que o sistema é estável e tem um comportamento oscilatório sustentado.

4. *Da Equação 4.29, obtemos:*

$$\underline{/G_1(j\omega)} > -180° + MF_d = -180° + 65° = -115°$$

Da Tabela 4.10, observamos que ω_1 *deve ser menor que* $2,22$ *rad/s e, da Equação 4.31, obtemos:*

$$|G_1(j\omega_1)| > 1$$

Verificamos que ω_1 *deve ser menor do que aproximadamente:*

$$\omega_1 < 10,0 \ rad/s$$

Escolhemos $\omega_1 = 2,12$ *rad/s e, da Tabela 4.9, observamos que:*

$$G_1(j\omega_1) = 9,0282\angle{-113,9390^\circ}$$

De onde:

$$|G(j\omega_1)| = 9,0282, \textit{ satisfaz a restrição } 4.30$$
$$\angle G(j\omega_1) = -113,9390^\circ$$

Da Equação 4.29:

$$\theta = \angle G_c(j\omega_1) = -180^\circ + \phi_m - \angle G_1(j\omega_1)$$
$$= -180^\circ + 65^\circ + 113,9390^\circ = -1,061^\circ$$

$\cos(\theta) = 0,9998$ *e* $\text{sen}(\theta) = -0,01852$ *e das Equações 4.16 e 4.17:*

$$n_2 = \frac{1 - |G(j\omega_1)| \cos(\theta)}{\omega_1 |G(j\omega_1)| \ \text{sen}(\theta)} = 22,64798$$
$$d_2 = \frac{\cos(\theta) - |G(j\omega_1)|}{\omega_1 \ \text{sen}(\theta)} = \frac{(0,9998) - (9,0282)}{(11,4)((-0,01615)} = 204,51429$$

Assim, a função de transferência do compensador fica:

$$G_c(s) = 40\frac{22,64798s + 1}{204,51429s + 1}$$

Na Figura 4.75a, observamos o diagrama de Bode do sistema compensado em malha aberta, na qual MG=$19,05$ *dB,* $\omega_{cf} = 9,96$ *rad/s, MF=*$65,0^\circ$ *e* $\omega_{cg} = 2,12$ *rad/s. Na Figura 4.75b, observamos que* $M_p = 4,251\%$, $t_p = 1,31$ *s e* $t_s = 2,0$ *s. Na Figura 4.76b, observamos que o erro de regime estacionário reduziu consideravelmente para* $e_{ss} \approx 0,05$, *o que é atingido quando* $t \longrightarrow \infty$.

Comparando o sistema original sem nenhuma compensação e o sistema compensado, observamos que o máximo sobressinal teve uma mudança de $0,0\%$ $M_p = 4,25\%$ *e o tempo de assentamento teve uma degradação de* $5,3$ *s para* $2,0$ *s, ou seja, o sistema tende à posição desejada em um tempo menor. A margem de fase do sistema teve uma mudança de* $78,69°$ *para* $65,0°$ *e a frequência de cruzamento de ganho aumentou de* $0,99$ *rad/s para* $2,12$ *rad/s, ou seja, o sistema estabiliza mais rapidamente, mas o sistema compensado é um pouco mais rápido. O erro em regime estacionário a uma entrada rampa diminuiu significativamente de* 1 *para* $0,05$.

Os polos da função de transferência em malha fechada são $-2,99228962 \pm 2,57099256j$, $-13,97535022$, *e* $-0,04496017$ *e o zero da função de transferência em malha fechada é* -0.04415405.

Observamos que um polo da função de transferência em malha fechada encontra-se nas cercanias do eixo imaginário. O esforço de controle pode ter uma amplitude pequena.

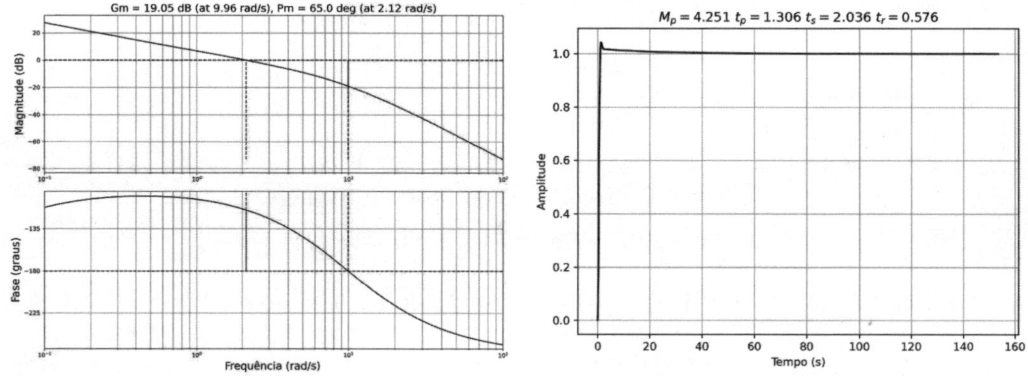

(a) Diagrama de Bode do sistema compensado. Método analítico.

(b) Resposta ao degrau unitário do sistema compensado. Método analítico.

Figura 4.75: Diagrama de Bode e resposta ao degrau do sistema compensado. Método analítico.

Na Figura 4.76a, é possível observar que no sistema sem compensação o pico de ressonância é $M_r^s = 0,0$ *dB, a frequência de ressonância é* $\omega_r^s = 0,001$ *rad/s e a largura de banda é* $BW^s = 1,25$ *rad/s, enquanto no sistema compensado, o pico de ressonância é* $M_r^c = 0,15$ *dB, a frequência de ressonância é* $\omega_r^c = 0,23$ *rad/s e a largura de banda é* $BW^c = 3,59$ *rad/s. Percebe-se um aumento na banda passante do sistema (Figura 4.76a).*

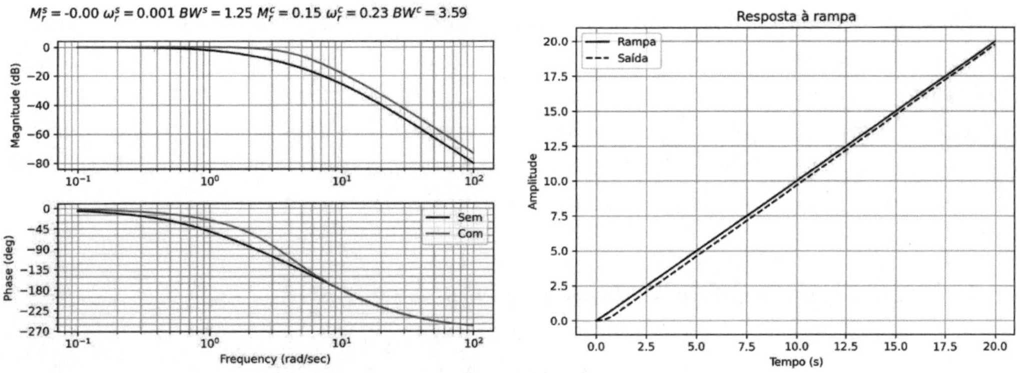

(a) Diagramas de Bode em malha fechada.

(b) Resposta à rampa do sistema compensado. Método analítico.

Figura 4.76: Diagramas de Bode em malha fechada e resposta à rampa unitária do sistema compensado.

O código em Python para o Exemplo 4.20 é mostrado na Listagem . O código quando executado mostra as simulações do sistema sujeito a uma entrada onda quadrada e onda triangular, bem como os respectivos esforços de controle: o esforço de controle para onda quadrada apresenta instantes de baixa magnitude, devido às mudanças abruptas em um pequeno instante de tempo na onda, enquanto o esforço de controle para onda triangular é de pequena magnitude, devido às mudanças mais suaves. Na resposta a uma entrada de onda triangular, é possível observar que o erro de estado estacionário nas mudanças de inclinação começa com valores maiores e tende a valores pequenos, e o erro de estado estacionário calculado é de $0,05$*, o que é atingido quando* $t \longrightarrow \infty$.

***Exemplo* 4.21.** *Consideremos o mesmo problema do Exemplo 4.16. Deseja-se projetar um compensador por atraso de fase, de modo que a constante de erro estático de velocidade* K_v *seja* $20\ \text{s}^{-1}$ *e o coeficiente de amortecimento* ξ *seja* $0,75$.

***Solução* 4.21.** *As especificações de projeto são:*

- *Erro estacionário para entrada rampa unitária inferior a* $0,05$ *s ou* $K_v = 20\ s^{-1}$.
- *Coeficiente de amortecimento* $\xi = 0,75$ *ou que equivale a uma margem de fase de pelo menos* $75°$.

O projeto e a simulação deste Exemplo são realizados utilizando o Python.

O comportamento do sistema sem compensação nem ganho ajustado é mostrado na Figura 4.64a, na qual é ilustrado o diagrama de Bode e observa-se que MF=$91,58°$, $\omega_{cg} = 0,05$ *rad/s, MG=* ∞ *dB e* $\omega_{cf} = \infty$ *rad/s. Na Figura 4.64b, observa-se a resposta a um degrau unitário e verifica-se que o sistema é estável com* $M_p = 0,0\%$, *tempo de pico indeterminado e* $t_s = 79.86$ *s. Na Figura 4.65, é mostrada a resposta à rampa do sistema e observa-se um erro de estado estacionário de* 20 *unidades.*

1. *Suponhamos o seguinte compensador por atraso de fase:*

$$G_c(s) = K_1 \frac{n_2 s + 1}{d_2 s + 1}$$

2. *O primeiro passo consiste em determinar o valor de* K_1, *de modo a atender à especificação do erro estacionário:*

$$\begin{aligned}
K_v &= \lim_{s \to 0} sG_c(s)G(s) = \lim_{s \to 0} s\left(\frac{Ts+1}{\beta Ts+1}\right)G_1(s) \\
&\textit{como } s \longrightarrow 0 \quad e \quad G_1(s) = K_1\,G(s) \\
&= \lim_{s \to 0} s\,G_1(s) = \lim_{s \to 0} s\,K_1\,G(s) \\
&= \lim_{s \to 0} \not{s}\,\frac{K_1(s+1)}{\not{s}(s+4)(s+5)} \\
&= \frac{K_1}{20} = 20
\end{aligned}$$

Assim:

$$K_1 = 400.$$

Lembrando a definição de erro de estado estacionário para uma entrada rampa:

$$e_{ss} = e(\infty) = \lim_{s \to 0}\left(\frac{1}{s\,G_c(s)\,G_1(s)}\right) = \frac{1}{K_v}$$

3. *Com o valor de ganho* $K_1 = 400$, *traçamos o diagrama de Bode do sistema com ganho ajustado mas não compensado* $G_1(s) = K_1 G(s)$*:*

$$G_1(s) = K_1 G(j\omega) = \frac{400(s+1)}{j\omega(j\omega+4)(s+5)}.$$

Do diagrama de Bode (Figura 4.66a), observamos que MF= $23,04°$ *ocorre na frequência de cruzamento de ganho* $\omega_{cg} = 19,49$ *rad/s e que MG=* ∞ *dB ocorre na frequência de cruzamento de fase* $\omega_{cf} = \infty$ *rad/s.*

Na Figura 4.66b, é mostrada a simulação da resposta ao degrau unitário e observamos que o sistema tem um comportamento estável mas oscilatório com $M_p = 48,88\%$, $t_p = 0,16$ *s e* $t_s = 1,01$ *s.*

4. *Da equação 4.29, obtemos:*

$$\angle G_1(j\omega) > -180^\circ + MF_d = -180^\circ + 75^\circ = -105^\circ$$

Da Tabela 4.11, observamos que ω_1 *deve ser menor que* $4,72$ *rad/s e, da Equação 4.31, obtemos:*

$$|G_1(j\omega_1)| > 1$$

Verifica-se que ω_1 *deve ser menor do que aproximadamente:*

$$\omega_1 < 19,50 \; rad/s$$

Escolhemos $\omega_1 = 4,61$ *rad/s e, da Tabela 4.11, observamos que:*

$$G_1(j\omega_1) = 9,8606\angle{-103,9675^\circ}$$

De onde:

$$|G(j\omega_1)| = 9,8606, \textit{ satisfaz a restrição } 4.30$$
$$\angle G(j\omega_1) = -103,9675^\circ$$

Da Equação 4.29:

$$\begin{aligned}\theta = \angle G_c(j\omega_1) &= -180^\circ + \phi_m - \angle G_1(j\omega_1)\\ &= -180^\circ + 65^\circ + 103,9675^\circ = -1,0325^\circ\end{aligned}$$

$\cos(\theta) = 0,9998$ *e* $\text{sen}(\theta) = -0,01802$ *e das Equações 4.16 e 4.17:*

$$n_2 = \frac{1 - |G(j\omega_1)|\cos(\theta)}{\omega_1 |G(j\omega_1)| \text{sen}(\theta)} = 10,81524$$
$$d_2 = \frac{\cos(\theta) - |G(j\omega_1)|}{\omega_1 \text{sen}(\theta)} = \frac{(0,9998) - (9,8606)}{(4,61)((-0,01802)} = 106,66606$$

Assim, a função de transferência do compensador fica:

$$G_c(s) = 40\frac{10,81524s + 1}{106,66606s + 1}$$

Na Figura 4.77a, observamos o diagrama de Bode do sistema compensado em malha aberta, na qual MG=∞ *dB,* $\omega_{cf} = \infty$ *rad/s, MF=*$75,0°$ *e* $\omega_{cg} = 4,61$ *rad/s. Na Figura 4.77b, observamos que* $M_p = 2,399\%$*,* $t_p = 6,239$ *s e* $t_s = 9,418$ *s. Na Figura 4.78b, observamos que o erro de regime estacionário reduziu consideravelmente para* $e_{ss} \approx 0,05$*, o que é atingido quando* $t \longrightarrow \infty$*.*

Comparando o sistema original sem nenhuma compensação e o sistema compensado, observamos que o máximo sobressinal teve uma mudança de $M_p = 0,0\%$ *para* $M_p = 2,399\%$ *e o tempo de assentamento teve uma melhora de* $78,86$ *s para* $9,418$ *s, ou seja, o sistema tende à posição desejada em um tempo menor. A margem de fase do sistema teve uma mudança de* $91,58°$ *para* $75,0°$ *e a frequência de cruzamento de ganho aumentou de* $0,05$ *rad/s para* $4,61$ *rad/s, ou seja, o sistema estabiliza mais rapidamente, mas o sistema compensado é um pouco mais rápido. O erro em regime estacionário a uma entrada rampa diminuiu significativamente de* 20 *para* $0,05$*.*

Os polos da função de transferência em malha fechada são $-4,09717378 \pm 6,09153116j$*,* $-0,71813489$ *e* $-0,09689261$*, e os zeros da função de transferência em malha fechada são* -1 *e* $-0,09246205$*.*

Observamos que um polo da função de transferência em malha fechada encontra-se nas cercanias do eixo imaginário. O esforço de controle pode ter uma amplitude pequena.

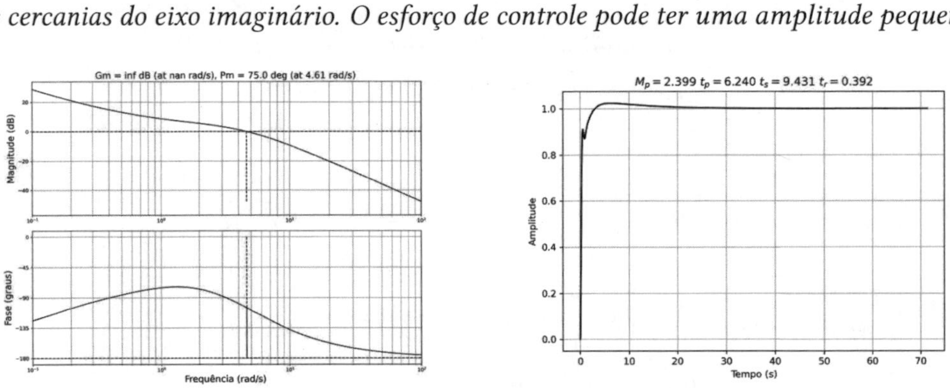

(a) Diagrama de Bode do sistema compensado. Método analítico.

(b) Resposta ao degrau unitário do sistema compensado. Método analítico.

Figura 4.77: Diagrama de Bode e resposta ao degrau do sistema compensado. Método analítico.

Na Figura 4.78a, é possível observar que, no sistema sem compensação, o pico de ressonância é $M_r^s = 0,0$ *dB, a frequência de ressonância é* $\omega_r^s = 0,001$ *rad/s e a largura de banda é* $BW^s = 0,04$ *rad/s, enquanto no sistema compensado, o pico de ressonância é* $M_r^c = 0,2$ *dB, a frequência de ressonância é* $\omega_r^c = 0,15$ *rad/s e a largura de banda é* $BW^c = 6,99$ *rad/s. Percebe-se um aumento na banda passante do sistema (Figura 4.78a).*

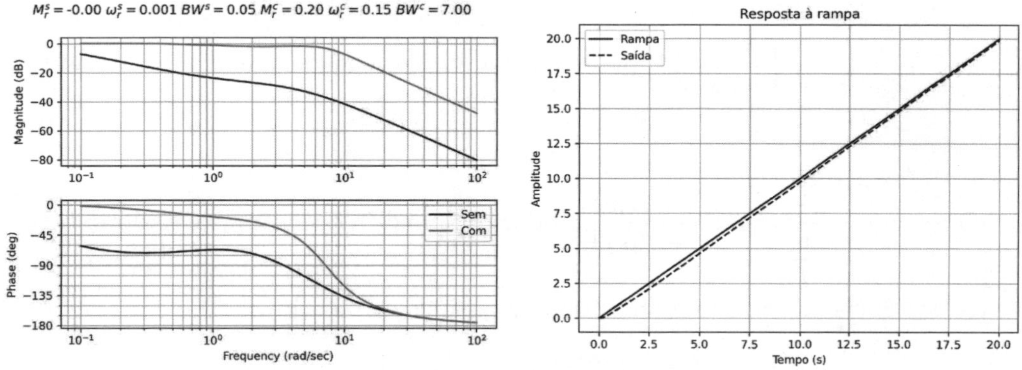

(a) Diagramas de Bode em malha fechada. Método analítico.

(b) Resposta à rampa do sistema compensado. Método analítico.

Figura 4.78: Diagramas de Bode em malha fechada e resposta à rampa unitária do sistema compensado.

O código em Python para o Exemplo 4.21 é mostrado na Listagem . O código quando executado mostra as simulações do sistema sujeito a uma entrada onda quadrada e onda triangular, bem como os respectivos esforços de controle: o esforço de controle para onda quadrada apresenta instantes de baixa magnitude, devido às mudanças abruptas em um pequeno instante de tempo na onda, enquanto o esforço de controle para onda triangular é de pequena magnitude, devido às mudanças mais suaves. Na resposta a uma entrada de onda triangular, é possível observar que o erro de estado estacionário nas mudanças de inclinação começa com valores maiores e tende a valores pequenos, e o erro de estado estacionário calculado é de $0,05$*, o que é atingido quando* $t \longrightarrow \infty$.

4.4 COMPENSADOR POR ATRASO-AVANÇO DE FASE

A compensação por atraso-avanço combina as vantagens das compensações em atraso e em avanço.

A função de transferência de um compensador avanço-atraso é a seguinte:

$$G_c(s) = K_c \left(\frac{s + \dfrac{1}{T_1}}{s + \dfrac{1}{\alpha T_1}} \right) \left(\frac{s + \dfrac{1}{T_2}}{s + \dfrac{1}{\beta T_2}} \right), \quad \beta > 1, \quad \alpha < 1.$$

O termo $\dfrac{s+\dfrac{1}{T_1}}{s+\dfrac{\alpha}{T_1}} = \alpha\left(\dfrac{1+sT_1}{1+s\alpha T_1}\right)$ produz o efeito da rede em avanço.

O termo $\dfrac{s+\dfrac{1}{T_2}}{s+\dfrac{1}{\beta T_2}} = \beta\left(\dfrac{1+sT_2}{1+s\beta T_2}\right)$ produz o efeito da rede em atraso. Assim, a função de transferência do compensador por atraso-avanço de fase fica:

$$G_c(s) = K_c\alpha\beta\left(\frac{T_1 s+1}{\alpha T_1 s+1}\right)\left(\frac{T_2 s+1}{\beta T_2 s+1}\right) \text{ com } 0<\alpha<1 \text{ e } \beta>1.$$

O diagrama polar do compensador para um ganho $K_c\alpha\beta = 1$ é mostrado na Figura 4.79 e um esboço do diagrama de Bode é mostrado na Figura 4.80.

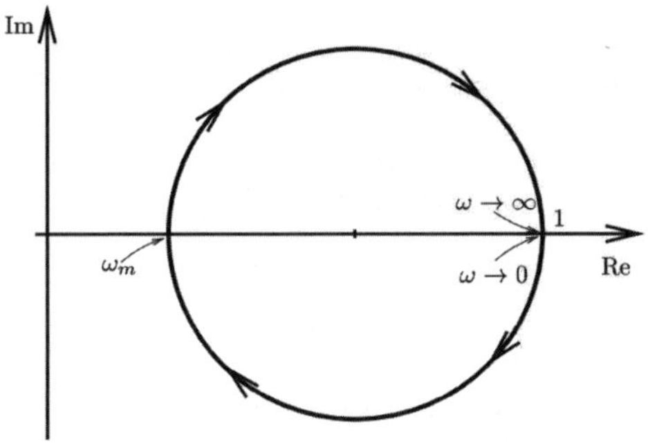

Figura 4.79: Diagrama polar do compensador por atraso-avanço.

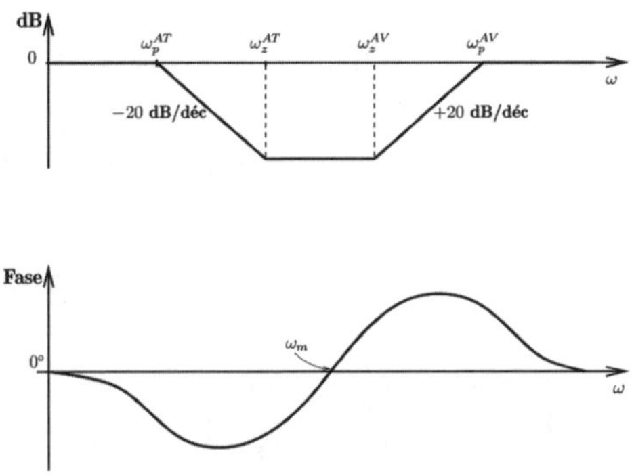

Figura 4.80: Diagrama de Bode do compensador por atraso-avanço.

4.4.1 Procedimento de projeto compensador por atraso-avanço de fase: método tentativa-e-erro

O projeto de compensadores por atraso-avanço baseado na resposta em frequência é basicamente uma combinação de técnicas de projeto para compensadores por avanço e compensadores por atraso de fase. Adotaremos o projeto da seguinte maneira:

1. Dada uma margem de fase desejada, ela é dividida em dois valores arbitrários de forma que somados seja igual à margem de fase desejada.
2. Uma parte da margem de fase é compensada pelo compensador por atraso de fase. Neste passo, obtemos um sistema compensado por atraso de fase que atinge um valor de margem de fase menor que a margem de fase desejada.
3. O valor que falta para atingir a margem de fase desejada deve ser compensado pelo compensador por avanço de fase, isto é, a margem de fase desejada para o compensador por avanço de fase é a margem de fase desejada do sistema.

***Exemplo* 4.22.** *Consideremos o sistema cuja função de transferência em malha aberta é:*

$$G(s) = \frac{1}{s(s+1)(s+2)}$$

Desejamos compensar o sistema de modo que a constante de erro estático de velocidade K_v *seja* $10\ s^{-1}$*, a margem de fase seja pelo menos* $50°$ *e a margem de ganho seja pelo menos* 10 *dB.*

***Solução* 4.22.** *As especificações de projeto são:*

- *Erro estacionário para entrada rampa unitária inferior a* $0,1$ *s ou* $K_v = 10\ s^{-1}$.
- *Margem de fase desejada para o sistema de pelo menos* $50°$.
- *Margem de ganho de pelo menos* 10 *dB.*

O projeto e a simulação deste Exemplo são realizados utilizando o Python.

Escolhe-se arbitrariamente o valor de margem de fase que o compensador por atraso deve atingir: $MF^{AT} = 25°$.

O comportamento do sistema sem compensação nem ganho ajustado é mostrado na Figura 4.81a, na qual é ilustrado o diagrama de Bode e observa-se que MF=$53,41°$, $\omega_{cg} = 0,45$ *rad/s, MG=* $15,56$ *dB e* $\omega_{cf} = 1,41$ *rad/s. Na Figura 4.81b, observa-se a resposta a um degrau unitário e verifica-se que o sistema é estável, mas oscilatório, com* $M_p = 14,46\%$, $t_p = 6,08$ *s e* $t_s = 12,36$ *s. Na Figura 4.82, é mostrada a resposta à rampa do sistema e observa-se um erro de estado estacionário de* 2 *unidades.*

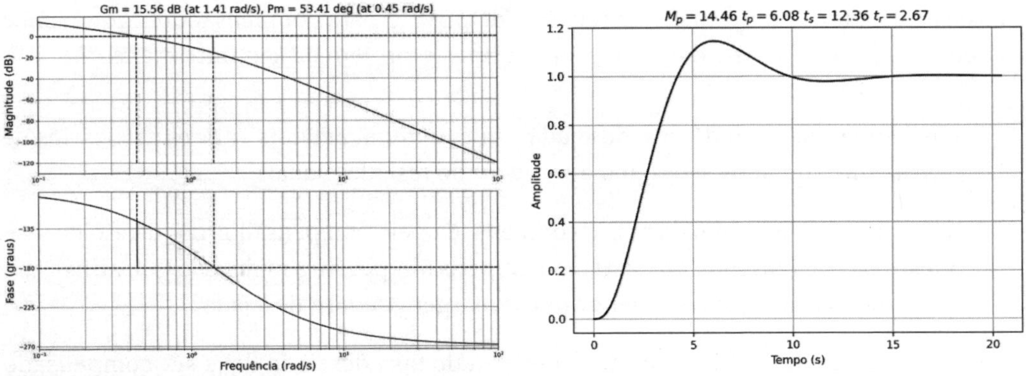

(a) Diagrama de Bode do sistema sem ganho ajustado nem compensado.

(b) Resposta ao degrau unitário do sistema sem ganho ajustado nem compensado.

Figura 4.81: Diagrama de Bode e resposta ao degrau do sistema sem ganho ajustado nem compensado.

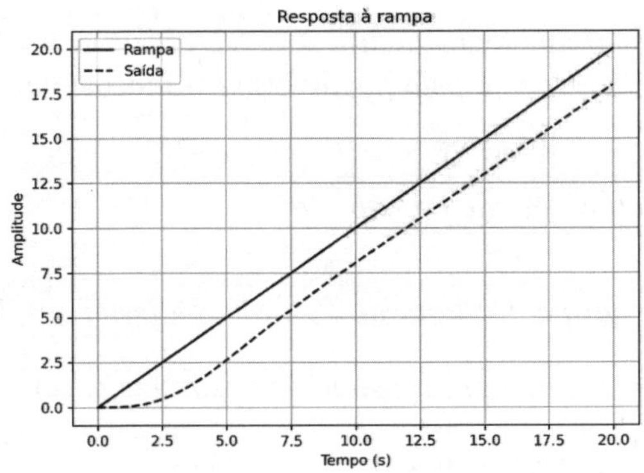

Figura 4.82: Resposta à rampa unitária do sistema sem ganho ajustado nem compensado.

Projeto da porção de atraso de fase

1. *Suponhamos o seguinte compensador por atraso-avanço de fase:*

$$G_c(s) = K_c\alpha\beta\left(\frac{T_1 s+1}{\alpha T_1 s+1}\right)\left(\frac{T_2 s+1}{\beta T_2 s+1}\right) \quad com\, 0 < \alpha < 1 \; e\, \beta > 1$$

Definimos $K_c\alpha\beta = K_1$. *A função de transferência da porção de atraso de fase é:*

$$G_c^{AT}(s) = \frac{T_2 s+1}{\beta T_2 s+1} \quad com\, \beta > 1$$

A função de transferência em malha aberta do sistema compensado é

$$\begin{aligned} G_c(s)G(s) &= K_1\left(\frac{T_1 s+1}{\alpha T_1 s+1}\right)\left(\frac{T_2 s+1}{\beta T_2 s+1}\right)G(s) \\ &= \left(\frac{T_1 s+1}{\alpha T_1 s+1}\right)\left(\frac{T_2 s+1}{\beta T_2 s+1}\right)G_1(s) \quad onde \quad G_1(s) = K_1 G(s) \end{aligned}$$

2. *O primeiro passo consiste em determinar o valor de* K_1, *de modo a atender à especificação do erro estacionário:*

$$\begin{aligned} K_v &= \lim_{s\to 0} sG_c(s)G(s) = \lim_{s\to 0} s\left(\frac{T_1 s+1}{\alpha T_1 s+1}\right)\left(\frac{T_2 s+1}{\beta T_2 s+1}\right)G_1(s) \\ & como\, s \to 0 \quad e \quad G_1(s) = K_1\, G(s) \\ &= \lim_{s\to 0} s\, G_1(s) = \lim_{s\to 0} s\, K_1\, G(s) \\ &= \lim_{s\to 0} \cancel{s}\frac{K_1}{\cancel{s}(s+1)(s+2)} \\ &= \frac{K_1}{2} = 10 \end{aligned}$$

Assim:

$$K_1 = 20.$$

Lembrando a definição de erro de estado estacionário para uma entrada rampa:

$$e_{ss} = e(\infty) = \lim_{s\to 0}\left(\frac{1}{s\, G_c(s)\, G_1(s)}\right) = \frac{1}{K_v}$$

3. *Com o valor de ganho $K_1 = 20$, traçamos o diagrama de Bode do sistema com ganho ajustado mas não compensado $G_1(s) = K_1 G(s)$:*

$$G_1(s) = K_1 G(j\omega) = \frac{20}{j\omega(j\omega+1)(j\omega+2)}.$$

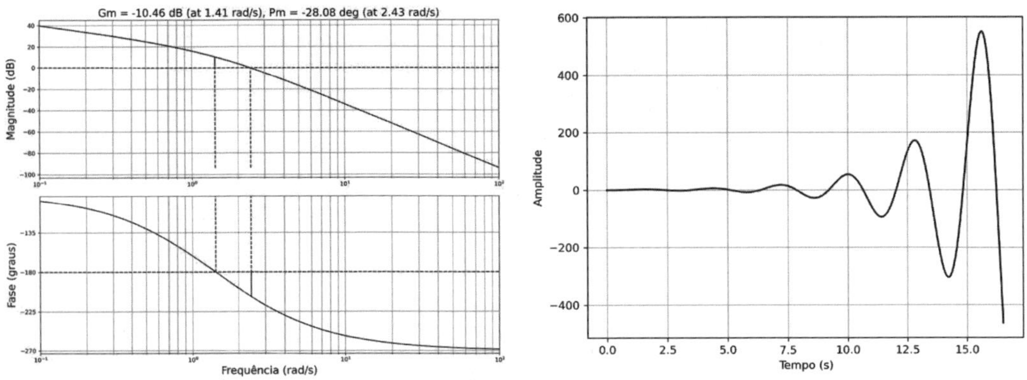

(a) Diagrama de Bode do sistema com ganho ajustado sem compensação.

(b) Resposta ao degrau unitária do sistema sem ganho ajustado nem compensação.

Figura 4.83: Diagrama de Bode e resposta ao degrau do sistema com ganho ajustado sem compensação.

Do diagrama de Bode (Figura 4.83a), observamos que MF= $-28,08^\circ$ ocorre na frequência de cruzamento de ganho $\omega_{cg} = 2,43$ rad/s e que MG= $-10,46$ dB ocorre na frequência de cruzamento de fase $\omega_{cf} = 1,41$ rad/s.

Na Figura 4.83b, é mostrada a simulação da resposta ao degrau unitário e observamos que o sistema ficou instável.

4. *A fase correspondente a 25° de margem de fase, com uma tolerância de 5° é:*

$$\underline{/G_1(j\omega)} = -180^\circ + 25^\circ + 5^\circ = -150^\circ$$

Está em torno de $0,79$ rad/s (Tabela 4.12). Então, a nova frequência de cruzamento de ganho deve ser nesse valor. A frequência de canto do zero do compensador deve ficar dentro do intervalo:

$$\omega_z \in \left[\frac{0,79}{10}, \frac{0,79}{2}\right] = [0,079;\ 0,395] \ rad/s$$

Escolhemos então a frequência de canto $\omega_z = 1/T$ *como* $0,079$ *rad/s e, assim,* $T = 13,15789$ *s. Para que a curva de ganho passe por* 0 *dB nessa frequência, o compensador deve fornecer uma atenuação de* $-19,3117$ *dB; portanto,* $\beta = 9,2381$.

Assim, a função de transferência do compensador por atraso de fase fica:

$$G_c^{AT}(s) = 20\frac{Ts+1}{\beta Ts+1} = 20\frac{13,15789s+1}{128,85s+1}$$

Na Figura 4.84a, observamos o diagrama de Bode do sistema compensado por atraso de fase em malha aberta, na qual MG=$8,42$ *dB,* $\omega_{cf} = 1,34$ *rad/s, MF=*$26,7°$ *e* $\omega_{cg} = 0,76$ *rad/s. Na Figura 4.84b, observamos que* $M_p = 55,0\%$*,* $t_p = 3,99$ *s e* $t_s = 20,07$ *s.*

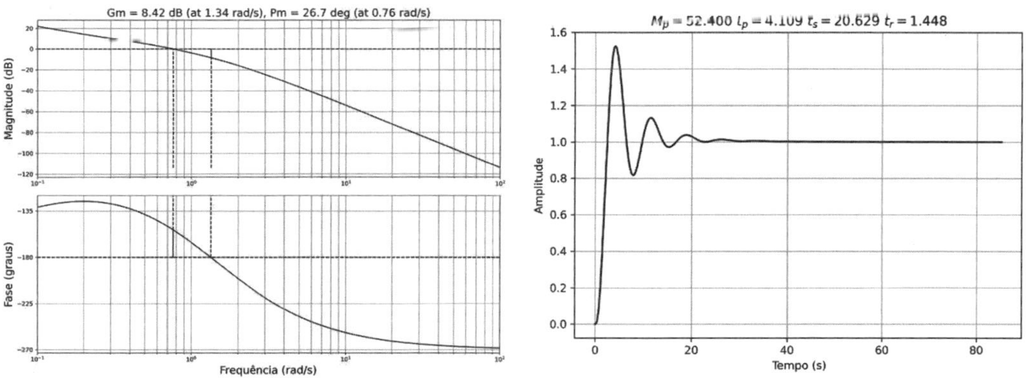

(a) Diagrama de Bode do sistema compensado.

(b) Resposta ao degrau unitário do sistema compensado.

Figura 4.84: Diagrama de Bode e resposta ao degrau do sistema compensado.

Projeto da porção de avanço de fase

5. *Do diagrama de Bode (Figura 4.84a), podemos observar que MG=*$8,42$ *dB e MF=*$26,7°$. *Para que tenhamos uma MF de* $50°$ *é necessário adicionar um avanço de:*

$$\begin{aligned}\phi_m &= MF_{desejada} - MF_{atual} + Tolerância \\ &= 50° - (26,6966°) + 31,5° \\ &= 54,8034°\end{aligned}$$

No qual a Tolerância é escolhida arbitrariamente como $30,5°$*, após várias tentativas. Devemos calcular o respectivo fator de atenuação* α *para dito avanço de fase,* ϕ_m*:*

$$\alpha = \frac{1 - \text{sen}(\phi_m)}{1 + \text{sen}(\phi_m)} = \frac{1 - \text{sen}(54,8034°)}{1 + \text{sen}(54,8034°)} = 0,100606$$

Tabela 4.12: Resposta em frequência para o Exemplo 4.22.

ω [rad/s]	Amplitude	Amplitude [dB]	Fase [°]
0.60	13.6581	22.7078	-137.7314
0.61	13.3566	22.5139	-138.4128
0.62	13.0646	22.3219	-139.0898
0.63	12.7816	22.1317	-139.7624
0.64	12.5073	21.9433	-140.4305
0.65	12.2413	21.7565	-141.0942
0.66	11.9832	21.5714	-141.7534
0.67	11.7326	21.3879	-142.4082
0.68	11.4894	21.2059	-143.0586
0.69	11.2532	21.0255	-143.7045
0.70	11.0236	20.8465	-144.3460
0.71	10.8005	20.6689	-144.9831
0.72	10.5836	20.4927	-145.6158
0.73	10.3727	20.3178	-146.2442
0.74	10.1675	20.1443	-146.8681
0.75	9.9678	19.9720	-147.4877
0.76	9.7734	19.8009	-148.1030
0.77	9.5842	19.6311	-148.7139
0.78	9.3999	19.4625	-149.3205
0.79	9.2204	19.2950	-149.9228
0.80	9.0454	19.1286	-150.5208
0.81	8.8750	18.9633	-151.1146
0.82	8.7088	18.7992	-151.7041
0.83	8.5468	18.6360	-152.2895
0.84	8.3887	18.4739	-152.8706
0.85	8.2346	18.3128	-153.4475
0.86	8.0842	18.1528	-154.0203
0.87	7.9375	17.9936	-154.5890
0.88	7.7942	17.8355	-155.1535
0.89	7.6544	17.6782	-155.7140
0.90	7.5179	17.5219	-156.2704
0.91	7.3846	17.3665	-156.8228
0.92	7.2544	17.2120	-157.3711
0.93	7.1272	17.0583	-157.9155
0.94	7.0029	16.9055	-158.4559
0.95	6.8814	16.7535	-158.9924
0.96	6.7627	16.6024	-159.5249
0.97	6.6467	16.4521	-160.0536
0.98	6.5332	16.3025	-160.5784
0.99	6.4223	16.1538	-161.0994
1.00	6.3138	16.0058	-161.6166
2.30	1.1364	1.1103	-205.5138
2.31	1.1245	1.0194	-205.7275
2.32	1.1129	0.9288	-205.9399
2.33	1.1013	0.8385	-206.1510
2.34	1.0900	0.7484	-206.3609
2.35	1.0788	0.6586	-206.5696
2.36	1.0677	0.5691	-206.7771
2.37	1.0568	0.4798	-206.9833
2.38	1.0460	0.3908	-207.1883
2.39	1.0354	0.3021	-207.3921
2.40	1.0249	0.2136	-207.5948
2.41	1.0145	0.1253	-207.7962
2.42	1.0043	0.0374	-207.9965
2.43	0.9942	-0.0504	-208.1957
2.44	0.9843	-0.1378	-208.3936
2.45	0.9744	-0.2250	-208.5905
2.46	0.9647	-0.3120	-208.7862
2.47	0.9551	-0.3987	-208.9808
2.48	0.9457	-0.4852	-209.1742
2.49	0.9363	-0.5714	-209.3666
2.50	0.9271	-0.6574	-209.5579
2.51	0.9180	-0.7431	-209.7480
2.52	0.9090	-0.8286	-209.9371
2.53	0.9001	-0.9139	-210.1251
2.54	0.8914	-0.9989	-210.3121
2.55	0.8827	-1.0837	-210.4980
2.56	0.8742	-1.1682	-210.6828
2.57	0.8657	-1.2525	-210.8667
2.58	0.8574	-1.3365	-211.0494
2.59	0.8491	-1.4204	-211.2312
2.60	0.8410	-1.5040	-211.4119

Assim, deve-se buscar o valor da frequência na qual o valor do módulo é:

$$-20\log\left(\frac{1}{\sqrt{\alpha}}\right) = -9,97372\ dB$$

6. *Da Tabela 4.13, a frequência na qual se tem um módulo de* $-9,97372\ dB$ *é* $\omega_m \approx 1,47\ rad/s$. *Assim:*

$$\omega_m = \frac{1}{\sqrt{\alpha}T}$$

Daqui:

$$T = 2,14471 \text{ e } \alpha T = 0,21577.$$

Então, a função de transferência do compensador por avanço de fase é:

$$G_c^{AV}(s) = \frac{2,14471s+1}{0,21577s+1}$$

A função de transferência do compensador por atraso-avanço de fase é:

$$G_c(s) = G_c^{at}(s)\,G_c^{av}(s) = \underbrace{20\left(\frac{13,15789s+1}{128,85s+1}\right)}_{Atraso}\underbrace{\left(\frac{2,14471s+1}{0,21577s+1}\right)}_{Avanço}$$

Na Figura 4.85a, observamos o diagrama de Bode do sistema compensado por atraso-avanço de fase em malha aberta, na qual MG=$12,36$ *dB,* $\omega_{cf} = 3,5$ *rad/s, MF=*$50,31°$ *e* $\omega_{cg} = 1,46$ *rad/s. Na Figura 4.85b, observamos que* $M_p = 16,51\%$, $t_p = 1,91$ *s e* $t_s = 18,34$ *s. Na Figura 4.86b, observamos que o erro de regime estacionário tende a* $0,05$ *quando o tempo tende a infinito.*

Comparando o sistema original sem nenhuma compensação e o sistema compensado, observamos que o sistema original é estável pois MF= $53,41°$ *e MG=* $15,56$ *dB. O sistema sem compensação nem ganho ajustado tem um tempo de assentamento de* $12,36$ *s e o sistema compensado por atraso-avanço de fase tem um tempo de assentamento de* $18,33$ *s,ou seja, o sistema estabiliza em um tempo maior. A margem de fase do sistema teve uma pequena mudança de* $53,41°$ *para* $50,31°$ *e a frequência de cruzamento de ganho aumenta consideravelmente de* $0,45$ *rad/s para* $1,46$ *rad/s, ou seja, o sistema estabiliza mais rapidamente. O erro em regime estacionário a uma entrada rampa melhora consideravelmente, pois o erro em estado estacionário do sistema original é* 2 *e do sistema compensado é* $0,05$.

Os polos da função de transferência em malha fechada são $-5,69566239$, $-0,74822661 \pm 1,90048071j$, $-0,36784294$ *e* $-0,08230613$, *e os zeros da função de transferência em malha fechada são* $-0,46626352$ *e* $-0,076$.

Tabela 4.13: Resposta em frequência para o Exemplo 4.22.

ω [rad/s]	Amplitude	Amplitude [dB]	Fase [°]
0.95	0.7062	-3.0218	-163.0448
0.96	0.6939	-3.1736	-163.5352
0.97	0.6820	-3.3246	-164.0225
0.98	0.6703	-3.4747	-164.5069
0.99	0.6589	-3.6241	-164.9882
1.00	0.6477	-3.7726	-165.4665
1.01	0.6368	-3.9204	-165.9418
1.02	0.6261	-4.0674	-166.4141
1.03	0.6156	-4.2136	-166.8834
1.04	0.6054	-4.3591	-167.3497
1.05	0.5954	-4.5039	-167.8131
1.30	0.4022	-7.9102	-178.4590
1.31	0.3963	-8.0388	-178.8490
1.32	0.3905	-8.1669	-179.2365
1.33	0.3848	-8.2944	-179.6213
1.34	0.3793	-8.4214	-180.0036
1.35	0.3738	-8.5479	-180.3833
1.36	0.3684	-8.6738	-180.7604
1.37	0.3631	-8.7993	-181.1351
1.38	0.3579	-8.9242	-181.5072
1.39	0.3528	-9.0487	-181.8768
1.40	0.3478	-9.1727	-182.2440
1.41	0.3429	-9.2961	-182.6087
1.42	0.3381	-9.4191	-182.9710
1.43	0.3334	-9.5416	-183.3309
1.44	0.3287	-9.6636	-183.6884
1.45	0.3241	-9.7851	-184.0435
1.46	0.3197	-9.9062	-184.3962
1.47	0.3153	-10.0268	-184.7466
1.48	0.3109	-10.1469	-185.0947
1.49	0.3067	-10.2666	-185.4404
1.50	0.3025	-10.3858	-185.7839
1.51	0.2984	-10.5046	-186.1251
1.52	0.2943	-10.6229	-186.4640
1.53	0.2904	-10.7407	-186.8007
1.54	0.2865	-10.8582	-187.1351
1.55	0.2826	-10.9752	-187.4674
1.56	0.2789	-11.0917	-187.7974
1.57	0.2752	-11.2078	-188.1253
1.58	0.2715	-11.3235	-188.4510
1.59	0.2680	-11.4388	-188.7746
1.60	0.2644	-11.5536	-189.0960
1.61	0.2610	-11.6680	-189.4154
1.62	0.2576	-11.7820	-189.7326
1.63	0.2542	-11.8956	-190.0478
1.64	0.2509	-12.0088	-190.3609
1.65	0.2477	-12.1216	-190.6719
1.66	0.2445	-12.2340	-190.9810
1.67	0.2414	-12.3459	-191.2880
1.68	0.2383	-12.4575	-191.5930
1.69	0.2353	-12.5687	-191.8961
1.70	0.2323	-12.6794	-192.1972
1.71	0.2294	-12.7898	-192.4963
1.72	0.2265	-12.8998	-192.7935
1.73	0.2236	-13.0095	-193.0888
1.74	0.2208	-13.1187	-193.3822
1.75	0.2181	-13.2275	-193.6737
1.76	0.2154	-13.3360	-193.9633
1.77	0.2127	-13.4441	-194.2510
1.78	0.2101	-13.5518	-194.5369
1.79	0.2075	-13.6592	-194.8210
1.80	0.2050	-13.7662	-195.1033
1.81	0.2025	-13.8728	-195.3838
1.82	0.2000	-13.9791	-195.6624
1.83	0.1976	-14.0850	-195.9393
1.84	0.1952	-14.1905	-196.2145
1.85	0.1928	-14.2957	-196.4879
1.86	0.1905	-14.4006	-196.7596
1.87	0.1883	-14.5050	-197.0295
1.88	0.1860	-14.6092	-197.2978
1.89	0.1838	-14.7130	-197.5643
1.90	0.1816	-14.8164	-197.8292

Observamos que os polos da função de transferência em malha fechada encontram-se perto do eixo imaginário; portanto, o esforço de controle pode ter uma amplitude média.

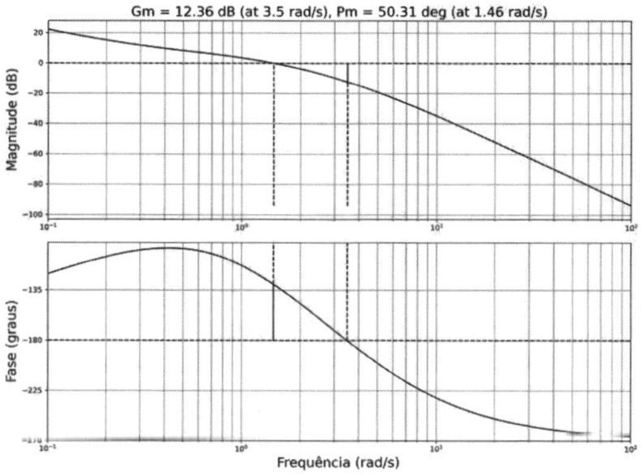

(a) Diagrama de Bode do sistema compensado.

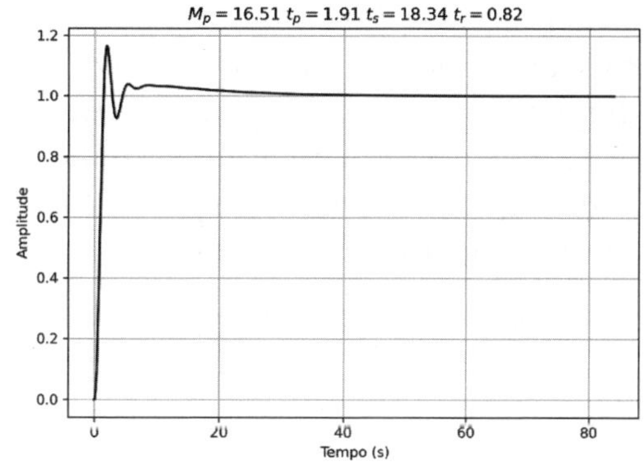

(b) Resposta ao degrau unitário do sistema compensado.

Figura 4.85: Diagrama de Bode e resposta ao degrau do sistema compensado.

Na Figura 4.86a, é possível observar que, no sistema sem compensação, o pico de ressonância é $M_r^s = 0,93$ dB, a frequência de ressonância é $\omega_r^s = 0,44$ rad/s e a largura de banda é $BW^s = 0,79$ rad/s, enquanto no sistema compensado, o pico de ressonância é $M_r^c = 1,69$ dB, a frequência de ressonância é $\omega_r^c = 1,7$ rad/s e a largura de banda é $BW^c = 2,58$ rad/s. Percebe-se um aumento na banda passante do sistema (Figura 4.86a).

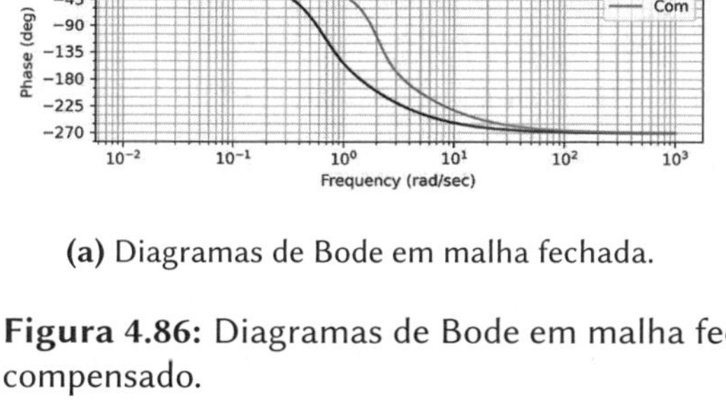

(a) Diagramas de Bode em malha fechada.

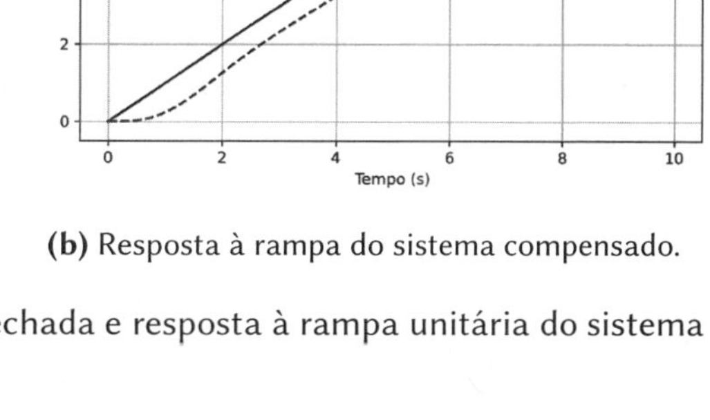

(b) Resposta à rampa do sistema compensado.

Figura 4.86: Diagramas de Bode em malha fechada e resposta à rampa unitária do sistema compensado.

O código em Python para o Exemplo 4.22 é mostrado na Listagem . O código quando executado mostra as simulações do sistema sujeito a uma entrada onda quadrada e onda triangular, bem como os respectivos esforços de controle: o esforço de controle para onda quadrada apresenta instantes de baixa magnitude, devido às mudanças abruptas em um pequeno instante de tempo na onda quadrada, enquanto o esforço de controle para onda triangular é de pequena magnitude devido às mudanças mais suaves. Na resposta a uma entrada de onda triangular é possível observar que o erro de estado estacionário é aproximadamente $0,1$*, pois esse erro somente é atingido quando* $t \longrightarrow \infty$.

Exemplo 4.23. *A dinâmica de um processo químico é representada pela função de transferência:*

$$G(s) = \frac{100}{s(s+5)(s+10)}$$

É desejável que o sistema apresente um erro pequeno para entrada rampa, tal que $K_v = 100$ s^{-1}. *Deseja-se ter uma margem de ganho de* 10 *dB e uma margem de fase de* $50°$. *Projete um compensador atraso-avanço utilizando o método tentativa-e-erro.*

Solução 4.23. *As especificações de projeto são:*

- *Erro estacionário para entrada rampa unitária inferior a* $0,01$ *s ou* $K_v = 100$ s^{-1}.
- *Margem de fase desejada para o sistema de pelo menos* $50°$.
- *Margem de ganho de pelo menos* 10 *dB.*

O projeto e a simulação deste Exemplo são realizados utilizando o Python.

Escolhe-se arbitrariamente o valor de margem de fase que o compensador por atraso deve atingir: $MF^{AT} = 25°$.

O comportamento do sistema sem compensação nem ganho ajustado é mostrado na Figura 4.87a, na qual é ilustrado o diagrama de Bode e observa-se que MF=$59,29°$, $\omega_{cg} = 1,85$ *rad/s, MG=* $17,5$ *dB e* $\omega_{cf} = 7,07$ *rad/s. Na Figura 4.87b, observa-se a resposta a um degrau unitário e verifica-se que o sistema é estável, mas oscilatório, com* $M_p = 8,5\%$, $t_p = 1,44$ *s e* $t_s = 2,11$ *s. Na Figura 4.88, é mostrada a resposta à rampa do sistema e observa-se um erro de estado estacionário de* $0,5$ *unidade.*

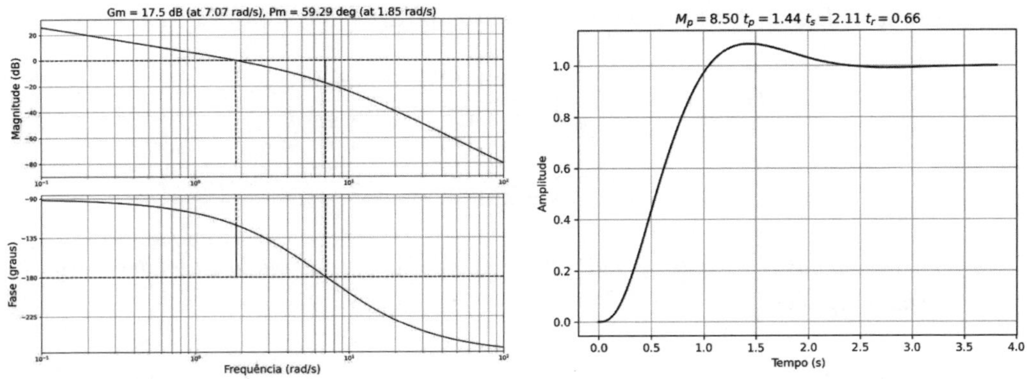

(a) Diagrama de Bode do sistema sem ganho ajustado nem compensado.

(b) Resposta ao degrau unitário do sistema sem ganho ajustado nem compensado.

Figura 4.87: Diagrama de Bode e resposta ao degrau do sistema sem ganho ajustado nem compensado.

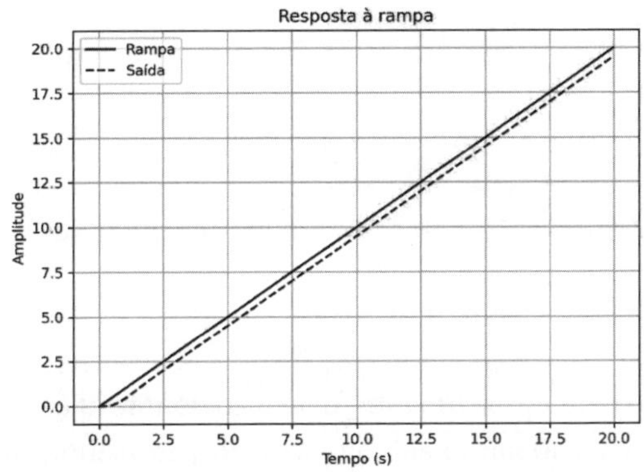

Figura 4.88: Resposta à rampa unitária do sistema sem ganho ajustado nem compensado.

Projeto da porção de atraso de fase

1. *Suponhamos o seguinte compensador por atraso-avanço de fase:*

$$G_c(s) = K_c\alpha\beta\left(\frac{T_1 s + 1}{\alpha T_1 s + 1}\right)\left(\frac{T_2 s + 1}{\beta T_2 s + 1}\right) \text{ com } 0 < \alpha < 1 \text{ e } \beta > 1$$

Definamos $K_c\alpha\beta = K_1$. *A função de transferência da porção de atraso de fase é:*

$$G_c^{AT}(s) = \frac{T_2 s + 1}{\beta T_2 s + 1} \text{ com } \beta > 1$$

A função de transferência em malha aberta do sistema compensado é:

$$G_c(s)G(s) = K_1\left(\frac{T_1 s+1}{\alpha T_1 s+1}\right)\left(\frac{T_2 s+1}{\beta T_2 s+1}\right)G(s)$$
$$= \frac{Ts+1}{\beta Ts+1} \quad \textit{onde} \quad G_1(s) = K_1 G(s)$$

2. *O primeiro passo consiste em determinar o valor de K_1, de modo a atender à especificação do erro estacionário:*

$$K_v = \lim_{s\to 0} sG_c(s)G(s) = \lim_{s\to 0} s\left(\frac{T_1 s+1}{\alpha T_1 s+1}\right)\left(\frac{T_2 s+1}{\beta T_2 s+1}\right)G_1(s)$$
$$\textit{como } s \longrightarrow 0 \quad e \quad G_1(s) = K_1\, G(s)$$
$$= \lim_{s\to 0} s\, G_1(s) = \lim_{s\to 0} s\, K_1\, G(s)$$
$$= \lim_{s\to 0} \cancel{s}\, \frac{100K_1}{\cancel{s}(s+5)(s+10)}$$
$$= 2K_1 = 100$$

Assim:

$$K_1 = 50.$$

Lembrando a definição de erro de estado estacionário para uma entrada rampa:

$$e_{ss} = e(\infty) = \lim_{s\to 0}\left(\frac{1}{s\, G_c(s)\, G_1(s)}\right) = \frac{1}{K_v}$$

3. *Com o valor de ganho $K_1 = 50$, traçamos o diagrama de Bode do sistema com ganho ajustado mas não compensado $G_1(s) = K_1 G(s)$:*

$$G_1(s) = K_1 G(j\omega) = \frac{5000}{j\omega(j\omega+5)(j\omega+10)}.$$

Do diagrama de Bode (Figura 4.89a), observamos que MF= $-40,45^\circ$ ocorre na frequência de cruzamento de ganho $\omega_{cg} = 15,93$ rad/s e que MG= $-16,48$ dB ocorre na frequência de cruzamento de fase $\omega_{cf} = 7,07$ rad/s.

Na Figura 4.89b, é mostrada a simulação da resposta ao degrau unitário e observamos que o sistema ficou instável.

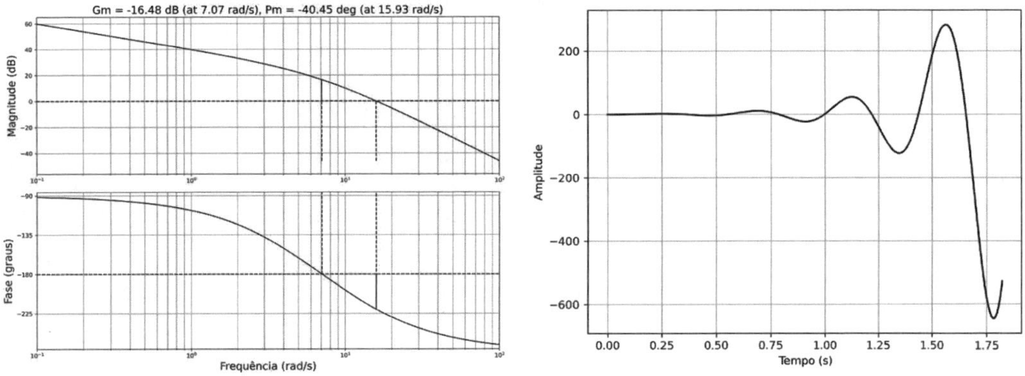

(a) Diagrama de Bode do sistema com ganho ajustado sem compensação.

(b) Resposta ao degrau unitário do sistema sem ganho ajustado nem compensação.

Figura 4.89: Diagrama de Bode e resposta ao degrau do sistema com ganho ajustado sem compensação.

4. *A fase correspondente a* 25° *de margem de fase, com uma tolerância de* 8° *é:*

$$\underline{/G_1(j\omega)} = -180^\circ + 25^\circ + 8^\circ = -147^\circ$$

Está em torno de $3,72$ *rad/s (Tabela 4.14). Então, a nova frequência de cruzamento de ganho deve ser nesse valor. A frequência de canto do zero do compensador deve ficar dentro do intervalo:*

$$\omega_z \in \left[\frac{3,72}{10}, \ \frac{3,72}{2}\right] = [0,372; \ 1,86] \ rad/s$$

Escolhemos então a frequência de canto $\omega_z = 1/T$ *como* $0,372$ *rad/s e, assim,* $T = 2,6882$ *s. Para que a curva de ganho passe por* 0 *dB nessa frequência, o compensador deve fornecer uma atenuação de* $-26,1130$ *dB; portanto,* $\beta = 20.2140$.

Assim, a função de transferência do compensador por atraso de fase fica:

$$G_c^{AT}(s) = 50\frac{Ts+1}{\beta Ts+1} = 50\frac{2,6882s+1}{54,3387s+1}$$

Na Figura 4.90a, observamos o diagrama de Bode do sistema compensado em malha aberta, na qual MG=$8,66$ *dB,* $\omega_{cf} = 6,69$ *rad/s, MF=*$27,38^\circ$ *e* $\omega_{cg} = 3,73$ *rad/s. Na Figura 4.90b, observamos que* $M_p = 51,75\%$*,* $t_p = 0,83$ *s e* $t_s = 4,2$ *s.*

Tabela 4.14: Resposta em frequência para o Exemplo 4.23.

ω [rad/s]	Amplitude	Amplitude [dB]	Fase [°]
3.65	20.7870	26.3558	-146.1815
3.66	20.7038	26.3210	-146.3068
3.67	20.6210	26.2862	-146.4318
3.68	20.5387	26.2515	-146.5567
3.69	20.4569	26.2168	-146.6814
3.70	20.3755	26.1822	-146.8059
3.71	20.2945	26.1476	-146.9303
3.72	20.2140	26.1130	-147.0544
3.73	20.1339	26.0786	-147.1785
3.74	20.0542	26.0441	-147.3023
3.75	19.9750	26.0097	-147.4259
3.76	19.8962	25.9754	-147.5494
3.77	19.8179	25.9411	-147.6727
3.78	19.7399	25.9069	-147.7959
3.79	19.6624	25.8727	-147.9188
3.80	19.5852	25.8386	-148.0416
4.24	16.5609	24.3817	-153.2749
4.25	16.4997	24.3495	-153.3900
4.26	16.4388	24.3174	-153.5050
4.27	16.3782	24.2853	-153.6198
4.28	16.3179	24.2533	-153.7345
4.29	16.2579	24.2213	-153.8489
4.30	16.1982	24.1893	-153.9632
4.31	16.1388	24.1574	-154.0774
4.32	16.0796	24.1255	-154.1914
4.33	16.0208	24.0937	-154.3052
4.34	15.9622	24.0619	-154.4188
4.35	15.9040	24.0301	-154.5323
4.36	15.8460	23.9984	-154.6456
4.37	15.7883	23.9667	-154.7588
4.38	15.7308	23.9350	-154.8718
4.39	15.6737	23.9034	-154.9846
4.40	15.6168	23.8718	-155.0973
4.41	15.5602	23.8403	-155.2098
4.42	15.5039	23.8088	-155.3221
4.43	15.4478	23.7773	-155.4343
4.44	15.3920	23.7459	-155.5463
4.45	15.3365	23.7145	-155.6581
4.46	15.2812	23.6832	-155.7698
4.47	15.2262	23.6518	-155.8814
4.48	15.1715	23.6206	-155.9927
4.49	15.1170	23.5893	-156.1039
4.50	15.0628	23.5581	-156.2150
4.51	15.0088	23.5269	-156.3258
4.52	14.9551	23.4958	-156.4365
4.53	14.9017	23.4647	-156.5471
4.54	14.8485	23.4336	-156.6575
4.55	14.7955	23.4026	-156.7677
4.56	14.7428	23.3716	-156.8778
4.57	14.6904	23.3407	-156.9877
4.58	14.6382	23.3097	-157.0975
4.59	14.5862	23.2788	-157.2071
4.60	14.5345	23.2480	-157.3165
15.80	1.0212	0.1824	-220.1095
15.81	1.0195	0.1680	-220.1363
15.82	1.0178	0.1536	-220.1631
15.83	1.0162	0.1392	-220.1899
15.84	1.0145	0.1248	-220.2166
15.85	1.0128	0.1104	-220.2433
15.86	1.0111	0.0960	-220.2700
15.87	1.0094	0.0816	-220.2966
15.88	1.0078	0.0673	-220.3232
15.89	1.0061	0.0529	-220.3498
15.90	1.0045	0.0386	-220.3764
15.91	1.0028	0.0242	-220.4029
15.92	1.0011	0.0099	-220.4294
15.93	0.9995	-0.0044	-220.4559
15.94	0.9978	-0.0188	-220.4824
15.95	0.9962	-0.0331	-220.5088
15.96	0.9946	-0.0474	-220.5352
15.97	0.9929	-0.0617	-220.5616
15.98	0.9913	-0.0760	-220.5880
15.99	0.9897	-0.0903	-220.6143
16.00	0.9880	-0.1046	-220.6406

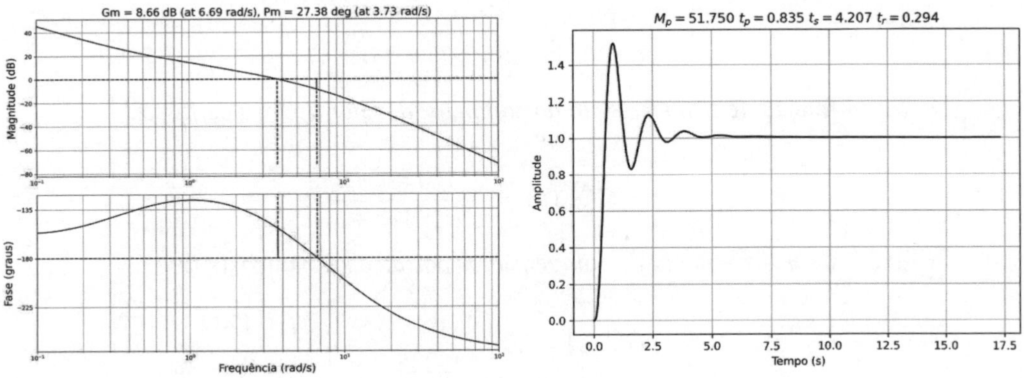

(a) Diagrama de Bode do sistema compensado. **(b)** Resposta ao degrau unitário do sistema compensado.

Figura 4.90: Diagrama de Bode e resposta ao degrau do sistema compensado.

Projeto da porção de avanço de fase

5. *Do diagrama de Bode (Figura 4.84a), podemos observar que MG=$8,66$ dB e MF=$27,38°$. Para que tenhamos uma MF de $50°$, é necessário adicionar um avanço de:*

$$\begin{aligned}\phi_m &= MF_{desejada} - MF_{atual} + Tolerância \\ &= 50° - (27,3824°) + 30° \\ &= 52,6176°\end{aligned}$$

Na qual a Tolerância é escolhida arbitrariamente como $30°$, após várias tentativas. Devemos calcular o respectivo fator de atenuação α para o dito avanço de fase ϕ_m:

$$\alpha = \frac{1 - \text{sen}(\phi_m)}{1 + \text{sen}(\phi_m)} = \frac{1 - \text{sen}(52,6176°)}{1 + \text{sen}(52,6176°)} = 0,11445$$

Assim, deve-se buscar o valor da frequência na qual o valor do módulo é:

$$-20\log\left(\frac{1}{\sqrt{\alpha}}\right) = -9,4137\ dB$$

6. *Da Tabela 4.15, a frequência na qual se tem um módulo de $-9,4137$ dB é $\omega_m \approx 6,98$ rad/s. Assim:*

$$\omega_m = \frac{1}{\sqrt{\alpha}T}$$

Daqui:

$$T = 0,42348 \; e \; \alpha T = 0.04847.$$

Então, a função de transferência do compensador por avanço de fase é:

$$G_c^{AV}(s) = \frac{0,42348s + 1}{0,04847s + 1}$$

A função de transferência do compensador por atraso-avanço de fase é:

$$G_c(s) = G_c^{at}(s)\,G_c^{av}(s) = 50\underbrace{\left(\frac{2,6882s + 1}{54,3387s + 1}\right)}_{Atraso}\underbrace{\left(\frac{0,42348s + 1}{0,04847s + 1}\right)}_{Avanço}$$

Na Figura 4.91a, observamos o diagrama de Bode do sistema compensado por atraso-avanço de fase em malha aberta, na qual MG=$12,11$ *dB,* $\omega_{cf} = 16,51$ *rad/s, MF=*$50,34°$ *e* $\omega_{cg} = 6,99$ *rad/s. Na Figura 4.91b, observamos que obtivemos* $M_p = 17,0\%$, $t_p = 0,4$ *s e* $t_s = 3,91$ *s. Na Figura 4.92b, observamos que o erro de regime estacionário tende a* $0,01$ *quando o tempo tende a infinito.*

Comparando o sistema original sem nenhuma compensação e o sistema compensado, observamos que o sistema original é estável, pois MF= $59,29°$ *e MG=* $17,5$ *dB. O sistema sem compensação nem ganho ajustado tem um tempo de assentamento de* $2,1$ *s, enquanto o sistema compensado por atraso-avanço de fase tem um tempo de assentamento de* $3,91$ *s, ou seja, o sistema estabiliza em um tempo maior. A margem de fase do sistema teve uma pequena mudança de* $59,29°$ *para* $50,34°$ *e a frequência de cruzamento de ganho aumentou consideravelmente de* $1,85$ *rad/s para* $6,99$ *rad/s, ou seja, o sistema estabiliza mais rapidamente. O erro em regime estacionário a uma entrada rampa melhora consideravelmente, pois o erro em estado estacionário do sistema original é* $0,5$ *e do sistema compensado é* $0,01$.

Os polos da função de transferência em malha fechada são $-26,25049714$, $-3,57248337 \pm 9,15207436j$, $-1,84989437$ *e* $-0,40502883$, *e os zeros da função de transferência em malha fechada são* $-2,3614016$ *e* $-0,372$.

Observamos que os polos da função de transferência em malha fechada encontram-se perto do eixo imaginário; portanto, o esforço de controle pode ter uma amplitude média.

Tabela 4.15: Resposta em frequência para o Exemplo 4.23.

ω [rad/s]	Amplitude	Amplitude [dB]	Fase [°]
6.50	0.3897	-8.1852	-178.5686
6.51	0.3886	-8.2110	-178.6466
6.52	0.3874	-8.2367	-178.7246
6.53	0.3863	-8.2624	-178.8024
6.54	0.3851	-8.2881	-178.8801
6.55	0.3840	-8.3138	-178.9578
6.56	0.3828	-8.3394	-179.0353
6.57	0.3817	-8.3651	-179.1127
6.58	0.3806	-8.3907	-179.1900
6.59	0.3795	-8.4163	-179.2672
6.60	0.3784	-8.4418	-179.3443
6.61	0.3773	-8.4674	-179.4214
6.62	0.3761	-8.4929	-179.4983
6.63	0.3750	-8.5184	-179.5751
6.64	0.3739	-8.5439	-179.6518
6.65	0.3728	-8.5693	-179.7284
6.66	0.3718	-8.5948	-179.8049
6.67	0.3707	-8.6202	-179.8813
6.68	0.3696	-8.6456	-179.9575
6.69	0.3685	-8.6710	-180.0337
6.70	0.3674	-8.6963	-180.1098
6.71	0.3664	-8.7217	-180.1858
6.72	0.3653	-8.7470	-180.2617
6.73	0.3642	-8.7723	-180.3375
6.74	0.3632	-8.7976	-180.4131
6.75	0.3621	-8.8228	-180.4887
6.76	0.3611	-8.8481	-180.5642
6.77	0.3600	-8.8733	-180.6396
6.78	0.3590	-8.8985	-180.7149
6.79	0.3579	-8.9236	-180.7900
6.80	0.3569	-8.9488	-180.8651
6.81	0.3559	-8.9739	-180.9401
6.82	0.3549	-8.9990	-181.0150
6.83	0.3538	-9.0241	-181.0897
6.84	0.3528	-9.0492	-181.1644
6.85	0.3518	-9.0742	-181.2390
6.86	0.3508	-9.0993	-181.3135
6.87	0.3498	-9.1243	-181.3878
6.88	0.3488	-9.1493	-181.4621
6.89	0.3478	-9.1742	-181.5363
6.90	0.3468	-9.1992	-181.6104
6.91	0.3458	-9.2241	-181.6843
6.92	0.3448	-9.2490	-181.7582
6.93	0.3438	-9.2739	-181.8320
6.94	0.3428	-9.2988	-181.9057
6.95	0.3418	-9.3236	-181.9793
6.96	0.3409	-9.3484	-182.0528
6.97	0.3399	-9.3733	-182.1261
6.98	0.3389	-9.3980	-182.1994
6.99	0.3380	-9.4228	-182.2726
7.00	0.3370	-9.4476	-182.3457
7.01	0.3360	-9.4723	-182.4187
7.02	0.3351	-9.4970	-182.4916
7.03	0.3341	-9.5217	-182.5644
7.04	0.3332	-9.5464	-182.6371
7.05	0.3322	-9.5710	-182.7097
7.06	0.3313	-9.5957	-182.7822
7.07	0.3304	-9.6203	-182.8546
7.08	0.3294	-9.6449	-182.9270
7.09	0.3285	-9.6694	-182.9992
7.10	0.3276	-9.6940	-183.0713
7.11	0.3266	-9.7185	-183.1433
7.12	0.3257	-9.7430	-183.2153
7.13	0.3248	-9.7675	-183.2871
7.14	0.3239	-9.7920	-183.3588
7.15	0.3230	-9.8165	-183.4305
7.16	0.3221	-9.8409	-183.5020
7.17	0.3212	-9.8653	-183.5735
7.18	0.3203	-9.8897	-183.6448
7.19	0.3194	-9.9141	-183.7161
7.20	0.3185	-9.9385	-183.7873

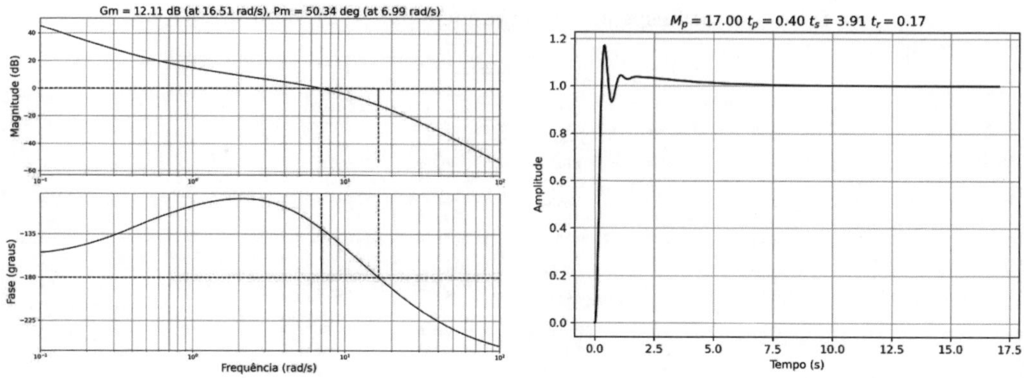

(a) Diagrama de Bode do sistema compensado.

(b) Resposta ao degrau unitário do sistema compensado.

Figura 4.91: Diagrama de Bode e resposta ao degrau do sistema compensado.

Na Figura 4.92a, é possível observar que, no sistema sem compensação, o pico de ressonância é $M_r^s = 0,22$ *dB, a frequência de ressonância é* $\omega_r^s = 1,4$ *rad/s e a largura de banda é* $BW^s = 3,25$ *rad/s, enquanto no sistema compensado, o pico de ressonância é* $M_r^c = 1,71$ *dB, a frequência de ressonância é* $\omega_r^c = 8,2$ *rad/s e a largura de banda é* $BW^c = 12,41$ *rad/s. Percebe-se um aumento na banda passante do sistema (Figura 4.92a).*

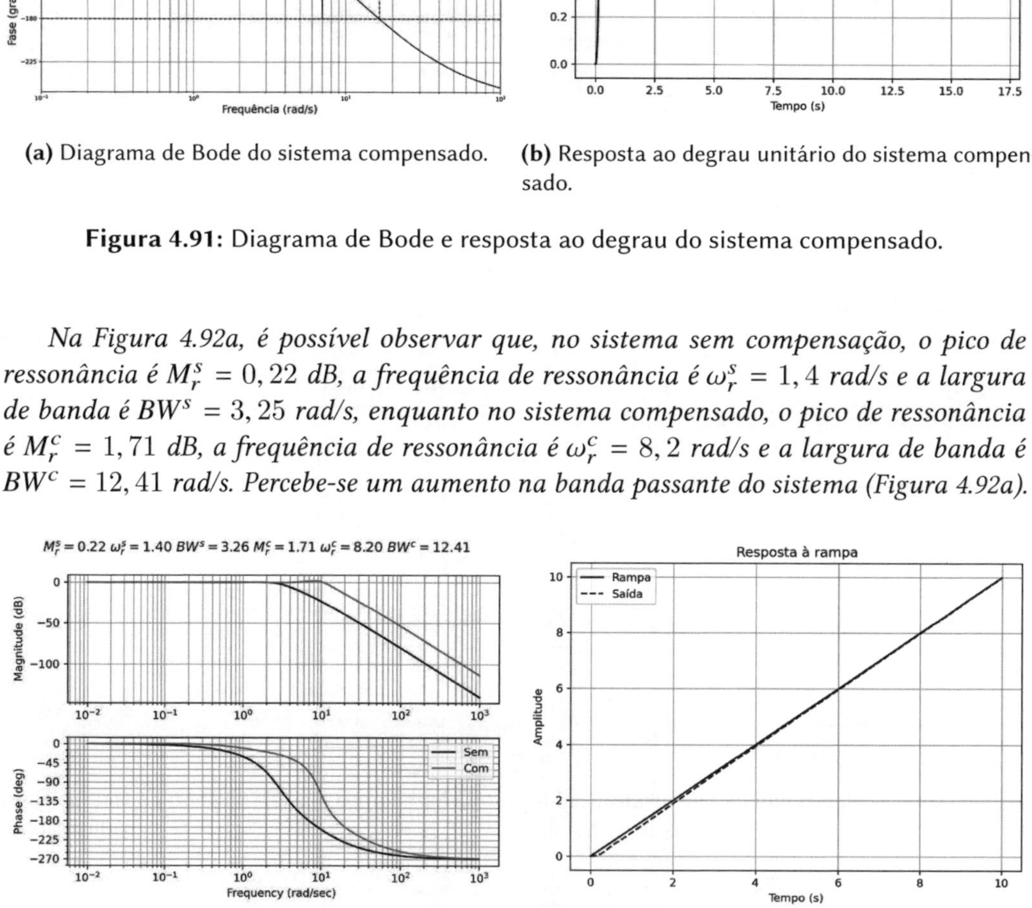

(a) Diagramas de Bode em malha fechada.

(b) Resposta à rampa do sistema compensado.

Figura 4.92: Diagramas de Bode em malha fechada e resposta à rampa unitária do sistema compensado.

O código em Python para o Exemplo 4.23 é mostrado na Listagem . O código quando executado mostra as simulações do sistema sujeito a uma entrada onda quadrada e onda triangular, bem como os respectivos esforços de controle: o esforço de controle para onda quadrada apresenta instantes de baixa magnitude, devido às mudanças abruptas em um pequeno instante de tempo na onda, enquanto o esforço de controle para onda triangular é de pequena magnitude devido às mudanças mais suaves. Na resposta a uma entrada de onda triangular, é possível observar que o erro de estado estacionário é aproximadamente $0,01$, *pois esse erro somente é atingido quando* $t \longrightarrow \infty$.

Exemplo 4.24. *A dinâmica de um processo é representado pela função de transferência:*

$$G(s) = \frac{1}{s(s+8)(s+30)}$$

É desejável que o sistema apresente um erro pequeno para entrada rampa, tal que $K_v = 10$ s^{-1}. *Deseja-se ter um máximo sobressinal de no máximo* 10% *e um tempo de pico menor que* $0,6$ *s. Projete um compensador atraso-avanço utilizando o método tentativa-e-erro.*

Solução 4.24. *As especificações de projeto são:*

- *Erro estacionário para entrada rampa unitária inferior a* $0,1$ *s ou* $K_v = 10$ s^{-1}.
- *Máximo sobressinal menor ou igual a* 10%, *o que equivale a uma margem de fase desejada de pelo menos* $60°$ *ou um coeficiente de amortecimento de* $0,6$.

O projeto e a simulação deste Exemplo são realizados utilizando o Python.

Escolhe-se arbitrariamente o valor de margem de fase que o compensador por atraso deve atingir: $MF^{AT} = 35°$.

O comportamento do sistema sem compensação nem ganho ajustado é mostrado na Figura 4.93a, na qual é ilustrado o diagrama de Bode e observa-se que MF=$89,96°$, $\omega_{cg} = 0,004$ *rad/s, MG=* $79,2$ *dB e* $\omega_{cf} = 15,49$ *rad/s. Na Figura 4.93b, observa-se a resposta a um degrau unitário e verifica-se que o sistema é estável, mas oscilatório, com* $M_p = 0,0\%$, *tempo de pico indeterminado e* $t_s = 938,79$ *s. Na Figura 4.94, é mostrada a resposta à rampa do sistema e observa-se um erro de estado estacionário de* 19 *unidades.*

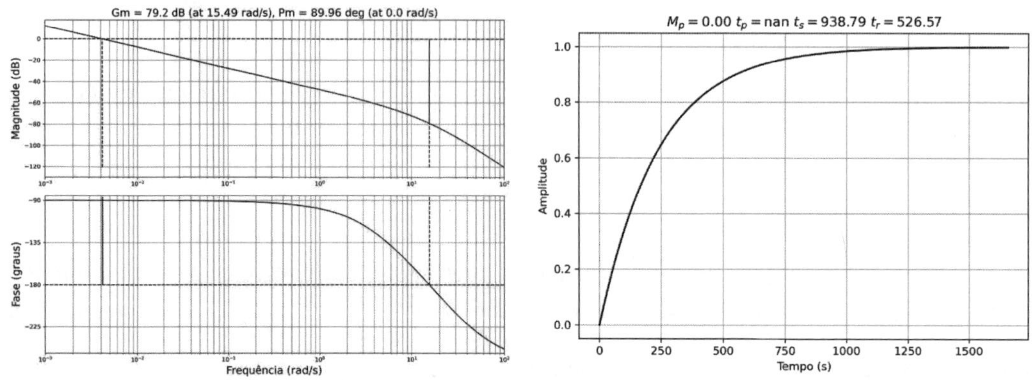

(a) Diagrama de Bode do sistema sem ganho ajustado nem compensado.

(b) Resposta ao degrau unitário do sistema sem ganho ajustado nem compensado.

Figura 4.93: Diagrama de Bode e resposta ao degrau do sistema sem ganho ajustado nem compensado.

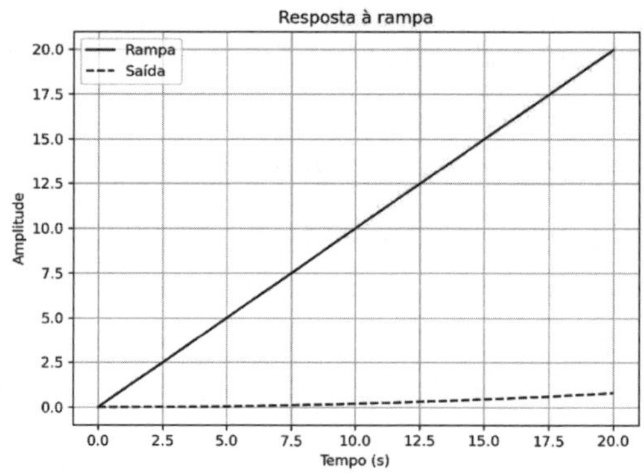

Figura 4.94: Resposta à rampa unitária do sistema sem ganho ajustado nem compensado.

Projeto da porção de atraso de fase

1. *Suponhamos o seguinte compensador por atraso-avanço de fase:*

$$G_c(s) = K_c\alpha\beta\left(\frac{T_1 s + 1}{\alpha T_1 s + 1}\right)\left(\frac{T_2 s + 1}{\beta T_2 s + 1}\right) \text{ com } 0 < \alpha < 1 \text{ e } \beta > 1$$

Definimos $K_c\alpha\beta = K_1$. *A função de transferência da porção de atraso de fase é:*

$$G_c^{AT}(s) = \frac{T_2 s + 1}{\beta T_2 s + 1} \text{ com } \beta > 1$$

A função de transferência em malha aberta do sistema compensado é:

$$\begin{aligned} G_c(s)G(s) &= K_1\left(\frac{T_1s+1}{\alpha T_1s+1}\right)\left(\frac{T_2s+1}{\beta T_2s+1}\right)G(s) \\ &= \frac{Ts+1}{\beta Ts+1} \quad \textit{onde} \quad G_1(s)=K_1G(s) \end{aligned}$$

2. *O primeiro passo consiste em determinar o valor de K_1, de modo a atender à especificação do erro estacionário:*

$$\begin{aligned} K_v &= \lim_{s\to 0} sG_c(s)G(s) = \lim_{s\to 0} s\left(\frac{T_1s+1}{\alpha T_1s+1}\right)\left(\frac{T_2s+1}{\beta T_2s+1}\right)G_1(s) \\ & \textit{como } s\to 0 \quad e \quad G_1(s)=K_1\,G(s) \\ &= \lim_{s\to 0} s\,G_1(s) = \lim_{s\to 0} s\,K_1\,G(s) \\ &= \lim_{s\to 0} \not{s}\,\frac{K_1}{\not{s}(s+8)(s+30)} \\ &= \frac{K_1}{240} = 10 \end{aligned}$$

Assim:

$$K_1 = 2400.$$

Lembrando a definição de erro de estado estacionário para uma entrada rampa:

$$e_{ss} = e(\infty) = \lim_{s\to 0}\left(\frac{1}{s\,G_c(s)\,G_1(s)}\right) = \frac{1}{K_v}$$

3. *Com o valor de ganho $K_1 = 2400$, traçamos o diagrama de Bode do sistema com ganho ajustado mas não compensado $G_1(s) = K_1G(s)$:*

$$G_1(s) = K_1G(j\omega) = \frac{2400}{j\omega(j\omega+8)(j\omega+30)}.$$

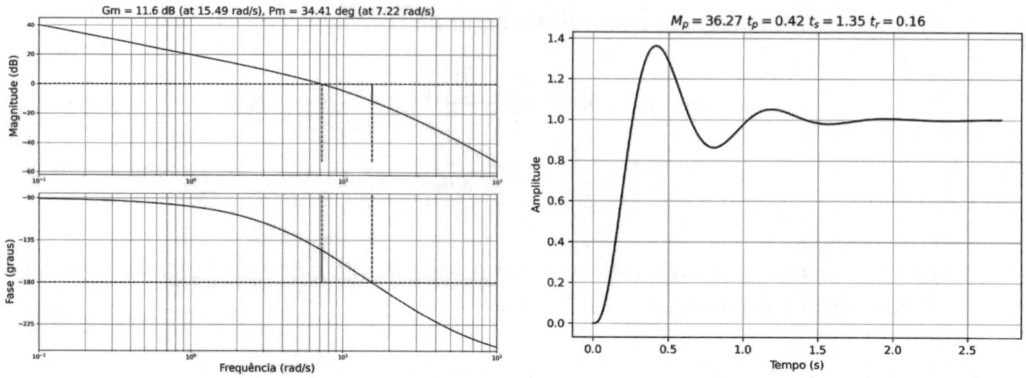

(a) Diagrama de Bode do sistema com ganho ajustado sem compensação.

(b) Resposta ao degrau unitária do sistema sem ganho ajustado nem compensação.

Figura 4.95: Diagrama de Bode e resposta ao degrau do sistema com ganho ajustado sem compensação.

Do diagrama de Bode (Figura 4.95a), observamos que MF= $34,41°$ *ocorre na frequência de cruzamento de ganho* $\omega_{cg} = 7,22$ *rad/s e que MG=* $11,6$ *dB ocorre na frequência de cruzamento de fase* $\omega_{cf} = 15,49$ *rad/s.*

Na Figura 4.95b, é mostrada a simulação da resposta ao degrau unitário e observamos que o sistema é estável.

4. *A fase correspondente a* $35°$ *de margem de fase, com uma tolerância de* $5°$ *é:*

$$\underline{/G_1(j\omega)} = -180° + 35° + 5° = -140°$$

Está em torno de $6,29$ *rad/s (Tabela 4.16). Então, a nova frequência de cruzamento de ganho deve ser nesse valor. A frequência de canto do zero do compensador deve ficar dentro do intervalo:*

$$\omega_z \in \left[\frac{6,29}{10}, \ \frac{6,29}{2}\right] = [0,629; \ 3,145] \ \textit{rad/s}$$

Escolhemos então a frequência de canto $\omega_z = 1/T$ *como* $0,629$ *rad/s e, assim,* $T = 1,58983$ *s. Para que a curva de ganho passe por* 0 *dB nessa frequência, o compensador deve fornecer uma atenuação de* $-1,7499$ *dB; portanto,* $\beta = 1,2232$.

Assim, a função de transferência do compensador por atraso de fase fica:

$$G_c^{AT}(s) = 50\frac{Ts+1}{\beta Ts+1} = 2400\frac{1,58983s+1}{1,94467s+1}$$

Tabela 4.16: Resposta em frequência para o Exemplo 4.24.

ω [rad/s]	Amplitude	Amplitude [dB]	Fase [°]
6.20	1.2485	1.9276	-139.4524
6.21	1.2456	1.9078	-139.5155
6.22	1.2428	1.8880	-139.5784
6.23	1.2400	1.8682	-139.6414
6.24	1.2371	1.8484	-139.7042
6.25	1.2343	1.8287	-139.7670
6.26	1.2315	1.8089	-139.8298
6.27	1.2287	1.7892	-139.8925
6.28	1.2260	1.7695	-139.9551
6.29	1.2232	1.7499	-140.0177
6.30	1.2204	1.7302	-140.0802
6.31	1.2177	1.7106	-140.1427
6.32	1.2149	1.6909	-140.2051
6.33	1.2122	1.6713	-140.2675
6.34	1.2095	1.6518	-140.3298
6.35	1.2067	1.6322	-140.3920
6.36	1.2040	1.6127	-140.4542
6.37	1.2013	1.5931	-140.5163
6.38	1.1986	1.5736	-140.5784
6.39	1.1959	1.5541	-140.6404
6.40	1.1933	1.5347	-140.7024
6.90	1.0695	0.5839	-143.7305
6.91	1.0673	0.5653	-143.7897
6.92	1.0650	0.5468	-143.8488
6.93	1.0627	0.5282	-143.9079
6.94	1.0604	0.5097	-143.9669
6.95	1.0582	0.4912	-144.0259
6.96	1.0559	0.4727	-144.0848
6.97	1.0537	0.4542	-144.1437
6.98	1.0514	0.4357	-144.2025
6.99	1.0492	0.4173	-144.2612
7.00	1.0470	0.3988	-144.3199
7.01	1.0448	0.3804	-144.3786
7.02	1.0426	0.3620	-144.4372
7.03	1.0404	0.3436	-144.4957
7.04	1.0382	0.3252	-144.5542
7.05	1.0360	0.3069	-144.6127
7.06	1.0338	0.2885	-144.6711
7.07	1.0316	0.2702	-144.7294
7.08	1.0294	0.2519	-144.7877
7.09	1.0273	0.2336	-144.8459
7.10	1.0251	0.2153	-144.9041
7.11	1.0229	0.1970	-144.9622
7.12	1.0208	0.1788	-145.0203
7.13	1.0187	0.1606	-145.0783
7.14	1.0165	0.1423	-145.1362
7.15	1.0144	0.1241	-145.1942
7.16	1.0123	0.1059	-145.2520
7.17	1.0102	0.0878	-145.3098
7.18	1.0080	0.0696	-145.3676
7.19	1.0059	0.0515	-145.4253
7.20	1.0038	0.0333	-145.4829
7.21	1.0018	0.0152	-145.5405
7.22	0.9997	-0.0029	-145.5981
7.23	0.9976	-0.0209	-145.6556
7.24	0.9955	-0.0390	-145.7130
7.25	0.9935	-0.0571	-145.7704
7.26	0.9914	-0.0751	-145.8278
7.27	0.9893	-0.0931	-145.8851
7.28	0.9873	-0.1111	-145.9423
7.29	0.9852	-0.1291	-145.9995
7.30	0.9832	-0.1471	-146.0566

Na Figura 4.96a, observamos o diagrama de Bode do sistema compensado em malha aberta, na qual MG=$13,18$ *dB*, $\omega_{cf} = 15,35$ *rad/s, MF=*$39,9°$ *e* $\omega_{cg} = 6,3$ *rad/s. Na Figura 4.96b, observamos que* $M_p = 31,44\%$, $t_p = 0,467$ *s e* $t_s = 1,494$ *s.*

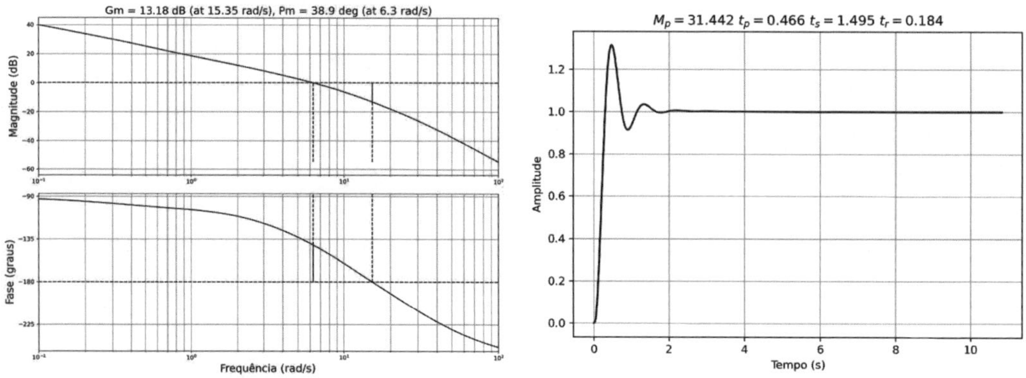

(a) Diagrama de Bode do sistema compensado.

(b) Resposta ao degrau unitário do sistema compensado.

Figura 4.96: Diagrama de Bode e resposta ao degrau do sistema compensado.

Projeto da porção de avanço de fase

5. *Do diagrama de Bode (Figura 4.84a), podemos observar que MG=*$13,18$ *dB e MF=*$38,9°$. *Para que tenhamos uma MF de* $60°$*, é necessário adicionar um avanço de:*

$$\begin{aligned}\phi_m &= MF_{desejada} - MF_{atual} + Tolerância \\ &= 60° - (38,9015°) + 20° \\ &= 46,0985°\end{aligned}$$

No qual a Tolerância é escolhida arbitrariamente como $20°$*, após várias tentativas. Devemos calcular o respectivo fator de atenuação* α *para o dito avanço de fase* ϕ_m*:*

$$\alpha = \frac{1 - \text{sen}\,(\phi_m)}{1 + \text{sen}\,(\phi_m)} = \frac{1 - \text{sen}\,(46,0985°)}{1 + \text{sen}\,(46,0985°)} = 0,16243$$

Assim, deve-se buscar o valor da frequência na qual o valor do módulo é:

$$-20\log\left(\frac{1}{\sqrt{\alpha}}\right) = -7,8933\ dB$$

6. *Da Tabela 4.17, a frequência na qual se tem um módulo de* $-7,8933$ *dB é* $\omega_m \approx 11,12$ *rad/s. Assim:*

$$\omega_m = \frac{1}{\sqrt{\alpha}T}$$

Daqui:

$$T = 0,2231 \text{ e } \alpha T = 0,03624.$$

Então, a função de transferência do compensador por avanço de fase é:

$$G_c^{AV}(s) = \frac{0,2231s + 1}{0,03624s + 1}$$

A função de transferência do compensador por atraso-avanço de fase é:

$$G_c(s) = G_c^{at}(s)\, G_c^{av}(s) = 2400 \underbrace{\left(\frac{1,58983s + 1}{1,94467s + 1}\right)}_{\text{Atraso}} \underbrace{\left(\frac{0,2231s + 1}{0,03624s + 1}\right)}_{\text{Avanço}}$$

Na Figura 4.97a, observamos o diagrama de Bode do sistema compensado por atraso-avanço de fase em malha aberta, na qual MG=$13,94$ *dB,* $\omega_{cf} = 31,89$ *rad/s, MF=*$60,93°$ *e* $\omega_{cg} = 11,11$ *rad/s. Na Figura 4.97b, observamos que* $M_p = 5,64\%$, $t_p = 0,23$ *s e* $t_s = 0,55$ *s. Na Figura 4.98b, observamos que o erro de regime estacionário tende a* $0,1$ *quando o tempo tende a infinito.*

Comparando o sistema original sem nenhuma compensação e o sistema compensado, observamos que o sistema original é estável, pois MF= $89,96°$ *e MG=* $79,2$ *dB. O sistema sem compensação nem ganho ajustado tem um tempo de assentamento de* $938,42$ *s e o sistema compensado por atraso-avanço de fase tem um tempo de assentamento de* $0,55$ *s, ou seja, o sistema estabiliza em um tempo menor. A margem de fase do sistema teve uma mudança de* $89,96°$ *para* $60,93°$ *e a frequência de cruzamento de ganho aumentou consideravelmente de* $0,004$ *rad/s para* $11,11$ *rad/s, ou seja, o sistema estabiliza mais rapidamente. O erro em regime estacionário a uma entrada rampa melhora consideravelmente, pois o erro em estado estacionário do sistema original é* 19 *e do sistema compensado é* $0,1$.

Os polos da função de transferência em malha fechada são $-45,79660002$, $-8,02502719 \pm 16,0328317j$, $-3,61975554$ *e* $-0,63900645$, *e os zeros da função de transferência em malha fechada são* $-4,48166221$ *e* $-0,629$.

Observamos que um polo da função de transferência em malha fechada encontra-se perto do eixo imaginário; portanto, o esforço de controle pode ter uma alta amplitude.

Tabela 4.17: Resposta em frequência para o Exemplo 4.24.

ω [rad/s]	Amplitude	Amplitude [dB]	Fase [°]
10.70	0.4312	-7.3071	-163.4583
10.71	0.4305	-7.3213	-163.5004
10.72	0.4298	-7.3355	-163.5424
10.73	0.4291	-7.3498	-163.5843
10.74	0.4284	-7.3640	-163.6263
10.75	0.4277	-7.3782	-163.6682
10.76	0.4270	-7.3924	-163.7101
10.77	0.4263	-7.4066	-163.7519
10.78	0.4256	-7.4208	-163.7937
10.79	0.4249	-7.4350	-163.8355
10.80	0.4242	-7.4491	-163.8772
10.81	0.4235	-7.4633	-163.9189
10.82	0.4228	-7.4775	-163.9606
10.83	0.4221	-7.4916	-164.0022
10.84	0.4214	-7.5057	-164.0438
10.85	0.4207	-7.5199	-164.0854
10.86	0.4200	-7.5340	-164.1270
10.87	0.4194	-7.5481	-164.1685
10.88	0.4187	-7.5622	-164.2099
10.89	0.4180	-7.5763	-164.2514
10.90	0.4173	-7.5904	-164.2928
10.91	0.4167	-7.6045	-164.3342
10.92	0.4160	-7.6186	-164.3755
10.93	0.4153	-7.6326	-164.4168
10.94	0.4146	-7.6467	-164.4581
10.95	0.4140	-7.6607	-164.4994
10.96	0.4133	-7.6748	-164.5406
10.97	0.4126	-7.6888	-164.5818
10.98	0.4120	-7.7028	-164.6229
10.99	0.4113	-7.7168	-164.6641
11.00	0.4106	-7.7309	-164.7051
11.01	0.4100	-7.7449	-164.7462
11.02	0.4093	-7.7589	-164.7872
11.03	0.4087	-7.7728	-164.8282
11.04	0.4080	-7.7868	-164.8692
11.05	0.4073	-7.8008	-164.9101
11.06	0.4067	-7.8147	-164.9510
11.07	0.4060	-7.8287	-164.9919
11.08	0.4054	-7.8426	-165.0327
11.09	0.4047	-7.8566	-165.0735
11.10	0.4041	-7.8705	-165.1143
11.11	0.4034	-7.8844	-165.1550
11.12	0.4028	-7.8983	-165.1957
11.13	0.4021	-7.9123	-165.2364
11.14	0.4015	-7.9261	-165.2770
11.15	0.4009	-7.9400	-165.3176
11.16	0.4002	-7.9539	-165.3582
11.17	0.3996	-7.9678	-165.3988
11.18	0.3989	-7.9817	-165.4393
11.19	0.3983	-7.9955	-165.4798
11.20	0.3977	-8.0094	-165.5202
11.21	0.3970	-8.0232	-165.5606
11.22	0.3964	-8.0371	-165.6010
11.23	0.3958	-8.0509	-165.6414
11.24	0.3952	-8.0647	-165.6817
11.25	0.3945	-8.0785	-165.7220
11.26	0.3939	-8.0923	-165.7623
11.27	0.3933	-8.1061	-165.8025
11.28	0.3926	-8.1199	-165.8427
11.29	0.3920	-8.1337	-165.8829
11.30	0.3914	-8.1475	-165.9230
11.31	0.3908	-8.1612	-165.9632
11.32	0.3902	-8.1750	-166.0032
11.33	0.3896	-8.1887	-166.0433
11.34	0.3889	-8.2025	-166.0833
11.35	0.3883	-8.2162	-166.1233
11.36	0.3877	-8.2299	-166.1632
11.37	0.3871	-8.2437	-166.2032
11.38	0.3865	-8.2574	-166.2431
11.39	0.3859	-8.2711	-166.2829
11.40	0.3853	-8.2848	-166.3228

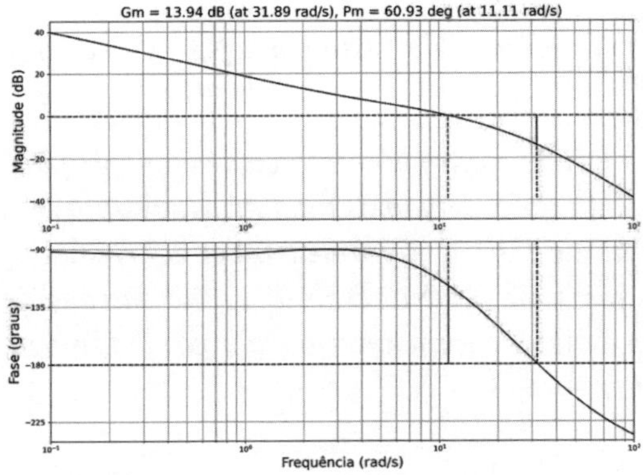

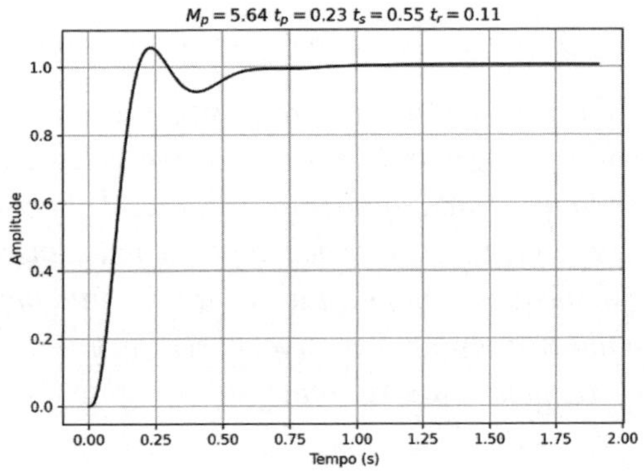

(a) Diagrama de Bode do sistema compensado. **(b)** Resposta ao degrau unitário do sistema compensado.

Figura 4.97: Diagrama de Bode e resposta ao degrau do sistema compensado.

Na Figura 4.98a, é possível observar que, no sistema com ganho ajustado e sem compensação, o pico de ressonância é $M_r^s = 3,59$ *dB, a frequência de ressonância é* $\omega_r^s = 6,65$ *rad/s e a largura de banda é* $BW^s = 10,76$ *rad/s, enquanto no sistema compensado o pico de ressonância é* $M_r^c = 0,03$ *dB, a frequência de ressonância é* $\omega_r^c = 0,6$ *rad/s e a largura de banda é* $BW^c = 20,47$ *rad/s. Percebe-se um aumento na banda passante do sistema (Figura 4.98a).*

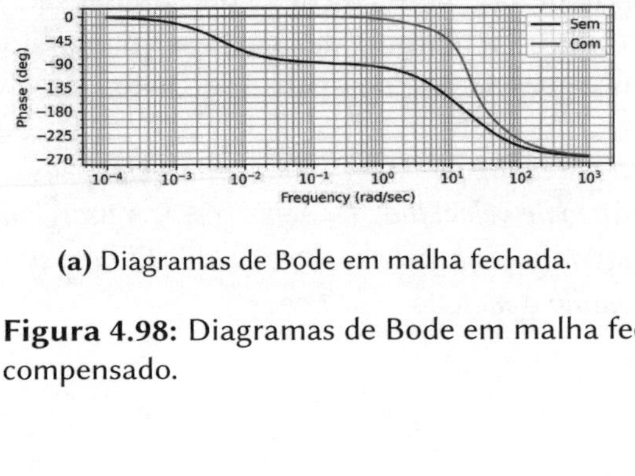

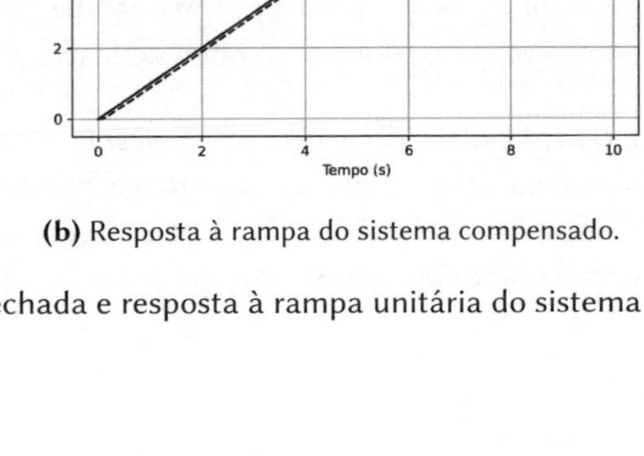

(a) Diagramas de Bode em malha fechada. **(b)** Resposta à rampa do sistema compensado.

Figura 4.98: Diagramas de Bode em malha fechada e resposta à rampa unitária do sistema compensado.

O código em Python para o Exemplo 4.24 é mostrado na Listagem . O código quando executado mostra as simulações do sistema sujeito a uma entrada onda quadrada e onda triangular, bem como os respectivos esforços de controle: o esforço de controle para onda quadrada apresenta instantes de baixa magnitude, devido às mudanças abruptas em um pequeno instante de tempo na onda, enquanto o esforço de controle para onda triangular é de pequena magnitude, devido às mudanças mais suaves. Na resposta a uma entrada de onda triangular, é possível observar que o erro de estado estacionário é aproximadamente $0,01$, *pois esse erro somente é atingido quando* $t \longrightarrow \infty$.

4.4.2 Procedimento de projeto compensador por atraso-avanço de fase: método analítico

O procedimento de projeto de compensadores por atraso-avanço de fase na resposta em frequência para o método analítico é a combinação dos procedimentos de projeto do compensador por atraso seguido pelo procedimento de projeto do compensador por avanço. Adotaremos o projeto da seguinte maneira:

1. Dada uma margem de fase desejada, ela é dividida em dois valores arbitrários, de forma que somados, seja igual à margem de fase desejada. Normalmente é adotada a metade da margem de fase para o atraso e a outra metade para o avanço.
2. Uma parte da margem de fase é compensada pelo compensador por atraso de fase. Neste passo, obtemos um sistema compensado por atraso de fase que atinge um valor de margem de fase menor que a margem de fase desejada.
3. O valor que falta para atingir a margem de fase desejada deve ser compensada pelo compensador por avanço de fase, isto é, a margem de fase desejada para o compensador por avanço de fase é a margem de fase desejada do sistema.

***Exemplo* 4.25.** *Consideremos o mesmo problema do Exemplo 4.22. Desejamos compensar o sistema de modo que a constante de erro estático de velocidade* K_v *seja* $10\ s^{-1}$, *a margem de fase seja pelo menos* $50°$ *e a margem de ganho seja pelo menos* 10 *dB. Projete um compensador por atraso-avanço de fase utilizando o método analítico.*

***Solução* 4.25.** *As especificações de projeto são:*

- *Erro estacionário para entrada rampa unitária inferior a* $0,1$ *s ou* $K_v = 10\ s^{-1}$.
- *Margem de fase desejada para o sistema de pelo menos* $50°$.
- *Margem de ganho de pelo menos* 10 *dB.*

O projeto e a simulação deste Exemplo são realizados utilizando o Python.

Escolhe-se arbitrariamente o valor de margem de fase que o compensador por atraso deve atingir: $MF^{AT} = 25°$.

O comportamento do sistema sem compensação nem ganho ajustado é mostrado na Figura 4.81a, na qual é ilustrado o diagrama de Bode e observa-se que $MF=53,41°$, $\omega_{cg} = 0,45$ *rad/s,* $MG= 15,56$ *dB e* $\omega_{cf} = 1,41$ *rad/s. Na Figura 4.81b, observa-se a resposta a um degrau unitário e verifica-se que o sistema é estável, mas oscilatório, com* $M_p = 14,46\%$, $t_p = 6,08$ *s e* $t_s = 12,36$ *s. Na Figura 4.82, é mostrada a resposta à rampa do sistema e observa-se um erro de estado estacionário de* 2 *unidades.*

Projeto da porção de atraso de fase

1. *Suponhamos o seguinte compensador por atraso-avanço de fase:*

$$G_c(s) = K_1 \left(\frac{n_2 s + 1}{d_2 s + 1}\right)\left(\frac{n_1 s + 1}{n_1 s + 1}\right)$$

A função de transferência da porção de atraso de fase é:

$$G_c^{AT}(s) = \frac{n_2 s + 1}{d_2 s + 1}$$

A função de transferência em malha aberta do sistema compensado é:

$$\begin{aligned} G_c(s)G(s) &= K_1 \left(\frac{n_2 s + 1}{d_2 s + 1}\right)\left(\frac{n_1 s + 1}{n_1 s + 1}\right) G(s) \\ &= K_1 G(s) \quad onde \quad G_1(s) = K_1 G(s) \end{aligned}$$

2. *O primeiro passo consiste em determinar o valor de* K_1, *de modo a atender à especificação do erro estacionário:*

$$
\begin{aligned}
K_v &= \lim_{s\to 0} sG_c(s)G(s) = \lim_{s\to 0} s\left(\frac{n_2 s+1}{d_2 s+1}\right)\left(\frac{n_1 s+1}{n_1 s+1}\right)G_1(s) \\
&\textit{como } s \to 0 \quad e \quad G_1(s) = K_1\, G(s) \\
&= \lim_{s\to 0} s\, G_1(s) = \lim_{s\to 0} s\, K_1\, G(s) \\
&= \lim_{s\to 0} \not{s} \frac{K_1}{\not{s}(s+1)(s+2)} \\
&= \frac{K_1}{2} = 10
\end{aligned}
$$

Assim:

$$K_1 = 20.$$

Lembrando a definição de erro de estado estacionário para uma entrada rampa:

$$e_{ss} = e(\infty) = \lim_{s\to 0}\left(\frac{1}{s\, G_c(s)\, G_1(s)}\right) = \frac{1}{K_v}$$

3. *Com o valor de ganho $K_1 = 20$, traçamos o diagrama de Bode do sistema com ganho ajustado mas não compensado $G_1(s) = K_1 G(s)$:*

$$G_1(s) = K_1 G(j\omega) = \frac{20}{j\omega(j\omega+1)(j\omega+2)}.$$

Do diagrama de Bode (Figura 4.83a), observamos que MF= $-28,08^\circ$ ocorre na frequência de cruzamento de ganho $\omega_{cg} = 2,43$ rad/s e que MG= $-10,46$ dB ocorre na frequência de cruzamento de fase $\omega_{cf} = 1,41$ rad/s.

Na Figura 4.83b, é mostrado a simulação da resposta ao degrau unitário e observamos que o sistema é instável.

4. *Para a porção de atraso de fase, escolhemos uma margem de fase de 25°. Da Equação 4.29, obtemos:*

$$\underline{/G_1(j\omega)} > -180^\circ + MF_d = -180^\circ + 25^\circ = -155^\circ$$

Da Tabela 4.12, observamos que ω_1 deve ser menor que $0,88$ rad/s e, da Equação 4.31, obtemos:

$$|G_1(j\omega_1)| > 1$$

Verifica-se que ω_1 deve ser menor do que aproximadamente:

$$\omega_1 < 2,43 \text{ rad/s}$$

Escolhemos $\omega_1 = 0,86$ *rad/s e, da Tabela 4.12, observamos que:*

$$G_1(j\omega_1) = 8,0991\underline{/-153,9632^\circ}$$

De onde:

$$|G(j\omega_1)| = 8,0991, \textit{ satisfaz a restrição } 4.30$$
$$\underline{/G(j\omega_1)} = -153,9632^\circ$$

Da Equação 4.29:

$$\begin{aligned}\theta = \underline{/G_c(j\omega_1)} &= -180^\circ + \phi_m - \underline{/G_1(j\omega_1)} \\ &= -180^\circ + 25^\circ + 153,9632^\circ = -1,0368^\circ\end{aligned}$$

$\cos(\theta) = 0,9998$ *e* $\text{sen}(\theta) = -0,01809$ *e das Equações 4.16 e 4.17:*

$$n_2 = \frac{1 - |G(j\omega_1)|\cos(\theta)}{\omega_1 |G(j\omega_1)| \text{ sen}(\theta)} = 56,31684$$
$$d_2 = \frac{\cos(\theta) - |G(j\omega_1)|}{\omega_1 \text{ sen}(\theta)} = \frac{(0,9998) - (8,0991)}{(0,86)((-0,01809)} = 456,21147$$

Assim, a função de transferência do compensador fica:

$$G_c(s) = 20\frac{56,31684s + 1}{456,21147s + 1}$$

Na Figura 4.99a, observamos o diagrama de Bode do sistema compensado em malha aberta, na qual MG=$7,51$ *dB,* $\omega_{cf} = 1,4$ *rad/s, MF=*25° *e* $\omega_{cg} = 0,86$ *rad/s. Na Figura 4.99b, observamos que* $M_p = 50,59\%$*,* $t_p = 3,70$ *s e* $t_s = 18,896$ *s.*

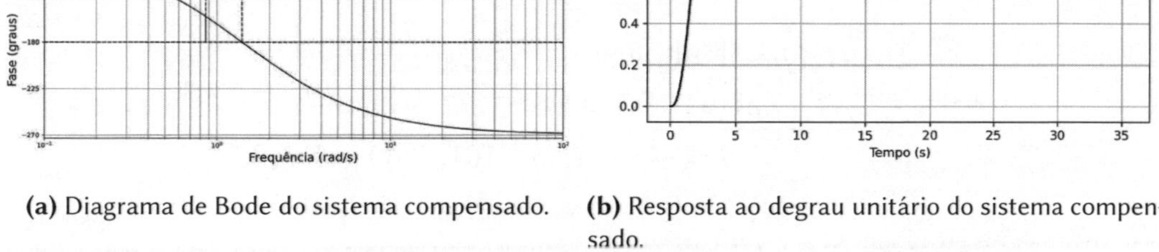

(a) Diagrama de Bode do sistema compensado.

(b) Resposta ao degrau unitário do sistema compensado.

Figura 4.99: Diagrama de Bode e resposta ao degrau do sistema compensado.

Projeto da porção de avanço de fase

Do diagrama de Bode (Figura 4.99a), podemos observar que MG=$7,51$ *dB e MF=*$25,0°$.

5. *Deseja-se uma* MF_d *de* $50°$ *e as condições para o projeto do compensador por avanço de fase são:*

$$\theta = -180° + MF_d - \underline{/G_1(j\omega_1)} > 0°$$

isto é, a escolha de ω_1 *deve satisfazer a condição de fase:*

$$\underline{/G_1(j\omega_1)} < -180° + MF_d = -130°$$

Isso ocorre para frequências ω_1*:*

$$\omega_1 > 0,47 \; rad/s$$

6. *Da Tabela 4.18, deve-se escolher* ω_1 *para satisfazer a condição de ganho:*

$$|G_1(j\omega_1)| < 1$$

Isso ocorre para:

$$\omega_1 > 0,86 \; rad/s$$

Desde que $\text{sen}(\theta) > 0$ *para o compensador por avanço e das Equações 4.16 e 4.17, obtém-se:*

$$\cos(\theta) > G_1(j\omega_1)$$

Após algumas tentativas para verificar essa última relação, obtém-se que:

$$\omega_1 \geq 0.95 \; rad/s$$

Consideramos $\omega_1 = 0,98$ *rad/s, assim:*

$$G_1(j\omega_1) = 0,8080\underline{/-161,4360°}$$

Dessa maneira:

$$|G_1(j\omega_1)| = 0,8080$$
$$\underline{/G_1(j\omega_1)} = -161,4360°$$
$$\theta = -180° + 50 + 161,4360 = 31,436°$$
$$\cos(\theta) = 0,8532 > |G_1(j\omega_1)| = 0,8080$$

Satisfeitas todas essas condições, obtém-se:

$$n_1 = \frac{1 - 0,8080 \times \cos(\theta)}{0,98 \times 0,8080 \times \operatorname{sen}(theta)} = 0,75208$$

$$d_1 = \frac{\cos(\theta) - 0,8080}{0,98 \times \operatorname{sen}(theta)} = 0,088479$$

Então, a função de transferência do compensador é:

$$G_c(s) = 20\frac{0,75208s + 1}{0,088479s + 1}$$

A função de transferência do compensador por atraso-avanço de fase é:

$$G_c(s) = G_c^{at}(s)\, G_c^{av}(s) = 20 \underbrace{\left(\frac{56,31684s + 1}{456,21147s + 1}\right)}_{Atraso} \underbrace{\left(\frac{0,75208s + 1}{0,088479s + 1}\right)}_{Avanço}$$

Na Figura 4.100a, observamos o diagrama de Bode do sistema compensado por atraso-avanço de fase em malha aberta, na qual MG=$21,15$ *dB,* $\omega_{cf} = 4,28$ *rad/s, MF=*$50,0°$ *e* $\omega_{cg} = 0,98$ *rad/s. Na Figura 4.100b, observamos que* $M_p = 18,75\%$, $t_p = 2,88$ *s e* $t_s = 4,72$ *s. Na Figura 4.101b, observamos que o erro de regime estacionário tende a* $0,05$ *quando o tempo tende a infinito.*

Comparando o sistema original sem nenhuma compensação e o sistema compensado, observamos que o sistema original é estável, pois MF= $53,41°$ *e MG=* $15,56$ *dB. O sistema sem compensação nem ganho ajustado tem um tempo de assentamento de* $12,36$ *s e o sistema compensado por atraso-avanço de fase tem um tempo de assentamento de* $18,34$ *s, ou seja, o sistema estabiliza em um tempo maior. A margem de fase do sistema teve uma pequena mudança de* $53,41°$ *para* $50,0°$ *e a frequência de cruzamento de ganho aumentou de* $0,45$ *rad/s para* $0,98$ *rad/s, ou seja, o sistema estabiliza mais rapidamente. O erro em regime estacionário a uma entrada rampa melhora consideravelmente, pois o erro em estado estacionário do sistema original é* 2 *e do sistema compensado é* $0,1$.

Os polos da função de transferência em malha fechada são $-5,69566239$, $-0,74822661 \pm 1,90048071j$, $-0,36784294$ *e* $-0,08230613$, *e os zeros da função de transferência em malha fechada são* $-0,46626352$ *e* $-0,076$.

Observamos que os polos da função de transferência em malha fechada encontram-se perto do eixo imaginário; portanto, o esforço de controle pode ter uma amplitude média.

Tabela 4.18: Resposta em frequência para o Exemplo 4.25.

ω [rad/s]	Amplitude	Amplitude [dB]	Fase [°]
0.35	3.2833	10.3262	-121.7618
0.36	3.1791	10.0461	-122.4778
0.37	3.0803	9.7719	-123.1938
0.38	2.9865	9.5033	-123.9096
0.39	2.8974	9.2400	-124.6248
0.40	2.8125	8.9817	-125.3392
0.41	2.7316	8.7282	-126.0523
0.42	2.6543	8.4791	-126.7641
0.43	2.5806	8.2343	-127.4742
0.44	2.5100	7.9935	-128.1825
0.45	2.4425	7.7565	-128.8887
0.46	2.3777	7.5232	-129.5928
0.47	2.3156	7.2933	-130.2945
0.48	2.2560	7.0668	-130.9937
0.49	2.1987	6.8434	-131.6902
0.50	2.1436	6.6230	-132.3840
0.51	2.0906	6.4056	-133.0749
0.52	2.0396	6.1909	-133.7629
0.53	1.9904	5.9788	-134.4477
0.54	1.9430	5.7693	-135.1294
0.55	1.8972	5.5623	-135.8078
0.56	1.8530	5.3575	-136.4830
0.57	1.8103	5.1551	-137.1547
0.58	1.7691	4.9548	-137.8229
0.59	1.7292	4.7567	-138.4877
0.60	1.6905	4.5605	-139.1488
0.75	1.2332	1.8210	-148.6147
0.76	1.2092	1.6498	-149.2148
0.77	1.1857	1.4797	-149.8109
0.78	1.1629	1.3109	-150.4031
0.79	1.1407	1.1433	-150.9914
0.80	1.1190	0.9767	-151.5757
0.81	1.0979	0.8113	-152.1562
0.82	1.0773	0.6470	-152.7327
0.83	1.0573	0.4837	-153.3054
0.84	1.0377	0.3214	-153.8741
0.85	1.0186	0.1602	-154.4390
0.86	1.0000	-0.0000	-155.0000
0.87	0.9818	-0.1593	-155.5572
0.88	0.9641	-0.3176	-156.1105
0.89	0.9468	-0.4749	-156.6600
0.90	0.9299	-0.6314	-157.2057
0.91	0.9134	-0.7869	-157.7476
0.92	0.8973	-0.9416	-158.2857
0.93	0.8815	-1.0954	-158.8200
0.94	0.8661	-1.2483	-159.3506
0.95	0.8511	-1.4004	-159.8775
0.96	0.8364	-1.5516	-160.4007
0.97	0.8220	-1.7021	-160.9202
0.98	0.8080	-1.8517	-161.4360
0.99	0.7943	-2.0005	-161.9482
1.00	0.7809	-2.1486	-162.4567
1.01	0.7677	-2.2959	-162.9617
1.02	0.7549	-2.4425	-163.4631
1.03	0.7423	-2.5883	-163.9609
1.04	0.7300	-2.7334	-164.4551
1.05	0.7180	-2.8777	-164.9459
1.06	0.7062	-3.0214	-165.4332
1.07	0.6947	-3.1643	-165.9169
1.08	0.6834	-3.3065	-166.3973
1.09	0.6723	-3.4481	-166.8742
1.10	0.6615	-3.5890	-167.3477

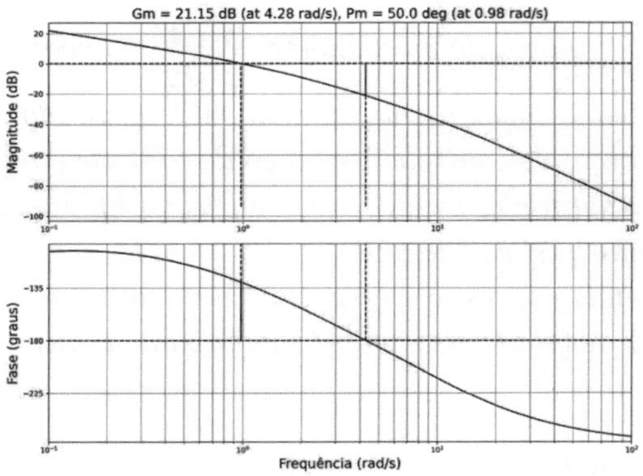

(a) Diagrama de Bode do sistema compensado.

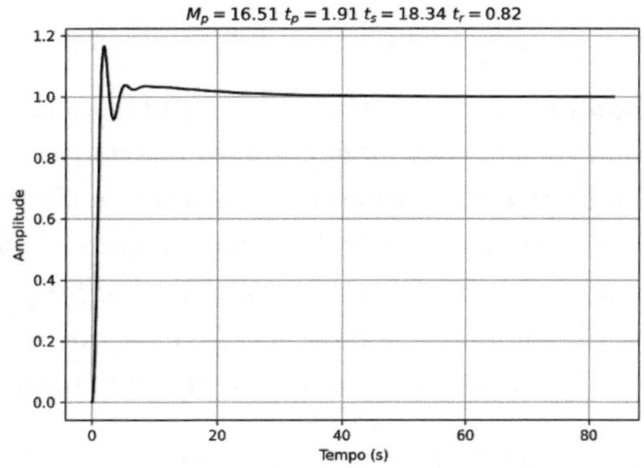

(b) Resposta ao degrau unitário do sistema compensado.

Figura 4.100: Diagrama de Bode e resposta ao degrau do sistema compensado.

Na Figura 4.101a, é possível observar que, no sistema sem compensação, o pico de ressonância é $M_r^s = 0,93$ dB, a frequência de ressonância é $\omega_r^s = 0,44$ rad/s e a largura de banda é $BW^s = 0,79$ rad/s, enquanto no sistema compensado o pico de ressonância é $M_r^c = 1,51$ dB, a frequência de ressonância é $\omega_r^c = 0,9$ rad/s e a largura de banda é $BW^c = 1,65$ rad/s. Percebe-se um aumento na banda passante do sistema (Figura 4.86a).

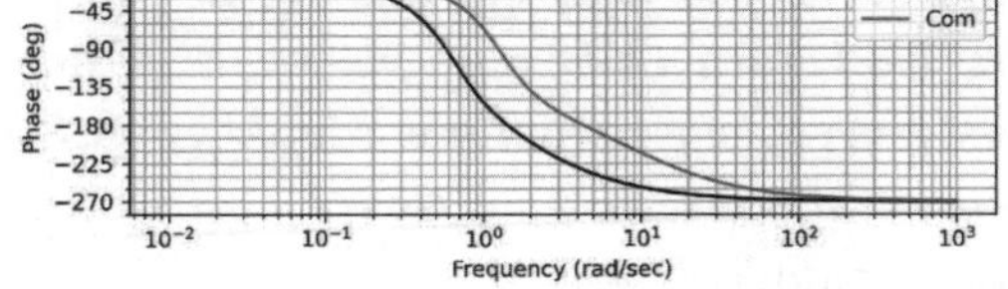

(a) Diagramas de Bode em malha fechada.

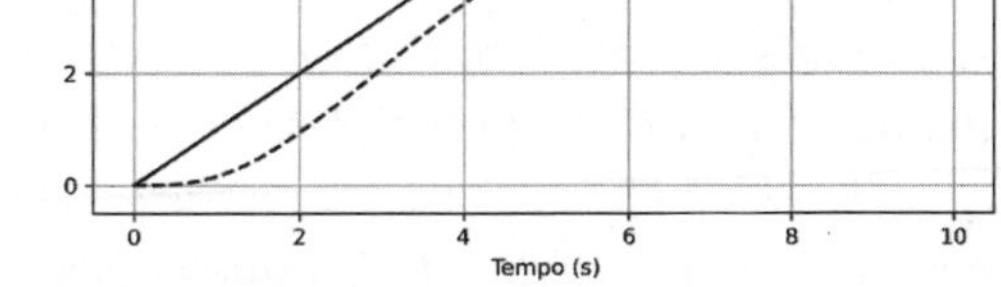

(b) Resposta à rampa do sistema compensado.

Figura 4.101: Diagramas de Bode em malha fechada e resposta à rampa unitária do sistema compensado.

O código em Python para o Exemplo 4.25 é mostrado na Listagem . O código quando executado mostra as simulações do sistema sujeito a uma entrada onda quadrada e onda triangular, bem como os respectivos esforços de controle: o esforço de controle para onda quadrada apresenta instantes de média magnitude, devido às mudanças abruptas em um pequeno instante de tempo na onda, enquanto o esforço de controle para onda triangular é de baixa magnitude, devido às mudanças mais suaves. Na resposta a uma entrada de onda triangular, é possível observar que o erro de estado estacionário é aproximadamente $0,1$, *pois esse erro somente é atingido quando* $t \longrightarrow \infty$.

Exemplo 4.26. *Considere o mesmo problema do Exemplo 4.23. É desejável que o sistema apresente um erro pequeno para entrada rampa, tal que* $K_v = 100\ s^{-1}$. *Deseja-se ter uma margem de ganho de* 10 *dB e uma margem de fase de* $50°$. *Projete um compensador por atraso-avanço de fase utilizando o método analítico.*

Solução 4.26. *As especificações de projeto são:*

- *Erro estacionário para entrada rampa unitária inferior a* $0,01$ *s ou* $K_v = 100\ s^{-1}$.
- *Margem de fase desejada para o sistema de pelo menos* $50°$.
- *Margem de ganho de pelo menos* 10 *dB.*

O projeto e a simulação deste Exemplo são realizados utilizando o Python.

Escolhe-se arbitrariamente o valor de margem de fase que o compensador por atraso deverá atingir: $MF^{AT} = 25°$.

O comportamento do sistema sem compensação nem ganho ajustado é mostrado na Figura 4.87a, na qual é ilustrado o diagrama de Bode e observa-se que MF=$59,29°$, $\omega_{cg} = 1,85$ *rad/s, MG=* $17,5$ *dB e* $\omega_{cf} = 7,07$ *rad/s. Na Figura 4.87b, observa-se a resposta a um degrau unitário e verifica-se que o sistema é estável, mas oscilatório, com* $M_p = 8,5\%$, $t_p = 1,44$ *s e* $t_s = 2,11$ *s. Na Figura 4.88, é mostrada a resposta à rampa do sistema e observa-se um erro de estado estacionário de* $0,5$ *unidade.*

Projeto da porção de atraso de fase

1. *Suponhamos o seguinte compensador por atraso-avanço de fase:*

$$G_c(s) = K_1 \left(\frac{n_2 s + 1}{d_2 s + 1}\right)\left(\frac{n_1 s + 1}{n_1 s + 1}\right)$$

A função de transferência da porção de atraso de fase é:

$$G_c^{AT}(s) = \frac{n_2 s + 1}{d_2 s + 1}$$

A função de transferência em malha aberta do sistema compensado é:

$$\begin{aligned} G_c(s)G(s) &= K_1 \left(\frac{n_2 s + 1}{d_2 s + 1}\right)\left(\frac{n_1 s + 1}{n_1 s + 1}\right) G(s) \\ &= K_1 G(s) \quad onde \quad G_1(s) = K_1 G(s) \end{aligned}$$

2. *O primeiro passo consiste em determinar o valor de K_1, de modo a atender à especificação do erro estacionário:*

$$\begin{aligned} K_v &= \lim_{s\to 0} sG_c(s)G(s) = \lim_{s\to 0} sK_1 \left(\frac{n_2 s + 1}{d_2 s + 1}\right)\left(\frac{n_1 s + 1}{n_1 s + 1}\right) G_1(s) \\ & como\, s \longrightarrow 0 \quad e \quad G_1(s) = K_1\, G(s) \\ &= \lim_{s\to 0} s\, G_1(s) = \lim_{s\to 0} s\, K_1\, G(s) \\ &= \lim_{s\to 0} \not{s} \frac{100K_1}{\not{s}(s+5)(s+10)} \\ &= 2K_1 = 100 \end{aligned}$$

Assim:

$$K_1 = 50.$$

Lembrando a definição de erro de estado estacionário para uma entrada rampa:

$$e_{ss} = e(\infty) = \lim_{s\to 0}\left(\frac{1}{s\, G_c(s)\, G_1(s)}\right) = \frac{1}{K_v}$$

3. *Com o valor de ganho $K_1 = 50$, traçar o diagrama de Bode do sistema com ganho ajustado mas não compensado $G_1(s) = K_1 G(s)$:*

$$G_1(s) = K_1 G(j\omega) = \frac{5000}{j\omega(j\omega + 5)(j\omega + 10)}.$$

Do diagrama de Bode (Figura 4.89a), observamos que MF= $-40,45°$ ocorre na frequência de cruzamento de ganho $\omega_{cg} = 15,93$ rad/s e que MG= $-16,48$ dB ocorre na frequência de cruzamento de fase $\omega_{cf} = 7,07$ rad/s.

Na Figura 4.89b, é mostrado a simulação da resposta ao degrau unitário e observamos que o sistema é instável.

4. *Para a porção de atraso de fase escolhemos uma margem de fase de* $25°$. *Da Equação 4.29, obtemos:*

$$\underline{/G_1(j\omega)} > -180° + MF_d = -180° + 25° = -155°$$

Da Tabela 4.14, observamos que ω_1 *deve ser menor que* $4,39$ *rad/s e, da Equação 4.31, obtemos:*

$$|G_1(j\omega_1)| > 1$$

Verifica-se que ω_1 *deve ser menor do que aproximadamente:*

$$\omega_1 < 15,93 \ rad/s$$

Escolhemos $\omega_1 = 4,34$ *rad/s e da Tabela 4.14 observamos que:*

$$G_1(j\omega_1) = 15,9622\underline{/-154,4188°}$$

De onde:

$$|G(j\omega_1)| = 15,9622, \textit{ satisfaz a restrição } 4.30$$
$$\underline{/G(j\omega_1)} = -154,4188°$$

Da Equação 4.29:

$$\begin{aligned}\theta &= \underline{/G_c(j\omega_1)} = -180° + \phi_m - \underline{/G_1(j\omega_1)} \\ &= -180° + 25° + 154,4188° = -0,5812°\end{aligned}$$

$\cos(\theta) = 0,9999$ *e* $\operatorname{sen}(\theta) = -0,01014$ *e das equações 4.16 e 4.17:*

$$\begin{aligned}n_2 &= \frac{1 - |G(j\omega_1)|\cos(\theta)}{\omega_1 |G(j\omega_1)| \operatorname{sen}(\theta)} = 21,29088 \\ d_2 &= \frac{\cos(\theta) - |G(j\omega_1)|}{\omega_1 \operatorname{sen}(\theta)} = \frac{(0,9999) - (15,9622)}{(4,34)((-0,01014)} = 339,86911\end{aligned}$$

Assim, a função de transferência do compensador fica:

$$G_c(s) = 20\frac{21,29088s + 1}{339,86911s + 1}$$

Na Figura 4.102a, observamos o diagrama de Bode do sistema compensado em malha aberta, na qual MG=$7,47$ *dB*, $\omega_{cf} = 7,02$ *rad/s, MF=*$25°$ *e* $\omega_{cg} = 4,34$ *rad/s. Na Figura 4.102b, observamos que* $M_p = 50,017\%$, $t_p = 0,735$ *s e* $t_s = 3,624$ *s.*

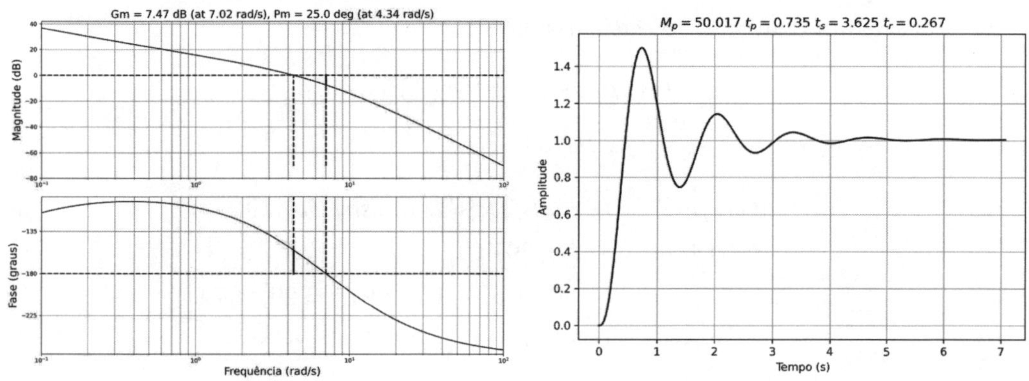

(a) Diagrama de Bode do sistema compensado.

(b) Resposta ao degrau unitário do sistema compensado.

Figura 4.102: Diagrama de Bode e resposta ao degrau do sistema compensado.

Projeto da porção de avanço de fase

5. *Deseja-se uma* MF_d *de* 50° *e as condições para o projeto do compensador por avanço de fase são:*

$$\theta = -180^\circ + MF_d - \underline{/G_1(j\omega_1)} > 0^\circ$$

isto é, a escolha de ω_1 *deve satisfazer a condição de fase:*

$$\underline{/G_1(j\omega_1)} < -180^\circ + MF_d = -130^\circ$$

Isso ocorre para frequências ω_1*:*

$$\omega_1 > 2,39 \ rad/s$$

6. *Da Tabela 4.19, deve-se escolher* ω_1 *para satisfazer a condição de ganho:*

$$|G_1(j\omega_1)| < 1$$

Isso ocorre para:

$$\omega_1 > 4,34 \ rad/s$$

7. *Desde que* $\operatorname{sen}(\theta) > 0$ *para o compensador por avanço e das Equações 4.16 e 4.17, obtém-se:*

$$\cos(\theta) > |G_1(j\omega_1)|$$

Após algumas tentativas para verificar essa última relação, obtém-se que:

$$\omega_1 \geq 4,77 \ rad/s$$

Consideramos $\omega_1 = 4,80$ *rad/s, assim:*

$$G_1(j\omega_1) = 0,8488\underline{/-159,9974^\circ}$$

Dessa maneira:

$$\begin{aligned} |G_1(j\omega_1)| &= 0,8488, \textit{ satisfaz a restrição } 4.30 \\ \underline{/G_1(j\omega_1)} &= -159,9974^\circ \\ \theta &= -180^\circ + 50 + 159,9974 = 29,9974^\circ \\ \cos(\theta) &= 0,8660 > |G_1(j\omega_1)| = 0,8488 \end{aligned}$$

Satisfeitas todas essas condições, obtém-se:

$$n_1 = \frac{1 - 0,8488 \times \cos(\theta)}{0,98 \times 0,8488 \times \text{sen}(\theta)} = 0,130045$$

$$d_1 = \frac{\cos(\theta) - 0,8488}{0,98 \times \text{sen}(\theta)} = 0,007187$$

Então, a função de transferência do compensador é:

$$G_c(s) = 50\frac{0,130045s + 1}{0,007187s + 1}$$

A função de transferência do compensador por atraso-avanço de fase é:

$$G_c(s) = G_c^{at}(s)\, G_c^{av}(s) = 20 \underbrace{\left(\frac{56,31684s + 1}{456,21147s + 1}\right)}_{\text{Atraso}} \underbrace{\left(\frac{0,130045s + 1}{0,007187s + 1}\right)}_{\text{Avanço}}$$

Na Figura 4.103a, observamos o diagrama de Bode do sistema compensado por atraso-avanço de fase em malha aberta, na qual MG=$28,28$ *dB,* $\omega_{cf} = 31,6$ *rad/s, MF=*$50,0^\circ$ *e* $\omega_{cg} = 4,80$ *rad/s. Na Figura 4.103b, observamos que obtivemos* $M_p = 18,54\%$, $t_p = 0,59$ *s e* $t_s = 1,27$ *s. Na Figura 4.104b, observamos que o erro de regime estacionário tende a* $0,01$ *quando o tempo tende a infinito.*

Comparando o sistema original sem nenhuma compensação e o sistema compensado, observamos que o sistema original é estável, pois MF= $59,29^\circ$ *e MG=* $17,5$ *dB. O sistema sem compensação nem ganho ajustado tem um tempo de assentamento de* $2,1$ *s e o sistema compensado por atraso-avanço de fase tem um tempo de assentamento de* $3,91$ *s, ou seja, o sistema estabiliza em um tempo maior. A margem de fase do sistema teve uma pequena mudança de* $59,29^\circ$ *para* $50,0^\circ$ *e a frequência de cruzamento de ganho aumentou consideravelmente de* $1,85$ *rad/s para* $4,80$ *rad/s, ou seja, o sistema estabiliza mais rapidamente.*

Tabela 4.19: Resposta em frequência para o Exemplo 4.26.

ω [rad/s]	Amplitude	Amplitude [dB]	Fase [°]
2.25	2.4776	7.8805	-128.0291
2.26	2.4642	7.8336	-128.1739
2.27	2.4510	7.7869	-128.3185
2.28	2.4379	7.7402	-128.4631
2.29	2.4249	7.6938	-128.6075
2.30	2.4120	7.6474	-128.7518
2.31	2.3992	7.6012	-128.8959
2.32	2.3865	7.5551	-129.0400
2.33	2.3739	7.5092	-129.1839
2.34	2.3614	7.4634	-129.3277
2.35	2.3490	7.4178	-129.4713
2.36	2.3367	7.3722	-129.6149
2.37	2.3246	7.3268	-129.7583
2.38	2.3125	7.2816	-129.9015
2.39	2.3005	7.2364	-130.0446
2.40	2.2886	7.1914	-130.1876
2.41	2.2768	7.1465	-130.3305
2.42	2.2651	7.1017	-130.4732
2.43	2.2535	7.0571	-130.6158
2.44	2.2420	7.0126	-130.7583
2.45	2.2305	6.9682	-130.9006
2.46	2.2192	6.9239	-131.0428
2.47	2.2079	6.8797	-131.1849
2.48	2.1968	6.8357	-131.3268
2.49	2.1857	6.7918	-131.4685
2.50	2.1747	6.7480	-131.6102
2.51	2.1638	6.7043	-131.7517
2.52	2.1530	6.6607	-131.8930
2.53	2.1422	6.6172	-132.0342
2.54	2.1315	6.5739	-132.1753
2.55	2.1210	6.5307	-132.3162
4.20	1.0530	0.4489	-153.4132
4.21	1.0491	0.4166	-153.5276
4.22	1.0452	0.3843	-153.6418
4.23	1.0414	0.3520	-153.7559
4.24	1.0375	0.3198	-153.8698
4.25	1.0337	0.2877	-153.9835
4.26	1.0299	0.2556	-154.0971
4.27	1.0261	0.2235	-154.2105
4.28	1.0223	0.1914	-154.3238
4.29	1.0185	0.1594	-154.4369
4.30	1.0148	0.1275	-154.5498
4.31	1.0111	0.0956	-154.6626
4.32	1.0074	0.0637	-154.7753
4.33	1.0037	0.0318	-154.8877
4.34	1.0000	0.0000	-155.0000
4.35	0.9964	-0.0318	-155.1122
4.36	0.9927	-0.0635	-155.2242
4.37	0.9891	-0.0952	-155.3360
4.38	0.9855	-0.1268	-155.4477
4.39	0.9819	-0.1584	-155.5592
4.40	0.9784	-0.1900	-155.6705
4.41	0.9748	-0.2216	-155.7817
4.42	0.9713	-0.2531	-155.8928
4.43	0.9678	-0.2845	-156.0037
4.44	0.9643	-0.3160	-156.1144
4.45	0.9608	-0.3474	-156.2250
4.65	0.8946	-0.9677	-158.4037
4.66	0.8914	-0.9983	-158.5110
4.67	0.8883	-1.0289	-158.6182
4.68	0.8852	-1.0595	-158.7252
4.69	0.8821	-1.0901	-158.8320
4.70	0.8790	-1.1206	-158.9387
4.71	0.8759	-1.1511	-159.0453
4.72	0.8728	-1.1815	-159.1517
4.73	0.8698	-1.2119	-159.2579
4.74	0.8667	-1.2423	-159.3640
4.75	0.8637	-1.2726	-159.4700
4.76	0.8607	-1.3029	-159.5757
4.77	0.8577	-1.3332	-159.6814
4.78	0.8547	-1.3635	-159.7869
4.79	0.8518	-1.3937	-159.8922
4.80	0.8488	-1.4239	-159.9974
4.81	0.8459	-1.4540	-160.1024
4.82	0.8429	-1.4841	-160.2073
4.83	0.8400	-1.5142	-160.3120
4.84	0.8371	-1.5443	-160.4166
4.85	0.8342	-1.5743	-160.5210
4.86	0.8314	-1.6043	-160.6253

O erro em regime estacionário a uma entrada rampa melhora consideravelmente, pois o erro em estado estacionário do sistema original é $0,5$ *e do sistema compensado é* $0,01$.

Os polos da função de transferência em malha fechada são $-139,442497$, $-8,66908980$, $-2.98947138 \pm 5.18276847j$ *e* $-0,0473005940$, *e os zeros da função de transferência em malha fechada são* $-7,68958983$ *e* $-0,04696847$.

Observamos que os polos da função de transferência em malha fechada encontram-se perto do eixo imaginário; portanto, o esforço de controle pode ter uma média amplitude.

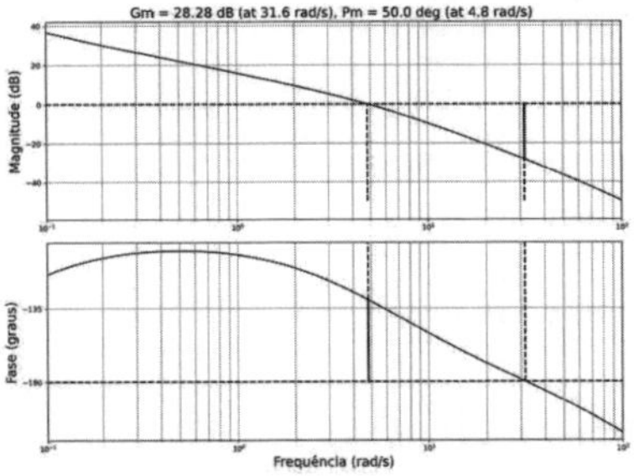

(a) Diagrama de Bode do sistema compensado.

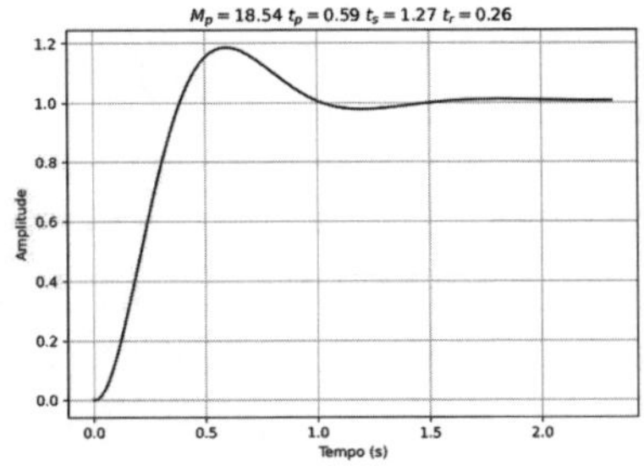

(b) Resposta ao degrau unitário do sistema compensado.

Figura 4.103: Diagrama de Bode e resposta ao degrau do sistema compensado.

Na Figura 4.104a, é possível observar que, no sistema sem compensação, o pico de ressonância é $M_r^s = 0,22$ *dB, a frequência de ressonância é* $\omega_r^s = 1,4$ *rad/s e a largura de banda é* $BW^s = 3,25$ *rad/s, enquanto no sistema compensado, o pico de ressonância é* $M_r^c = 1,54$ *dB, a frequência de ressonância é* $\omega_r^c = 4,35$ *rad/s e a largura de banda é* $BW^c = 7,87$ *rad/s. Percebe-se um aumento na banda passante do sistema (Figura 4.104a).*

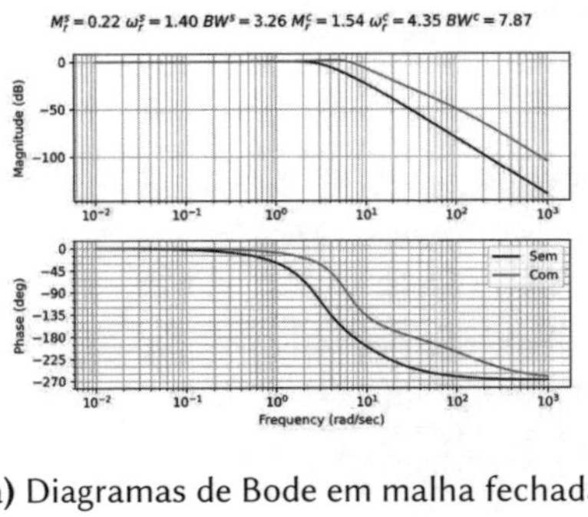

(a) Diagramas de Bode em malha fechada.

(b) Resposta à rampa do sistema compensado.

Figura 4.104: Diagramas de Bode em malha fechada e resposta à rampa unitária do sistema compensado.

O código em Python para o Exemplo 4.26 é mostrado na Listagem . O código quando executado mostra as simulações do sistema sujeito a uma entrada onda quadrada e onda triangular, bem como os respectivos esforços de controle: o esforço de controle para onda quadrada apresenta instantes de média magnitude, devido às mudanças abruptas em um pequeno instante de tempo na onda, enquanto o esforço de controle é de baixa magnitude, devido às mudanças mais suaves. Na resposta a uma entrada de onda triangular, é possível observar o erro de estado estacionário é aproximadamente $0,01$*, pois esse erro somente é atingido quando* $t \longrightarrow \infty$.

Exemplo 4.27. *Considere o mesmo problema do Exemplo 4.24. É desejável que o sistema apresente um erro pequeno para entrada rampa, tal que* $K_v = 10\ s^{-1}$. *Deseja-se ter um máximo sobressinal de no máximo* 10% *e um tempo de pico menor que* $0,6$ *s. Projete um compensador por atraso-avanço utilizando o método analítico.*

Solução 4.27. *As especificações de projeto são:*

- *Erro estacionário para entrada rampa unitária inferior a* $0,1$ *s ou* $K_v = 10\ s^{-1}$.
- *Máximo sobressinal menor ou igual a* 10%*, o que equivale a uma margem de fase desejada de pelo menos* $60°$ *ou um coeficiente de amortecimento de* $0,6$.

O projeto e a simulação deste Exemplo são realizados utilizando o Python.

Escolhe-se arbitrariamente o valor de margem de fase que o compensador por atraso deverá atingir: $MF^{AT} = 30°$.

O comportamento do sistema sem compensação nem ganho ajustado é mostrado na Figura 4.93a, na qual é ilustrado o diagrama de Bode e observa-se que MF=$89,96°$, $\omega_{cg} = 0,004$ *rad/s, MG=* $79,2$ *dB e* $\omega_{cf} = 15,49$ *rad/s. Na Figura 4.93b, observa-se a resposta a um degrau unitário e verifica-se que o sistema é estável, mas oscilatório, com* $M_p = 0,0\%$*, tempo de pico indeterminado e* $t_s = 938,79$ *s. Na Figura 4.94, é mostrada a resposta à rampa do sistema e observa-se um erro de estado estacionário de* 19 *unidades.*

Projeto da porção de atraso de fase

1. *Suponhamos o seguinte compensador por atraso-avanço de fase:*

$$G_c(s) = K_1 \left(\frac{n_2 s + 1}{d_2 s + 1}\right) \left(\frac{n_1 s + 1}{n_1 s + 1}\right)$$

A função de transferência da porção de atraso de fase é:

$$G_c^{AT}(s) = \frac{n_2 s + 1}{d_2 s + 1}$$

A função de transferência em malha aberta do sistema compensado é:

$$\begin{aligned} G_c(s)G(s) &= K_1\left(\frac{n_2 s+1}{d_2 s+1}\right)\left(\frac{n_1 s+1}{n_1 s+1}\right)G(s) \\ &= K_1 G(s) \quad \textit{onde} \quad G_1(s) = K_1 G(s) \end{aligned}$$

2. *O primeiro passo consiste em determinar o valor de K_1, de modo a atender à especificação do erro estacionário:*

$$\begin{aligned} K_v &= \lim_{s\to 0} sG_c(s)G(s) = \lim_{s\to 0} s\left(\frac{n_2 s+1}{d_2 s+1}\right)\left(\frac{n_1 s+1}{n_1 s+1}\right)G_1(s) \\ & \textit{como } s \to 0 \quad e \quad G_1(s) = K_1\, G(s) \\ &= \lim_{s\to 0} s\, G_1(s) = \lim_{s\to 0} s\, K_1\, G(s) \\ &= \lim_{s\to 0} \not{s}\, \frac{K_1}{\not{s}(s+8)(s+30)} \\ &= \frac{K_1}{240} = 10 \end{aligned}$$

Assim:

$$K_1 = 2400.$$

Lembrando a definição de erro de estado estacionário para uma entrada rampa:

$$e_{ss} = e(\infty) = \lim_{s\to 0}\left(\frac{1}{s\, G_c(s)\, G_1(s)}\right) = \frac{1}{K_v}$$

3. *Com o valor de ganho $K_1 = 2400$, traçamos o diagrama de Bode do sistema com ganho ajustado mas não compensado $G_1(s) = K_1 G(s)$:*

$$G_1(s) = K_1 G(j\omega) = \frac{2400}{j\omega(j\omega+8)(j\omega+30)}.$$

Do diagrama de Bode (Figura 4.89a), observamos que MF= $-40,45^\circ$ ocorre na frequência de cruzamento de ganho $\omega_{cg} = 15,93$ rad/s e que MG= $-16,48$ dB ocorre na frequência de cruzamento de fase $\omega_{cf} = 7,07$ rad/s.

Na Figura 4.89b, é mostrada a simulação da resposta ao degrau unitário e observamos que o sistema ficou instável.

4. *Para a porção de atraso de fase escolhemos uma margem de fase de* $35°$. *Da equação 4.29, obtemos:*

$$\underline{/G_1(j\omega)} > -180° + MF_d = -180° + 35° = -145°$$

Da Tabela 4.16, observamos que ω_1 *deve ser menor que* $7,12$ *rad/s e, da Equação 4.31, obtemos:*

$$|G_1(j\omega_1)| > 1$$

Verifica-se que ω_1 *deve ser menor do que aproximadamente:*

$$\omega_1 < 7,21 \ rad/s$$

Escolhemos $\omega_1 = 7,02$ *rad/s e, da Tabela 4.16, observamos que:*

$$G_1(j\omega_1) = 1,0426\underline{/-144,4372°}$$

De onde

$$|G(j\omega_1)| = 1,0426, \ \textit{satisfaz a restrição } 4.30$$
$$\underline{/G(j\omega_1)} = -144,4372°$$

Da Equação 4.29:

$$\begin{aligned} \theta = \underline{/G_c(j\omega_1)} &= -180° + \phi_m - \underline{/G_1(j\omega_1)} \\ &= -180° + 35° + 144,4372° = -0,5628° \end{aligned}$$

$\cos(\theta) = 0,9999$ *e* $\text{sen}(\theta) = -0,009823$ *e das Equações 4.16 e 4.17:*

$$n_2 = \frac{1 - |G(j\omega_1)| \cos(\theta)}{\omega_1 |G(j\omega_1)| \ \text{sen}(\theta)} = 0,59185$$
$$d_2 = \frac{\cos(\theta) - |G(j\omega_1)|}{\omega_1 \ \text{sen}(\theta)} = \frac{(0,9999) - (1,0426)}{(7,02)((-0,009823)} = 0,61849$$

Assim, a função de transferência do compensador fica:

$$G_c(s) = 2400\frac{0,59185s + 1}{0,61849s + 1}$$

Na Figura 4.105a, observamos o diagrama de Bode do sistema compensado em malha aberta, na qual MG=$11,87$ *dB,* $\omega_{cf} = 15,4$ *rad/s, MF=*$35,0°$ *e* $\omega_{cg} = 7,02$ *rad/s. Na Figura 4.105b, observamos que* $M_p = 35,81\%$, $t_p = 0,428$ *s e* $t_s = 1,378$ *s.*

Tabela 4.20: Resposta em frequência para o Exemplo 4.27.

ω [rad/s]	Amplitude	Amplitude [dB]	Fase [°]
4.55	1.8168	5.1860	-129.0628
4.56	1.8117	5.1616	-129.1342
4.57	1.8066	5.1373	-129.2055
4.58	1.8016	5.1131	-129.2768
4.59	1.7966	5.0888	-129.3480
4.60	1.7916	5.0647	-129.4192
4.61	1.7866	5.0405	-129.4903
4.62	1.7816	5.0164	-129.5613
4.63	1.7767	4.9923	-129.6323
4.64	1.7718	4.9682	-129.7033
4.65	1.7669	4.9442	-129.7742
4.66	1.7620	4.9202	-129.8450
4.67	1.7572	4.8963	-129.9158
4.68	1.7523	4.8724	-129.9865
4.69	1.7475	4.8485	-130.0571
4.70	1.7427	4.8247	-130.1277
4.71	1.7380	4.8009	-130.1983
4.72	1.7332	4.7771	-130.2688
4.73	1.7285	4.7533	-130.3392
4.74	1.7238	4.7296	-130.4096
4.75	1.7191	4.7060	-130.4799
6.90	1.0259	0.2222	-144.3021
6.91	1.0237	0.2036	-144.3605
6.92	1.0215	0.1850	-144.4189
6.93	1.0193	0.1664	-144.4772
6.94	1.0172	0.1478	-144.5355
6.95	1.0150	0.1292	-144.5938
6.96	1.0128	0.1106	-144.6520
6.97	1.0107	0.0921	-144.7101
6.98	1.0085	0.0736	-144.7682
6.99	1.0064	0.0551	-144.8262
7.00	1.0042	0.0366	-144.8842
7.01	1.0021	0.0181	-144.9421
7.02	1.0000	-0.0004	-145.0000
7.03	0.9978	-0.0188	-145.0578
7.04	0.9957	-0.0372	-145.1156
7.05	0.9936	-0.0556	-145.1733
7.06	0.9915	-0.0740	-145.2310
7.07	0.9894	-0.0924	-145.2886
7.08	0.9873	-0.1108	-145.3462
7.09	0.9852	-0.1291	-145.4037
7.10	0.9832	-0.1475	-145.4612
7.60	0.8867	-1.0448	-148.2709
7.61	0.8849	-1.0624	-148.3259
7.62	0.8831	-1.0800	-148.3808
7.63	0.8813	-1.0975	-148.4356
7.64	0.8795	-1.1151	-148.4904
7.65	0.8778	-1.1326	-148.5452
7.66	0.8760	-1.1501	-148.5999
7.67	0.8742	-1.1676	-148.6545
7.68	0.8725	-1.1850	-148.7091
7.69	0.8707	-1.2025	-148.7637
7.70	0.8690	-1.2200	-148.8182
7.71	0.8672	-1.2374	-148.8726
7.72	0.8655	-1.2548	-148.9270
7.73	0.8638	-1.2722	-148.9814
7.74	0.8620	-1.2896	-149.0357
7.75	0.8603	-1.3070	-149.0900
7.76	0.8586	-1.3244	-149.1442
7.77	0.8569	-1.3417	-149.1984
7.78	0.8552	-1.3591	-149.2525
7.79	0.8535	-1.3764	-149.3066
7.80	0.8518	-1.3937	-149.3606
7.81	0.8501	-1.4110	-149.4146
7.82	0.8484	-1.4283	-149.4685
7.83	0.8467	-1.4456	-149.5224
7.84	0.8450	-1.4628	-149.5763
7.85	0.8433	-1.4801	-149.6301
7.86	0.8417	-1.4973	-149.6838
7.87	0.8400	-1.5146	-149.7375
7.88	0.8383	-1.5318	-149.7912
7.89	0.8367	-1.5490	-149.8448
7.90	0.8350	-1.5661	-149.8983

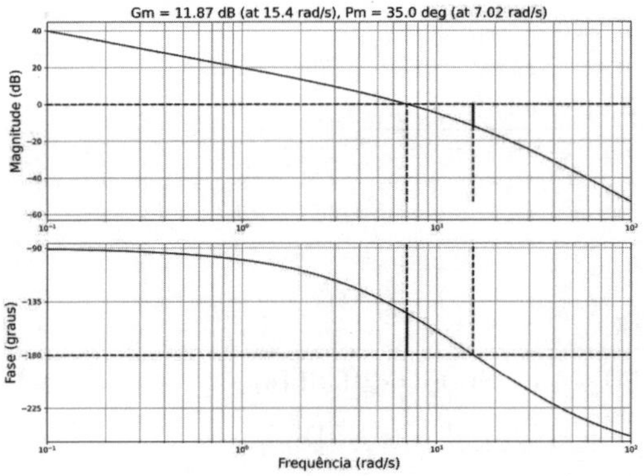

(a) Diagrama de Bode do sistema compensado.

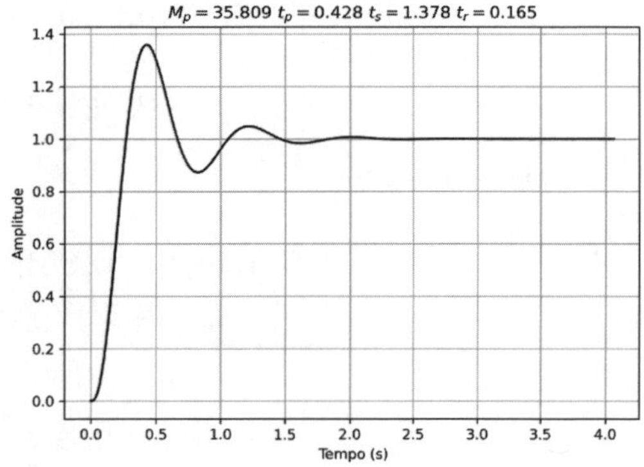

(b) Resposta ao degrau unitário do sistema compensado.

Figura 4.105: Diagrama de Bode e resposta ao degrau do sistema compensado.

Projeto da porção de avanço de fase

5. *Deseja-se uma* MF_d *de* $50°$ *e as condições para o projeto do compensador por avanço de fase são:*

$$\theta = -180° + MF_d - \underline{/G_1(j\omega_1)} > 0°$$

isto é, a escolha de ω_1 *deve satisfazer a condição de fase:*

$$\underline{/G_1(j\omega_1)} < -180° + MF_d = -130°$$

Isso ocorre para frequências ω_1*:*

$$\omega_1 > 4,69 \textit{ rad/s}$$

6. *Da Tabela 4.20, deve-se escolher* ω_1 *para satisfazer a condição de ganho:*

$$|G_1(j\omega_1)| < 1$$

Isso ocorre para:

$$\omega_1 > 7,02 \textit{ rad/s}$$

7. *Desde que* $\text{sen}(\theta) > 0$ *para o compensador por avanço e, das Equações 4.16 e 4.17, obtém-se:*

$$\cos(\theta) > |G_1(j\omega_1)|$$

Após algumas tentativas para verificar essa última relação, obtém-se que:

$$\omega_1 \geq 7,74 \textit{ rad/s}$$

Consideramos $\omega_1 = 7,80$ *rad/s, assim:*

$$G_1(j\omega_1) = 0,8518\underline{/-149,3606^\circ}$$

Dessa maneira:

$$\begin{aligned}
|G_1(j\omega_1)| &= 0,8518 \\
\underline{/G_1(j\omega_1)} &= -149,3606^\circ \\
\theta &= -180^\circ + 60 + 149,3606 = 29,3606^\circ \\
\cos(\theta) &= 0,87155 > |G_1(j\omega_1)| = 0,8518
\end{aligned}$$

Satisfeitas todas essas condições, obtém-se:

$$\begin{aligned}
n_1 &= \frac{1 - 0,8518 \times \cos(\theta)}{0,98 \times 0,8518 \times \text{sen}(theta)} = 0,07908 \\
d_1 &= \frac{\cos(\theta) - 0,8518}{0,98 \times \text{sen}(theta)} = 0,005164
\end{aligned}$$

Então, a função de transferência do compensador é:

$$G_c(s) = 2400\frac{0,07908s + 1}{0,005164s + 1}$$

A função de transferência do compensador por atraso-avanço de fase é:

$$G_c(s) = G_c^{at}(s)\,G_c^{av}(s) = 2400\underbrace{\left(\frac{0,59185s + 1}{0,61849s + 1}\right)}_{Atraso}\underbrace{\left(\frac{0,07908s + 1}{0,005164s + 1}\right)}_{Avanço}$$

Na Figura 4.106a, observamos o diagrama de Bode do sistema compensado por atraso-avanço de fase em malha aberta, na qual MG=$29,58$ *dB,* $\omega_{cf} = 59,1$ *rad/s, MF=*$60,0^\circ$ *e* $\omega_{cg} = 7,8$ *rad/s. Na Figura 4.106b, observamos que* $M_p = 9,4\%$*,* $t_p = 0,37$ *s e* $t_s = 0,6$ *s. Na Figura 4.107b, observamos que o erro de regime estacionário tende a* $0,1$ *quando o tempo tende a infinito.*

Comparando o sistema original sem nenhuma compensação e o sistema compensado, observamos que o sistema original é estável, pois MF= $89,96^\circ$ *e MG=* $79,2$ *dB. O sistema sem compensação nem ganho ajustado tem um tempo de assentamento de* $938,42$ *s e o sistema compensado por atraso-avanço de fase tem um tempo de assentamento de* $0,6$ *s, ou seja, o sistema estabiliza em um tempo menor. A margem de fase do sistema teve uma pequena mudança de* $89,96^\circ$ *para* $60,0^\circ$ *e a frequência de cruzamento de ganho aumentou consideravelmente de* $0,004$ *rad/s para* $7,8$ *rad/s, ou seja, o sistema estabiliza mais rapidamente. O erro em regime estacionário a uma entrada rampa melhora consideravelmente, pois o erro em estado estacionário do sistema original é* 19 *e do sistema compensado é* $0,1$.

Os polos da função de transferência em malha fechada são $-194,69668864$, $-23,88265526$, $-3,61975554$, $-6,48129652 \pm 7,27313705j$ *e* $-1,70257231$, *e os zeros da função de transferência em malha fechada são* -12.64535058 *e* -1.68959563.

Observamos que um polo da função de transferência em malha fechada encontra-se perto do eixo imaginário; portanto, o esforço de controle pode ter uma alta amplitude.

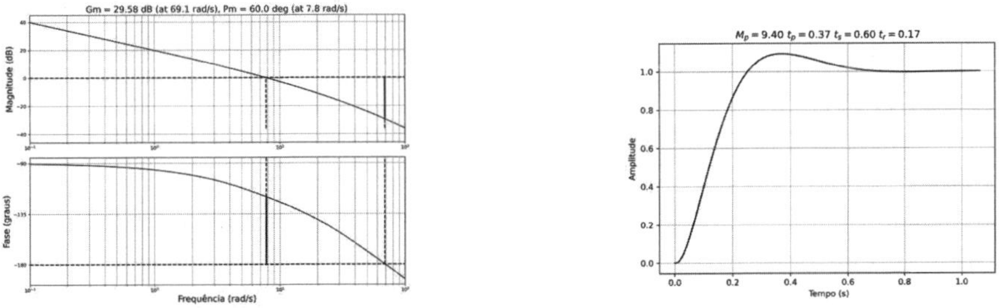

(a) Diagrama de Bode do sistema compensado. **(b)** Resposta ao degrau unitário do sistema compensado.

Figura 4.106: Diagrama de Bode e resposta ao degrau do sistema compensado.

Na Figura 4.107a, é possível observar que, no sistema com ganho ajustado e sem compensação, o pico de ressonância é $M_r^s = 4,53$ *dB, a frequência de ressonância é* $\omega_r^s = 7,47$ *rad/s e a largura de banda é* $BW^s = 11,84$ *rad/s, enquanto no sistema compensado o pico de ressonância é* $M_r^c = 0,47$ *dB, a frequência de ressonância é* $\omega_r^c = 5,27$ *rad/s e a largura de banda é* $BW^c = 12,18$ *rad/s. Percebe-se um aumento na banda passante do sistema (Figura 4.107a).*

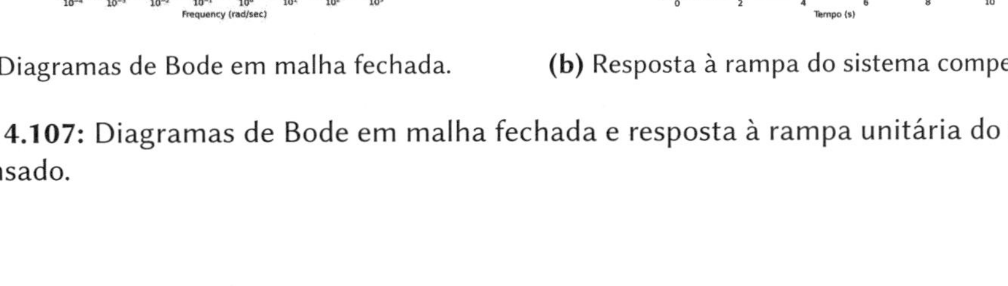

(a) Diagramas de Bode em malha fechada. **(b)** Resposta à rampa do sistema compensado.

Figura 4.107: Diagramas de Bode em malha fechada e resposta à rampa unitária do sistema compensado.

O código em Python para o Exemplo 4.27 é mostrado na Listagem . O código quando executado mostra as simulações do sistema sujeito a uma entrada onda quadrada e onda triangular, bem como os respectivos esforços de controle: o esforço de controle para onda quadrada apresenta instantes de média magnitude, devido às mudanças abruptas em um pequeno instante de tempo na onda, enquanto o esforço de controle é de baixa magnitude, devido às mudanças mais suaves. Na resposta a uma entrada de onda triangular, é possível observar que o erro de estado estacionário é =aproximadamente $0,1$, *pois esse erro somente é atingido quando* $t \longrightarrow \infty$.

4.4.3 Procedimento de projeto compensador por atraso-avanço de fase: método Ogata

Em (Ogata & Severo, 2008), foi descrito um procedimento de projeto para compensadores por atraso-avanço de fase. Esse procedimento é desenvolvido e mostrado a seguir para melhor entendimento:

1. A margem de fase desejada para o sistema é $\mathrm{MF}_{\mathrm{desejada}}$. O compensador por atraso-avanço de fase é:

$$G_c(s) = K_1\left(\frac{T_2 s + 1}{\beta T_2 s + 1}\right)\left(\frac{T_1 s + 1}{\frac{T_1}{\beta} s + 1}\right) \quad \text{e} \quad \beta > 1$$

O sistema compensado é:

$$\begin{aligned} G_c(s)G(s) &= K_1\left(\frac{T_2 s + 1}{\beta T_2 s + 1}\right)\left(\frac{T_1 s + 1}{\frac{T_1}{\beta} s + 1}\right)G(s) \\ &= \left(\frac{T_2 s + 1}{\beta T_2 s + 1}\right)\left(\frac{T_1 s + 1}{\frac{T_1}{\beta} s + 1}\right)G_1(s) \end{aligned}$$

Onde $G_1(s) = K_1 G(s)$.

2. Utilizando o ganho K_1 assim determinado, construímos o diagrama de Bode de $G_1(j\omega)$, o sistema com ganho ajustado, mas não compensado.

3. Avaliamos a frequência de cruzamento de fase, ω_{cf}, na qual a fase cruza $-180°$. Nessa frequência, a margem de fase é nula.

4. A frequência anterior é a nova frequência de cruzamento de ganho, ω_{cg}, para o sistema com ganho ajustado e compensado, isto é:

$$\omega_{cg} = \omega_{cf}$$

5. O frequência de canto do zero da porção de atraso é escolhida como uma década abaixo da nova frequência de cruzamento de ganho, isto é:

$$\omega_z^{AT} = \frac{\omega_{cg}}{10} = \frac{1}{T_2} \Rightarrow T_2 = \frac{10}{\omega_{cg}}$$

6. Para determinar a frequência de canto do polo da porção de atraso:

$$\omega_p^{AT} = \frac{1}{\beta T_2} \Rightarrow \beta T_2 = \frac{1}{\omega_p^{AT}}$$

É necessário determinar o valor de β.

7. O valor de β é determinado da porção de avanço de fase. Como a margem de fase do sistema com ganho ajustado mas não compensado é nulo, então a contribuição angular da porção de avanço é $\mathrm{MF}_{\text{desejada}}$, isto é:

$$\phi_m = \mathrm{MF}_{\text{desejada}} + 5^\circ$$

E o valor β é determinado como:

$$\beta = \frac{1 + \operatorname{sen}(\phi_m)}{1 - \operatorname{sen}(\phi_m)}.$$

8. Na nova ω_{cg}, avaliamos o módulo de:

$$|G_1(j\omega_{cg})|_{\text{dB}} \quad \text{em decibéis}$$

9. Com a nova ω_{cg} e o módulo $|G_1(j\omega_{cg})|_{\text{dB}}$, obtemos a Figura 4.108.

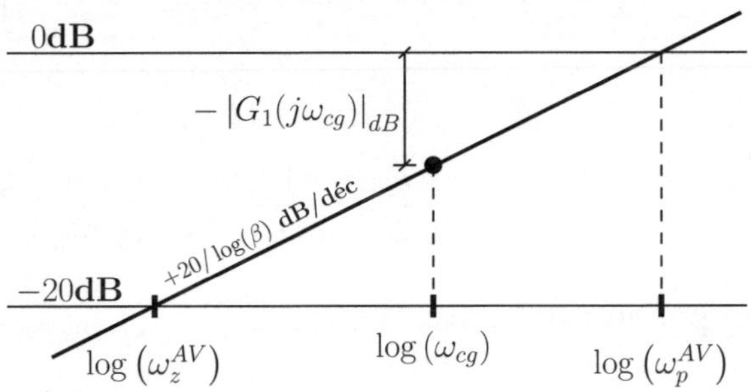

Figura 4.108: Diagrama para o projeto do compensador por atraso-avanço de fase pelo método Ogata.

Da Figura 4.108, obtemos a frequência de canto do zero da porção de avanço:

$$\frac{-\left|G_1\left(j\omega_{cg}\right)\right|_{dB}-(-20)}{\log(\omega_{cg})-\log(\omega_z^{AV})}=\frac{20}{\log(\beta)}$$

Assim:

$$\log(\omega_z^{AV})=\log\left(\omega_{cg}\right)+\log(\beta)\frac{\left|G_1\left(j\omega_{cg}\right)\right|_{dB}}{20}-\log(\beta)$$

Obtém-se:

$$\omega_z^{AV}=10^{\left(\log\left(\omega_{cg}\right)+\log(\beta)\frac{\left|G_1\left(j\omega_{cg}\right)\right|_{dB}}{20}-\log(\beta)\right)}=\frac{1}{T_1}$$

Dessa maneira:

$$T_1=\frac{1}{\omega_z^{AV}}$$

Da Figura 4.108, obtemos a frequência de canto do polo da porção de avanço:

$$\frac{0-\left(-\left|G_1\left(j\omega_{cg}\right)\right)\right|_{dB}}{\log(\omega_p^{AV})-\log(\omega_{cg})}=\frac{20}{\log(\beta)}$$

Assim:

$$\log(\omega_p^{AV})=\log\left(\omega_{cg}\right)+\log(\beta)\frac{\left|G_1\left(j\omega_{cg}\right)\right|_{dB}}{20}$$

Obtém-se:

$$\omega_p^{AV}=10^{\left(\log\left(\omega_{cg}\right)+\log(\beta)\frac{\left|G_1\left(j\omega_{cg}\right)\right|_{dB}}{20}\right)}=\frac{1}{\frac{T_1}{\beta}}$$

Dessa maneira:

$$\frac{T_1}{\beta}=\frac{1}{\omega_p^{AV}}$$

10. O compensador por atraso-avanço fica:

$$G_c(s)=K_1\left(\frac{T_2s+1}{\beta T_2s+1}\right)\left(\frac{T_1s+1}{\frac{T_1}{\beta}s+1}\right)$$

***Exemplo* 4.28.** *Consideremos o sistema cuja função de transferência em malha aberta é:*

$$G(s) = \frac{1}{s(s+1)(s+2)}$$

Desejamos compensar o sistema de modo que a constante de erro estático de velocidade K_v *seja* $10\ s^{-1}$, *a margem de fase seja pelo menos* $50°$ *e a margem de ganho seja pelo menos* 10 *dB. Projete um compensador por atraso-avanço de fase utilizando o método Ogata.*

***Solução* 4.28.** *As especificações de projeto são:*

- *Erro estacionário para entrada rampa unitária inferior a* $0,1$ *s ou* $K_v = 10\ s^{-1}$.
- *Margem de fase desejada para o sistema de pelo menos* $50°$.
- *Margem de ganho de pelo menos* 10 *dB.*

O projeto e a simulação deste Exemplo são realizados utilizando o Python.

O comportamento do sistema sem compensação nem ganho ajustado é mostrado na Figura 4.81a, na qual é ilustrado o diagrama de Bode e observa-se que MF=$53,41°$, $\omega_{cg} = 0,45$ *rad/s, MG=* $15,56$ *dB e* $\omega_{cf} = 1,41$ *rad/s. Na Figura 4.81b observa-se a resposta a um degrau unitário e verifica-se que o sistema é estável, mas oscilatório, com* $M_p = 14,46\%$, $t_p = 6,08$ *s e* $t_s = 12,36$ *s. Na Figura 4.82, é mostrada a resposta à rampa do sistema e observa-se um erro de estado estacionário de* 2 *unidades.*

1. *Suponhamos o seguinte compensador por atraso-avanço de fase:*

$$G_c(s) = K_1 \underbrace{\left(\frac{T_2 s + 1}{\beta T_2 s + 1}\right)}_{Atraso} \underbrace{\left(\frac{T_1 s + 1}{\frac{T_1}{\beta} s + 1}\right)}_{Avanço} \quad e \quad \beta > 1$$

Definimos $K_c \alpha \beta = K_1$. *A função de transferência da porção de atraso de fase é:*

$$G_c^{AT}(s) = \frac{T_2 s + 1}{\beta T_2 s + 1} \text{ com } \beta > 1$$

A função de transferência em malha aberta do sistema compensado é:

$$G_c(s)G(s) = K_1 \left(\frac{T_1 s + 1}{\dfrac{T_1}{\beta} s + 1} \right) \left(\frac{T_2 s + 1}{\beta T_2 s + 1} \right) G(s)$$

$$= \left(\frac{T_1 s + 1}{\dfrac{T_1}{\beta} s + 1} \right) \left(\frac{T_2 s + 1}{\beta T_2 s + 1} \right) G_1(s) \quad onde \quad G_1(s) = K_1 G(s)$$

2. *O primeiro passo consiste em determinar o valor de K_1, de modo a atender à especificação do erro estacionário:*

$$K_v = \lim_{s\to 0} sG_c(s)G(s) = \lim_{s\to 0} s \left(\frac{T_1 s + 1}{\alpha T_1 s + 1} \right) \left(\frac{T_2 s + 1}{\beta T_2 s + 1} \right) G_1(s)$$

$$como\ s \to 0 \quad e \quad G_1(s) = K_1\, G(s)$$

$$= \lim_{s\to 0} s\, G_1(s) = \lim_{s\to 0} s\, K_1\, G(s)$$

$$= \lim_{s\to 0} \not{s} \frac{K_1}{\not{s}(s+1)(s+2)}$$

$$= \frac{K_1}{2} = 10$$

Assim:

$$K_1 = 20.$$

Lembrando a definição de erro de estado estacionário para uma entrada rampa:

$$e_{ss} = e(\infty) = \lim_{s\to 0} \left(\frac{1}{s\, G_c(s)\, G_1(s)} \right) = \frac{1}{K_v}$$

3. *Com o valor de ganho $K_1 = 20$, traçamos o diagrama de Bode do sistema com ganho ajustado mas não compensado $G_1(s) = K_1 G(s)$:*

$$G_1(s) = K_1 G(j\omega) = \frac{20}{j\omega(j\omega+1)(j\omega+2)}.$$

Do diagrama de Bode (Figura 4.83a), observamos que MF= $-28,08°$ ocorre na frequência de cruzamento de ganho $\omega_{cg} = 2,43$ rad/s e que MG= $-10,46$ dB ocorre na frequência de cruzamento de fase $\omega_{cf} = 1,41$ rad/s.

Na Figura 4.83b, é mostrada a simulação da resposta ao degrau unitário e observamos que o sistema ficou instável.

4. *Avaliamos a frequência de cruzamento de fase* $\omega_{cf} = 1,41$ *rad/s, na qual a fase cruza* $-180°$. *Nessa frequência, a margem de fase deve ser nula.*

5. *A frequência anterior é a nova frequência de cruzamento de ganho,* ω_{cg}, *para o sistema com ganho ajustado e compensado, isto é:*

$$\omega_{cg} = \omega_{cf} = 1,41 \; rad/s$$

6. *O frequência de canto do zero da porção de atraso é escolhida como uma década abaixo da nova frequência de cruzamento de ganho, isto é:*

$$\omega_z^{AT} = \frac{\omega_{cg}}{10} = \frac{1}{T_2} \Rightarrow T_2 = \frac{10}{\omega_{cg}} = \frac{10}{1,41} = 7,071068$$

7. *Para determinar a frequência de canto do polo da porção de atraso:*

$$\omega_p^{AT} = \frac{1}{\beta T_2} \Rightarrow \beta T_2 = \frac{1}{\omega_p^{AT}}$$

É necessário determinar o valor de β.

8. *O valor de* β *é determinado da porção de avanço de fase. Como a margem de fase do sistema com ganho ajustado mas não compensado deve ser nula, então a contribuição angular da porção de avanço é* $\mathrm{MF}_{\text{desejada}}$, *isto é:*

$$\phi_m = \mathrm{MF}_{\text{desejada}} + 6° = 50° + 6° = 56°$$

E o valor β *é determinado como:*

$$\beta = \frac{1 + \operatorname{sen}(\phi_m)}{1 - \operatorname{sen}(\phi_m)} = 10,69847$$

9. *Na nova* ω_{cg}, *avaliamos o módulo de:*

$$\left|G_1\left(j\omega_{cg}\right)\right|_{\text{dB}} = 10,45757 \; dB$$

10. *Da Figura 4.108, obtemos a frequência de canto do zero da porção de avanço:*

$$\frac{-\left|G_1\left(j\omega_{cg}\right)\right|_{dB} - (-20)}{\log(\omega_{cg}) - \log(\omega_z^{AV})} = \frac{20}{\log(\beta)}$$

Assim:

$$\log(\omega_z^{AV}) = \log\left(\omega_{cg}\right) + \log(\beta)\frac{\left|G_1\left(j\omega_{cg}\right)\right|_{dB}}{20} - \log(\beta)$$

Obtém-se:

$$\omega_z^{AV} = 10^{\left(\log(\omega_{cg})+\log(\beta)\frac{|G_1(j\omega_{cg})|_{dB}}{20}-\log(\beta)\right)} = \frac{1}{T_1} = 0,456461 \; rad/s$$

Dessa maneira:

$$T_1 = \frac{1}{\omega_z^{AV}} = 2,1907679$$

11. *Da Figura 4.108, obtemos a frequência de canto do polo da porção de avanço:*

$$\frac{0-\left(-\left|G_1\left(j\omega_{cg}\right)\right|_{dB}\right)}{\log(\omega_p^{AV})-\log(\omega_{cg})} = \frac{20}{\log(\beta)}$$

Assim:

$$\log(\omega_p^{AV}) = \log\left(\omega_{cg}\right)+\log(\beta)\frac{\left|G_1\left(j\omega_{cg}\right)\right|_{dB}}{20}$$

Obtém-se:

$$\omega_p^{AV} = 10^{\left(\log(\omega_{cg})+\log(\beta)\frac{|G_1(j\omega_{cg})|_{dB}}{20}\right)} = \frac{1}{\frac{T_1}{\beta}} = 4,883436 \; rad/s$$

Dessa maneira:

$$\frac{T_1}{\beta} = \frac{1}{\omega_p^{AV}} = 0,204773$$

12. *O compensador por atraso-avanço fica:*

$$\begin{aligned} G_c(s) &= K_1\left(\frac{T_2 s+1}{\beta T_2 s+1}\right)\left(\frac{T_1 s+1}{\frac{T_1}{\beta}s+1}\right) \\ &= K_1\left(\frac{7,071067\,s+1}{75,649655\,s+1}\right)\left(\frac{2,190768\,s+1}{0,204774\,s+1}\right) \end{aligned}$$

Na Figura 4.109a, observamos o diagrama de Bode do sistema compensado por atraso-avanço de fase em malha aberta, na qual MG=$12,97$ dB, $\omega_{cf} = 3,53$ rad/s, MF=$51,63°$ e $\omega_{cg} = 1,39$ rad/s. Na Figura 4.109b, observamos que $M_p = 17,15\%$, $t_p = 2,0$ s e $t_s = 15,9$ s. Na Figura 4.110b, observamos que o erro de regime estacionário tende a $0,05$ quando o tempo tende a infinito.

Comparando o sistema original sem nenhuma compensação e o sistema compensado, observamos que o sistema original é estável, pois a MF= $53,41°$ *e MG=* $15,56$ *dB. O sistema sem compensação nem ganho ajustado tem um tempo de assentamento de* $12,36$ *s e o sistema compensado por atraso-avanço de fase tem um tempo de assentamento de* $15,9$ *s, ou seja o sistema estabiliza em um tempo maior. A margem de fase do sistema teve uma pequena mudança de* $53,41°$ *para* $51,63°$ *e a frequência de cruzamento de ganho aumentou consideravelmente de* $0,45$ *rad/s para* $1,39$ *rad/s, ou seja, o sistema estabiliza mais rapidamente. O erro em regime estacionário a uma entrada rampa melhora consideravelmente pois o erro em estado estacionário do sistema original é de* 2 *e do sistema compensado é* $0,05$*.*

Os polos da função de transferência em malha fechada são $-5,84948713$, $-0,77844454 \pm 1,83156229j$, $-0,31121451$ *e* $-0.,17906487$*, e os zeros da função de transferência em malha fechada são* $-0,45646094$ *e* $-0,14142136$*.*

Observamos que os polos da função de transferência em malha fechada encontram-se perto do eixo imaginário; portanto, o esforço de controle pode ter uma amplitude média.

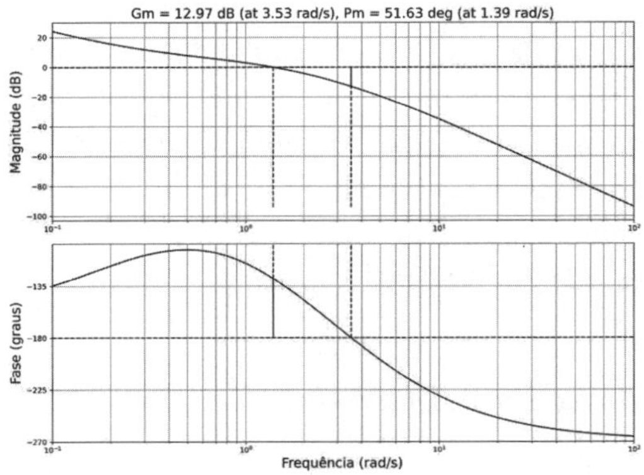

(a) Diagrama de Bode do sistema compensado.

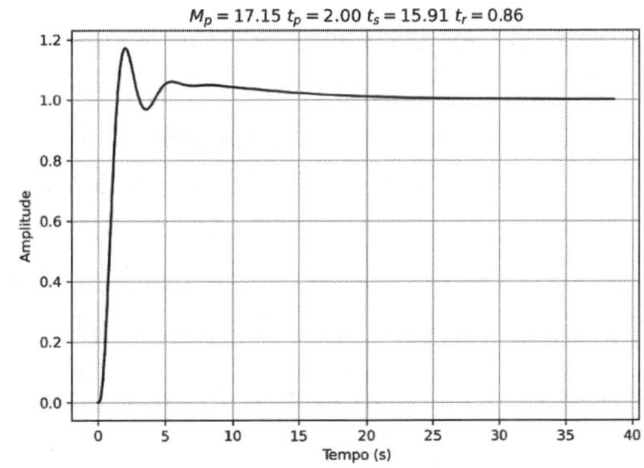

(b) Resposta ao degrau unitário do sistema compensado.

Figura 4.109: Diagrama de Bode e resposta ao degrau do sistema compensado.

Na Figura 4.110a, é possível observar que, no sistema sem compensação, o pico de ressonância é $M_r^s = 0,93$ *dB, a frequência de ressonância é* $\omega_r^s = 0,44$ *rad/s e a largura de banda é* $BW^s = 0,79$ *rad/s, enquanto no sistema compensado, o pico de ressonância é* $M_r^c = 1,4$ *dB, a frequência de ressonância é* $\omega_r^c = 1,61$ *rad/s e a largura de banda é* $BW^c = 2,49$ *rad/s. Percebe-se um aumento na banda passante do sistema (Figura 4.110a).*

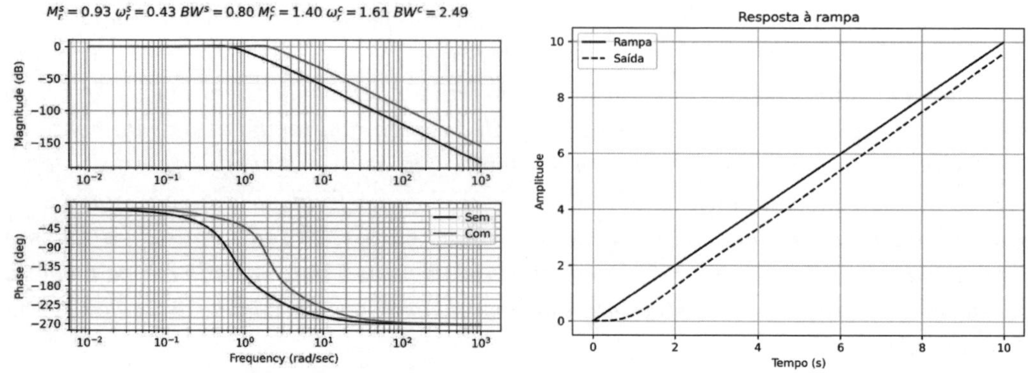

(a) Diagramas de Bode em malha fechada. **(b)** Resposta à rampa do sistema compensado.

Figura 4.110: Diagramas de Bode em malha fechada e resposta à rampa unitária do sistema compensado.

O código em Python para o Exemplo 4.28 é mostrado na Listagem . O código quando executado mostra as simulações do sistema sujeito a uma entrada onda quadrada e onda triangular, bem como os respectivos esforços de controle: o esforço de controle para onda quadrada apresenta instantes de baixa magnitude, devido às mudanças abruptas em um pequeno instante de tempo na onda, enquanto o esforço de controle para onda triangular é de pequena magnitude, devido às mudanças mais suaves. Na resposta a uma entrada de onda triangular, é possível observar o erro de estado estacionário é aproximadamente $0,1$, *pois esse erro somente é atingido quando* $t \longrightarrow \infty$.

***Exemplo* 4.29.** *A dinâmica de um processo químico é representado pela função de transferência:*

$$G(s) = \frac{100}{s(s+5)(s+10)}$$

É desejável que o sistema apresente um erro pequeno para entrada rampa, tal que $K_v = 100$ s^{-1}. *Deseja-se ter uma margem de ganho de* 10 *dB e uma margem de fase de* $50°$. *Projete um compensador atraso-avanço utilizando o método Ogata.*

***Solução* 4.29.** *As especificações de projeto são:*

- *Erro estacionário para entrada rampa unitária inferior a* $0,01$ *s ou* $K_v = 100$ s^{-1}.
- *Margem de fase desejada para o sistema de pelo menos* $50°$.
- *Margem de ganho de pelo menos* 10 *dB.*

O projeto e a simulação deste Exemplo são realizados utilizando o Python.

O comportamento do sistema sem compensação nem ganho ajustado é mostrado na Figura 4.87a, na qual é ilustrado o diagrama de Bode e observa-se que MF=$59,29°$, $\omega_{cg} = 1,85$ *rad/s, MG=* $17,5$ *dB e* $\omega_{cf} = 7,07$ *rad/s. Na Figura 4.87b, observa-se a resposta a um degrau unitário e verifica-se que o sistema é estável, mas oscilatório, com* $M_p = 8,5\%$, $t_p = 1,44$ *s e* $t_s = 2,1$ *s. Na Figura 4.88, é mostrada a resposta à rampa do sistema e observa-se um erro de estado estacionário de* $0,5$ *unidade.*

1. *Suponhamos o seguinte compensador por atraso-avanço de fase:*

$$G_c(s) = K_1 \underbrace{\left(\frac{T_2 s + 1}{\beta T_2 s + 1}\right)}_{Atraso} \underbrace{\left(\frac{T_1 s + 1}{\frac{T_1}{\beta} s + 1}\right)}_{Avanço} \quad e \quad \beta > 1$$

A função de transferência em malha aberta do sistema compensado é:

$$G_c(s)G(s) = K_1 \left(\frac{T_1 s + 1}{\frac{T_1}{\beta} s + 1}\right)\left(\frac{T_2 s + 1}{\beta T_2 s + 1}\right) G(s)$$

$$= \left(\frac{T_1 s + 1}{\frac{T_1}{\beta} s + 1}\right)\left(\frac{T_2 s + 1}{\beta T_2 s + 1}\right) G_1(s) \quad onde \quad G_1(s) = K_1 G(s)$$

2. *O primeiro passo consiste em determinar o valor de* K_1*, de modo a atender à especificação do erro estacionário:*

$$K_v = \lim_{s\to 0} sG_c(s)G(s) = \lim_{s\to 0} s\left(\frac{T_1 s + 1}{\alpha T_1 s + 1}\right)\left(\frac{T_2 s + 1}{\beta T_2 s + 1}\right) G_1(s)$$

$$como\ s \to 0 \quad e \quad G_1(s) = K_1\, G(s)$$

$$= \lim_{s\to 0} s\, G_1(s) = \lim_{s\to 0} s\, K_1\, G(s)$$

$$= \lim_{s\to 0} \not{s} \frac{100K_1}{\not{s}(s+5)(s+10)}$$

$$= 2K_1 = 100$$

Assim:

$$K_1 = 50.$$

Lembrando a definição de erro de estado estacionário para uma entrada rampa:

$$e_{ss} = e(\infty) = \lim_{s\to 0}\left(\frac{1}{s\,G_c(s)\,G_1(s)}\right) = \frac{1}{K_v}$$

3. *Com o valor de ganho $K_1 = 50$, traçar o diagrama de Bode do sistema com ganho ajustado mas não compensado $G_1(s) = K_1G(s)$:*

$$G_1(s) = K_1G(j\omega) = \frac{5000}{j\omega(j\omega+5)(j\omega+10)}.$$

Do diagrama de Bode (Figura 4.89a), observamos que MF= $-40,45^\circ$ ocorre na frequência de cruzamento de ganho $\omega_{cg} = 15,93$ rad/s e que MG= $-16,48$ dB ocorre na frequência de cruzamento de fase $\omega_{cf} = 7,07$ rad/s.

Na Figura 4.89b, é mostrada a simulação da resposta ao degrau unitário e observamos que o sistema ficou instável.

4. *Avaliamos a frequência de cruzamento de fase, $\omega_{cf} = 7,07$ rad/s, na qual a fase cruza -180°. Nessa frequência, a margem de fase deve ser nula.*

5. *A frequência anterior é a nova frequência de cruzamento de ganho ω_{cg} para o sistema com ganho ajustado e compensado, isto é:*

$$\omega_{cg} = \omega_{cf} = 7,07 \text{ rad/s}$$

6. *O frequência de canto do zero da porção de atraso é escolhida como uma década abaixo da nova frequência de cruzamento de ganho, isto é:*

$$\omega_z^{AT} = \frac{\omega_{cg}}{10} = \frac{1}{T_2} \Rightarrow T_2 = \frac{10}{\omega_{cg}} = \frac{10}{1,41} = 1,414214$$

7. *Para determinar a frequência de canto do polo da porção de atraso:*

$$\omega_p^{AT} = \frac{1}{\beta T_2} \Rightarrow \beta T_2 = \frac{1}{\omega_p^{AT}}$$

É necessário determinar o valor de β.

8. *O valor de β é determinado da porção de avanço de fase. Como a margem de fase do sistema com ganho ajustado mas não compensado deve ser nula, então a contribuição angular da porção de avanço é $\mathrm{MF}_{\text{desejada}}$, isto é:*

$$\phi_m = \mathrm{MF}_{\text{desejada}} + 11^\circ = 50^\circ + 11^\circ = 61^\circ$$

E o valor β é determinado como:

$$\beta = \frac{1+\operatorname{sen}(\phi_m)}{1-\operatorname{sen}(\phi_m)} = 10,69847$$

9. *Na nova ω_{cg}, avaliamos o módulo de:*

$$\left|G_1\left(j\omega_{cg}\right)\right|_{\text{dB}} = 14,95147\ dB$$

10. *Da Figura 4.108, obtemos a frequência de canto do zero da porção de avanço:*

$$\frac{-\left|G_1\left(j\omega_{cg}\right)\right|_{dB} - (-20)}{\log(\omega_{cg}) - \log(\omega_z^{AV})} = \frac{20}{\log(\beta)}$$

Assim:

$$\log(\omega_z^{AV}) = \log\left(\omega_{cg}\right) + \log(\beta)\frac{\left|G_1\left(j\omega_{cg}\right)\right|_{dB}}{20} - \log(\beta)$$

Obtém-se:

$$\omega_z^{AV} = 10^{\left(\log\left(\omega_{cg}\right)+\log(\beta)\frac{\left|G_1\left(j\omega_{cg}\right)\right|_{dB}}{20}-\log(\beta)\right)} = \frac{1}{T_1} = 4,391707\ rad/s$$

Dessa maneira:

$$T_1 = \frac{1}{\omega_z^{AV}} = 0,227702$$

11. *Da Figura 4.108, obtemos a frequência de canto do polo da porção de avanço:*

$$\frac{0 - \left(-\left|G_1\left(j\omega_{cg}\right)\right|_{dB}\right)}{\log(\omega_p^{AV}) - \log(\omega_{cg})} = \frac{20}{\log(\beta)}$$

Assim:

$$\log(\omega_p^{AV}) = \log\left(\omega_{cg}\right) + \log(\beta)\frac{\left|G_1\left(j\omega_{cg}\right)\right|_{dB}}{20}$$

Obtém-se:

$$\omega_p^{AV} = 10^{\left(\log\left(\omega_{cg}\right)+\log(\beta)\frac{\left|G_1\left(j\omega_{cg}\right)\right|_{dB}}{20}\right)} = \frac{1}{\frac{T_1}{\beta}} = 65,66248\ rad/s$$

Dessa maneira:

$$\frac{T_1}{\beta} = \frac{1}{\omega_p^{AV}} = 0,0152293$$

12. O compensador por atraso-avanço fica:

$$
\begin{aligned}
G_c(s) &= K_1\left(\frac{T_2 s+1}{\beta T_2 s+1}\right)\left(\frac{T_1 s+1}{\dfrac{T_1}{\beta}s+1}\right)\\
&= K_1\left(\frac{1,414214\,s+1}{21,144572\,s+1}\right)\left(\frac{0,227702\,s+1}{0,0152294\,s+1}\right)
\end{aligned}
$$

Na Figura 4.111a, observamos o diagrama de Bode do sistema compensado por atraso-avanço de fase em malha aberta, na qual MG=$19,91$ dB, $\omega_{cf} = 25,52$ rad/s, MF=$50,36°$ e $\omega_{cg} = 6,19$ rad/s. Na Figura 4.111b, observamos que $M_p = 21,73\%$, $t_p = 0,46$ s e $t_s = 2,38$ s. Na Figura 4.112b, observamos que o erro de regime estacionário tende a $0,01$ quando o tempo tende a infinito.

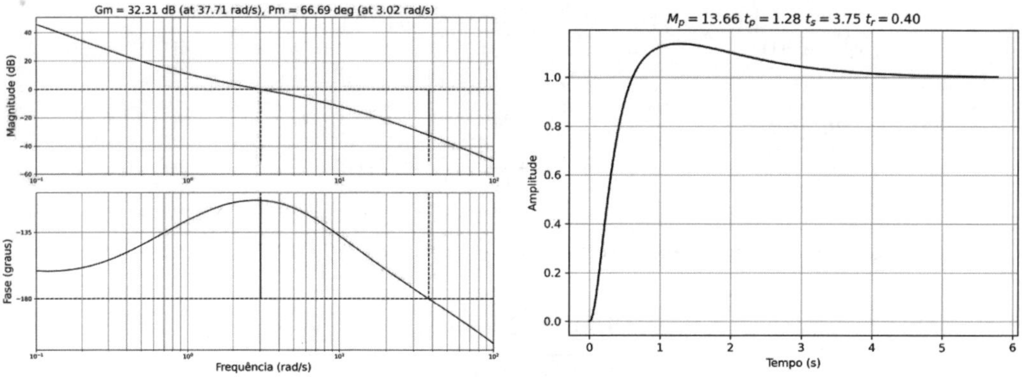

(a) Diagrama de Bode do sistema compensado.

(b) Resposta ao degrau unitário do sistema compensado.

Figura 4.111: Diagrama de Bode e resposta ao degrau do sistema compensado.

Comparando o sistema original sem nenhuma compensação e o sistema compensado, observamos que o sistema original é estável, pois MF= $59,29°$ e MG= $17,5$ dB. O sistema sem compensação nem ganho ajustado tem um tempo de assentamento de $2,1$ s e o sistema compensado por atraso-avanço de fase tem um tempo de assentamento de $2,38$ s, ou seja, o sistema estabiliza em um tempo maior. A margem de fase do sistema teve uma pequena mudança de $59,29°$ para $50,36°$ e a frequência de cruzamento de ganho aumento consideravelmente de $1,85$ rad/s para $6,19$ rad/s, ou seja, o sistema estabiliza mais rapidamente. O erro em regime estacionário a uma entrada rampa melhora consideravelmente, pois o erro em estado estacionário do sistema original é $0,5$ e do sistema compensado é $0,01$.

Os polos da função de transferência em malha fechada são $-66,97270837, 4,44609726 \pm 7,25908232j, -4,05606346$ *e* $-0,78881504$*, e os zeros da função de transferência em malha fechada são* $-4,39170779$ *e* $-0,70710678$

Observamos que os polos da função de transferência em malha fechada encontram-se perto do eixo imaginário; portanto, o esforço de controle pode ter uma média amplitude.

Na Figura 4.112a, é possível observar que, no sistema sem compensação, o pico de ressonância é $M_r^s = 0,22$ *dB, a frequência de ressonância é* $\omega_r^s = 1,4$ *rad/s e a largura de banda é* $BW^s = 3,25$ *rad/s, enquanto no sistema compensado, o pico de ressonância é* $M_r^c = 1,47$ *dB, a frequência de ressonância é* $\omega_r^c = 5,49$ *rad/s e a largura de banda é* $BW^c = 10,76$ *rad/s. Percebe-se um aumento na banda passante do sistema (Figura 4.92a).*

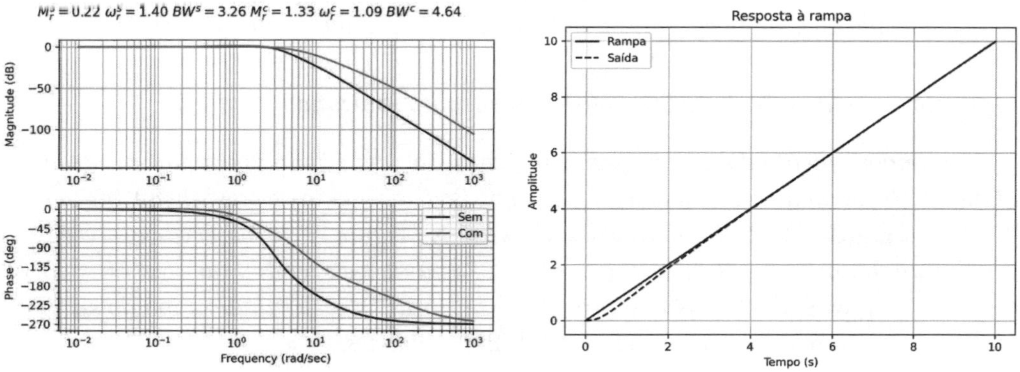

(a) Diagramas de Bode em malha fechada. **(b)** Resposta à rampa do sistema compensado.

Figura 4.112: Diagramas de Bode em malha fechada e resposta à rampa unitária do sistema compensado.

O código em Python para o Exemplo 4.29 é mostrado na Listagem . *O código quando executado mostra as simulações do sistema sujeito a uma entrada onda quadrada e onda triangular, bem como os respectivos esforços de controle: o esforço de controle para onda quadrada apresenta instantes de baixa magnitude, devido às mudanças abruptas em um pequeno instante de tempo na onda, enquanto o esforço de controle para onda triangular é de pequena magnitude, devido às mudanças mais suaves. Na resposta a uma entrada de onda triangular, é possível observar que o erro de estado estacionário é aproximadamente* $0,01$*, pois esse erro somente é atingido quando* $t \to \infty$.

***Exemplo* 4.30.** *A dinâmica de um processo é representado pela função de transferência:*

$$G(s) = \frac{1}{s(s+8)(s+30)}$$

É desejável que o sistema apresente um erro pequeno para entrada rampa, tal que $K_v = 10$ s^{-1}. Deseja-se ter um máximo sobressinal de no máximo 10% e um tempo de pico menor que $0,6$ s. Projete um compensador atraso-avanço utilizando o método Ogata.

***Solução* 4.30.** *As especificações de projeto são:*

- *Erro estacionário para entrada rampa unitária inferior a $0,1$ s ou $K_v = 10$ s^{-1}.*
- *Máximo sobressinal menor ou igual a 10%, o que equivale a uma margem de fase desejada de pelo menos $60°$ ou um coeficiente de amortecimento de $0,6$.*

O projeto e a simulação deste Exemplo são realizados utilizando o Python.

O comportamento do sistema sem compensação nem ganho ajustado é mostrado na Figura 4.93a, na qual é ilustrado o diagrama de Bode e observa-se que MF=$89,96°$, $\omega_{cg} = 0,004$ rad/s, MG= $79,2$ dB e $\omega_{cf} = 15,49$ rad/s. Na Figura 4.93b, observa-se a resposta a um degrau unitário e verifica-se que o sistema é estável, mas oscilatório, com $M_p = 0,0\%$, $t_p = 0,0$ s e $t_s = 938,42$ s. Na Figura 4.94, é mostrada a resposta à rampa do sistema e observa-se um erro de estado estacionário de 240 unidades.

1. *Suponhamos o seguinte compensador por atraso-avanço de fase:*

$$G_c(s) = K_1 \underbrace{\left(\frac{T_2 s + 1}{\beta T_2 s + 1}\right)}_{Atraso} \underbrace{\left(\frac{T_1 s + 1}{\frac{T_1}{\beta} s + 1}\right)}_{Avanço} \quad e \quad \beta > 1$$

A função de transferência em malha aberta do sistema compensado é:

$$G_c(s)G(s) = K_1 \left(\frac{T_1 s + 1}{\frac{T_1}{\beta} s + 1}\right)\left(\frac{T_2 s + 1}{\beta T_2 s + 1}\right) G(s)$$

$$= \left(\frac{T_1 s + 1}{\frac{T_1}{\beta} s + 1}\right)\left(\frac{T_2 s + 1}{\beta T_2 s + 1}\right) G_1(s) \quad onde \quad G_1(s) = K_1 G(s)$$

2. *O primeiro passo consiste em determinar o valor de K_1, de modo a atender à especificação do erro estacionário:*

$$K_v = \lim_{s\to 0} sG_c(s)G(s) = \lim_{s\to 0} s\left(\frac{T_1 s+1}{\alpha T_1 s+1}\right)\left(\frac{T_2 s+1}{\beta T_2 s+1}\right)G_1(s)$$

$$\text{como } s \to 0 \quad e \quad G_1(s) = K_1\, G(s)$$

$$= \lim_{s\to 0} s\, G_1(s) = \lim_{s\to 0} s\, K_1\, G(s)$$

$$= \lim_{s\to 0} \not{s}\, \frac{K_1}{\not{s}(s+8)(s+30)}$$

$$= \frac{K_1}{240} = 10$$

Assim:

$$K_1 = 2400.$$

Lembrando a definição de erro de estado estacionário para uma entrada rampa:

$$e_{ss} = e(\infty) = \lim_{s\to 0}\left(\frac{1}{s\, G_c(s)\, G_1(s)}\right) = \frac{1}{K_v}$$

3. *Com o valor de ganho, $K_1 = 2400$, traçamos o diagrama de Bode do sistema com ganho ajustado mas não compensado: $G_1(s) = K_1 G(s)$:*

$$G_1(s) = K_1 G(j\omega) = \frac{2400}{j\omega(j\omega+8)(j\omega+30)}.$$

Do diagrama de Bode (Figura 4.95a), observamos que MF= $34,41°$ ocorre na frequência de cruzamento de ganho $\omega_{cg} = 7,22$ rad/s e MG= $11,6$ dB ocorre na frequência de cruzamento de fase $\omega_{cf} = 15,49$ rad/s.

Na Figura 4.95b, é mostrada a simulação da resposta ao degrau unitário e observamos que o sistema é estável com $M_p = 36,27\%$, $t_p = 0,42$ s e $t_s = 1,35$ s.

4. *Avaliamos a frequência de cruzamento de fase, $\omega_{cf} = 15,49$ rad/s, frequência na qual a fase cruza $-180°$. Nessa frequência, a margem de fase deve ser nula.*

5. *A frequência anterior é a nova frequência de cruzamento de ganho, ω_{cg}, para o sistema com ganho ajustado e compensado, isto é:*

$$\omega_{cg} = \omega_{cf} = 15,49 \text{ rad/s}$$

6. *O frequência de canto do zero da porção de atraso é escolhida como uma década abaixo da nova frequência de cruzamento de ganho, isto é:*

$$\omega_z^{AT} = \frac{\omega_{cg}}{10} = \frac{1}{T_2} \Rightarrow T_2 = \frac{10}{\omega_{cg}} = \frac{10}{1,549} = 0,645497$$

7. *Para determinar a frequência de canto do polo da porção de atraso:*

$$\omega_p^{AT} = \frac{1}{\beta T_2} \Rightarrow \beta T_2 = \frac{1}{\omega_p^{AT}}$$

É necessário determinar o valor de β.

8. *O valor de β é determinado da porção de avanço de fase. Como a margem de fase do sistema com ganho ajustado mas não compensado é $34,41°$, assim a contribuição angular da porção de avanço[1] é $MF_{desejada}$, isto é:*

$$\phi_m = MF_{desejada} - 35° = 25°$$

E o valor β é determinado como:

$$\beta = \frac{1 + \text{sen}(\phi_m)}{1 - \text{sen}(\phi_m)} = 2,4639128$$

9. *Na nova ω_{cg}, avaliamos o módulo de:*

$$\left|G_1\left(j\omega_{cg}\right)\right|_{\text{dB}} = 11,59567\ dB$$

10. *Da Figura 4.108, obtemos a frequência de canto do zero da porção de avanço:*

$$\frac{-\left|G_1\left(j\omega_{cg}\right)\right|_{dB} - (-20)}{\log(\omega_{cg}) - \log(\omega_z^{AV})} = \frac{20}{\log(\beta)}$$

Assim:

$$\log(\omega_z^{AV}) = \log\left(\omega_{cg}\right) + \log(\beta)\frac{\left|G_1\left(j\omega_{cg}\right)\right|_{dB}}{20} - \log(\beta)$$

Obtém-se:

$$\omega_z^{AV} = 10^{\left(\log\left(\omega_{cg}\right) + \log(\beta)\frac{\left|G_1\left(j\omega_{cg}\right)\right|_{dB}}{20} - \log(\beta)\right)} = \frac{1}{T_1} = 11,303891\ rad/s$$

Dessa maneira:

$$T_1 = \frac{1}{\omega_z^{AV} \times 0,4} = \frac{0,0942891}{0,4} = 0,235722$$

Após várias tentativas, decidiu-se mudar a localização do polo e zero do compensador por avanço, por isso a presença do fator $0,4$.

[1] É possível incluir um valor de Tolerância, mas, neste exemplo, se optou por não incluir.

11. *Da Figura 4.108, obtemos a frequência de canto do polo da porção de avanço:*

$$\frac{0-\left(-\left|G_1\left(j\omega_{cg}\right)\right)\right|_{dB}}{\log(\omega_p^{AV})-\log(\omega_{cg})}=\frac{20}{\log(\beta)}$$

Assim:

$$\log(\omega_p^{AV})=\log\left(\omega_{cg}\right)+\log(\beta)\frac{\left|G_1\left(j\omega_{cg}\right)\right|_{dB}}{20}$$

Obtém-se:

$$\omega_p^{AV}=10^{\left(\log\left(\omega_{cg}\right)+\log(\beta)\frac{\left|G_1\left(j\omega_{cg}\right)\right|_{dB}}{20}\right)}=\frac{1}{\frac{T_1}{\beta}}=23,930916\ rad/s$$

Dessa maneira:

$$\frac{T_1}{0,4\beta}=\frac{1}{\omega_p^{AV}}=\frac{0,0382680}{0,4}=0,0956701$$

Após várias tentativas, decidiu-se mudar a localização do polo e zero do compensador por avanço, por isso a presença do fator $0,4$.

12. *O compensador por atraso-avanço fica:*

$$\begin{aligned}G_c(s)&=K_1\left(\frac{T_2s+1}{\beta T_2s+1}\right)\left(\frac{T_1s+1}{\frac{T_1}{\beta}s+1}\right)\\&=K_1\left(\frac{0,645497\,s+1}{1,366551\,s+1}\right)\left(\frac{0,235722\,s+1}{0,0956701\,s+1}\right)\end{aligned}$$

Na Figura 4.113a, observamos o diagrama de Bode do sistema compensado por atraso-avanço de fase em malha aberta, na qual MG=$17,4$ *dB,* $\omega_{cf}=20,4$ *rad/s, MF=*$62,94°$ *e* $\omega_{cg}=4,92$ *rad/s. Na Figura 4.113b, observamos que obtivemos* $M_p=8,88\%$, $t_p=0,54$ *s e* $t_s=1,94$ *s. Na Figura 4.114b, observamos que o erro de regime estacionário tende a* $0,1$ *quando o tempo tende a infinito.*

Comparando o sistema original sem nenhuma compensação e o sistema compensado, observamos que o sistema original é estável, pois MF= $89,96°$ *e MG=* $79,2$ *dB. O sistema sem compensação nem ganho ajustado tem um tempo de assentamento de* $938,42$ *s e o sistema compensado por atraso-avanço de fase tem um tempo de assentamento de* $1,94$ *s, ou seja, o sistema estabiliza em um tempo menor. A margem de fase do sistema teve uma pequena mudança de* $89,96°$ *para* $62,94°$ *e a frequência de cruzamento de ganho aumentou consideravelmente de* $0,004$ *rad/s para* $4,92$ *rad/s, ou seja, o sistema estabiliza mais rapidamente. O erro em regime estacionário a uma entrada rampa melhora consideravelmente, pois o erro em estado estacionário do sistema original é* 19 *e o do sistema compensado é* $0,1$.

Os polos da função de transferência em malha fechada são $-33,47371556$, $-5,6807034 \pm 7,71841863j$, $-2,12310617 \pm 0,78924468j$, *e os zeros da função de transferência em malha fechada são* $-4,24226918$ *e* $-1,54919334$.

Observamos que um polo da função de transferência em malha fechada encontra-se perto do eixo imaginário; portanto, o esforço de controle pode ter uma amplitude alta.

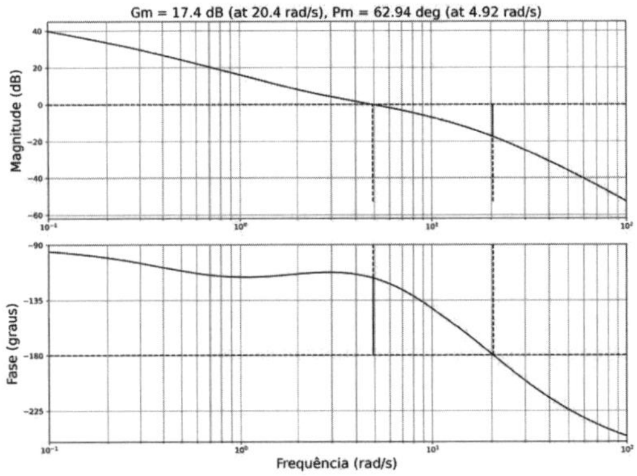

(a) Diagrama de Bode do sistema compensado.

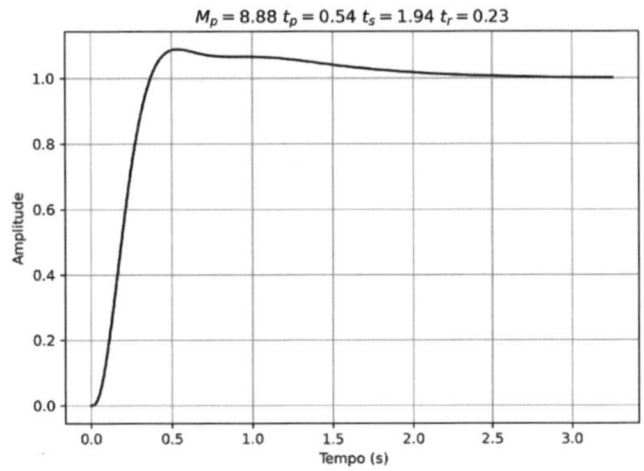

(b) Resposta ao degrau unitário do sistema compensado.

Figura 4.113: Diagrama de Bode e resposta ao degrau do sistema compensado.

Na Figura 4.114a, é possível observar que, no sistema com ganho ajustado mas sem compensação, o pico de ressonância é $M_r^s = 4,69$ *dB, a frequência de ressonância é* $\omega_r^s = 7,70$ *rad/s e a largura de banda é* $BW^s = 12,13$ *rad/s, enquanto no sistema compensado, o pico de ressonância é* $M_r^c = 0,78$ *dB, a frequência de ressonância é* $\omega_r^c = 1,79$ *rad/s e a largura de banda é* $BW^c = 9,15$ *rad/s. Percebe-se uma redução na banda passante do sistema (Figura 4.114a).*

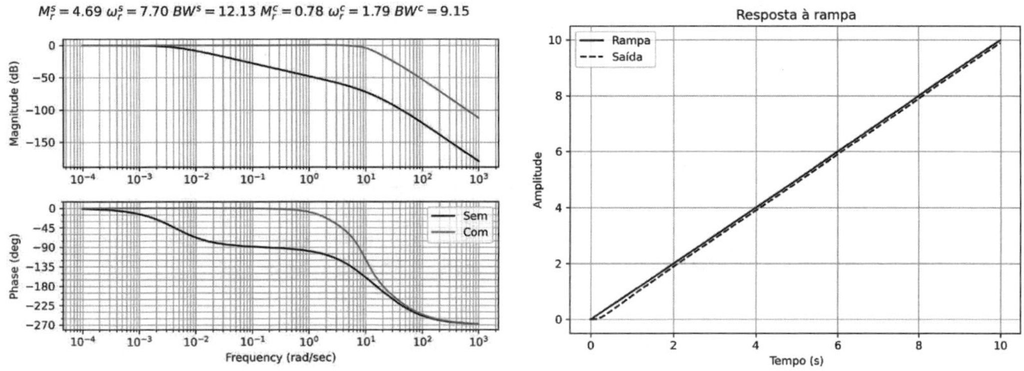

(a) Diagramas de Bode em malha fechada.

(b) Resposta à rampa do sistema compensado.

Figura 4.114: Diagramas de Bode em malha fechada e resposta à rampa unitária do sistema compensado.

O código em Python para o Exemplo 4.30 é mostrado na Listagem . O código quando executado mostra as simulações do sistema sujeito a uma entrada onda quadrada e onda triangular, bem como os respectivos esforços de controle: o esforço de controle para onda quadrada apresenta instantes de baixa magnitude, devido às mudanças abruptas em um pequeno instante de tempo na onda, enquanto o esforço de controle para onda triangular é de pequena magnitude, devido às mudanças mais suaves. Na resposta a uma entrada de onda triangular, é possível observar que o erro de estado estacionário é de aproximadamente $0,01$*, pois esse erro somente é atingido quando* $t \longrightarrow \infty$.

4.5 COMPENSADORES DA FAMÍLIA PID: MÉTODO ANALÍTICO

O controlador desenvolvido na última seção é de segunda ordem e consiste em um controlador de atraso seguido por outro de avanço. Como vimos, o controlador de atraso-avanço oferece maior flexibilidade. Agora, consideraremos uma forma diferente do controlador atraso-avanço: o controlador PID. Esta é provavelmente a forma mais empregada em sistemas de controle de malha fechada e é quase exclusivamente usada nos sistemas de controle industrial. O diagrama de blocos desse controlador é mostrado pela Figura 4.115 e sua Equação é dada por:

$$m(t) = K_P e(t) + K_I \int_0^t e(\tau) d\tau + K_D \frac{de(t)}{dt} \tag{4.32}$$

A função de transferência é:

$$G_c(s) = K_P + \frac{K_I}{s} + K_D s \tag{4.33}$$

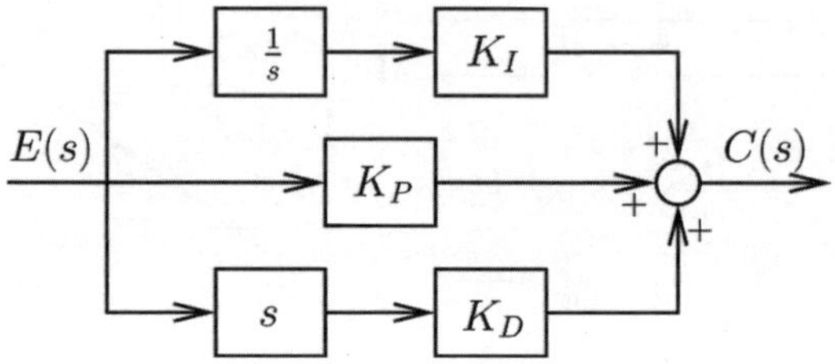

Figura 4.115: Controlador PID.

Três parâmetros do controlador devem ser determinados pelo projeto: o ganho proporcional K_P, o ganho integral K_I e o ganho derivativo K_D.

O controlador PID definido pela Equação 4.33 é de segunda ordem, já que possui dois zeros. O projeto é desenvolvido considerando controladores de ordem mais baixa, como alguns ganhos ajustado em zero. Começamos pelo controlador proporcional.

4.5.1 Controlador proporcional

Neste controlador, apenas o ganho proporcional não é zero. Portanto, sua função de transferência é:

$$G_c(s) = K_P \tag{4.34}$$

E o controlador é um ganho puro. Este caso foi desenvolvido na seção 4.1..

4.5.2 Controlador proporcional-integral

A função de transferência deste controlador é dada por:

$$G_c(s) = K_P + \frac{K_I}{s} = \frac{K_P s + K_I}{s} \tag{4.35}$$

O controlador tem um polo na origem e um zero no eixo real negativo. Escrevemos a função de transferência como:

$$G_c(s) = \frac{K_I\left(1 + \frac{s}{\omega_z}\right)}{s} \tag{4.36}$$

O diagrama de Bode é dado na Figura 4.116 e o controlador pode ser visto como uma forma de controlador em atraso de fase (Figura 4.42). Se o ganho de alta frequência e o zero do controlador em atraso da Figura 4.42 forem mantidos constantes e o polo for deslocado para o origem do plano s ($-\infty$ do eixo log ω do diagrama de Bode), teremos a característica PI da Figura 4.116. Note que o ganho de alta frequência do controlador PI é igual a K_P em amplitude e $20 \log K_P$ em dB.

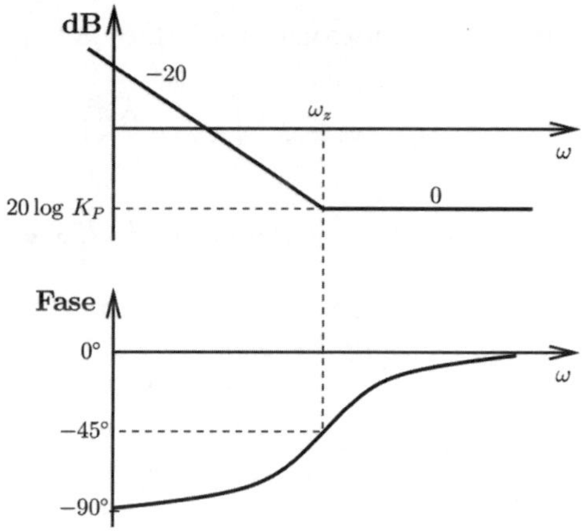

Figura 4.116: Diagrama de Bode do controlador PI.

O projeto desenvolvido na seção compensador por atraso de fase para o método analítico pode ser aplicado ao controlador PI com pequenas modificações. Essas modificações se devem ao fato de que o ganho de alta frequência é dado por uma equação diferente, como pode ser visto a seguir:

1. Ajustamos o ganho dc de $G(s)$ para o fator K_c, para satisfazer as especificações em baixa frequência. Lembre-se de que o controlador PI aumenta o tipo do sistema em uma unidade.

2. Encontramos a frequência ω_1 para a qual:

$$\underline{/G(j\omega_1)} = -180^\circ + \phi_m + 5^\circ$$

   E o ângulo de $G(j\omega_1)$ é igual a $(-180^\circ + \phi_m + 5^\circ)$, no qual ϕ_m é a margem de fase desejada.

3. O ganho K_P é então dado por:

$$K_P = \frac{1}{|K_c G(j\omega_1)|} \tag{4.37}$$

4. A amplitude do zero é dada por:

$$\omega_z = \frac{K_I}{K_P} = 0,1\,\omega_1 \tag{4.38}$$

E assim:

$$K_I = 0,1\,\omega_1 K_P = \omega_z K_P$$

5. A função de transferência do controlador é então dada por:

$$G_c(s) = K_c\left(K_P + \frac{K_I}{s}\right) \tag{4.39}$$

Portanto, o ganho proporcional implementado é $K_c K_P$, e o ganho integral é $K_c K_I$.

***Exemplo* 4.31.** *Desejamos projetar um controlador PI para o sistema mostrado na Figura 4.1, cuja função de transferência em malha aberta é:*

$$G(s) = \frac{4}{s(s+1)(s+2)}$$

Desejamos uma margem de fase de $50°$.

***Solução* 4.31.** *As especificações de projeto são:*

- *Margem de fase de pelo menos* $50°$.

O projeto e a simulação deste Exemplo são realizados utilizando o Python.

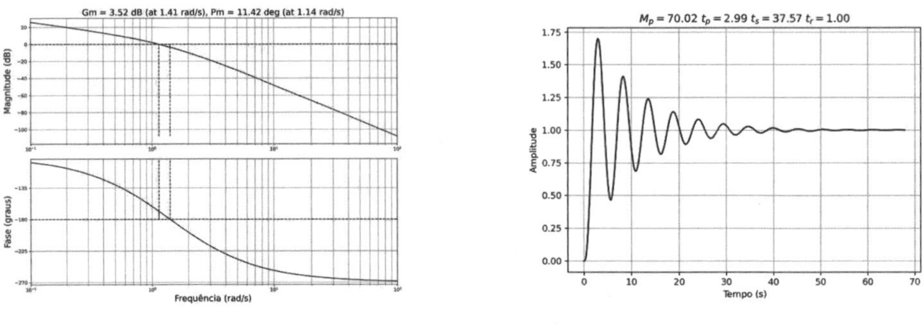

(a) Diagrama de Bode do sistema sem ganho ajustado nem compensado.

(b) Resposta ao degrau unitário do sistema sem ganho ajustado nem compensado.

Figura 4.117: Diagrama de Bode e resposta ao degrau do sistema sem ganho ajustado nem compensado.

O comportamento do sistema sem compensação nem ganho ajustado é mostrado na Figura 4.117a, na qual é ilustrado o diagrama de Bode e observa-se que MF=$11,42°$*,* $\omega_{cg} = 1,14$ *rad/s, MG=* $3,52$ *dB e* $\omega_{cf} = 1,41$ *rad/s. Na Figura 4.117b, observa-se a resposta a um degrau unitário e verifica-se que o sistema é estável mas oscilatório, com* $M_p = 70,02\%$*,* $t_p = 2,99$ *s e* $t_s = 37,57$ *s.*

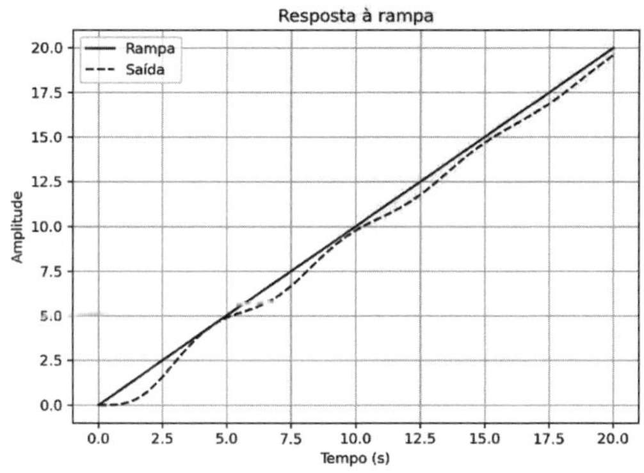

Figura 4.118: Resposta à rampa unitária do sistema sem ganho ajustado nem compensado.

1. *Suponhamos o seguinte compensador PI:*

$$G_c(s) = K_P + \frac{K_I}{s} = \frac{K_P s + K_I}{s}$$

A função de transferência em malha aberta do sistema compensado é:

$$\begin{aligned} G_c(s)G(s) &= \frac{K_P s + K_I}{s} G(s) \\ &= \frac{K_P s + K_I}{s} G_1(s) \quad \textit{onde} \quad G(s) = G(s) \end{aligned}$$

2. *A resposta em frequência de* $G(j\omega)$ *é dada na Tabela 4.21. A margem de fase desejada é* $50°$*. Portanto, a frequência* ω_1 *é aquela em que o ângulo da função de transferência em malha aberta é aproximadamente:*

$$\angle G(j\omega) = -180° + 50° + 5° = -125°$$

Da Tabela 4.21, $\omega_1 = 0,42$ *rad/s e* $G(j\omega_1) = 4,2967\angle -124,6422°$*.*

3. *Obtém-se:*

$$K_P = \frac{1}{4,2967} = 0,2327$$

Tabela 4.21: Resposta em frequência para o Exemplo 4.31.

ω [rad/s]	Amplitude	Amplitude [dB]	Fase [°]
0.10	19.8759	25.9665	-98.5730
0.11	18.0455	25.1274	-99.4254
0.12	16.5182	24.3593	-100.2764
0.13	15.2241	23.6506	-101.1259
0.14	14.1132	22.9925	-101.9738
0.15	13.1489	22.3778	-102.8199
0.16	12.3037	21.8007	-103.6642
0.17	11.5566	21.2566	-104.5065
0.18	10.8913	20.7416	-105.3467
0.19	10.2950	20.2525	-106.1848
0.20	9.7571	19.7865	-107.0205
0.21	9.2696	19.3412	-107.8539
0.22	8.8254	18.9146	-108.6847
0.23	8.4189	18.5051	-109.5130
0.24	8.0455	18.1111	-110.3385
0.25	7.7012	17.7312	-111.1613
0.26	7.3827	17.3643	-111.9811
0.27	7.0870	17.0093	-112.7980
0.28	6.8119	16.6653	-113.6119
0.29	6.5551	16.3316	-114.4225
0.30	6.3149	16.0073	-115.2300
0.31	6.0896	15.6918	-116.0342
0.32	5.8779	15.3844	-116.8349
0.33	5.6785	15.0847	-117.6323
0.34	5.4905	14.7922	-118.4261
0.35	5.3127	14.5064	-119.2163
0.36	5.1445	14.2268	-120.0029
0.37	4.9849	13.9532	-120.7857
0.38	4.8334	13.6851	-121.5648
0.39	4.6894	13.4223	-122.3400
0.40	4.5522	13.1645	-123.1113
0.41	4.4215	12.9113	-123.8788
0.42	4.2967	12.6626	-124.6422
0.43	4.1774	12.4182	-125.4016
0.44	4.0634	12.1777	-126.1569
0.45	3.9541	11.9410	-126.9081
0.46	3.8495	11.7080	-127.6552
0.47	3.7490	11.4784	-128.3981
0.48	3.6526	11.2521	-129.1367
0.49	3.5600	11.0290	-129.8712
0.50	3.4709	10.8088	-130.6013
0.51	3.3851	10.5915	-131.3271
0.52	3.3026	10.3770	-132.0486
0.53	3.2230	10.1652	-132.7658
0.54	3.1462	9.9559	-133.4786
0.55	3.0722	9.7490	-134.1870
0.56	3.0007	9.5444	-134.8911
0.57	2.9316	9.3421	-135.5907
0.58	2.8648	9.1420	-136.2859
0.59	2.8003	8.9439	-136.9767
0.60	2.7378	8.7479	-137.6630
0.61	2.6773	8.5538	-138.3449
0.62	2.6187	8.3616	-139.0223
0.63	2.5619	8.1713	-139.6954
0.64	2.5069	7.9826	-140.3639
0.65	2.4535	7.7957	-141.0280
0.66	2.4017	7.6105	-141.6877
0.67	2.3515	7.4268	-142.3429
0.68	2.3027	7.2447	-142.9937
0.69	2.2553	7.0641	-143.6401
0.70	2.2093	6.8849	-144.2821
0.71	2.1645	6.7072	-144.9196
0.72	2.1210	6.5308	-145.5528
0.73	2.0787	6.3558	-146.1815
0.74	2.0375	6.1822	-146.8059
0.75	1.9975	6.0097	-147.4259
0.76	1.9585	5.8386	-148.0416
0.77	1.9206	5.6686	-148.6530
0.78	1.8836	5.4999	-149.2600
0.79	1.8476	5.3323	-149.8628
0.80	1.8125	5.1658	-150.4612
1.65	0.4846	-6.2921	-188.3042
1.66	0.4784	-6.4044	-188.6275
1.67	0.4723	-6.5163	-188.9486
1.68	0.4662	-6.6277	-189.2675
1.69	0.4603	-6.7388	-189.5843
1.70	0.4545	-6.8495	-189.8990
1.71	0.4488	-6.9598	-190.2115
1.72	0.4431	-7.0697	-190.5220

4. *Assim,* $\omega_z = 0,1(\omega_1) = 0,04$*, obtemos:*

$$K_I = K_P\omega_z = (0,2327)(0,04) = 0,0098$$

A função de transferência do controlador é:

$$G_c(s) = 0,2327 + \frac{0,0098}{s}$$

Na Figura 4.119a, observamos o diagrama de Bode do sistema compensado em malha aberta, na qual MG=$15,62$ *dB,* $\omega_{cf} = 1,37$ *rad/s, MF=*$49,54^\circ$ *e* $\omega_{cg} = 0,42$ *rad/s. Na Figura 4.119b, observamos que* $M_p = 22,79\%$*,* $t_p = 6,57$ *s e* $t_s = 37,39$ *s. Na Figura 4.120b, observamos que o erro de regime estacionário reduziu consideravelmente para* $e_{ss} \approx 0,0$*, o que é atingido quando* $t \longrightarrow \infty$*.*

Comparando o sistema original sem nenhuma compensação e o sistema compensado, observamos que o máximo sobressinal teve uma redução de $34,94\%$ *para* $M_p = 22,79\%$ *e o tempo de assentamento teve uma degradação de* $15,99$ *s para* $37,26$ *s, ou seja, o sistema tende à posição desejada em um tempo maior. A margem de fase do sistema teve uma mudança de* $32,61^\circ$ *para* $49,54^\circ$ *e a frequência de cruzamento de ganho diminuiu de* $0,75$ *rad/s para* $0,42$ *rad/s, ou seja, o sistema estabiliza mais lentamente. O erro em regime estacionário a uma entrada rampa diminuiu significativamente de* 1 *para* $0,0$*.*

Os polos da função de transferência em malha fechada são $-2,30415488$*,* $-0,32477835 \pm 0,51099622j$*, e* $-0,04628842$ *e o zero da função de transferência em malha fechada é* $-0,042$*.*

Observamos que os polos da função de transferência em malha fechada encontram-se nas cercanias do eixo imaginário. O esforço de controle pode ter uma amplitude pequena.

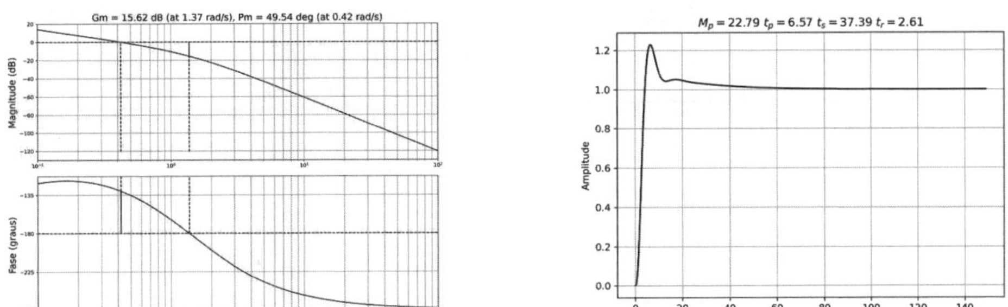

(a) Diagrama de Bode do sistema compensado. Método analítico.

(b) Resposta ao degrau unitário do sistema compensado. Método analítico.

Figura 4.119: Diagrama de Bode e resposta ao degrau do sistema compensado. Método analítico.

Na Figura 4.120a, é possível observar que, no sistema sem compensação, o pico de ressonância é $M_r^s = 14,69$ dB, a frequência de ressonância é $\omega_r^s = 1,19$ rad/s e a largura de banda é $BW^s = 1,76$ rad/s, enquanto no sistema compensado, o pico de ressonância é $M_r^c = 1,57$ dB, a frequência de ressonância é $\omega_r^c = 0,38$ rad/s e a largura de banda é $BW^c = 0,76$ rad/s. Percebe-se uma redução na banda passante do sistema (Figura 4.120a).

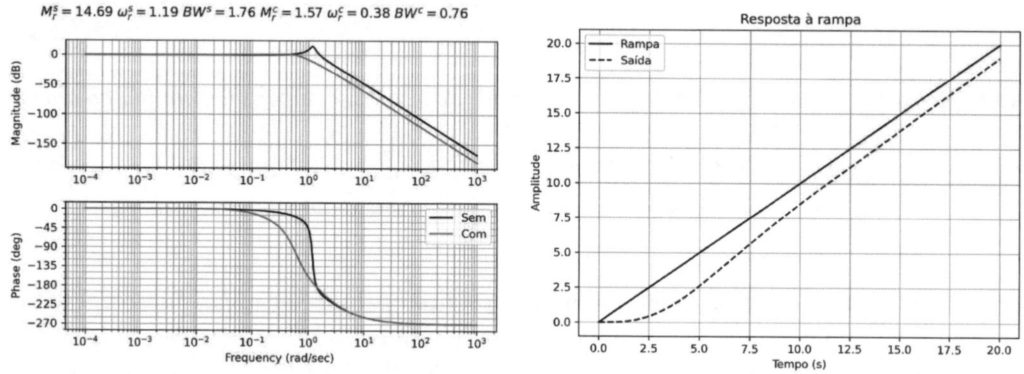

(a) Diagramas de Bode em malha fechada. Método analítico.

(b) Resposta à rampa do sistema compensado. Método analítico.

Figura 4.120: Diagramas de Bode em malha fechada e resposta à rampa unitária do sistema compensado.

O código em Python para o Exemplo 4.31 é mostrado na Listagem . O código quando executado mostra as simulações do sistema sujeito a uma entrada onda quadrada e uma onda triangular, bem como os respectivos esforços de controle: o esforço de controle para onda quadrada apresenta instantes de baixa magnitude, devido às mudanças abruptas em um pequeno instante de tempo na onda, enquanto o esforço de controle para onda triangular é de pequena magnitude devido às mudanças mais suaves. Na resposta a uma entrada de onda triangular, é possível observar que o erro de estado estacionário é aproximadamente $0,0$, pois esse erro somente é atingido quando $t \longrightarrow \infty$.

4.5.3 Controlador proporcional-integral-diferencial

Existe uma similaridade entre o diagrama de Bode do controlador PID (Figura 4.121) e do compensador por atraso-avanço de fase (Figura 4.80). Contudo, no controlador PID, os três ganhos são os únicos parâmetros a serem escolhidos. O ganho de alta frequência ilimitado do diferenciador pode gerar problemas e normalmente é adicionado um polo no caminho do derivativo para limitar esse ganho. Neste caso, a função de transferência do compensador é:

$$G_c(s) = K_P + \frac{K_I}{s} + \frac{K_D s}{1 + \frac{s}{\omega_{pd}}} \tag{4.40}$$

E o projeto deve determinar quatro parâmetros.

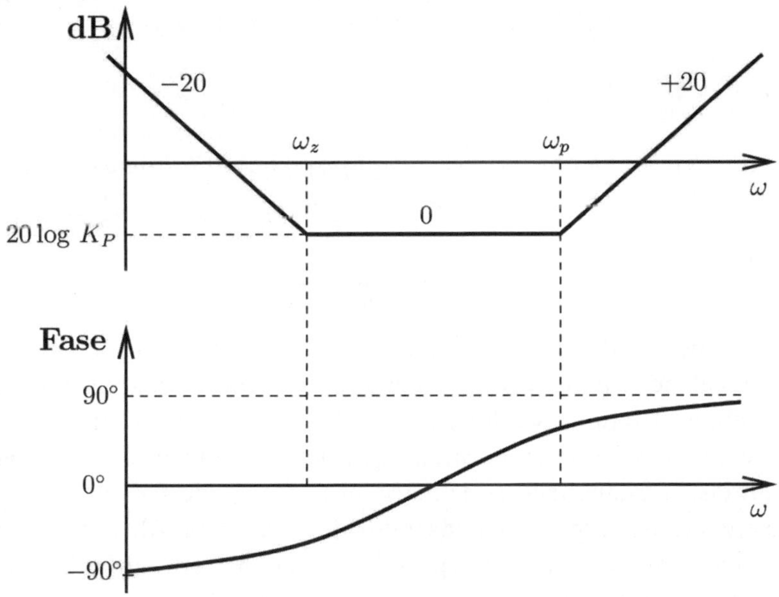

Figura 4.121: Diagrama de Bode do controlador PID.

O compensador PID pode ser projetado pelo procedimento dado na seção da compensação por atraso-avanço pelo método analítico. Naquele procedimento, a seção PI é projetada primeiro, de forma a atender a uma parte da margem de fase especificada. Neste caso, ambos os ganhos, K_P e K_I são calculados e então o parâmetro restante, K_D, é calculado para atender à margem de fase total.

Um procedimento semelhante ao mostrado para o compensador por avanço e por atraso pelo método analítico foi adotado para o controlador PID.

Supõe-se que a função de transferência do controlador é:

$$G_c(s) = K_P + \frac{K_I}{s} + K_D s \tag{4.41}$$

Como na Figura 4.31, admitimos que o diagrama de Nyquist compensado deve passar pelo ponto $1\underline{/-180^\circ + \phi_m}$, para que a frequência ω_1 alcance a margem de fase ϕ_m:

$$G_c(j\omega_1)G(j\omega_1) = 1\underline{/-180^\circ + \phi_m}$$

Se o ângulo de $G_c(j\omega_1)$ é representado por θ, então da Equação 4.41, obtemos:

$$\theta = \underline{/G_c(j\omega_1)} = -180^\circ + \phi_m - \underline{/G(j\omega_1)} \tag{4.42}$$

Das Equações 4.41 e 4.42, obtemos:

$$K_P + j\left(K_D\omega_1 - \frac{K_I}{\omega_1}\right) = |G_c(j\omega_1)|\,(\cos\theta + j\,\mathrm{sen}\theta) \tag{4.43}$$

Onde:

$$|G_c(j\omega_1)| = \frac{1}{|G(j\omega_1)|} \tag{4.44}$$

Admitimos que ω_1, θ e $|G_c(j\omega_1)|$ das Equações 4.42 e 4.44 são conhecidas. Na Equação 4.43, igualando a parte real e a imaginária, temos duas equações e três incógnitas. Portanto, podemos atribuir um valor para um dos ganhos e encontrar os outros dois. Obviamente, como não conhecemos ω_1, a Equação 4.43 equivale a duas equações com quatro incógnitas. A frequência ω_1 da margem de fase pode ser calculada para dar o tempo de acomodação t_s especificado usando a Equação 4.18. Além disso, o ganho K_I pode ser escolhido para satisfazer as especificações em baixa frequência, já que nessas frequências o compensador PID é dominado pelo termo integral.

Primeiro, igualamos as partes reais na Equação 4.43:

$$K_P = \frac{\cos(\theta)}{|G(j\omega_1)H(j\omega_1)|} \tag{4.45}$$

E igualando a parte imaginária, temos:

$$K_D\omega_1 = \frac{K_I}{\omega_1} + \frac{\mathrm{sen}(\theta)}{|G(j\omega_1)|} \tag{4.46}$$

Dado ω_1, o ganho K_P é calculado com base na Equação 4.45. Então, por exemplo, K_I é determinado a partir das especificações de regime estacionário e K_D pode ser calculado com base na Equação 4.46.

O ângulo de fase θ do compensador em ω_1 pode ser positivo ou negativo, como indica a Figura 4.121. Dessa Figura, podemos ver também que o módulo da função de transferência do compensador $|G_c(j\omega_1)|$ pode ser maior ou menor que a unidade. Assim, o único requisito para a escolha de ω_1 é que θ na Equação 4.42 seja menor que 90°.

As Equações 4.45 e 4.46 de projeto são genéricas e se aplicam a qualquer variação do controlador PID. Por exemplo, as equações do projeto do controlador PD são obtidas fazendo K_I igual a zero na Equação 4.46. Então, a Equação para K_D é:

$$K_D = \frac{\text{sen}\,(\theta)}{\omega_1\,|G(j\omega_1)|} \tag{4.47}$$

A seguir, temos alguns exemplos de projeto para o controlador PID.

Exemplo 4.32. *Projete um controlador PD para o sistema mostrado no Exemplo 4.31. Deseja-se uma margem de fase de* 50° *e um tempo de acomodação de* t_s *menor que* 4 *segundos.*

Solução 4.32. *As especificações de projeto são:*

- *Margem de fase de pelo menos* 50°.
- *Tempo de acomodação* $t_s < 4$ *s.*

O projeto e a simulação deste Exemplo são realizados utilizando o Python.

O comportamento do sistema sem compensação nem ganho ajustado é mostrado na Figura 4.117a, na qual é ilustrado o diagrama de Bode e observa-se que MF=$11,42^\circ$, $\omega_{cg} = 1,14$ *rad/s, MG=* $3,52$ *dB e* $\omega_{cf} = 1,41$ *rad/s. Na Figura 4.117b, observa-se a resposta a um degrau unitário e verifica-se que o sistema é estável mas oscilatório, com* $M_p = 70,02\%$, $t_p = 2,99$ *s e* $t_s = 37,56$ *s. Na Figura 4.118, é mostrada a resposta à rampa do sistema e observa-se um erro de estado estacionário de* $0,5$ *unidade.*

1. *Suponhamos o seguinte compensador PD:*

   $$G_c(s) = K_P + K_D s$$

   A função de transferência em malha aberta do sistema compensado é:

   $$G_c(s)G(s) = (K_P + K_D\,s)\,G(s)$$

2. *A resposta em frequência de* $G(j\omega)$ *é dada na Tabela 4.21. A margem de fase desejada é* 50° *e um tempo de acomodação menor que* 4 *s. Portanto, a frequência* ω_1 *e da Equação 4.19 é aquela em que:*

   $$\omega_1 = 1,7 \text{ rad/s}$$

Da Tabela 4.21, $G(j\omega_1) = 0,4545\underline{/-189,899^\circ}$. *Da Equação 4.42:*

$$\theta = -180^\circ + \phi_m - \underline{/G(j\omega_1)} = -180^\circ + 50^\circ + 189,9^\circ = 59,899^\circ$$

Da Equação 4.45:

$$K_P = \frac{\cos(\theta)}{|G(j\omega_1)|} = \frac{\cos(59,899^\circ)}{0,454} = 1,103467$$

Com K_P*, é o ganho dc do compensador. Note que a escolha de um valor diferente para* ω_1 *resultará em um ganho dc diferente para o compensador PD.*

O valor de K_D *é calculado com base na Equação 4.47:*

$$K_D = \frac{\text{sen}(\theta)}{\omega_1\,|G(j\omega_1)|} = \frac{\text{sen}(59,899^\circ)}{(1,7)(0,454)} = 1,119708$$

A função de transferência do controlador é então:

$$G_c(s) = 1,103467 + 1,119708s$$

Na Figura 4.122a, observamos o diagrama de Bode do sistema compensado em malha aberta, na qual MG=∞ dB, $\omega_{cf} = \infty$ *rad/s, MF=*$50,0^\circ$ *e* $\omega_{cg} = 1,70$ *rad/s. Na Figura 4.122b, observamos que obtivemos* $M_p = 18,06\%$, $t_p = 1,69$ *s e* $t_s = 3,89$ *s. Na Figura 4.123b, observamos que o erro de regime estacionário reduziu levemente para* $e_{ss} = \frac{1}{2K_P} \approx 0,453117$*, o que é atingido quando* $t \longrightarrow \infty$.

Comparando o sistema original sem nenhuma compensação e o sistema compensado, observamos que o máximo sobressinal teve uma redução de $70,02\%$ *para* $M_p = 18,06\%$ *e o tempo de assentamento teve uma degradação de* $37,56$ *s para* $1,69$ *s, ou seja, o sistema tende à posição desejada em um tempo maior. A margem de fase do sistema teve uma mudança de* $11,42^\circ$ *para* $50,0^\circ$ *e a frequência de cruzamento de ganho aumentou de* $1,14$ *rad/s para* $1,70$ *rad/s, ou seja, o sistema estabiliza mais rapidamente. O erro em regime estacionário a uma entrada rampa diminuiu levemente de* $0,5$ *para* $0,453117$.

Os polos da função de transferência em malha fechada são $-1,0093362 \pm 1,86523322j$, $-1,0093362 - 1,86523322j$ *e* -0.98132759*, e o zero da função de transferência em malha fechada é* $-0,98549517$.

Observamos que os polos da função de transferência em malha fechada encontram-se nas cercanias do eixo imaginário. O esforço de controle pode ter uma amplitude pequena.

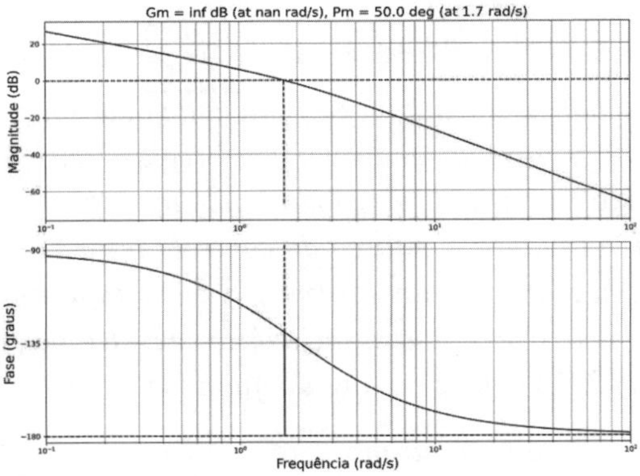

(a) Diagrama de Bode do sistema compensado. Método analítico.

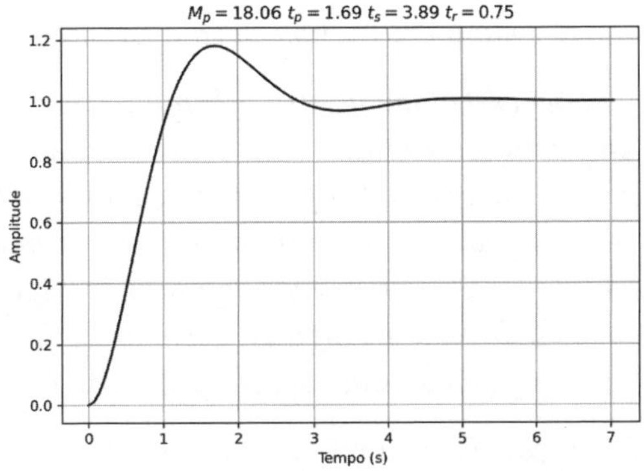

(b) Resposta ao degrau unitário do sistema compensado. Método analítico.

Figura 4.122: Diagrama de Bode e resposta ao degrau do sistema compensado. Método analítico.

Na Figura 4.123a, é possível observar que, no sistema sem compensação, o pico de ressonância é $M_r^s = 14,68$ *dB, a frequência de ressonância é* $\omega_r^s = 1,19$ *rad/s e a largura de banda é* $BW^s = 1,76$ *rad/s, enquanto no sistema compensado, o pico de ressonância é* $M_r^c = 1,52$ *dB, a frequência de ressonância é* $\omega_r^c = 1,57$ *rad/s e a largura de banda é* $BW^c = 2,74$ *rad/s. Percebe-se um redução na banda passante do sistema (Figura 4.123a).*

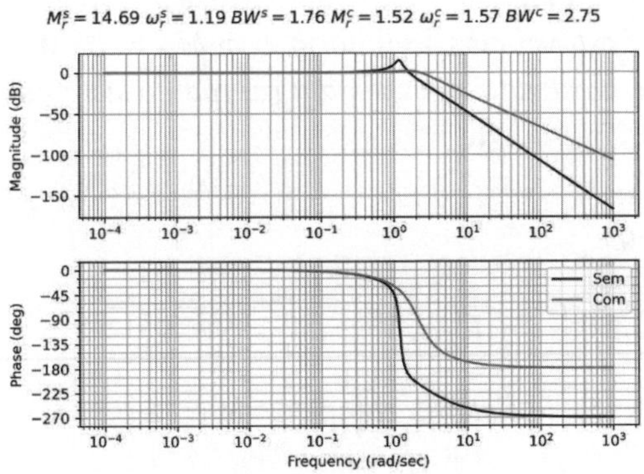

(a) Diagramas de Bode em malha fechada. Método analítico.

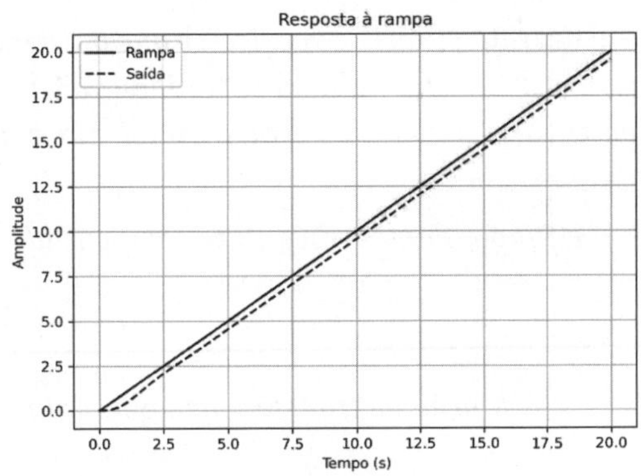

(b) Resposta à rampa do sistema compensado. Método analítico.

Figura 4.123: Diagramas de Bode em malha fechada e resposta à rampa unitária do sistema compensado.

O código em Python para o Exemplo 4.32 é mostrado na Listagem. O código quando executado mostra as simulações do sistema sujeito a uma entrada onda quadrada e uma onda triangular, bem como os respectivos esforços de controle: o esforço de controle para onda quadrada apresenta instantes de baixa magnitude, devido às mudanças abruptas em um pequeno instante de tempo na onda, enquanto o esforço de controle para onda triangular é de pequena magnitude devido às mudanças mais suaves. Na resposta a uma entrada de onda triangular, é possível observar o erro de estado estacionário considerável, e o erro de estado estacionário calculado é de $0,453117$*, pois é atingido quando* $t \longrightarrow \infty$.

Exemplo 4.33. *Projete um controlador PID para o sistema mostrado no Exemplo 4.31. Deseja-se uma margem de fase de* 50° *e um tempo de acomodação de* t_s *menor que* 4 *segundos.*

Solução 4.33. *As especificações de projeto são:*

- *Margem de fase de pelo menos* 50°.
- *Tempo de acomodação* $t_s < 4$ *s.*

O projeto e a simulação deste Exemplo são realizados utilizando o Python.

O comportamento do sistema sem compensação nem ganho ajustado é mostrado na Figura 4.117a, na qual é ilustrado o diagrama de Bode e observa-se que MF=$11,42^\circ$, $\omega_{cg} = 1,14$ *rad/s, MG=* $3,52$ *dB e* $\omega_{cf} = 1,41$ *rad/s. Na Figura 4.117b, observa-se a resposta a um degrau unitário e verifica-se que o sistema é estável mas oscilatório, com* $M_p = 70,02\%$, $t_p = 2,99$ *s e* $t_s = 37,56$ *s. Na Figura 4.118, é mostrada a resposta à rampa do sistema e observa-se um erro de estado estacionário de* $0,5$ *unidade.*

1. *Suponhamos o seguinte compensador PID:*

$$G_c(s) = K_P + \frac{K_I}{s} + K_D s$$

   A função de transferência em malha aberta do sistema compensado é:

$$G_c(s)G(s) = \left(K_P + \frac{K_I}{s} + K_D s\right) G(s)$$

2. *A resposta em frequência de* $G(j\omega)$ *é dada na Tabela 4.21. A margem de fase desejada é* 50° *e um tempo de acomodação menor que* 4 *s. Portanto, a frequência* ω_1 *e da Equação 4.19 é aquela em que:*

$$\omega_1 = 1,7 \text{ rad/s}$$

Da Tabela 4.21, $G(j\omega_1) = 0,4545\underline{/-189,899^\circ}$. *Da Equação 4.42:*

$$\theta = -180^\circ + \phi_m - \underline{/G(j\omega_1)} = -180^\circ + 50^\circ + 189,9^\circ = 59,899^\circ$$

Da Equação 4.45:

$$K_P = \frac{\cos(\theta)}{|G(j\omega_1)|} = \frac{\cos(59,899^\circ)}{0,454} = 1,103467$$

Com K_P *é o ganho dc do compensador. Note que a escolha de um valor diferente para* ω_1 *resulta em um ganho dc diferente para o compensador PID.*

O valor de K_D *é calculado com base na Equação 4.47:*

$$K_D\omega_1 - \frac{K_I}{\omega_1{}^{\text{'}}} = \frac{\text{sen}(\theta)}{|G(j\omega_1)|}$$

O lado direito desta Equação é determinado pela escolha de θ *e* ω_1. *A ação estabilizadora do controlador pode então ser dividida entre o termo integral e o termo derivativo. Se escolhermos um alto valor para* K_I, K_D *também deve ser elevado.*

Escolhemos K_I *como* $0,005$. *Assim, da Equação 4.47:*

$$K_D = \frac{K_I}{\omega_1^2} + \frac{\text{sen}(\theta)}{\omega_1 |G(j\omega_1)|} = \frac{\text{sen}(59,9^\circ)}{(1,7)(0,454)} + \frac{0,005}{(1,7)^2}$$
$$= 1,119708 + 0,001730 = 1,121438$$

A resposta ao degrau unitário é essencialmente a mesma dos sistemas com a compensação PID do Exemplo 4.32 e com a compensação de atraso-avanço do Exemplo 4.31. Note que K_P *e* K_D *do compensador PID são aproximadamente os mesmos do compensador PD do Exemplo 4.32.*

A função de transferência do controlador é então:

$$G_c(s) = 1,103467 + 1,121438s + \frac{0,005}{s}$$

Na Figura 4.124a, observamos o diagrama de Bode do sistema compensado em malha aberta, na qual MG=∞ dB, $\omega_{cf} = \infty$ *rad/s, MF=*$50,0^\circ$ *e* $\omega_{cg} = 1,70$ *rad/s. Na Figura 4.124b, observamos que obtivemos* $M_p = 18,18\%$, $t_p = 1,69$ *s e* $t_s = 3,83$ *s. Na Figura 4.125b, observamos que o erro de regime estacionário reduziu levemente para* $e_{ss} = 0$, *o que é atingido quando* $t \longrightarrow \infty$.

Comparando o sistema original sem nenhuma compensação e o sistema compensado, observamos que o máximo sobressinal teve uma redução de $70,02\%$ para $M_p = 18,18\%$ e o tempo de assentamento teve uma degradação de $37,56$ s para $1,69$ s, ou seja, o sistema tende à posição desejada em um tempo maior. A margem de fase do sistema teve uma mudança de $11,42°$ para $50,0°$ e a frequência de cruzamento de ganho aumento de $1,14$ rad/s para $1,70$ rad/s, ou seja, o sistema estabiliza mais rapidamente. O erro em regime estacionário a uma entrada rampa diminuiu de $0,5$ para $0,0$.

Os polos da função de transferência em malha fechada são $-1,0109747 \pm 1,86592456j$, $-0,97348891$ e $-0,00456168$, e os zeros da função de transferência em malha fechada são $-0,97942256$ e $-0,00455223$.

Observamos que os polos da função de transferência em malha fechada encontram-se nas cercanias do eixo imaginário. O esforço de controle pode ter uma amplitude pequena.

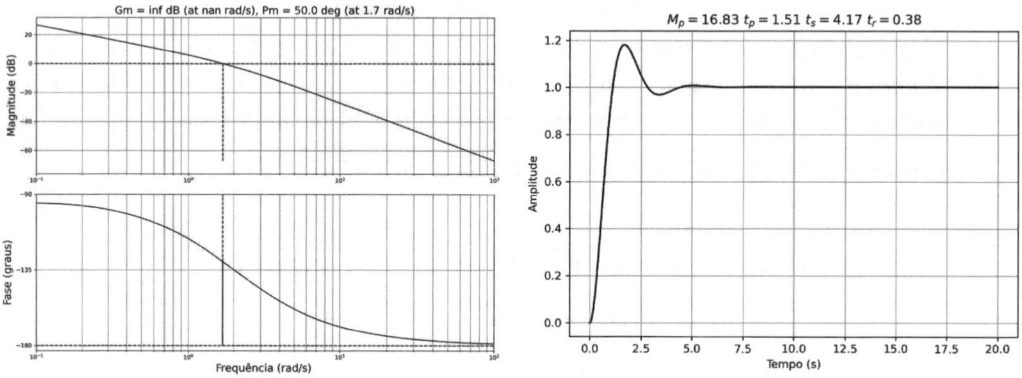

(a) Diagrama de Bode do sistema compensado. Método analítico.

(b) Resposta ao degrau unitário do sistema compensado. Método analítico.

Figura 4.124: Diagrama de Bode e resposta ao degrau do sistema compensado. Método analítico.

Na Figura 4.125a, é possível observar que, no sistema sem compensação, o pico de ressonância é $M_r^s = 14,68$ dB, a frequência de ressonância é $\omega_r^s = 1,19$ rad/s e a largura de banda é $BW^s = 1,76$ rad/s, enquanto no sistema compensado, o pico de ressonância é $M_r^c = 1,52$ dB, a frequência de ressonância é $\omega_r^c = 1,57$ rad/s e a largura de banda é $BW^c = 2,74$ rad/s. Percebe-se um redução na banda passante do sistema (Figura 4.125a).

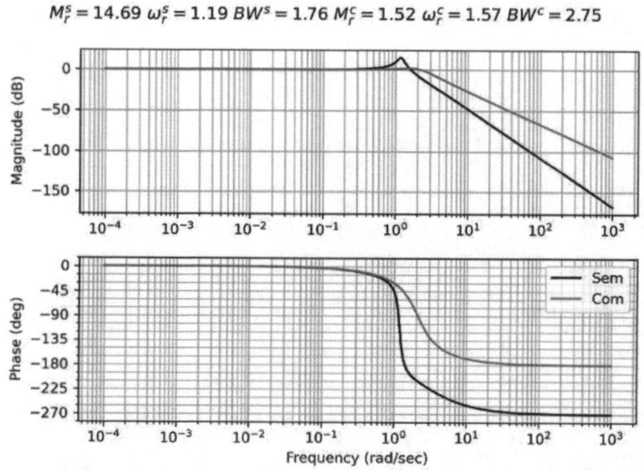

(a) Diagramas de Bode em malha fechada. Método analítico.

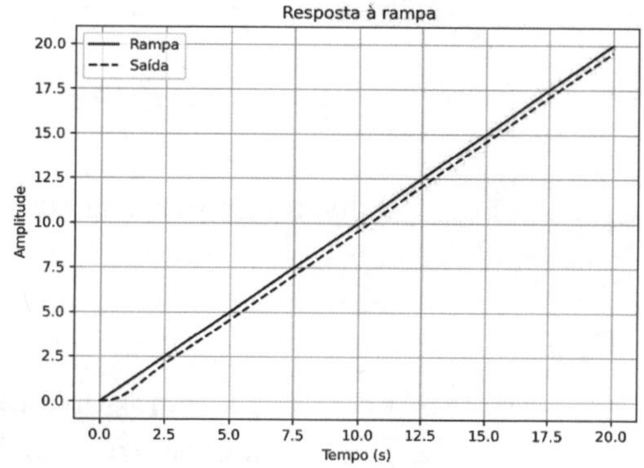

(b) Resposta à rampa do sistema compensado. Método analítico.

Figura 4.125: Diagramas de Bode em malha fechada e resposta à rampa unitária do sistema compensado.

O código em Python para o Exemplo 4.33 é mostrado na Listagem . O código quando executado mostra as simulações do sistema sujeito a uma entrada onda quadrada e uma onda triangular, bem como os respectivos esforços de controle: o esforço de controle para onda quadrada apresenta instantes de baixa magnitude, devido às mudanças abruptas em um pequeno instante de tempo na onda, enquanto o esforço de controle para onda triangular é de pequena magnitude devido às mudanças mais suaves. Na resposta a uma entrada de onda triangular, é possível observar o erro de estado estacionário considerável, e o erro de estado estacionário calculado é de $0,0$, *pois esse erro somente é atingido quando* $t \longrightarrow \infty$.

4.6 EXERCÍCIOS

1. Para o compensador por avanço de fase:

$$D(s) = \frac{Ts + 1}{\alpha Ts + 1},$$

No qual $\alpha < 1$.

(a) Mostre que a fase do compensador por avanço de fase é dada por:

$$\phi = \text{tg}^{-1}(\omega T) - \text{tg}^{-1}(\alpha\omega T).$$

(b) Mostre que a frequência na qual a fase é máxima é dada por:

$$\omega_{\max} = \frac{1}{\sqrt{\alpha}T}$$

E que a fase máxima corresponde a:

$$\operatorname{sen}(\phi_{\max}) = \frac{1-\alpha}{1+\alpha}.$$

(c) Reescreva a expressão para $\omega_{\max}$ para mostrar que a frequência da fase máxima ocorre na média geométrica das frequências de canto na escala logarítmica:

$$\log(\omega_{\max}) = \frac{1}{2}\left(\log\frac{1}{T} + \log\frac{1}{\alpha T}\right).$$

(d) Para derivar os mesmo resultados em termos da localização zero-polo, reescreva $D(s)$ como:

$$D(s) = \frac{s+z}{s+p},$$

Então mostre que a fase é dada por:

$$\phi = \operatorname{tg}^{-1}\left(\frac{\omega}{|z|}\right) - \operatorname{tg}^{-1}\left(\frac{\omega}{|p|}\right),$$

Tal que:

$$\omega_{\max} = \sqrt{|z||p|}.$$

Daqui, a frequência na qual a fase é máxima é a raiz quadrada do produto da localização do zero e do polo.

2. Considere o sistema da Figura 4.1 na qual:

$$G(s) = \frac{2(s+0,1)}{s(s^2+0,2s+4)}$$

Projete um compensador por atraso-avanço de fase de modo que a constante de erro estático de velocidade seja s s^{-1}, a margem de fase seja 55° e a margem de ganho seja pelo menos 8 dB. Para o projeto do compensador, utilize:

(a) O método tentativa-e-erro.

(b) O método analítico.

(c) O método Ogata.

3. Para o Exercício 2, projete um controlador PID, utilizando o método analítico.

4. Considere o sistema da Figura 4.1, no qual:

$$G(s) = \frac{K}{s(0,2s+1)(s+1)}$$

Projete um compensador por avanço de fase, de modo que a margem de fase seja 50°, a margem de ganho seja pelo menos 8 dB e a constante de erro estático de velocidade seja $5\ \mathrm{s}^{-1}$. Para o projeto do compensador, utilize:

(a) O método tentativa-e-erro.

(b) O método analítico.

5. Considere o sistema da Figura 4.1, no qual:

$$G(s) = \frac{10}{s(s+5)}$$

Projete um compensador por atraso de fase, de modo que o coeficiente de amortecimento seja $0,65$ e o erro de estado estacionário a uma entrada rampa unitária seja 5%. Para o projeto do compensador, utilize:

(a) O método tentativa-e-erro.e

(b) O método analítico.

6. Considere o sistema da Figura 4.1, no qual:

$$G(s) = \frac{Ke^{-0,5s}}{(s+1)(s+5)}$$

Projete um compensador por atraso de fase, de modo o máximo sobressinal seja menor que 25% e que o erro em regime permanente seja menor que 10%.

APÊNDICE A

Entendendo os códigos em Python utilizados no livro

O código em Python das funções auxiliares criadas é mostrado na Listagem. A função `my_control_functions` é um conjunto de funções criadas: a função `info_st` determina alguns parâmetros de desempenho, como t_r, t_p, M_p e t_s; as funções `gera_tabela_latex`, `gera_tabela_excel` e `gera_tabela_html` geram uma tabela de dados para LaTeX, Excel e HTML, respectivamente, de uma função de transferência senoidal, sendo a primeira coluna da tabela referente à frequência em rad/s, a segunda coluna à amplitude absoluta, a terceira coluna à amplitude em dB, a quarta coluna à fase, a quinta coluna à fase com atraso de tempo com aproximação de Padé e a sexta coluna referente à fase com atraso de tempo sem aproximação; a função `onda_quadrada` gera dados de uma onda quadrada definidos pela amplitude, offset e período; a função `onda_triangular` gera dados de uma onda triangular definidos pela amplitude, offset e período; a função `Mr_BW` determina a amplitude de pico de ressonância, a frequência de ressonância e a largura de banda de uma função de transferência em malha fechada; a função `plot_margins` plota o diagrama de Bode, indicando graficamente as margens de fase e de ganho, bem como os respectivos valores numéricos; a função `save_fig` salva a figura ativa em formato desejado com DPI desejado; a função `pid_control` implementa o controle PID, pois, apenas com os comandos da libraria `control`, não consegue calcular esse esforço de controle do controlador PID.

Na Listagem A.1, é mostrada a inicialização dos códigos em Python e são utilizadas as librarias; `control` e `control.matlab` servem para utilizar os comandos de controle, `numpy` serve para realizar manipulações e operações matriciais, `matplotlib.pyplot` e `matplotlib.gridspec` servem para plotar dados numéricos e definir características dos eixos dos gráficos, `webbrowser` fornece uma interface de alto nível para permitir a exibição de documentos baseados na Web para os usuários e `os` fornece uma maneira portátil de usar a funcionalidade dependente do sistema operacional.

Listagem A.1: Entendendo código genérico exemplo Python.

```
from control import *
from control.matlab import *
import numpy as np
import matplotlib.pyplot as plt  # Para plotar
from matplotlib.gridspec import GridSpec
from pandas import DataFrame
import my_control_functions as mcf  # Conjunto de funções de pró
    pria criação
import webbrowser
import os

plt.close('all')
```

Na Listagem A.2, define-se a função de transferência em malha aberta, a qual é impressa na linha de comandos. Foram definidos os expoentes mínimo e máximo correspondentes às frequências mínima e máxima, respectivamente, para definir o vetor de frequência criado com um distribuição logarítmica. Outra maneira de definir o vetor de frequências é de maneira linear com o comando `np.arange`. Plota-se a diagrama de Bode com as respectivas margens de fase e de ganho, e essa figura é salva em formato PNG.

Listagem A.2: Entendendo código genérico Python.

```
# Define-se a FT em MA
s = tf('s')
G = (1)/(s*(s+8)*(s+30))
print('G(s) = ', G)

# Expoente para menor frequência
emin = -1
# Expoente para maior frequência
emax = 2

# Vetor de valores das frequências
w = np.logspace(emin, emax, 10000)

# Frequência mínima
wmin = 10**emin
# Frequência máxima
wmax = 10**emax

w1 = np.logspace(emin-2, emax, 10000)
# w = np.arange(1, 1000, 0.01)
```

```
# Plota-se o diagrama de Bode de G(s)
mcf.plot_margins(G, emin-2, emax)

# Exporta-se a Figura do diagrama de Bode para png
mcf.save_fig('figura_exemplo_24c_bode_cap3')
```

Na Listagem A.3, foi definida a função de transferência em malha fechada para obter a resposta a uma entrada degrau e, consequentemente, alguns parâmetros de desempenho. Os ditos parâmetros de desempenho foram incluídos na figura da resposta ao degrau, a qual é salva no formato PNG.

Listagem A.3: Entendendo código genérico exemplo Python.

```
# Determina-se a FT em MF
G_mf = feedback(G, 1)

# Plota-se a resposta ao degrau unitário da FT em MF
plt.figure(2)
T, yout = step_response(G_mf)
Mp, tp, ts, tr = mcf.info_st(G_mf, 2)
plt.plot(T, yout, 'k')
plt.xlabel('Tempo (s)')
plt.ylabel('Amplitude')
plt.grid(True, which='both')
plt.title("$M_p=$%.2f $t_p=$%.2f $t_s=$%.2f $t_r=$%.2f" %
          (round(Mp, 2), round(tp, 2), round(ts, 2), round(tr, 2)))

# Exporta-se a Figura da resposta ao degrau para png
mcf.save_fig('figura_exemplo_6b_step_cap3')
```

Na Listagem A.4, foram definidos vetores de tempo para poder gerar a resposta a uma entrada rampa e salvar a figura no formato PNG. Define-se o ganho ajustado que satisfaz o requerimento em regime permanente. Plota-se a diagrama de Bode do sistema com ganho ajustado e a figura é salva em formato PNG. Plota-se a resposta ao degrau do sistema com ganho ajustado mas não compensado e a figura é salva em formato PNG.

Listagem A.4: Entendendo código genérico exemplo Python.

```
# Vetor tempo a passos de 0.01
t = np.arange(0, 20, 0.01)
t1 = np.arange(0, 80, 0.01)
```

```
plt.figure(3)
T1, yout1 = forced_response(G_mf, t1, t1, 0)
plt.plot(T1, T1, 'k', label='Rampa')
plt.plot(T1, yout1, 'k--', label='Saída')
plt.xlabel('Tempo (s)')
plt.ylabel('Amplitude')
plt.grid(True, which='both')
plt.title('Resposta à rampa')
plt.legend(loc='best')

# Exporta-se a Figura da resposta a rampa para png
mcf.save_fig('figura_exemplo_6b_ramp_cap3')

# Ganho calculado e sistema com ganho ajustado mas não compensado
K1 = 1440
Gk1 = K1*G

# Plota-se o diagrama de Bode de K1*G(s)
mcf.plot_margins(Gk1, emin, emax)

# Exporta-se a Figura do diagrama de Bode para png
mcf.save_fig('figura_exemplo_6b_k1_bode_cap3')

# Determina-se a FT em MF
Gk1_mf = feedback(Gk1, 1)

# Plota-se a resposta ao degrau unitário da FT em MF
plt.figure(5)
T, yout = step_response(Gk1_mf)
Mp, tp, ts, tr = mcf.info_st(Gk1_mf, 2)
plt.plot(T, yout, 'k')
plt.xlabel('Tempo (s)')
plt.ylabel('Amplitude')
plt.grid(True, which='both')
plt.title("$M_p=$%.2f $t_p=$%.2f $t_s=$%.2f $t_r=$%.2f" %
          (round(Mp, 2), round(tp, 2), round(ts, 2), round(tr, 2)))

# Exporta-se a Figura da resposta ao degrau para png
mcf.save_fig('figura_exemplo_6b_k1_step_cap3')
```

Na Listagem A.5, estão disponíveis os dados de entrada para as funções de `gera_tabela_latex` e `gera_tabela_excel`, mas ambas encontram-se comentadas. Se em ambas as funções os comentários forem eliminados, o código gera uma tabela de dados em LaTeX e outra tabela de dados em Excel, que podem ser utilizadas para realizar as leituras de dados de projeto dos compensadores desejados. As tabelas são salvas em arquivos no formato tex ou xlsx, respectivamente.

Listagem A.5: Entendendo código genérico exemplo Python.

```
# # Dados para gerar tabela da resposta em freq. para o LaTeX
# # G função de transferência do sistema
# # w vetor de frequências
# # Td=0 atraso de tempo
# # N=0 ordem de aproximação de Padé para o atraso Td
# # a1 string com o nome do arquivo em latex
# # a2 string com a etiqueta do Exemplo q ser resolvido
# # a3 string com a etiqueta da tabela para ser referenciada
# # mcf.gera_tabela_latex(G, w, Td, N, a1, a2, a3)
# a1 = "tabela_11_cap4.tex"
# a2 = 'exemplo_11_cap04'
# a3 = 'tabela_11_cap4'
# mcf.gera_tabela_latex(Gk1, w, 0, 0, a1, a2, a3)

# # Dados para gerar tabela da resposta em freq. para Excel
# # G função de transferência do sistema
# # w vetor de frequências
# # Td=0 atraso de tempo
# # N=0 ordem de aproximação de Padé para o atraso Td
# # a3 Nome do arquivo
# # gera_tabela_excel(G, w, Td, N, a3)
# a3 = 'tabela_exemplo_4_11'
# mcf.gera_tabela_excel(Gk1, w, 0, 0, a3)
```

Na Listagem A.6, são mostrados os dados de entrada para a função `gera_tabela_html` e a tabela gerada é mostrada em um browser, bem como salva em um arquivo HTML.

Listagem A.6: Entendendo código genérico exemplo Python.

```
# Dados para gerar tabela da resposta em freq. para html
# G função de transferência do sistema
# w vetor de frequências
# Td=0 atraso de tempo
# N=0 ordem de aproximação de Padé para o atraso Td
# mcf.gera_tabela_html(G, w, Td, N, nome_tabela)
nome_tabela = "tabela_exemplo_4_11"
mcf.gera_tabela_html(Gk1, w, 0, 0, nome_tabela)

# Mostra-se tabela HTML para projetar e escolher o ganho
webbrowser.open('file://' + os.path.realpath(nome_tabela+".html"))
```

Na Listagem A.7, é mostrado o projeto do compensador pelo método analítico.

Listagem A.7: Entendendo código genérico exemplo Python.

```
"""
Projeto do compensador
"""
# Margem de fase desejado
MFd = 46

# Frequencia na qual é satisfeita a MFd
w1 = 32

mag_Gw1 = 0.8898
phase_Gw1 = -149.3782
theta_ = (-180+MFd-phase_Gw1)*np.pi/180

# Coeficientes do numerador e denominador com compensador
n2 = (1-mag_Gw1*np.cos(theta_))/(w1*mag_Gw1*np.sin(theta_))
d2 = (np.cos(theta_)-mag_Gw1)/(w1*np.sin(theta_))

# FT do compensador
Gc = (n2*s+1)/(d2*s+1)

# Produto da FT do compensador e do sistema com ganho ajustado
GcGk1 = series(Gc, Gk1)

# Plota-se o diagrama de Bode de Gc(s)Gk1(s)
mcf.plot_margins(GcGk1, emin, emax)

# Exporta-se a Figura do diagrama de Bode para png
mcf.save_fig('figura_exemplo_6b_bode_com_cap3')

# Determina-se a FT em MF
GcGk1_mf = feedback(GcGk1, 1)

# Plota-se a resposta ao degrau unitário da FT em MF
plt.figure(7)
T2, yout2 = step_response(GcGk1_mf)
Mp2, tp2, ts2, tr2 = mcf.info_st(GcGk1_mf, 2)
plt.xlabel('Tempo (s)')
plt.ylabel('Amplitude')
plt.plot(T2, yout2, 'k')
plt.grid(True, which='both')
plt.title("$M_p=$%.3f $t_p=$%.3f $t_s=$%.3f $t_r=$%.3f" %
          (round(Mp2, 3), round(tp2, 3), round(ts2, 3), round(tr2,
              3)))
```

```
# Exporta-se a Figura da resposta ao degrau para png
mcf.save_fig('figura_exemplo_6b_step_com_cap3')
```

Na Listagem A.8, é mostrada a resposta a uma entrada rampa e determina-se uma função de transferência em função do ganho, o compensador e o sistema para calcular o esforço de controle gerado pelo compensador. O diagrama de Bode da função de transferência em malha fechada do sistema sem e com compensação são plotados para comparação e observação da influência da presença de um compensador.

Listagem A.8: Entendendo código genérico exemplo Python.

```
# Vetor de tempo espaçado em 0.01 para resposta a entrada rampa
t = np.arange(0, 10, 0.01)

plt.figure(8)
T3, yout3 = forced_response(GcGk1_mf, t, t, 0)
plt.plot(T3, T3, 'k', label='Rampa')
plt.plot(T3, yout3, 'k--', label='Saída')
plt.xlabel('Tempo (s)')
plt.ylabel('Amplitude')
plt.grid(True, which='both')
plt.title('Resposta à rampa')
plt.legend(loc='best')

# Exporta-se a Figura da resposta ao degrau para png
mcf.save_fig('figura_exemplo_6b_ramp_com_cap3')

# FT para determinar o esforço de controle devido a entrada degrau
Gu1 = K1*Gc/(1+K1*Gc*G)

plt.figure(9)
T4, yout4 = step_response(Gu1)
plt.plot(T4, yout4, 'k', label='Controle')
plt.xlabel('Tempo (s)')
plt.ylabel('Amplitude')
plt.grid(True, which='both')
plt.title('Esforço de controle')
plt.legend(loc='best')

# Exporta-se a Figura do esforço de controle para png
mcf.save_fig('figura_exemplo_6b_controle_com_cap3')

# Diagramas de Bode da FT em MF do sistema sem e com compensação
w1 = np.arange(wmin/1000, wmax, 0.001)

plt.figure(10)
bode_plot(G_mf, color='black', omega_limits=[
```

```
        wmin/1000, wmax], omega_num=10000, label='Sem')
bode(GcGk1_mf, color='gray', omega_limits=[
    wmin/1000, wmax], omega_num=10000, label='Com')
plt.legend(loc='best')
Mrsc, wrsc, BWsc = mcf.Mr_BW(G_mf, w1)
Mrcc, wrcc, BWcc = mcf.Mr_BW(GcGk1_mf, w1)
plt.suptitle("$M_r^{s}=$%.2f $\\omega_r^{s}=$%.3f $BW^{s}=$%.2f ↘
    $M_r^{c}=$%.2f $\\omega_r^{c}=$%.2f $BW^{c}=$%.2f" % (
    round(Mrsc, 2), round(wrsc, 3), round(BWsc, 2), round(Mrcc, 2),↘
        round(wrcc, 2), round(BWcc, 2)))

mcf.save_fig('figura_exemplo_6b_bodes_mf_cap3')
```

Na Listagem A.9, são mostradas as respostas do sistema compensado a uma entrada onda quadrada e a uma onda triangular, bem como os respectivos esforços de controle.

Listagem A.9: Entendendo código genérico exemplo Python.

```
# Simulação para onda quadrada e onda triangular
# Amplitude
A = 0.5
# Tempo inicial
t0 = 0
# Tempo final de simulação
t1 = 2
# Período do sinal
T = 1
# Offset do sinal
offset = 0.5
# Instantes de passo a passo
dt = 0.001
# Vetor de tempo de referência para onda quadrada e triangular
tq = np.arange(t0, t1, dt)
# Gera-se onda quadrada
oq = mcf.onda_quadrada(A, tq, T, offset)
# Gera-se onda triangular
ot = mcf.onda_triangular(A, tq, T, offset, dt)

# Resposto do sistema compensado a uma entrada quadrada
plt.figure(12)
T4, yout4 = forced_response(GcGk1_mf, tq, oq, 0)
plt.plot(T4, oq, 'k', label='Quadrada')
plt.plot(T4, yout4, 'k--', label='Saída')
plt.xlabel('Tempo (s)')
plt.ylabel('Amplitude')
plt.grid(True, which='both')
plt.title('Resposta a onda quadrada')
```

```
plt.legend(loc='best')

# Exporta-se a Figura da resposta a onda quadrada para png
mcf.save_fig('figura_exemplo_6b_quad_com_cap3')

# Resposta do sistema compensado a uma entrada triangular
plt.figure(13)
T5, yout5 = forced_response(GcGk1_mf, tq, ot, 0)
plt.plot(T5, ot, 'k', label='Triangular')
plt.plot(T5, yout5, 'k--', label='Saída')
plt.xlabel('Tempo (s)')
plt.ylabel('Amplitude')
plt.grid(True, which='both')
plt.title('Resposta a onda triangular')
plt.legend(loc='best')

# Exporta-se a Figura da resposta a onda triangular para png
mcf.save_fig('figura_exemplo_6b_tri_com_cap3')

# Determina-se o esforço de controle a uma onda quadrada
plt.figure(14)
T6, yout6 = forced_response(Gu1, tq, oq, 0)
plt.plot(T6, yout6, 'k', label='Controle')
plt.xlabel('Tempo (s)')
plt.ylabel('Amplitude')
plt.grid(True, which='both')
plt.title('Controle para onda quadrada')
plt.legend(loc='best')

# Exporta-se a Figura da resposta ao degrau para png
mcf.save_fig('figura_exemplo_6b_controle_quad_com_cap3')

# Determina-se o esforço de controle a uma onda triangular
plt.figure(15)
T7, yout7 = forced_response(Gu1, tq, ot, 0)
plt.plot(T7, yout7, 'k', label='Controle')
plt.xlabel('Tempo (s)')
plt.ylabel('Amplitude')
plt.grid(True, which='both')
plt.title('Controle para onda triangular')
plt.legend(loc='best')

# Exporta-se a Figura da resposta ao degrau para png
mcf.save_fig('figura_exemplo_6b_controle_tri_com_cap3')

plt.show()
```

Referências

Bennett, S. (1993). *A history of control engineering, 1930-1955.* Number 47. IET.

Brown, J. W. & Churchill, R. V. (2015). *Variáveis complexas e aplicações.* McGraw Hill Brasil.

Dorf, R. C. & Bishop, R. H. (2011). *Sistemas de Controle Modernos.* LTC.

Hanta, V. & Procházka, A. (2009). Rational approximation of time delay. *Institute of Chemical Technology in Prague. Department of computing and control engineering. Technická*, 5(166), 28.

Le Page, W. R. (2018). *Complex variables and the Laplace transform for engineers.* Dover.

Mason, C. & Philbrick, G. (1940). Automatic control in the presence of process lags. *Transactions of the American Society of Mechanical Engineers*, 62(4), 295–304.

Mendoza Meza, M. E. (2022). Python app for drawing bode diagram asymptotes of transfer function for minimum and non-minimal phase systems. *Engineering Reports*, 4(11), e12535.

Nise, N. S. (2012). Engenharia de sistemas de controle, 6°ed. *LTC, São Paulo.*

Ogata, K. & Severo, B. (2008). *Engenharia de controle moderno.* Prentice Hall do Brasil.

Phillips, C. L. & Harbor, R. D. (1997). *Sistemas de controle e realimentação.* Makron.

Raven, F. H. (1995). *Automatic control engineering.* McGraw-Hill, Inc.

Lista de figuras

Lista de tabelas

Índice remissivo